HISTÓRIA
DO CRISTIANISMO

HISTÓRIA DO CRISTIANISMO

para compreender melhor nosso tempo

sob a direção de
ALAIN CORBIN
com
NICOLE LEMAITRE
FRANÇOISE THELAMON
CATHERINE VINCENT

Tradução
EDUARDO BRANDÃO

Esta obra foi publicada originalmente em francês com o título
HISTOIRE DU CHRISTIANISME – pour mieux comprendre notre temps
por Éditions du Seuil, Paris.
Copyright © Éditions du Seuil, 2007.
Copyright © 2009, Editora WMF Martins Fontes Ltda.,
São Paulo, para a presente edição.

Liberté • Égalité • Fraternité
RÉPUBLIQUE FRANÇAISE

"Cet ouvrage, publié dans le cadre de l'Année de la France au Brésil et du Programme d'Aide à la Publication Carlos Drummond de Andrade, bénéficie du soutien du Ministère français des Affaires Etrangères.
« França.Br 2009 » l'Année de la France au Brésil (21 avril – 15 novembre) est organisée:
En France : par le Commissariat général français, le Ministère des Affaires étrangères et européennes, le Ministère de la Culture et de la Communication et Culturesfrance.
Au Brésil : par le Commissariat général brésilien, le Ministère de la Culture et le Ministère des Relations Extérieures."

"Este livro, publicado no âmbito do Ano da França no Brasil e do programa de apoio à publicação Carlos Drummond de Andrade, contou com o apoio do Ministério francês das Relações Exteriores.
'França.Br 2009' Ano da França no Brasil (21 de abril a 15 de novembro) é organizado:
No Brasil: pelo Comissariado geral brasileiro, pelo Ministério da Cultura e pelo Ministério das Relações Exteriores.
Na França: pelo Comissariado geral francês, pelo Ministério das Relações exteriores e europeias, pelo Ministério da Cultura e da Comunicação e por Culturesfrance."

1.ª edição 2009
2.ª tiragem 2021

Tradução
EDUARDO BRANDÃO

Acompanhamento editorial
Luciana Veit
Revisões
Maria Fernanda Alvares
Ivani Aparecida Martins Cazarim
Produção gráfica
Geraldo Alves
Paginação
Studio 3 Desenvolvimento Editorial
Capa
A+ Comunicação
Foto da capa
Steven Weinberg/Getty Images

Dados Internacionais de Catalogação na Publicação (CIP)
(Câmara Brasileira do Livro, SP, Brasil)

História do cristianismo : para compreender melhor nosso tempo / sob a direção de Alain Corbin com Nicole Lemaitre, Françoise Thelamon, Catherine Vincent ; tradução Eduardo Brandão. – São Paulo : Editora WMF Martins Fontes, 2009.

Título original: Histoire du christianisme : pour mieux comprendre notre temps
Bibliografia.
ISBN 978-85-7827-098-8

1. Cristianismo 2. Igreja – História I. Corbin, Alain. II. Lemaitre, Nicole. III. Thelamon, Françoise. IV. Vincent, Catherine.

09-01507   CDD-270

Índices para catálogo sistemático:
1. Cristianismo : História   270
2. Igreja : História : Cristianismo   270

Todos os direitos desta edição reservados à
Editora WMF Martins Fontes Ltda.
Rua Prof. Laerte Ramos de Carvalho, 133 01325-030 São Paulo SP Brasil
Tel. (11) 3293-8150 e-mail: info@wmfmartinsfontes.com.br
http://www.wmfmartinsfontes.com.br

Índice

Preâmbulo XIII

PRIMEIRA PARTE
No princípio
Os primórdios da história do cristianismo
(séculos I-V)

I. *Emergência do cristianismo* 7
Jesus de Nazaré. Profeta judeu ou Filho de Deus? 7
No seio da primeira aliança. O ambiente judaico 13
As comunidades cristãs de origem judaica na Palestina 18
Paulo e a primeira expansão cristã 23

II. *Viver como cristão "no mundo sem ser do mundo"* (A Diogneto) 34
Perseguidos mas submetidos ao Império Romano (até 311) . 34
"Vivemos convosco", mas... Os cristãos e os costumes do seu tempo 39
Em resposta às críticas. Os apologistas, de Aristides a Tertuliano 44

III. *Quando o Império Romano se torna cristão* 49
De Constantino a Teodósio. Da conversão do imperador à conversão do Império 49
Pensar o Império cristão. Teologia política e teologia da história 54

Roma christiana, Roma aeterna. O lugar conquistado pela
    Igreja de Roma na Antiguidade tardia 58

IV. *Definir a fé* 63
Heresias e ortodoxia 63
Concorrentes do cristianismo. Gnose e maniqueísmo 67
A elaboração de uma ortodoxia nos séculos IV e V 72

V. *Edificar estruturas cristãs* 76
Estruturar as Igrejas 76
Iniciação cristã, culto e liturgia 81
Cristianização do espaço e cristianização do tempo 86
Dignidade dos pobres e prática da assistência 91
Em busca da perfeição. Ascetismo e monaquismo............ 97

**VI. *Intelectuais cristãos para confirmar a fé. Os Padres da
    Igreja*** 102
Basílio, Gregório de Nazianzo, João Crisóstomo.............. 102
Jerônimo e a "Vulgata" 108
Santo Agostinho e a irradiação do seu pensamento 113

VII. *Anunciar o Evangelho "até as extremidades da terra"* 122
A cristianização da bacia mediterrânea no século V, nos limites do Império Romano 123
Povos cristãos às margens do Império Romano 130
Bárbaros cristãos, dentro e fora do Império Romano 136

SEGUNDA PARTE
A Idade Média
Nem lenda negra nem lenda áurea...
(séculos V-XV)

I. *Consolidação e expansão* 145
São Bento († c. 547). Pai dos monges do Ocidente........... 145
Gregório, o Grande. Um pastor da dimensão do Ocidente .. 151
Em torno do ano mil. As "novas cristandades" 156
Roma, cabeça da Igreja latina (a partir do século XI) 163
Bizâncio/Constantinopla e o Ocidente. Comunhão e diferenciação 168

São Bernardo de Clairvaux († c. 1153) e os cistercienses... 173
A catedral 177

II. *Afirmação, contestações e resposta pastoral*................ 182
A primeira cruzada (1095) e seus prolongamentos........... 182
As heresias (século XII)... 187
A Inquisição (século XIII) 192
O fim dos tempos 197
Latrão IV (1215). O ímpeto pastoral.............................. 202
Francisco, o pobre de Assis († 1226).............................. 207
As ordens mendicantes 213
Tomás de Aquino († 1274)... 218

III. *Obrar pela própria salvação*..................................... 223
O Purgatório e o além 223
Culto dos santos, relíquias e peregrinações..................... 228
Nossa Senhora... 234
A explosão das obras de caridade (séculos XII-XIII)......... 239
O culto do Santo Sacramento (século XIII) 244
Jan Hus († 1415)... 248
A busca de Deus. Místicos do Oriente e do Ocidente....... 253
A imitação de Cristo 263

TERCEIRA PARTE
Os tempos modernos
O aprendizado do pluralismo
(séculos XVI-XVIII)

I. *Os caminhos da Reforma* 276
Erasmo e Lutero. Liberdade ou servidão do ser humano ... 276
Até as últimas consequências da Escritura. Os radicais das
  reformas... 281
Calvino. Eleição, vocação e trabalho 285
A via média anglicana. Uma lenta construção 290

II. *Rivalidades e combates* 296
Inácio de Loyola e a aventura jesuíta.............................. 296

As Inquisições na era moderna 301
Novas liturgias ou liturgias de sempre? 305
Mística do coração, do fogo e da montanha..................... 311
Mística da Encarnação e da servidão 316
O jansenismo. Entre sedução rigorista e mentalidade de oposição.. 321

III. *Evangelizar e disciplinar o mundo* 326
Cristianismos distantes 326
"Instruir na cristandade" 335
A imagem tridentina. Ordem e beleza 340
Roma e Genebra. Novas Jerusaléns da comunicação......... 345

IV. *Novos horizontes de sensibilidade* 349
Bach. A música sem fronteiras 349
Nascimento da crítica bíblica (séculos XVI e XVII) 353
A renovação protestante. Do pietismo ao pentecostismo, passando pelas renovações 358
Os santos e sua nação (séculos XIV-XX) 362
A Ortodoxia russa. Monolitismo e fraturas (séculos XVI-XVIII) 367

QUARTA PARTE
O tempo da adaptação ao mundo contemporâneo
(séculos XIX-XXI)

I. *A evolução da exegese bíblica e das formas da piedade*... 377
A Bíblia e a história das religiões (séculos XIX-XX) 377
Jean-Marie-Baptiste Vianney, pároco de Ars (1786-1859) 382
A renovação da teologia e do culto marianos 386
Teresa do Menino Jesus (1872-1897) 390
Pio X, a infância espiritual e a comunhão privada............. 395
Dois séculos de querelas em torno da arte sacra 400

II. *A doutrina cristã em face do mundo moderno* 404
Um catolicismo intransigente. O "momento Pio IX" (1846-1878).. 404

A encíclica *Rerum novarum* (1891) e a doutrina social da
  Igreja Católica.. 409
O cristianismo e as ideologias do século XX 413
O concílio Vaticano II (1962-1965)..................................... 417
O catolicismo ante a limitação dos nascimentos 421

III. *O cristianismo no porte do planeta* 426
Retorno à história longa do cristianismo oriental na época
  otomana (séculos XV-XIX).. 426
A ação missionária nos séculos XIX e XX 435
O protestantismo na América do Norte............................ 440
Do ecumenismo ao inter-religioso?..................................... 444

Glossário 451

Indicações bibliográficas... 453

Referências bíblicas... 455

Os autores 457

Índice dos mapas

A difusão do cristianismo nos dois primeiros séculos 33
A organização eclesiástica na época de Justiniano
(527-565).. 128-129
O Ocidente religioso (séculos XI-XV) 160-161
As confissões na Europa no fim do século XVI 310
O cristianismo hoje 449

Preâmbulo

O cristianismo impregna, com maior ou menor evidência, a vida cotidiana, os valores e as opções estéticas até mesmo dos que o ignoram. Ele contribui para o desenho da paisagem dos campos e das cidades. Às vezes, ganha destaque no noticiário. Contudo, os conhecimentos necessários à interpretação dessa presença se apagam com rapidez. Com isso, a incompreensão aumenta.

Admirar o monte Saint-Michel e os monumentos de Roma, de Praga ou de Belém, deleitar-se com a música de Bach ou de Messiaen, contemplar os quadros de Rembrandt, apreciar verdadeiramente certas obras de Stendhal ou de Victor Hugo implica poder decifrar as referências cristãs que constituem a beleza desses lugares e dessas obras-primas. Entender os debates mais recentes sobre a colonização, as práticas humanitárias, a bioética, o choque de culturas também supõe um conhecimento do cristianismo, dos elementos fundamentais da sua doutrina, das peripécias que marcaram sua história, das etapas da sua adaptação ao mundo.

Foi nessa perspectiva que nos dirigimos a eminentes especialistas. Propusemos a eles que pusessem seu saber à disposição dos leitores de um vasto público culto. Isso, sem o peso da erudição, sem o emprego de um vocabulário excessivamente especializado, sem eventuais alusões a um suposto conhecimento prévio, que não tem mais uma existência real, e, claro, sem intenção de proselitismo.

Esta obra coletiva interessará aos leitores cristãos ávidos por aprofundar seu saber e, mais ainda, a todos os que, por simples curiosidade intelectual ou para compreender melhor seu ambiente e a cultura do outro, desejam conhecer a história de uma religião que, até então, lhes era opaca.

ALAIN CORBIN, NICOLE LEMAITRE,
FRANÇOISE THELAMON, CATHERINE VINCENT

Primeira parte

No princípio
Os primórdios da história do cristianismo
(séculos I-V)

Componente da cultura do nosso tempo, o cristianismo nasceu numa época precisa da história do mundo mediterrâneo e próximo-oriental, a Antiguidade, num país, a Judeia, que então fazia parte do Império Romano; arraigado na fé e na cultura judaicas, desenvolveu-se rapidamente na cultura greco-romana.

O cristianismo tem sua origem na pregação do profeta judeu Jesus de Nazaré, que os cristãos reconhecem como Filho de Deus encarnado, morto e ressuscitado para a salvação dos homens. A fé cristã baseia-se no testemunho dos primeiros discípulos, que reconheceram em Jesus o Messias ou Cristo (donde o nome de cristãos que lhes foi dado) anunciado pelos profetas. Eles proclamaram que aquele que havia sido morto pela mão dos homens fora ressuscitado por Deus com seu corpo, que eles tocaram – fundamento da crença dos cristãos na ressurreição da carne – e que, havendo desaparecido em seguida, lhes enviara o Espírito Santo, que os animava para anunciar essa Boa Nova (Evangelho) "até os confins da Terra", conforme a missão que Jesus lhes confiara.

Pequenas comunidades de crentes se formaram entre judeus e não-judeus (ou "gentios"), na Palestina, depois na parte oriental do Império Romano e em Roma, em seguida em sua parte ocidental, mas também em regiões externas – Mesopotâmia e talvez a Índia, a partir da época apostólica, Armênia, Geórgia, Etiópia –

e entre os povos bárbaros: visigodos, ostrogodos, vândalos, nos séculos IV e V.

Os crentes cristãos dos primeiros séculos viveram e praticaram sua fé em condições concretas do mundo do seu tempo. Foi em grego que a Boa Nova de Jesus Cristo e os outros textos que formam o Novo Testamento foram escritos, embora o aramaico, o hebraico e o siríaco também tenham sido utilizados em certos casos. A Bíblia (Antigo e Novo Testamento – o primeiro já tinha uma tradução grega, a dos Setenta) foi traduzida em diferentes línguas: latim, gótico, siríaco, copta, armênio, eslavão. Foi também em grego que as primeiras fórmulas de fé vieram a ser conceitualizadas e enunciadas. Os cristãos da Antiguidade usaram modos do pensamento judaico, categorias filosóficas do pensamento grego, técnicas de discurso da retórica grega e latina para formular uma teologia que se burilou no correr do tempo. Os que fizeram isso – bispos reunidos em concílios, apologistas, Padres da Igreja – tinham a convicção de se expressar sob a inspiração do Espírito Santo.

Quando ficou evidente que o retorno de Cristo, aguardado pelos primeiros cristãos, não era iminente, as comunidades se organizaram e se estruturaram, unidas por um laço de comunhão. Se, espiritualmente, a Igreja se define como corpo místico de Cristo, que é sua cabeça e de que todos os batizados são membros, concretamente a Igreja se constituiu a partir das Igrejas locais unidas por um fundo comum de crenças e ritos essenciais (batismo e eucaristia). Mediante os conceitos de heresia e ortodoxia, elaborados pouco a pouco, definiu-se uma doutrina que levou à construção da "Grande Igreja", marginalizando certas correntes.

Perseguidos pelas autoridades judaicas desde o início, os cristãos, uma vez identificados como tais, também o são pelas autoridades romanas, que punem sua recusa em venerar os deuses comuns a todos. Submetidos porém ao Estado e ao poder, para o qual oram, os cristãos se distinguem por sua fé e seu apego a valores e modos de vida que os fazem viver com seus contemporâneos, mas "no mundo sem ser do mundo". Por isso, são alvo da hostilidade popular e do desprezo da gente culta. Os intelectuais cristãos respondem àquela e a este, enquanto, em tempos de perseguição, homens e mulheres atestam sua fé e reivindicam sua identidade cristã até a morte; esses mártires se tornam modelos venerados, mas os pastores aceitam reconciliar, ao cabo de uma penitência apropriada, os que fraquejaram e caíram. Com o fim das perseguições, o ascetismo substitui o martírio como meio para alcançar a santidade através de uma perfeita identificação com Cristo.

O reconhecimento da liberdade religiosa em face do fracasso das perseguições e a adesão à fé cristã pessoal do imperador Constantino (a partir de 312) e de seus sucessores, com exceção de Juliano, criam condições radicalmente novas. Daí em diante, o imperador concede favores aos cristãos, o que permite certa cristianização do espaço e do tempo. Ele também intervém nos assuntos da Igreja, inclusive na definição da fé, o que, no decorrer do século IV, foi uma fonte de conflitos. Ele reprime pouco a pouco os cultos tradicionais, até proibi-los no fim do século IV, fazendo do cristianismo a religião do Estado. Essa evolução se apoiou numa teologia cristã do poder político e da história. Os cristãos tinham de pensar o soberano cristão e seu lugar na Igreja, mas também a função do Império Romano no plano providencial de Deus, até finalmente compreender, quando Roma foi ameaçada, que a sorte da Igreja não estava ligada a nenhum Estado, ainda que ele fosse cristão. Os cristãos aprendiam assim a se pensar como "cidadãos do Céu" e a aspirar ao "Reino que não terá fim" (Agostinho, *Cidade de Deus*, XXII, 30).

FRANÇOISE THELAMON

I

Emergência do cristianismo

Jesus de Nazaré
Profeta judeu ou Filho de Deus?

Como conhecemos a vida de Jesus de Nazaré?

Jesus falou, mas não escreveu nada: não chegou a nós nenhum documento de sua mão. Logo, as fontes documentárias de que dispomos são, todas, indiretas; mas são múltiplas. A mais antiga é a correspondência do apóstolo Paulo, redigida entre 50 e 58. Ela faz menção à morte do Nazareno por crucificação e à fé em sua Ressurreição; por outro lado, o apóstolo conhece uma coletânea de "palavras do Senhor", que utiliza (às vezes sem citá-las) em sua argumentação. Vêm, em seguida, os Evangelhos, na seguinte ordem de antiguidade: Marcos foi redigido por volta de 65, com base em tradições que remontam aos anos 40; Mateus e Lucas foram redigidos entre 70 e 80, ampliando Marcos; João data de 90-95. Esses escritos não são crônicas históricas; eles rememoram a vida do Nazareno, mas numa perspectiva de fé que apresenta simultaneamente fatos e sua leitura teológica. Evangelhos mais tardios ausentes do Novo Testamento, ditos apócrifos, às vezes herdam tradições não retidas pelos quatro precedentes, notadamente o Evangelho de Pedro (120-150), o Proto-Evangelho de Tiago (150-170) e o Evangelho copta de Tomás (c. 150).

As fontes não-cristãs são raras: os historiadores romanos não consideraram o acontecimento digno de ser contado. Mas um historiador judeu, Flávio Josefo, apresenta em suas *Antiguida-*

des judaicas (93-94) esta nota: "Naquela época, houve um homem sábio chamado Jesus, cuja conduta era boa; suas virtudes foram reconhecidas. E muitos judeus e gente de outras nações se tornaram discípulos seus. E Pilatos o condenou a ser crucificado e a morrer..." (18, 3, 3). Mais tardiamente ainda, o Talmude judeu apresenta umas quinze alusões a "Yeshu"; elas registram sua atividade de curandeiro e sua condenação à morte por, diz-se, ter desgarrado o povo (*Baraitha Sanhedrin* 43a; *Abodah Zara* 16b-17a).

De que podemos ter certeza?

A reconstituição da vida de Jesus é objeto de pesquisas literárias minuciosas; mas, como no caso de toda personagem da Antiguidade, as certezas absolutas são pouco numerosas. Não obstante, alguns fatos podem ser sustentados com certa segurança.

Jesus nasceu numa data desconhecida, que poderia ser o ano 4 antes da nossa era (antes da morte de Herodes, o Grande). Foi batizado no Jordão por João Batista, de quem se tornou discípulo, antes de fundar seu próprio círculo de adeptos. Tal como João, ele aguarda a vinda iminente de Deus à história; compartilha também a convicção de que, para ser salvo, não basta pertencer ao povo de Israel: praticar o amor e a justiça é indispensável. Por volta dos 30 anos, Jesus é um pregador popular que obtém certo sucesso na Galileia. Mais que os rabis (doutores da Lei) da época, ensina com uma linguagem simples; suas parábolas retomam o ambiente familiar dos seus ouvintes (o campo, o lago, o vinhedo) para dizer a surpresa de um Deus próximo e acolhedor. Simplifica a obediência à Lei focalizando-a, como outros rabis antes dele, no amor ao próximo. Seus numerosos atos de cura revelam que era um curandeiro talentoso e apreciado. Leva uma vida itinerante com seu grupo de adeptos; esse grupo é alimentado e abrigado nas aldeias em que para. Além de um círculo próximo de doze galileus, homens e mulheres o acompanham e ouvem seu ensinamento cotidiano.

Sua subida até Jerusalém causará sua perda. Comete no Templo um ato violento, um gesto profético, que atrairá a hostilidade da elite política de Israel: derruba as bancas dos vendedores de animais para sacrifício, talvez para protestar contra a multiplicação dos ritos que se interpõem entre Deus e seu povo. Por instigação dos saduceus, decide-se denunciar Jesus ao prefeito Pôncio Pilatos por agitação popular. Pressentindo que a hostilidade prevaleceria, Jesus despediu-se dos amigos numa última refeição (a Ceia), em que instaurou um rito de comunhão com seu corpo e seu sangue: o pão cortado e a taça em que todos beberam simbolizavam sua morte por vir e manteriam viva a sua memória. Após sua prisão, facilitada por um discípulo – Judas –, Jesus foi levado a julgamento pelo prefeito, condenado à morte e entregue aos legionários, que o pregaram numa cruz. Sua agonia durou somente algumas horas, o que surpreendeu Pilatos; o homem de Nazaré devia ser de constituição frágil. Depois da sua morte, correu o boato de que seus discípulos o tinham visto vivo e que Deus o chamara a si.

Um reformador de Israel

Jesus de Nazaré não tinha o projeto de criar uma religião à parte. Sua ambição era reformar a fé de Israel, o que é simbolizado pelo círculo dos doze íntimos que o seguem. Esses homens representam simbolicamente o povo das doze tribos, a nova Israel com que Jesus sonha. Ele queria reformar a fé judaica, mas fracassou. Por quê?

Jesus era um místico, dotado de uma forte experiência de Deus. Deus era, para ele, próximo dos homens, tão próximo que, para rogar a ele, bastava dizer "papai" (*abba* em aramaico). Suas palavras e seus gestos são marcados por um sentimento de incontida urgência. O apelo a seguir Jesus já abala os vínculos mais intocáveis: já não se trata de se despedir dos seus, nem de prestar os deveres fúnebres ao próprio pai (Lc 9, 59-62). Esse atentado aos ritos funerários e às obrigações familiares deve ter sido considerado totalmente indecente. Outro sinal de urgência: a necessidade de anunciar o Reino de Deus é tão premente, que os discípulos recebem a ordem de ir testemunhar sem levar bolsa nem sandálias, e de não cumprimentar ninguém no caminho (Lc 10, 4).

Sua transgressão ao repouso sabático também chocou. Jesus cura várias vezes no dia do sabá e reivindica, para se justificar, a imperiosa necessidade de salvar uma vida (Mc 3,4). Quando Jesus comenta a Torá (a Lei), que é a coletânea das prescrições divinas, o imperativo do amor ao próximo desvaloriza todas as outras prescrições; o próprio rito sacrifical no Templo de Jerusalém deve ser interrompido ante a exigência de se reconciliar com seu adversário (Mt 5, 23-24). Em suma, tanto as curas como a leitura da Torá são parte de um estado de urgência provocado pela iminente vinda de Deus. Jesus tem a convicção de preceder em pouco tempo essa vinda, que, a seu juízo, vai suprimir toda causa de sofrimento e reunir os seus em torno dele. Nada mais importa, daí em diante, além de conclamar à conversão.

Opções chocantes de solidariedade social

Os Evangelhos e o Talmude judaico coincidem ao falar da liberdade chocante que Jesus tomava nas relações. Jesus solidarizou-se com todas as categorias sociais que a sociedade judaica da época marginalizava, seja por desconfiança social, por suspeita política ou por discriminação religiosa. A acolhida que ele reserva em seu grupo às mulheres, aos doentes e às pessoas marginalizadas causa escândalo; de fato, ele estima que as regras de pureza, que vedam todo contato com essas pessoas, contrariam o perdão que Deus oferece. "Não vim chamar os justos, mas os pecadores" (Mc 2, 17). Jesus não compactua com o ostracismo que atinge os coletores de impostos, por motivos políticos, nem os samaritanos, por razões religiosas. Admite mulheres em seu círculo (Lc 8, 2-3), rompendo com a desqualificação religiosa que elas sofrem. Deixa enfermos se aproximarem dele e tocá-lo, contribuindo com suas curas para reintegrá-los ao povo santo.

Dirige-se ao povo dos campos, esse "povo da terra" depreciado pelos fariseus por sua incapacidade de satisfazer ao código de pureza e de pagar os dízimos cobrados sobre todo produto.

As refeições de Jesus com os reprovados e as mulheres de má vida proporcionam o sinal mais ferino dessa recusa de todo e qualquer particularismo (Mc 2, 15-16). Essas refeições não assinalam somente uma opção de tolerância social e religiosa, mas antecipam o banquete do fim dos tempos, englobando desde já todos os que o Reino de Deus acolherá no futuro. A comensalidade com os desclassificados mostra a esperança de Jesus num Reino que investe contra a sociedade do seu tempo; essa esperança contradiz a estrutura estanque que a ordem religiosa baseada na Torá e no Templo havia construído na sociedade judaica. Esse ataque à estrutura da piedade judaica, julgado blasfemo, e sua abertura aos desclassificados atraíram contra Jesus a animosidade mortal das autoridades religiosas da sua época.

A fé no Messias

Jesus declarou-se Messias ou Filho de Deus? À parte o Evangelho de João, que é uma recomposição teológica tardia da tradição de Jesus, os Evangelhos mais antigos nunca põem na boca de Jesus uma declaração sobre a sua identidade formulada na primeira pessoa. O que dizem as multidões a meu respeito? pergunta ele a seus discípulos; depois: "E vós, quem dizeis que sou?" (Mc 8, 29). Sobre a sua identidade, ele se cala. O único título que os primeiros evangelistas põem em sua boca é "Filho do homem", o antigo título daquele cuja vinda nas nuvens celestes Israel aguarda desde o profeta Daniel... Jesus se solidarizou com esse ser celestial vindo de Deus. Comparou-se com ele, a ponto de com ele se identificar.

Já os títulos "Filho de Deus", "Messias", "Filho de Davi" lhe foram atribuídos pelos primeiros cristãos. Não há por que se espantar. Jesus evitou apropriar-se do título de Messias, provavelmente porque estava sobrecarregado de expectativas nacionalistas e de uma dimensão de poder violento que ele não queria. Depois da sua morte, seus adeptos tomaram consciência do que significava sua vinda e sua ação. Puseram um nome no que Jesus deixara em aberto. Em suma, Jesus não *disse* que era, mas *fez* como se fosse. Dizê-lo é o papel do crente em sua confissão de fé. O evento da Páscoa, que os cristãos chamam de Ressurreição, pode ser compreendido como essa iluminação que seus amigos tiveram, pouco após sua morte, ao perceberem que Deus não estava do lado dos carrascos, mas se solidarizava com a vítima pregada no madeiro. A Páscoa é esse acontecimento visionário em que os amigos de Jesus se deram conta de que aquilo que haviam recebido dele e vivido com ele vinha do próprio Deus; proclamaram então: "Deus o ressuscitou de entre os mortos, do que somos testemunhas" (At 3, 15). Bem depressa, os primeiros discípulos anunciaram que Deus havia reabilitado Jesus trazendo-o de volta à vida, e essa crença, reafirmada ao longo dos séculos, é capital para a compreensão da história do cristianismo.

DANIEL MARGUERAT

No seio da primeira aliança
O ambiente judaico

O judaísmo da época de Jesus está longe de ser monolítico. Repartido entre o antigo reino da Judeia, tendo como capital Jerusalém e uma importante Diáspora, da Babilônia ao Mediterrâneo ocidental, ele se divide na própria Judeia em várias correntes.

O aparecimento de diversas correntes

Não se sabe quase nada sobre o judaísmo da época do Segundo Templo, entre a volta do exílio da Babilônia (edito de Ciro, 538 a. C.) e a revolta dos macabeus, que estoura sob o domínio do rei selêucida da Síria, Antíoco IV Epifânio.

Durante esse período conturbado, o sacerdócio supremo havia sido tirado da dinastia legítima. Judas, dito Macabeu, conseguiu restabelecer em 164 a. C. o culto do Templo, interrompido por três anos. Depois da sua morte, seu irmão Jônatas, aproveitando-se das querelas de sucessão na Síria, amplia seu território e recebe em 152 a. C. o sumo sacerdócio. Seu irmão, Simão e, mais tarde, o filho deste, João Hircano, sucedem-no na dupla função, política e religiosa. Enfim, a partir de 104 a. C., Judas Aristóbulo e, em seguida, seu irmão Alexandre Janeu (103 a. C. - 76 a. C.) acumulam oficialmente a realeza e o sacerdócio nessa dinastia dita "asmoniana".

É nesse contexto que aparecem as divisões que, durante mais de um século e meio ainda, agitariam o judaísmo da Judeia. O historiador Flávio Josefo (37-95/100 d. C.) menciona três correntes a partir da época de Jônatas: saduceus, fariseus e essênios. Pelo nome, os saduceus parecem afiliar-se a Sadoque, o sumo sacerdote da época de Salomão, fundador da única dinastia sacerdotal legítima. Os fariseus são, literalmente, os "separados", os "dissidentes", mas de quem? Os essênios levam uma vida monacal à margem da sociedade. Se o que foi encontrado em Qumran em meio aos manuscritos do mar Morto é de fato uma parte da sua literatura própria, o fundador da sua "seita", o "mestre de justiça", teria sido perseguido por um "sacerdote ímpio", que vários estudiosos pretendem identificar como sendo Jônatas, usurpador do pontificado.

Divergências políticas distinguem também essas três correntes na época asmoniana. Os saduceus, de início opostos à dinastia, acabam se aliando a ela. Os fariseus, sem dúvida oriundos desses homens pios (assideus, hassidianos ou chassidiano) que tinham combatido ao lado de Judas Macabeu, manifestam sua hostilidade à acumulação das funções sob João Hircano. São duramente perseguidos durante o reinado de seu filho e sucessor, Alexandre Janeu. Mas este, consciente da influência crescente que eles têm sobre o povo, lega antes de morrer o trono a sua esposa, Salomé Alexandra (76 a. C.-67 a. C.), aconselhando-a a governar com os fariseus.

As tensões entre fariseus e saduceus desempenham um grande papel na querela entre os dois irmãos, Hircano II e Aristóbulo II, de que Pompeu se aproveita em 63 a. C. para instalar um controle mais ou menos direto de Roma sobre a Judeia. Quando Herodes, filho do conselheiro idumeu de Hircano II, Antipáter, ascende ao trono da Judeia graças ao apoio romano, os fariseus estão na oposição.

No ano 6, quando Roma impõe sua dominação direta, aparece uma "quarta filosofia", que inspira mais tarde sicários e zelotes, motores da revolta contra Roma, que leva à destruição do Templo no ano 70.

Outros grupos têm aparições fugazes na obra de Josefo: os que seguem diferentes líderes surgidos após a morte de Herodes, os que aconselham no deserto os pregadores exaltados que anunciam milagres, os que respondem ao chamado de João Batista e mergulham no Jordão para lavar seus pecados. Josefo também menciona, numa célebre passagem conhecida pelo nome de *testimonium Flavianum*, um "homem sábio", "fazedor de milagres", chamado Jesus, que estaria na origem de um novo grupo, os "cristãos", do grego *khristós*, correspondente ao hebraico *mashiah*, "ungido", de onde vem "messias".

Crenças e práticas

Sobre as crenças e práticas que distinguiam alguns desses grupos, nossa principal fonte continua sendo Flávio Josefo. Podemos obter também algumas informações no Novo Testamento, apesar da apresentação polêmica dos fariseus e dos saduceus que nele encontramos. Quanto aos essênios, também são conhecidos do filósofo judeu Fílon de Alexandria (20 a. C.-50?), mas ignorados pelos Evangelhos como fontes rabínicas. Ademais, toda uma literatura judaica não canônica, transmitida no mais das vezes pela Igreja em diversas traduções, atesta a força da corrente apocalíptica bem representada em Qumran.

A principal discórdia entre saduceus e fariseus concerne à "lei oral" desenvolvida por estes últimos: "Os fariseus haviam introduzido no povo muitos costumes que herdaram dos antigos, mas que não estavam inscritos na leis de Moisés e que, por esse motivo, a seita dos saduceus rejeitava, sustentando que só se deviam considerar como leis o que estava escrito" (*Antiguidades judaicas*, XIII, 297).

Todas as correntes judaicas se apoiavam nos mesmos textos sagrados hebraicos, cujo corpus já estava constituído. Os fariseus tinham a reputação de ser os melhores intérpretes dos textos e se desvelavam mais que os outros para instruir a juventude. Os mais sábios entre eles recebiam o título de rabi ("mestre"), também aplicado a Jesus nos Evangelhos. Enquanto o Evangelho de Mateus, escrito depois de 70, numa atmosfera de polêmica entre judeus e judeus-cristãos, lhes é particularmente hostil, Josefo, que, após recensear as três correntes principais, optou pelo farisaísmo, insiste na elevada moral e na afabilidade que o caracterizam. A popularidade dos fariseus obrigava os saduceus a imitar seus usos no Templo, "senão o povo não os suportaria" (*Antiguidades judaicas*, XVIII, 17).

Ao apresentar as três principais correntes do judaísmo de antes de 70 como três "filosofias", Josefo retorna à questão da liberdade humana. Os saduceus afirmam-na plena e inteira, os essênios, ao contrário, sustentam a predestinação, e os fariseus conciliam as duas doutrinas. Cada um desses grupos devia se apoiar em argumentos escriturários, fáceis de ser encontrados. Os essênios tinham a reputação de saber predizer o futuro, o que não tem nada de espantoso, se considerarmos que tudo está escrito. Certos comentários dos profetas encontrados em Qumran nos fazem descobrir uma técnica de exegese, o *pesher*, que vê no presente a consumação das antigas profecias.

A quarta corrente, nascida no ano 6, no momento do recenseamento imposto pelos romanos nas regiões que acabavam de perder sua independência – Judeia, Samaria, Idumeia –, segue a doutrina farisaica, mas proclama: "Não há outro mestre, além de Deus." Animada pela convicção de combater pelo advento do reino divino, oferece a resistência mais encarniçada ao poder romano.

As ideias difundidas pela literatura apocalíptica puderam influenciar sicários e zelotes. Grandes impérios se haviam sucedido, mas agora o reinado de Deus estava próximo. O Livro de Daniel, composto durante a revolta dos macabeus, descrevia ao lado de Deus "um filho de homem" representando "o povo dos santos do Altíssimo". O livro de Enoque fazia dele uma figura individual soteriológica. Após a decepção causada pela dinastia asmoniana e pelo reinado de Herodes, começou-se a sonhar com um rei verdadeiro e legítimo, descendente de um Davi idealizado que receberia a unção real. A espera de um "ungido" ou "messias" se superpunha assim à do "filho de homem".

Essa atmosfera de espera febril, reforçada pelas agruras da época, pode explicar a ativa busca de pureza que encontramos, sob formas diferentes, nos fariseus, observadores da Lei, em João Batista, que, pela imersão, oferece a purificação física e moral, e nos essênios, que, em grande maioria, preferem o celibato e vivem em comunidade, numa ascese estrita. Todos esses grupos, ao contrário dos saduceus, compartilham a crença na ressurreição. Essa crença, difícil de fundamentar escriturariamente (donde a irrisão dos saduceus expressa nos Evangelhos sinópticos), só é explícita no Livro de Daniel (12, 2) e no Livro 2 dos Macabeus. Na doutrina farisaica que a propaga, ela é essencial para assegurar que a justiça se manifestará no "mundo por vir" em conexão com o Juízo Final anunciado pelos profetas. Esse aspecto consolador explica em grande parte a popularidade do farisaísmo. A crença nos anjos e nos demônios também tinha se desenvolvido muito entre os fariseus e os essênios, mas era rejeitada pelos saduceus.

O ensinamento de Jesus, tal como é descrito nos Evangelhos, concorda em vários pontos com a doutrina farisaica e, em outros, visa reformá-la. Desde as descobertas de Qumran, o "mestre de justiça" foi visto às vezes como uma prefiguração de Jesus; em todo caso, faz-se de João Batista um essênio. Ora, todas as descrições antigas do essenismo nos mostram um grupo que vivia no isolamento, enquanto João e Jesus pregam diante das multidões.

Entre os que acreditavam na ressurreição, nos anjos e nos demônios e os que não acreditavam, os que observavam unicamente a Lei escrita e os que acrescentavam a esta a Lei oral, os que viviam em torno do Templo e os que, como os essênios, viviam longe do Templo, entre os judeus da Judeia e os judeus da numerosíssima Diáspora, poderiam ter se produzido muitos cismas, mas a história não lhes deu tempo de ocorrer. A revolta dos judeus contra os romanos (66-73), que acarretou a tomada de Jerusalém e a destruição do Templo em 70, arrastou com ela saduceus, sicários, zelotes e essênios. Ela deixou face a face os judeus que acreditavam que o Messias tinha chegado e os que ainda o esperavam.

MIREILLE HADAS-LEBEL

As comunidades cristãs de origem judaica na Palestina

Levantar a história das comunidades cristãs de origem judaica na Palestina é tocar no nascimento do cristianismo. Não é coisa fácil; dado o estado parcelado da documentação, o historiador é obrigado a proceder por pinceladas sucessivas, que não possibilitam uma síntese real.

Jesus não é o fundador do cristianismo como religião independente. É, no máximo, o fundador da comunidade cristã de Jerusalém no âmbito do judaísmo de seu tempo. Falar das comunidades cristãs de origem judaica na Palestina implica debruçar-se sobre os discípulos de Jesus, sobre grandes figuras como Tiago, o Justo, Pedro e Paulo, que difundiram progressivamente sua mensagem tanto nos meios judaicos como nos meios pagãos.

No ano 30 da nossa era, em Jerusalém, Jesus de Nazaré, que há dois anos é um pregador itinerante, originário da Galileia, e que profetiza a iminência do reino de Deus, é preso, julgado e executado por motivos político-religiosos – Pôncio Pilatos é o prefeito da província romana da Judeia. Logo depois da morte de seu mestre, os discípulos parecem ter se dispersado, num primeiro momento, por toda a Palestina. Todavia, voltamos a encontrá-los, num segundo momento, em Jerusalém, proclamando que "aquele" que foi crucificado ressuscitara. Anunciam um novo tempo e a realização, quando do retorno de Jesus, da antiga promessa de salvação feita pelo Deus de Israel aos ancestrais do seu povo. Um movimento religioso de origens proféticas e de tendências cada vez mais messiânicas está nascendo. É constituído por judeus que, discípulos de Jesus, vivem do seu Espírito, cuja força criadora herdam, curando doentes e expulsando os demônios, como seu mestre fez antes deles.

Isso acontece em Jerusalém, a cidade santa do judaísmo, sob dominação romana há um século. A nova comunidade dos discípulos de Jesus é relativamente pouco homogênea, constituída de judeus vindos de horizontes extremamente diversos: alguns são de cultura e língua hebraicas (os hebreus); outros, de cultura e língua gregas (os helenistas). Ela subsiste graças à comunitarização dos bens vendidos para satisfazer às necessidades de todos e parece ter como centro uma "sinagoga" situada no monte Sião, no lugar em que Jesus fez sua última ceia com seus discípulos mais próximos (os apóstolos).

Os novos adeptos são aceitos no grupo dos "santos", denominação que eles próprios se dão, por uma iniciação na forma de ablução lustral – um batismo em nome de Jesus, o Messias. Seus membros frequentam o Templo com assiduidade; é o caso do primeiro responsável por ele, Tiago, o Justo, irmão de Jesus.

Essa comunidade às vezes é perseguida pelas autoridades religiosas judaicas, o que obrigará alguns dos seus membros a se dispersarem, levando à difusão da mensagem do Reino de Deus entre as comunidades judaicas da Diáspora. Entre os cristãos de origem judaica de língua grega, Estêvão é condenado à morte, em 33, por lapidação, acusado de blasfêmia contra o Templo. Sem dúvida no mesmo ano, Paulo de Tarso se torna membro do movimento dos discípulos de Jesus: será um dos maiores missionários cristãos conhecidos. Esses cristãos difundem então o que consideram a "Boa Nova" (isto é, o Evangelho de Jesus, o Messias): assim, em 33, Filipe, um dos Sete escolhidos pelos helenistas para "servir à mesa" (isto é, para a intendência da comunidade), a propaga em Samaria; em 34, cristãos de origem judaica de língua grega são levados a criar uma comunidade em Antioquia, onde os crentes receberão pela primeira vez o nome de "cristãos", isto é, "messianistas".

Cristãos de origem judaica e língua hebraica, como Pedro e Tiago (o irmão de João, não o de Jesus), também são perseguidos em 43-44: o segundo é executado por decapitação por ordem de Herodes Agripa I, enquanto o primeiro tem de fugir em condições apresentadas como milagrosas. Pedro é levado então a propagar a "Boa Nova" da crença messiânica em Jesus até Roma, a capital imperial. Tiago, o Justo, também é executado por lapidação, em 62, por ordem do sumo sacerdote em exercício na época (a procuradoria estava vacante), por ter violado a Lei de Moisés. A comunidade de Jerusalém parece então desorganizada e obrigada a se refugiar em Pella (Transjordânia) em 68, durante o cerco da cidade pelas legiões romanas. Só voltará, parcialmente, para lá depois de 70.

Num primeiro momento, a difusão da mensagem cristã foi realizada em meio judeu e, num segundo, em meio pagão. No entanto, a maioria dos não judeus alcançados por essa mensagem é, na realidade, pagã simpatizante do judaísmo, eles são relativamente numerosos nessa época nas comunidades judaicas do Império Romano.

Dos anos 30 a 135, a entrada dos pagãos nas comunidades será causa de dificuldades e, mais tarde, de enfrentamentos entre as diferentes tendências que perpassam o movimento cristão. Tiago, Pedro e Paulo se encontram no centro dos conflitos, cujos motivos podem ser resumidos nos seguintes termos: a nova crença messiânica deve impor observâncias judaicas aos pagãos, notadamente a circuncisão? As respostas parecem ter sido diversas e gradativas: as observâncias permanecem válidas para os judeus, mas não devem ser necessariamente impostas aos pagãos – ambos, no entanto, devem compartilhar a mesma mesa, pelo menos durante a eucaristia.

Antes do conflito de Antioquia e da reunião de Jerusalém, em 49-50, onde Tiago e Pedro, de um lado, e Paulo, de outro, se enfrentaram nessa questão, Pedro, em Cesareia, tinha permitido ingressar entre os "santos" um incircunciso e toda a sua casa, o que o obrigou a dar uma explicação à comunidade de Jerusalém: trata-se de Cornélio, um centurião que já era simpatizante do judaísmo.

A partilha dos campos de missão entre Pedro e Paulo é uma ideia que aparece tardiamente na literatura cristã. De fato, entre essas duas grandes figuras, há concorrência na propagação da mensagem cristã – como se pode constatar na Anatólia, mas também em Roma. Sem contar que os enviados de Tiago, o Justo, desempenharam um papel não desprezível nessa rivalidade. De fato, há conflito de interpretações: alguns consideram que somente a crença no Messias basta para a salvação (Paulo, no que concerne apenas aos cristãos de origem pagã); outros estimam que a observância e a crença conjuntas na Lei e no Messias são necessárias (Tiago e, em menor medida, Pedro).

Seja como for, nos anos 60 da nossa era, encontramos cristãos em todo o Oriente romano, mas também em Roma. Certamente não são numerosos e observam o segredo para se proteger. Mas, apesar de constituírem comunidades dispersas, compartilham essencialmente, de uma maneira ou de outra, a crença de que Jesus é o Messias ou Cristo enviado pelo Deus de Israel e que, apesar de ter sido morto, foi arrancado às potências das trevas para sentar à direita de seu Pai, enviando seu Espírito capaz de transformar os corações e de perdoar os pecados, à espera da sua volta em breve.

Essas comunidades ainda fazem parte do judaísmo, apesar da presença em seu seio de cristãos de origem grega. Durante um período difícil de determinar com precisão, elas permanecerão no âmbito do judaísmo, não obstante as consequências das revoltas judaicas contra Roma em 66-74, 115-117 e 132-135. É difícil falar de cristianismo, como religião constituída e mais ou menos aceita, se não reconhecida, antes da segunda metade do século II – no melhor dos casos. Antes, o cristianismo está ou *no* judaísmo, ou *fora* do judaísmo, mas sem constituir com isso uma religião desprendida de suas raízes judaicas.

Em meados do século II, o cristianismo adquire uma autonomia relativa em relação ao judaísmo, sem nem mesmo necessitar romper os vínculos: essa corrente religiosa não tem propriamente data de nascimento, porque sua edificação durou mais de um século, até essa tentativa de emancipação – um divórcio que nunca será declarado, apesar das excomunhões recíprocas. A separação ou a ruptura (?) com o judaísmo será o resultado de um percurso semeado de conflitos, que assumirão primeiro uma forma interjudaica (entre judeus cristãos e judeus não-cristãos), antes de revestir uma forma antijudaica (entre cristãos e judeus).

No decorrer do século II, assiste-se à marginalização das comunidades cristãs de origem judaica (o judaico-cristianismo) em benefício das comunidades cristãs de origem pagã (o pagano-cristianismo): estas últimas é que se erigirão progressivamente em "Grande Igreja".

Durante os anos 30-150/180, os cristãos ainda não realizaram a utopia da unidade, ainda que as fontes transmitidas pelos que se proclamam pertencentes à "Grande Igreja" afirmem, evidentemente, o contrário. De fato, o cristianismo da "Grande Igreja" se construiu, ao longo dos séculos II e III, elaborando novos conceitos, como os de heresia e de dogma. Estes lhes possibilitaram construir-se em detrimento das outras tendências expulsas para a sombra da marginalidade, tanto as judaizantes (nazireus, ebionitas, elcasaítas...) como as gnosticizantes (basilidianos, valentinianos...) ou marcionitas (Marcião), tanto montanistas (Montano) como encratistas (Taciano). De algumas dessas margens emergirão outras correntes religiosas: no século III, o maniqueísmo nascerá do elcasaísmo.

SIMON C. MIMOUNI

Paulo e a primeira expansão cristã

A cristianização do Império Romano, realizada em três séculos, foi incrivelmente rápida. Ela implica um duplo processo: a expansão geográfica da nova religião a partir de Jerusalém e sua penetração nas redes e nos meios de vida do mundo greco-romano. Embora a primeira história cristã, os Atos dos Apóstolos, dê a impressão de poder reconstituir as etapas de uma progressão geográfica na bacia do Mediterrâneo oriental, de Jerusalém a Roma, no decorrer das viagens de Paulo, trata-se de um projeto hagiográfico, destinado a mostrar como o cristianismo passou do judaísmo ao helenismo. Ela deixa na sombra numerosos aspectos da missão, como a chegada do cristianismo a Roma ou Alexandria, e também não leva em conta a totalidade das missões de Paulo, que é deixada de lado desde que ele chega a Roma. Os escritos do Novo Testamento trazem mais informações sobre os meios sociais evangelizados do que sobre os itinerários da missão e permitem uma análise bastante fina da penetração do cristianismo em certas regiões, entre as quais cumpre privilegiar a Ásia Menor, atual Turquia, para onde convergem fontes de informação variadas e contínuas. A atividade missionária está, de fato, no cerne das Epístolas apostólicas: as de Paulo, primeiro, que representam um testemunho autobiográfico insubstituível; as creditadas ao nome de João para as comunidades destinatárias do Apocalipse joanino; a creditada a Pedro, dirigida às fundações desse apóstolo na Ásia Menor; e as epístolas chamadas pastorais, que emanam de comunidades paulinas dessa mesma região na terceira geração. A história local das comunidades cristãs é muito mais tardia e, principalmente, construída com base nos relatos dos mártires a partir de meados do século II.

Paulo, o "último dos apóstolos"... que é também o maior

Paulo domina toda a geração apostólica, tanto por sua teologia como por sua estratégia missionária... e por sua escrita fulgurante, que restitui ainda hoje uma presença excepcional. Paulo não era um discípulo como os outros porque não conheceu Jesus em vida. Sua fé e sua adesão a Cristo resultam de uma série de experiências místicas, que fundaram sua concepção antropológica de uma re-criação do crente por união mística com Cristo. A primeira ocorreu no caminho de Damasco: fariseu militante que era, Paulo ia atacar uma seita que considerava desviacionista e ímpia, quando teve uma visão e recebeu um chamado que o converteram imediatamente e o levaram a pregar o Evangelho com o mesmo ardor que pusera em combatê-lo. Paulo sempre foi independente do grupo dos discípulos, mas reconhecia a autoridade particular de Tiago, João e Pedro, de quem recebeu ensinamentos. Seria abusivo, portanto, fazer dele o fundador de uma nova religião, distante da pregação de Jesus por se dirigir aos gregos. Na realidade, toda a vida de Paulo o predestinava a se tornar um transmissor de cultura: judeu da Diáspora em terras gregas, poliglota, associava uma educação grega, recebida em Tarso, sua cidade natal, a uma formação de fariseu recebida em Jerusalém. Pertencendo certamente a uma família de estatura internacional (sem dúvida, comerciantes de têxteis), percebeu imediatamente as possibilidades de mobilidade e de encontros que o Império Romano abria. Seu caminho se cruzou várias vezes com o de Pedro, em Antioquia, Corinto e Roma.

Os grandes polos da missão

Na verdade, as missões apostólicas não têm por objetivo alcançar o maior espaço possível, mas implantar localmente o cristianismo. As tradições da Igreja sugerem a existência de polos que desempenharam um importante papel como pontos de partida da missão. O primeiro é, evidentemente, Jerusalém. No dia de Pentecostes, o horizonte missionário do grupo dos discípulos de Jesus se abre em três direções. Em primeiro lugar, a Diáspora oriental da Mesopotâmia e dos contrafortes iranianos, para lá de Damasco – regiões que mantinham efetivamente relação contínua com Jerusalém, mas sobre as quais não temos, posteriormente, nenhuma informação até o aparecimento da cristandade siríaca e das tradições relativas ao apóstolo Tomás, a partir do século III. O segundo eixo da missão saída de Jerusalém se estende pela Ásia Menor de leste a oeste, começando pelas regiões continentais do planalto anatoliano e terminando pelas cidades mais helenizadas da costa. Segundo o testemunho das Epístolas, ele corresponde às missões de Paulo e de Pedro, que, com o desenvolvimento das comunidades joaninas, convergiram na província da Ásia, em torno de Éfeso: portanto, é o campo missionário mais bem documentado. A terceira área missionária corresponde ao espaço dominado por Alexandria – Creta, Cirenaica, deserto arábico e Egito –, onde, após um século de silêncio, um cristianismo intelectualmente brilhante emerge em meados do século II. As idas e vindas e as trocas entre Jerusalém e Alexandria eram constantes. No Oriente, o primeiro horizonte cristão se inscreve no âmbito geográfico bastante convencional dos judeus helenizados do século I, o de Fílon, por exemplo. Vale dizer que o suporte da Diáspora foi determinante na elaboração dos primeiros projetos missionários.

Roma, capital do Império, já está presente no horizonte de Pentecostes, pela menção de judeus de Roma vindos a Jerusalém para a festa. A religião de Cristo alcançou a cidade antes da chegada de Pedro e Paulo, sem dúvida desde o reinado de Cláudio, em 49 e nos anos seguintes, no momento em que as fontes romanas e cristãs assinalam distúrbios nas sinagogas da capital. Roma foi realmente o ponto de onde partiu o movimento de cristianização das províncias ocidentais – Gália, África e península Ibérica. Na África, onde o cristianismo só entra para a história no momento dos primeiros mártires, em 180, é verossímil que ele tenha sido trazido por judeus vindos de Ostia, o porto de Roma, pois se trata de uma cristandade de língua latina. Na Gália, onde o cristianismo surge no mesmo momento, em 177, quando da perseguição de que foram alvo as Igrejas de Lyon e de Vienne, as primeiras comunidades cristãs são localizadas no vale do Ródano e se atribuem uma origem asiática, mas parece que Roma serviu de intermediária no envio de missionários. A cristandade de Lyon é uma comunidade helenófona, tal como as Igrejas e as sinagogas de Roma; ela está imersa num meio de negociantes e outros profissionais vindos do Oriente, todos de língua grega. É impossível datar os primórdios do cristianismo na península Ibérica. Paulo tinha estabelecido esse objetivo ao cabo das suas três missões no mundo grego, quando preparou sua chegada a Roma. Nesse momento, nos anos 60, é um objetivo totalmente inovador, porque os orientais helenizados limitavam suas perspectivas de viagem ao Mediterrâneo oriental, que é o âmbito limitado dos Atos dos Apóstolos. Paulo foi portanto um dos primeiros a integrar a totalidade do espaço controlado por Roma e o universalismo do Império, o que o levou a conceber progressivamente a universalidade da Igreja. Esse objetivo extremo-ocidental é reafirmado por Clemente de Roma nos anos 90.

As missões paulinas na malha do Império Romano

Uma vez evidenciados os grandes polos, é possível analisar com maior precisão o processo de expansão do cristianismo, graças às Epístolas de Paulo, que cobrem suas missões na Antioquia, Chipre, Anatólia, Macedônia, Grécia e, por fim, na região de Éfeso. Possuímos, felizmente, uma referência cronológica: Paulo estava em Corinto em 52, o que inscreve toda a sua missão nos anos 50-60, permanecendo seu ritmo muito hipotético. A concepção que ele tem das suas viagens missionárias é totalmente tradicional, pois sempre se trata de périplos ou circuitos a partir de Jerusalém, com volta ao ponto de partida para prestar contas à Igreja de Jerusalém ou, na terceira vez, para uma peregrinação. Paulo é muitas vezes considerado um grande viajante, mas não se deve tomá-lo por um aventureiro ou um descobridor. Essas viagens não têm nada de extraordinário na época. Ele não procurou ocupar o mais vasto espaço possível, mas sim criar polos cristãos para a transmissão do seu Evangelho, utilizando a infra-estrutura do Império.

Em definitivo, Paulo percorreu as capitais provinciais do Oriente romano: Antioquia, capital da Síria; Pafos, capital de Chipre; Tessalônica, capital da Macedônia; Corinto, capital da província de Acaia, que corresponde à antiga Grécia; Éfeso, capital da província da Ásia. Soma-se a isso a evangelização de colônias de veteranos romanos, que controlavam nós viários como Antioquia na Pisídia e como Filipos na Macedônia, que o próprio Paulo sempre considerou o ponto de partida e o suporte da sua missão na Grécia. Do mesmo modo, porém em maior escala, foi sempre a partir das capitais provinciais, de Alexandria, de Cartago e de Lyon, que o cristianismo se difundiu nas províncias. As capitais provinciais eram polos de encontro para os habitantes da região, que eram regularmente atraídos para lá pela presença da administração romana e pela realização de julgamentos; essa função era decuplicada quando essas cidades também eram a sede de peregrinações ou de festivais, como Corinto ou Éfeso. Nesses grandes centros da romanidade, Paulo talvez tenha visado a elite romana, o círculo do governador: é assim que os Atos dos Apóstolos o apresentam em Chipre. Sobretudo, como explica na Epístola aos tessalonicenses, ele utiliza as redes de difusão das notícias, de modo que sua mensagem sempre preceda sua chegada à região. Podemos apreciar a circulação da informação a cerca de trezentos quilômetros em torno de uma capital. Quando faz o balanço da sua missão à Grécia, na Epístola aos romanos, Paulo diz ter chegado à "Ilíria", o que só pode designar a região de fala ilírica, onde termina o mundo grego e começa o mundo bárbaro setentrional, porque o país dos ilíricos, à margem do Adriático, foi evangelizado muito mais tardiamente. Esse limite linguístico se situa na região do lago de Ohrid, no centro dos Bálcãs, a cerca de trezentos quilômetros de Filipos. É igualmente a distância entre Éfeso e as fundações paulinas de Hierápolis, Colossas e Laodiceia. Compreende-se por que Paulo prolongou sua estada nessas capitais, nós de comunicação e de intercâmbio de informações: ficou dezoito meses em Corinto e três anos em Éfeso.

O exame dos itinerários de Paulo e suas passagens de uma região a outra o revelam como um homem de redes. Na qualidade de enviado da Igreja de Antioquia, havia sido despachado com Barnabé, originário de Chipre, a uma missão nessa ilha: os dois apóstolos sentiam-se em casa ali, pois Chipre era uma etapa intermediária entre a Síria e a Cilícia, pátria de Paulo. A primeira opção surpreendente e significativa foi a passagem de Chipre à Pisídia, no centro da Anatólia. Antioquia da Pisídia era o lugar de origem da família do procônsul de Chipre encontrado por Paulo, a qual havia mantido vínculos com a cidade. Paulo, cidadão romano, utilizou, como faziam então os viajantes importantes, o apoio das infraestruturas oficiais da época: cartas de recomendação, escolta dos comboios oficiais... A segunda passagem, igualmente determinante, é a da Ásia à Europa, de Trôade à Macedônia: os Atos dos Apóstolos, que solenizam esse acontecimento através de uma visão, não explicitam suas condições concretas, mas pode-se deduzir da estrutura do relato que Paulo respondeu sem dúvida a um convite de macedônios de Filipos, que tiveram desde então um papel determinante em seu *entourage*. A missão se desenvolve, portanto, gradativamente, ao sabor dos encontros e das relações de hospitalidade. Embora a passagem à Europa se mostre altamente simbólica, na realidade dos fatos eram incessantes as travessias e os intercâmbios entre as duas margens do mar da Trácia. A figura de Lídia, negociante de púrpura em Filipos, originária de Tiatira, na Ásia, corresponde perfeitamente ao que as inscrições revelam do comércio têxtil e dos movimentos migratórios entre as cidades da Macedônia e as da

Lídia. Em Éfeso e, mais tarde, em Roma, Paulo foi precedido e chamado por um fabricante de tendas itinerante, Áquila, para quem havia trabalhado em Corinto. Desde a Macedônia até Corinto, tinha se apoiado em alguns parentes, como era com frequência o caso nas diásporas orientais, fenícia ou judaica.

As redes da missão cristã

A missão paulina, a única que podemos realmente estudar, foi organizada como uma penetração por capilaridade, que utiliza todas as redes da cidade antiga, funcionando esta última como uma imbricação de comunidades, da menor – que é a família – à maior – que é a cidade. A célula-tronco da missão é a "casa", a *oîkos*, ao mesmo tempo comunidade familiar e comunidade de atividade, exploração agrícola, fábrica ou loja. Ao contrário da família nuclear moderna, a *oîkos* antiga reúne pessoas de estatuto diferente, incluindo mulheres e crianças, escravos e libertos em grande número nas famílias da elite: sua composição transcende as divisões da cidade antiga entre gregos e bárbaros, homens e mulheres, livres e não-livres. Os cristãos de uma cidade se reúnem seja por *oîkos*, seja na residência mais espaçosa de um homem ilustre, que convida seus vizinhos e amigos. Essa prática continuou durante dois séculos. Em Roma como em Doura Europos, na Síria, os primeiros edifícios cristãos identificáveis no tecido urbano, em meados do século III, resultam da reforma de grandes residências urbanas: são "casas-igrejas".

As atividades e as relações dos membros da *oîkos* a inserem em toda sorte de redes de sociabilidade, em função do desenvolvimento familiar ou por afinidades, para atender a interesses profissionais ou a serviços de ajuda mútua, em associações, comunidades de imigrantes (como as sinagogas), grêmios esportivos ou culturais. A vida associativa é um traço característico das cidades do Oriente romano na época em que o cristianismo se difunde. Paulo utilizou claramente as solidariedades profissionais do mundo do têxtil, a que pertencia e no qual trabalhava quando das suas escalas: a fábrica de Áquila proporcionou o exemplo de uma Igreja itinerante, que se deslocou de Corinto a Éfeso e a Roma. A importância das relações associativas, baseadas na convivialidade, justifica a importância que adquiriram em Corinto as questões de não-discriminação à mesa e de consumo de carnes sacrificais. Enfim, a maneira como os cristãos desenvolveram estruturas de ajuda mútua impressionou seus contemporâneos, do escritor Luciano ao imperador Juliano, dando ao cristianismo sua primeira visibilidade, na falta de imagens e monumentos. Os cristãos se organizavam, portanto, em pequenas comunidades muito personalizadas, de seis, dez, doze indivíduos, estrutura que ainda subsiste na época dos primeiros relatos de mártires nos séculos II e III. Eles constituíam grupos como outros quaisquer na cidade, com o risco de parecer sectários, do que Paulo teve perfeita consciência em Corinto.

Deve-se poder generalizar essa descrição da missão paulina. Aliás, as missões de Paulo, de Pedro e do movimento joanino seguiram os mesmos itinerários e tiveram os mesmos objetivos na Ásia Menor, com problemas de interferência entre os paulinos e os outros na região de Éfeso, apesar da pregação joanina e a de Pedro terem privilegiado as cidades com forte população judaica. A partir de implantações pontuais em meio urbano, em torno de personalidades carismáticas, a unidade da Igreja foi progressivamente construída de acordo com as mesmas dinâmicas, em torno dos bispos como personalidades de referência e graças às novas redes que estes estabeleceram com suas viagens e, sobretudo, com suas trocas de correspondência.

O universalismo cristão

O pensamento e a reflexão teológicos do apóstolo Paulo fizeram que um messianismo judaico evoluísse a uma religião da salvação para todos os habitantes do Império. Podemos considerar que o ato de nascimento do cristianismo se baseia no ato de

No princípio. Os primórdios da história do cristianismo 31

fé de um grupo de galileus diante de um túmulo vazio. A Ressurreição é o cerne da nova fé: era uma esperança já viva em certas correntes judaicas, farisaicas e essênias, assim como no orfismo e nos mistérios dionisíacos e egípcios do mundo greco-romano. O cristianismo conserva a concepção bíblica da ressurreição dos corpos, sem entrar nas ideias gregas de renascimento ou transmigração das almas, divergência que sem dúvida explica o fracasso de Paulo em Atenas.

A confissão de fé cristã reconhece Jesus como o Cristo, o Messias anunciado pela revelação bíblica, e considera que ele veio confirmar os oráculos dos profetas. Os autores do Novo Testamento se referem sem cessar ao Antigo Testamento para pôr essa ideia em evidência. A identificação do Messias criou a separação entre judeus e cristãos, a despeito de concepções teológicas comuns; essa identificação se acelera depois da insurreição messiânica de Bar Kochba, em 135, que obriga os cristãos de origem judaica a optar. No entanto, mesmo depois dessa data e apesar da tentativa de Marcião, o cristianismo continua a ser uma religião bíblica, que se apropria da Bíblia hebraica, ao mesmo tempo que aparece uma literatura de propaganda dirigida à elite do mundo greco-romano.

Como as outras religiões de salvação do Império, o cristianismo se dirige a indivíduos, independentemente da sua origem étnica e do seu estatuto: na vida das comunidades paulinas, não há mais diferença entre judeus e gregos, homens e mulheres, livres e escravos, habitantes do Império e bárbaros. A eclesiologia paulina é fundada, pois, na paridade e na reciprocidade, o que exclui, por exemplo, toda misoginia original: esta só surge no século II, em conformidade com uma evolução da sociedade. A ética cristã repousa inteiramente na imitação de Cristo: em período de perseguições, esta termina no martírio. A nova religião é a única cujos membros os romanos designaram, em referência a seu fundador, como *christiani*, "os de Cristo".

Mais que nenhuma outra, a religião cristã repousa na adesão pessoal, o que pode tê-la feito parecer uma seita, ambiguidade de que Paulo teve consciência ao observar a fragmentação da cristandade de Corinto em torno de personalidades opostas, fragmentação que ele superou afirmando a vocação universal da Igreja no espaço do Império e trabalhando, através da sua correspondência, pela união das primeiras comunidades que ele fundara.

MARIE-FRANÇOISE BASLEZ

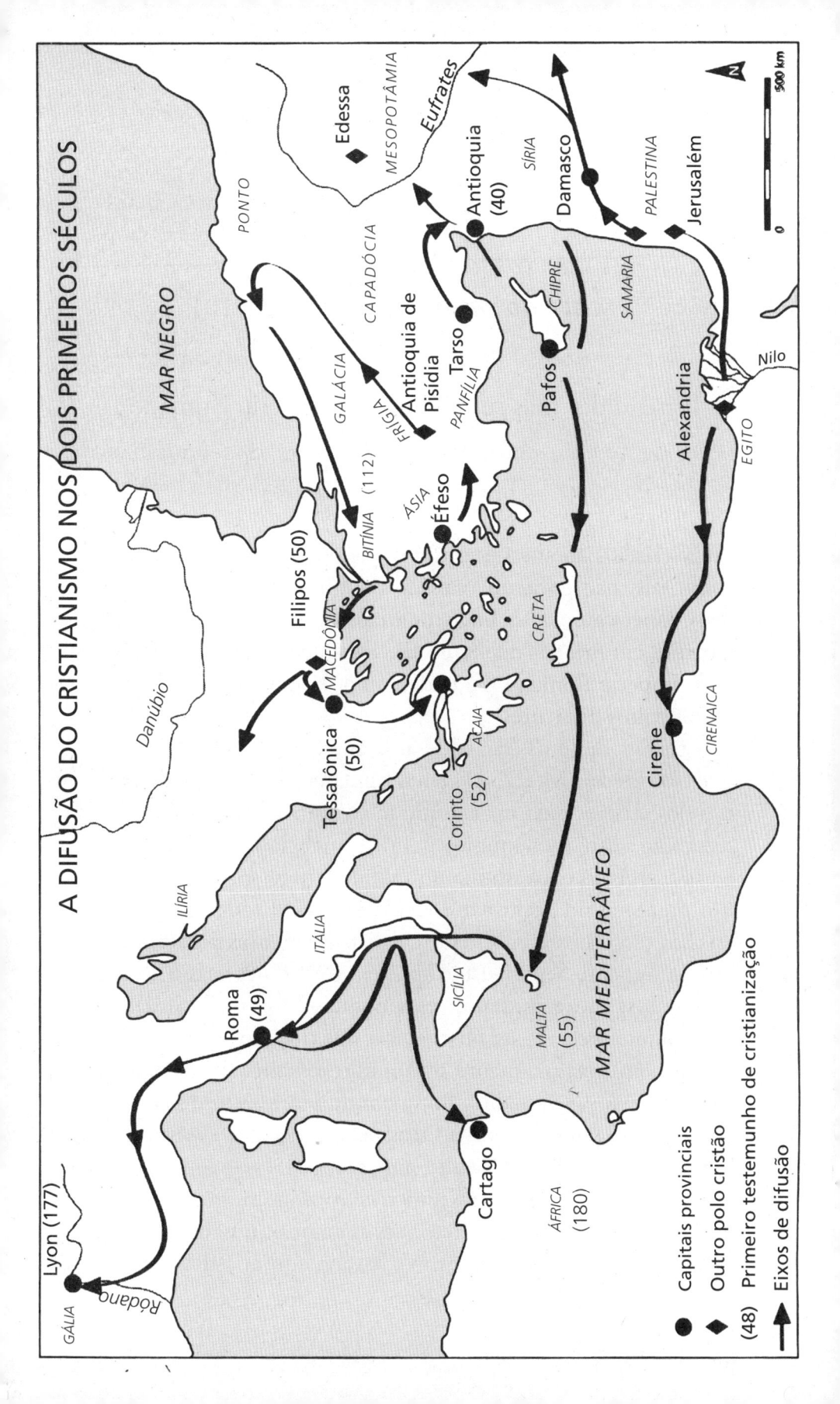

A DIFUSÃO DO CRISTIANISMO NOS DOIS PRIMEIROS SÉCULOS

- ● Capitais provinciais
- ◆ Outro polo cristão
- (48) Primeiro testemunho de cristianização
- ➔ Eixos de difusão

II

Viver como cristão "no mundo sem ser do mundo" (A Diogneto)

Perseguidos mas submetidos ao Império Romano (até 311)

Os cristãos foram perseguidos tão logo que, identificados como tais, não gozaram mais do estatuto privilegiado dos judeus. A perseguição, de início pontual, local e esporádica, foi sistemática em meados do século III. Por que perseguir os cristãos num Império Romano reputado como "tolerante" em relação a tantos cultos diferentes?

A palavra de Jesus "dai a César o que é de César, e a Deus o que é de Deus" (Mt 22, 21) era o fundamento da lealdade política dos cristãos e da sua submissão ao Estado, mas também da separação entre os domínios político e religioso, enquanto seu entrelaçamento era a norma no mundo antigo. Por professarem um monoteísmo exclusivo e recusarem o culto dos deuses, os cristãos são vistos como maus cidadãos, perigosos para a salvação do Império. Seu "ateísmo" põe em risco o necessário acordo harmonioso entre os deuses e os homens, essa paz dos deuses que garante, pela estrita observância dos ritos dos cultos públicos, o bom funcionamento do mundo romano. Os cristãos se submetem aos governantes porque todo poder vem de Deus e, embora perseguidos, oram a Deus pelo imperador e seus representantes, mas rejeitam o culto imperial.

Na ausência de legislação anticristã, o zelo dos governadores era determinante em relação a esses adeptos obstinados de uma "superstição perigosa e insensata"; bastava aplicar as leis da época republicana às novas e ilícitas religiões. O que era punido com a morte era o fato de ser cristão, e não supostos delitos. Foi essa a jurisprudência estabelecida em 112 pela resposta do imperador Trajano a Plínio, o Jovem, que, nomeado governador da Bitínia (Ásia Menor), descobriu lá a presença de numerosos cristãos; o imperador recomendava, todavia, que não os procurasse e que rejeitasse as denúncias anônimas. Os cristãos, punidos pelo que são e não pelo que fazem, são muito mais vítimas do ódio, que anima a opinião pública e às vezes redunda em massacres, e do zelo dos governadores do que de uma vontade política de repressão.

Em Roma, em 64, em consequência do incêndio que devastou a cidade, numerosos cristãos são executados, "acusados não tanto do crime de incêndio quanto de ódio ao gênero humano", escreve o historiador Tácito, por volta de 115-116. Eles são jogados às feras, crucificados ou transformados em tochas durante os jogos no anfiteatro dos jardins de Nero. Ao que tudo indica, foi no decorrer desse "suplício espetacular" que o apóstolo Pedro foi crucificado. Paulo, cidadão romano, trazido do Oriente, foi decapitado, após processo, em 66 ou 67.

Perseguições pontuais e locais ocorreram no curso do século II: em Bitínia e em Antioquia, sob Trajano (98-117); na província da Ásia, na esteira de manifestações populares, sob Adriano (117-138); no reinado de Antonino (138-161), o cristão Ptolomeu em Roma e o bispo Policarpo em Esmirna são condenados simplesmente por se confessarem cristãos; nota-se uma recrudescência das perseguições no reinado do imperador filósofo Marco Aurélio (161-185), que despreza profundamente os cristãos a despeito da coragem dos mártires diante da morte. Os cristãos são responsabilizados pelas desgraças da época e constituem as vítimas potenciais dos ritos expiatórios. Assim, o filósofo e apologista Justino é morto em Roma, enquanto em Lyon, em 177, o velho bispo Potino e vários cristãos morrem na prisão; Sanctus, diácono da Igreja de Vienne, Atálio, apesar de ser cidadão romano, a escrava Blandina, o adolescente Pôntico e outros são jogados às feras no anfiteatro das Três Gálias; seus corpos são dados aos cães, depois queimados, e suas cinzas atiradas no Ródano; em Pérgamo, cristãos são torturados e queimados vivos no anfiteatro. Em 180, pela primeira vez na África do Norte, cristãos são decapitados por causa da sua fé; em Roma, alguns são condenados aos trabalhos forçados nas minas da Sardenha. Mas veem-se também governadores soltarem cristãos e o imperador Cômodo anistiar confessores sob a influência dos seus próximos, porque o cristianismo penetrou em todos os meios, inclusive na corte.

Agora, os cristãos são mais numerosos; em cada cidade, a Igreja local é organizada tendo à frente um bispo, assistido por padres e diáconos; essa organização, conhecida tanto das autoridades como do público, pode ser assimilada à dos colégios, o que possibilita ter locais de culto e cemitérios. Mas houve perseguições. Algumas visavam os convertidos, os catecúmenos e os recém-batizados, assim como seus catequistas: em Alexandria, em 202-203; em Cartago, para onde são levados vários catecúmenos, entre eles duas jovens, Perpétua e Felicidade; julgados e condenados a serem jogados às feras, são executados em 7 de março de 203, com seu catequista, que os batizou na prisão; eles haviam se recusado a vestir, os homens, a veste dos sacerdotes de Saturno, as mulheres a das iniciadas de Ceres, para que seu martírio não fosse transformado em sacrifício aos deuses da África romana. As denúncias e a pressão popular sempre provocam surtos de violência, como o massacre anticristão de 249, em Alexandria. Os cristãos em perigo de morte exaltaram o ideal do martírio, prova absoluta de fé, consumação da perfeição cristã pela imitação do Cristo crucificado, fracasso aparente que se transcende como triunfo.

No curso do século III, o Império é confrontado com duras vicissitudes (invasões dos godos, catástrofes naturais), interpretadas como sinais de ruptura da paz dos deuses; para restaurá-la, o imperador Décio ordena uma súplica geral, marcada para 3 de janeiro de 250: todos os cidadãos (praticamente todos os habitantes livres do Império desde 212) e suas famílias devem realizar um ato religioso em honra aos deuses – oferenda de incenso, libação, sacrifício ou consumo de carne consagrada. São fornecidos certificados, que alguns compram. Não se tratava propriamente de um edito de perseguição, mas ele a deflagrou, pois visava obrigar a abjurar – ou mesmo a condenar – os que se recusavam a submeter-se. Muitos cristãos se submeteram espontaneamente, alguns abjuraram sob ameaça e outros, torturados, resistiram: eram os confessores; outros, enfim, foram condenados à morte: eram os mártires. A perseguição cessou quando da morte de Décio, em 251, mas tornou quando seu sucessor ordenou novos sacrifícios públicos para conjurar uma epidemia de peste. Novamente a turba gritava: "Os cristãos aos leões!" Os apóstatas foram mais numerosos que os mártires e que os confessores, notadamente na África. Evitando o duplo risco do rigorismo e do laxismo, Cipriano, bispo de Cartago, preconizou uma penitência proporcional à falta, que foi adotada por um concílio africano, em comunhão com o bispo de Roma, Cornélio. Assim foi definida para a Igreja universal uma disciplina de penitência e de misericórdia.

Em 257-258, em razão da situação particularmente grave, uma perseguição geral dos cristãos é ordenada pelo imperador Valeriano, a fim de canalizar o descontentamento popular para os cristãos, apontados como responsáveis. Pela primeira vez, dois editos os visam explícita e exclusivamente: em 257, as reuniões e o acesso aos cemitérios são proibidos a eles; bispos, padres e diáconos devem oferecer sacrifícios, sob pena de exílio e confisco dos bens; em 258, são condenados à morte os clérigos e as pessoas de alta posição social. A perseguição se torna sangrenta: em Roma, o bispo e quatro diáconos são decapitados; Cipriano e outros bispos africanos, bispos espanhóis e Dionísio de Lutécia também são.

Após a captura de Valeriano pelos persas, seu filho, Galiano, preocupado em obter a paz civil, dá mostra de realismo e suspende a perseguição, em 260, autorizando os cristãos a reaver seus locais de culto e cemitérios. Embora a religião cristã não fosse reconhecida como legal, os cristãos gozaram por quarenta anos um período de paz que permitiu que a Igreja se desenvolvesse, claro que de maneira desigual, conforme as regiões. Convém não superestimar essa expansão, que pode alcançar cinco a quinze por cento da população, mais no Oriente e na África, muito menos nas regiões pouco urbanizadas do Ocidente.

A partir de 284, o imperador Diocleciano inicia a reorganização do Império e cerca-se de colegas que, em 293, formam um colégio de quatro imperadores (a tetrarquia). Essa obra implicava uma estrita coesão religiosa nos marcos da religião tradicional, o que acarretou a perseguição dos que a recusavam: maniqueus em 297, cristãos a partir de 303. Quatro editos enunciam proibições e penas cada vez mais severas: demolir as igrejas, queimar as Escrituras, exoneração de oficiais e funcionários cristãos, detenção dos líderes das Igrejas e, finalmente, obrigação para todos de oferecer sacrifícios, sob pena de morte. A aplicação dessas medidas foi variável: a perseguição foi duríssima no Oriente até 311 (e mesmo depois dessa data), brutal na Espanha, na África e na Índia até 306, restrita na Gália, domínio do imperador Constâncio, tolerante, se não simpatizante, do cristianismo.

Em 311, o imperador Galério, perseguidor encarniçado, reconheceu o fracasso de uma perseguição que, por mais sangrenta que tenha sido, não havia conseguido erradicar o cristianismo. Realista, mas sem remorsos, decide dar mostra de "indulgência". Concede o direito de ser cristão, de reconstruir os locais de reunião, acrescentando: "Os cristãos deverão orar a seu Deus por nossa salvação, a do Estado e a deles." Fazia três séculos que os cristãos não pediam outra coisa! O cristianismo era legalmente reconhecido.

A decisão tomada em Milão em 313 pelos imperadores Constantino, pessoalmente convertido, e Licínio concede "aos cristãos, como a todos, a liberdade de poder praticar a religião de sua escolha, de modo que o que há de divino na morada celeste possa ser benévolo e propício". A liberdade de religião e de culto era reconhecida. Isso era algo profundamente novo. O martírio não era mais – pelo menos por ora – a via mestra de acesso à santidade; o culto dos mártires e a veneração das suas relíquias se desenvolveram. Outros modos de testemunho da fé, outros modos de alcançar a vida perfeita foram encontrados, em particular o ascetismo.

FRANÇOISE THELAMON

"Vivemos convosco", mas...
Os cristãos e os costumes do seu tempo

Animados por uma fé exclusiva que não suporta compromissos, os cristãos recusam toda participação nos cultos tradicionais: cerimônias e festas em homenagem aos deuses, mas também formas de sociabilidade que delas fazem parte, como banquetes e espetáculos, assim como o consumo da carne de sacrifício.
Certas profissões ou estados de vida são incompatíveis com o batismo, que deve ser, nesse caso, recusado ou adiado: todos os que são ligados aos cultos, aos templos, à adivinhação ou mesmo à magia; ao anfiteatro, ao circo e ao teatro, à prostituição, mas também o ofício de soldado, as magistraturas que implicam o poder do gládio e/ou a efetuação de ritos em homenagem a deuses ou imperadores. Os cristãos se mantêm portanto afastados de uma parte da vida pública; por isso, são acusados de misantropia e de "ódio ao gênero humano" (Tácito). Como sua fé manifesta práticas religiosas, individuais e coletivas que lhes são próprias, os cristãos são suspeitos de formar uma seita perigosa entregue a uma "vã e louca superstição", pois adoram como deus um criminoso devidamente condenado por um magistrado romano ao mais infame dos suplícios, o da cruz. São acusados de praticar ritos pavorosos ou imorais – assassinato de crianças, canibalismo, magia – e de ter costumes sexuais depravados. Enfim, os intelectuais e os meios cultos os desprezam. Assim, para o filósofo Celso (c. 178), são pessoas da "maior ignorância", "sem

educação" nem cultura, que enganam os fracos de espírito (mulheres e crianças, artesãos, escravos e libertos) jogando com a credulidade, pessoas que põem em risco a família e a sociedade.

A essas acusações os cristãos respondem: "Não fazemos nada de mal", nossos costumes são puros. "Vivemos convosco, levando o mesmo gênero de vida", escreve Tertuliano por volta de 197, sustentando que os cristãos cultivam a terra, comerciam, frequentam o fórum, o mercado, as termas, as lojas, os albergues, as feiras, numa palavra, vivem com e como seus concidadãos. Na verdade, os cristãos guardam distância dos costumes e das formas de sociabilidade do mundo do seu tempo, quando eles não são compatíveis com sua fé e seus valores.

Suas refeições em comum, seus ágapes – que davam tanto que falar – são emblemáticos da sociabilidade cristã: sob o olhar de Deus, assinalam-se pela modéstia, pelo pudor, pela sobriedade (neles, não se bebe muito e cantam-se hinos em homenagem a Deus). Um cristão pode frequentar as termas, mas para se lavar; pode utilizar incenso em homenagem aos mortos. "Quanto aos espetáculos, renunciamos a eles", escreve ainda Tertuliano, que denuncia a loucura do circo, onde as corridas provocam o desencadear frenético das paixões, a imoralidade do teatro, a atrocidade do anfiteatro, onde o espectador sente um prazer sádico em assistir à morte de seres obrigados a se matar – os gladiadores – ou expostos às feras, a frivolidade das competições esportivas. Se a crítica cristã coincide com a de certos filósofos (os estóicos), no que concerne tanto às corridas quanto aos jogos sangrentos do anfiteatro, soma-se a ela uma denúncia do caráter idolátrico, logo diabólico – já que os deuses são identificados aos demônios –, de certas práticas, de que os próprios contemporâneos talvez já nem tivessem consciência, como o caráter religioso da procissão, que no circo, preludiava o desenrolar das corridas, ou ainda o fato de que os combates de gladiadores tinham como origem o sacrifício humano em homenagem aos mortos. Assim, a renúncia aos espetáculos é um sinal distintivo dos cristãos, mas terá sido respeitada sempre? As injunções e advertências regularmente repetidas até o século V nos fazem duvidar de que isso ocorresse.

Ao recomendar que as mulheres cristãs "agradem somente ao marido" e que, portanto, não usassem artifícios de sedução, como maquiagem, joias e roupas luxuosas ou impudicas, Tertuliano afirma que essa é a regra comum e que um esposo, cristão ou não – o que era frequentemente o caso –, devia considerar a castidade como o mais belo de todos os ornamentos. A moral cristã está, nesse aspecto, totalmente afinada com a moral comum, se não com os usos. Mas ele convida as mulheres cristãs a sair de casa para socorrer os pobres, participar do santo sacrifício e ouvir a palavra de Deus; admite as visitas de amizade a não-cristãos, para os quais elas poderão ser um exemplo. Do mesmo modo, Clemente de Alexandria (c. 190), procurando "esboçar" – em *O pedagogo* – "como deve ser em toda a sua vida aquele a que chamamos um cristão", dá conselhos práticos para viver no mundo com simplicidade, moderação, domínio de si e fazer bom uso do que Deus criou. Mas deve-se levar em conta o fato de que esses conselhos de ética da vida cotidiana constituem um discurso normativo dirigido a certa categoria social abastada. Da vida concreta da maioria anônima da gente comum, homens e mulheres, cristãos ou não, pouca coisa se sabe. Ademais, o adiamento do batismo para a proximidade da morte também permitia continuar a viver "como antes", sem contar a pressão social e os encargos a que os notáveis das cidades não podiam se furtar.

Fazendo da união entre Cristo e a Igreja o modelo do casamento, os cristãos lançavam as bases de uma ética específica da união conjugal, fundada no domínio de si e na fidelidade recíproca dos esposos. Assim, o homem que vive em concubinato tem de se casar para poder se batizar, mas a escrava concubina do seu amo, que criou seus filhos e não tem relações sexuais com outros homens, pode ser batizada. O equilíbrio entre as correntes sectárias, como os marcionitas, que preconizam a continência absoluta tanto para os homens como para as mulheres, os que negam o primado da virgindade (Joviniano) ou os que ironizam as mulheres casadas (Jerônimo), é mantido pelos responsáveis das comunidades, que insistem no valor do casamento, ainda que o modelo da virgindade consagrada seja exaltado no século IV, com o desenvolvimento do ascetismo. Reprovando o adultério do homem tanto quanto o da mulher e o uso sexual dos rapazes, sem estabelecer diferença entre livres e escravos, os pregadores cristãos contribuem para que os homens tomem consciência da igual dignidade de todo ser humano. O mesmo se dá quando, indo contra o uso estabelecido, os cristãos recusam a prática da exposição dos recém-nascidos indesejáveis, inclusive no caso de crianças malformadas.

Ao responderem "eu sou cristão" ao magistrado que tinha o poder de condená-los à morte e, talvez mais ainda, no caso das mulheres, "eu sou cristã", os futuros mártires, recusando-se a declinar sua identidade, a revelar a que família pertenciam ou sua qualidade de cidadão, alcançavam a dignidade de pessoas e sujeitos do seu próprio destino, em nome de sua fé. Tertuliano foi o primeiro a se dirigir às mulheres num tratado sobre a toalete; era uma inovação que foi seguida. Pregadores, retóricos e filósofos cristãos trataram da educação tanto das meninas como dos meninos, depois, no século IV, da virgindade, do casamento e da viuvez, em cartas e tratados, muitas vezes destinados a mulheres, contribuindo para desenvolver uma nova ética familiar primeiramente nos meios abastados e cultos, mas que se difundiu em seguida, pouco a pouco, por toda a sociedade.

Na verdade, os cristãos estão numa situação paradoxal, como explica o autor de *A Diogneto* (epístola escrita em Alexandria entre 190 e 210, sem dúvida destinada a um magistrado encarregado de uma investigação sobre os cristãos): "Os cristãos não têm nada de diferente em relação aos outros homens [...] não vivem em cidades à parte [e] se conformam aos usos locais, mas também obedecem a leis extraordinárias [...] da sua república espiritual." Semelhantes e diferentes ao mesmo tempo, os cristãos têm valores e comportamentos diversos dos de seus concidadãos. Ao contrário dos estóicos, que se pretendem "cidadãos do mundo", os cristãos "passam a vida na Terra, mas são cidadãos do Céu". Vivendo em todas as cidades do mundo, são como a alma no corpo. Ora, "a alma habita no corpo, mas não é do corpo, assim como os cristãos habitam no mundo, mas não são do mundo".

Conscientes da sua identidade e do que ela implica, os cristãos mesmo assim reivindicam, salvo certas correntes sectárias, seu pertencimento a uma família, a uma cidade, ao Império Romano e seu apego à cultura greco-romana.

FRANÇOISE THELAMON

Em resposta às críticas
Os apologistas, de Aristides a Tertuliano

O conflito que opõe a jovem comunidade cristã à massa do povo, à sua elite intelectual e às autoridades levou seus membros mais cultos a tomar a palavra para defender (*apologeîsthai*) seus correligionários, dirigindo súplicas ao poder ou cartas abertas a seus compatriotas. Esses autores é que geralmente são qualificados de apologistas, palavra que se aplica mais especificamente aos autores de língua grega do século II. Esse movimento se prolongou na primeira metade do século III, no século IV (Eusébio, Atanásio) e até o início do século V (Agostinho, Cirilo, Teodoreto).

A apologética primitiva parece dever muito à tradição judaica. É ilustrada pelo ateniense Aristides, que entregou seu libelo ao imperador Adriano quando da sua estada na Ática, por volta de 124-125. Essa obra, de conteúdo rudimentar, segue um plano bastante simples: após um exórdio sobre a existência e a natureza do verdadeiro Deus, Aristides passa em revista o erro dos bárbaros (o culto dos elementos), dos gregos (o politeísmo, associado à zoolatria egípcia) e dos judeus, que reverenciam o verdadeiro Deus sem o conhecer; segue-se uma exposição da piedade dos cristãos. Essa divisão em quatro "raças" é a primeira atestação datada da separação entre a Igreja e a Sinagoga. Encontramos também em Aristides fragmentos de fórmulas de fé, compreendendo a afirmação da unicidade de Deus, único criador, e a confissão do Filho, Deus vindo na carne "pelo Espírito" para salvar os homens, crucificado, morto e ressuscitado.

A atividade de Justino, que dirigiu ao imperador Antonino e ao Senado, entre 150 e 155, duas súplicas (*biblídia*), assinala o apogeu do gênero. Nascido em Naplusa numa família de colonos helenizados, não circuncisos, formado na filosofia pagã (afirma-se discípulo de Platão), Justino converteu-se após um itinerário espiritual de que dá um duplo relato, ressaltando ora o valor exemplar da coragem dos cristãos ante a morte, ora a força de convicção de um didascalo (professor) encontrado em Éfeso e dos escritos que este lhe deu a conhecer. Esteve duas vezes em Roma, a primeira marcada por suas querelas com o filósofo cínico Crescêncio, a segunda encerrada por seu martírio sob Marco Aurélio, entre 163 e 168. Dele, também foi transmitido até nós um diálogo com o judeu Trifão, que contém em germe toda a argumentação contra os judeus desenvolvida nos séculos que se seguiram, e um tratado *Da Ressurreição*, dirigido contra cristãos heterodoxos, sem dúvida gnósticos. Justino dá origem a um novo gênero literário, que se define mais pelo fundo do que pela forma; Taciano, Atenágoras e Tertuliano se reconhecem implicitamente nele pelos empréstimos que fazem. Seu uso das Escrituras e, mais particularmente, dos testemunhos (*testimonia*) cristológicos assinala uma etapa importante na afirmação da exegese cristã. Enfim, ele fez progredir de maneira decisiva a reflexão cristológica: ao definir o Filho como "outro Deus", segundo na ordem hierárquica, ao mesmo tempo que afirma sua unidade com o Pai, Justino concilia a unidade e a distinção dos dois numa perspectiva de subordinação que será regra até Niceia.

A geração seguinte – Taciano, Atenágoras, Melitão e Teófilo, que floresceram no fim do reinado de Marco Aurélio – é a da diversificação do gênero. Sírio, convertido do paganismo e discípulo de Justino em Roma, Taciano distanciou-se da Grande Igreja depois da morte deste último para dirigir no Ocidente sua própria seita, dita dos encratistas ("abstinentes"). Conservou-se dele um *Discurso aos gregos*, violento ataque à cultura helênica identificada com o paganismo, em que a influência do seu mestre ainda é muito sensível, e várias traduções do *Diatessaron*, uma concordância dos Evangelhos que foi a versão oficial da Igreja siríaca até o século V. Esses textos não permitem julgar o grau de heterodoxia da doutrina de Taciano, cujos escritos não parecem ter causado grande escândalo no Oriente, ao passo que Clemente de Alexandria e, depois, o heresiólogo Epifânio de Salamina os classificavam entre as obras gnósticas.

Atenágoras, "filósofo" de Atenas, faz por seu lado figura de moderado. Dele não se conhece nada confirmado, apesar de o historiador Filipe de Side o designar como o primeiro mestre do *didáskalon* de Alexandria. Redigiu uma *Súplica acerca dos cristãos*, dirigida por volta de 176-177 ao imperador Marco Aurélio, em que refuta sucessivamente as três incriminações de antropofagia ritual, de incestos edipianos e de "ateísmo", antes de acusar os costumes e crenças dos pagãos, que opõe aos dos seus correligionários; e um tratado *Sobre a Ressurreição*, em que combate a interpretação espiritual que os gnósticos davam dessa doutrina. A *Súplica* manifesta uma evidente vontade de apresentar a mensagem cristã sob o prisma da razão, em particular na definição das relações que unem o Pai ao Filho. A refutação do paganismo também é fundada racionalmente: oposição marcadamente platônica entre o Deus incriado e os deuses criados, polidemonismo para explicar a ação dos ídolos nos santuários, evemerismo para justificar a existência das suas lendas e dos seus cultos. Na mesma época, o bispo de Sardes, Melitão, dirigiu ao imperador uma apologia de que só restam alguns fragmentos, em que é desenvolvida a visão utópica de uma união da Igreja com o Império, contradita pelos fatos. Outra obra de Melitão, a homilia *Sobre a Páscoa*, define pela primeira vez a unidade das duas naturezas (*dúo ousíai*) em Cristo, que aparece apenas implicitamente em Justino.

De Teófilo, bispo de Antioquia, conservaram-se somente os três livros *A Autólico*, relato de uma conversa com um amigo pagão. Embora ele próprio de origem pagã, Teófilo é o primeiro a desenvolver uma exegese contínua dos primeiros capítulos do Gênesis, em que se notou a influência dos métodos rabínicos. Também dá uma contribuição importante à elaboração do dogma, em particular pelo primeiro emprego conhecido da palavra *triás* ("tríade", "trindade") para designar o Pai, o Filho e o Espírito, e por uma sistematização da doutrina da processão do Logos, que concilia a coeternidade do Verbo contido em Deus desde o princípio e sua proliferação como dois momentos da existência do Verbo. A cronologia universal que ele dá em seu último livro para provar a maior antiguidade das Escrituras cristãs permite-nos situar sua atividade num período de relativa calma, aquele que se seguiu à ascensão de Cômodo ao poder (180).

Vários historiadores associam às apologias o *A Diogneto*, obra anônima mal situada no tempo e no espaço (a Alexandria do início do século III?), que é uma resposta às perguntas formuladas pelo autor, novamente, por um amigo pagão: "A que deus se dirige a fé dos cristãos, que culto lhe prestam, de onde vem seu desapreço unânime pelo mundo e seu desprezo pela morte, por que não fazem caso dos deuses reconhecidos pelos gregos e não respeitam as superstições judaicas, qual é esse grande amor que têm uns pelos outros, enfim por que esse novo povo, esse novo modo de vida não veio à existência antes?" São esses os principais temas da apologética.

Não parece que as apologias alcançaram seu objetivo. A política dos imperadores não se atenuou no sentido de uma maior tolerância e, se a comunidade não parou de se ampliar, deve isso sobretudo à propaganda individual e ao valor do exemplo: para retomar a palavra de Tertuliano, o sangue dos cristãos é que formou a melhor das sementes, bem como, sem dúvida, a austeridade da sua moral. No entanto, a contribuição dos apologistas à construção do cristianismo não se limitou a esse papel de defesa das comunidades, nem tampouco de questionamento do politeísmo; ela foi acompanhada por um esforço de racionalização da doutrina, para torná-la compreensível a um público culto, contribuindo assim para a elaboração do dogma.

A atividade apologética continua no século III. Clemente de Alexandria (c. 150-c. 215) não foi apenas um pregador, um diretor de consciência, um "gnóstico" que permaneceu na ortodoxia, detentor de uma doutrina esotérica cujo segredo preserva; foi também um cantor do cristianismo ao mesmo tempo que um denunciador eloquente do paganismo em seu *Protréptico*. Entre os latinos, o africano Tertuliano (c. 160-c. 225), moralista rigoroso, retórico de eloquência virulenta mas também teólogo brilhante (a ele devemos o vocabulário teológico em uso no Ocidente: *persona, trinitas*, etc.), de obra tão abundante quanto diversificada, enfatiza, na sua *Apologética* (c. 197), a fraqueza do fundamento jurídico das perseguições, tema até então um tanto negligenciado; como Taciano, no fim da vida afastou-se da Grande Igreja unindo-se à corrente montanista. Pouco depois, parece, o advogado Minúcio Félix, em seu *Otávio*, põe em cena o debate entre dois amigos, o pagão (Cecílio) e o cristão (Otávio), encerrado com a vitória do segundo. Enfim, o fundador e mais brilhante representante da escola exegética de Alexandria, Orígenes, no *Contra Celso* (c. 248), refuta sistematicamente a primeira obra de envergadura dirigida contra os cristãos, o *Discurso verdadeiro* do filósofo Celso, anterior em cerca de setenta anos. Mas, para esses escritores, o combate mudou de natureza: as acusações caluniosas pertencem agora ao passado e o embate se torna mais intelectual. A literatura e o pensamento cristão rivalizarão a partir de então com seus concorrentes pagãos.

BERNARD POUDERON

III

Quando o Império Romano se torna cristão

De Constantino a Teodósio
Da conversão do imperador
à conversão do Império

Como muitos outros não-cristãos da sua época, o imperador Constantino parece ter sido, a princípio, simplesmente monoteísta, crendo num Deus criador supremo, conhecido por diferentes nomes e adorado de diversas maneiras. Assim, o *Sol invictus* aparece nas moedas depois de 308; só progressivamente é que ele virá a formular de maneira explícita, em textos provenientes da sua pena, sua adesão ao cristianismo. Não há por que contestar sua sinceridade, como fizeram vários historiadores, ainda que essa adesão lhe permita identificar-se como um instrumento escolhido pessoalmente por Deus e que essa relação pessoal adquira um alcance político: estava-se então num mundo em que pagãos e cristãos consideravam o imperador um indivíduo religiosamente marcado. Não se deve, de resto, imaginar uma conversão súbita, mas antes uma evolução, um despertar gradual: o próprio Eusébio de Cesareia, seu biógrafo, diz que o imperador recebeu várias vezes sinais de Deus.

Resulta em todo caso que, quando volta a Roma após a batalha da ponte Mílvio (312), Constantino encontra o denominador comum que garantirá tanto a unidade do seu Império – o reconhecimento de um Deus único –, como sua própria legitimidade, que ele faz proceder de uma missão pessoal recebida de Deus. Isso não o leva a uma atitude intolerante em matéria de religião. O "edito de Milão", de 313, exprime ao mesmo tempo a ideia de que a segurança do Império é assegurada pelo Deus supremo (e não mais pelos deuses da tetrarquia, Júpiter e Hércules) e o reconhecimento oficial do fato de que a religião não pode ser forçada. Constantino dá testemunho de uma política de consenso à qual cristãos e pagãos podem aderir, de um fundamento comum unitário: o monoteísmo, um monoteísmo que tolera as diferenças religiosas e rejeita a coerção. Pondo fim à Grande Perseguição lançada em 303 por Diocleciano, que fracassou em sua tentativa de erradicar o cristianismo, Constantino tem em vista, portanto, conquistar os cristãos, incorporá-los ao Império e à sua política tradicional.

O caso é que, bem cedo, ele vai favorecer de forma manifesta a Igreja: doações de dinheiro, de terrenos, de palácios, financiamento de basílicas em Roma e em Jerusalém. Com isso, os bispos requerem que ele se envolva em seus assuntos internos e se, num primeiro momento, procura resolver os conflitos entre eles de maneira consensual, as resistências encontradas logo o levam a tomar medidas severas contra os dissidentes: donatistas e, mais tarde, arianos. Em compensação, em relação à religião tradicional, conserva uma atitude de tolerância (conquanto um pouco desdenhosa), contentando-se em proibir algumas práticas já recusadas por um paganismo esclarecido (os sacrifícios sangrentos, a magia, a adivinhação privada). Se não pôde conter os bispos e suas ásperas desavenças teológicas, soube porém, durante seu reinado, neutralizar um cristianismo militante antipagão.

Os sucessores cristãos de Constantino (em particular Constâncio II, Valêncio e Teodósio) continuam a intervir nos assuntos da Igreja. Para tanto, podem se apoiar na teologia política elaborada por Eusébio de Cesareia em seus derradeiros escritos, em particular no *Discurso para os trinta anos de reinado* e na *Vida de Constantino*: seu autor apresenta, neles, o modelo de um *basileus* cristão, posto à frente de um Império também cristão. Isso implica que ele "submeta os inimigos da verdade", proclame "as leis da verdadeira piedade" para todos, cuide de assegurar a salvação de todos. Investidos dessa missão de proteção, se não de vigilância, os imperadores cristãos, ao longo de toda a crise ariana, sustentam ou impõem fórmulas de fé diversas, concedendo seus favores aos que as aceitam, mas perseguindo os que as rejeitam (os dissidentes, sobretudo bispos, são depostos e banidos – é o caso de Atanásio de Alexandria e de Hilário de Poitiers). Ao cabo de cinquenta anos de controvérsias, a ascensão ao poder de Teodósio I (379-395) assinala o retorno definitivo à "ortodoxia". Definida no Concílio de Niceia de 325 e reafirmada no Concílio de Constantinopla de 381, recebe o apoio do imperador, que faz dela uma lei válida para todos. Uma série de leis, cada vez mais repressivas, restringem a liberdade de expressão e de culto de todos os dissidentes da ortodoxia, tidos como heréticos e perseguidos como tais.

Mas, entre os deveres do imperador, Eusébio incluía também o de combater o "erro ateu", o paganismo. Por isso, paralelamente às medidas de repressão das dissidências cristãs, os sucessores de Constantino tomam outras que vão restringir, depois proibir, a liberdade do culto pagão. Os filhos de Constantino são os primeiros a atacá-lo. Uma lei de Constante, de 341, declara: "Cesse a superstição, seja abolida a loucura dos sacrifícios." Ainda não se trata, porém, ao que parece, de uma proibição absoluta de todos os cultos pagãos já autorizados, mas de uma simples renovação das restrições impostas por Constantino. De fato, uma lei sua proíbe que se destruam templos, tolerados, "embora toda superstição deva ser totalmente destruída". Constâncio II vai mais longe, por motivos entre os quais parece ter estado a política: no período que vai de 353 a 357, depois da derrota do usurpador Magnêncio, que havia autorizado novamente os sacrifícios noturnos, várias leis ordenam o fechamento dos templos e tentam proibir totalmente o culto pagão: quem ousar sacrificar é ameaçado de ser "golpeado por um gládio vingador" e de confisco dos bens; a adoração de estátuas é proibida sob pena de morte. No entanto, essas medidas só foram parcialmente aplicadas. A política religiosa dos dois irmãos não resulta portanto na repressão sistemática do paganismo, mas somente num acentuado desfavorecimento.

O imperador Juliano, que nascera cristão mas voltara à religião tradicional, abole aquelas medidas e tenta reavivar esta; todavia, seu curto reinado (361-363) não lhe permite levar a cabo essa empreitada. Sua lei escolar, logo abolida por seu sucessor Joviano, havia tentado proibir que os professores cristãos difundissem a herança da cultura clássica, tida como um bem do paganismo. A política dos sucessores de Valenciniano e Valêncio é, no entanto, relativamente tolerante com este. Uma das suas primeiras leis, renovada em 370, declara manter a liberdade de culto. Mas, no final do seu reinado, Valêncio proíbe de novo os sacrifícios sangrentos.

A política religiosa de Graciano e Teodósio I – depois, com a morte do seu associado, deste último somente – adotará medidas muito mais decisivas, que acabarão pondo o paganismo fora da lei. Quando da sua ascensão ao poder, Teodósio rejeita o título e o manto de *Pontifex maximus*, e logo em seguida Graciano renuncia a ele. Os cristãos que voltam ao paganismo são objeto de vários editos, perdendo desde 381 o direito de fazer testamentos. Essa lei é renovada em 383: aplicando-se estritamente aos cristãos batizados que abandonam sua fé, considerados "excluídos do direito romano", ela deixa aos que foram apenas catecúmenos o direito de testar em benefício da família. Será endurecida por Teodósio em 391, a pretexto de que o abandono da comunhão cristã equivale a "apartar-se do resto dos homens". Por outro lado, velhas interdições visando as práticas religiosas tradicionais são renovadas: em 381 e 382, os sacrifícios sangrentos são proscritos, sob pena de deportação; em 385, as práticas de adivinhação, sob pena de morte. Os dois imperadores também vão investir contra as próprias instituições do culto pagão. No outono de 382, Graciano manda tirar do Senado a estátua e o altar da Vitória, depois suprime as imunidades das Vestais e dos sacerdotes pagãos, confisca seus rendimentos e subvenções; Teodósio ordena o fechamento dos templos: só podem permanecer abertos, com fins unicamente culturais ou para a realização de assembleias públicas, os que contêm obras de arte. Vários templos, em 384, são fechados ou demolidos.

Mas é uma série de leis emitidas de 391 a 394 que culmina essa investida, vedando qualquer manifestação do culto pagão: a lei de 24 de fevereiro de 391, proíbe-a para Roma; a de 16 de junho, para o Egito; a de 8 de novembro de 392, para todo o Império. Todos os sacrifícios, inclusive os modestos sacrifícios do culto doméstico, são desautorizados, seja em público, seja em particular, seja qual for o nível social, sob pena de multas pesadíssimas e até de punições mais graves. Essa lei é que faz do cristianismo a religião do Império, já que a religião tradicional perdeu todo direito legal de se exprimir: com Teodósio (e não com Constantino, como às vezes se diz), o Império Romano tornou-se *oficialmente* cristão.

PIERRE MARAVAL

Pensar o Império cristão
Teologia política e teologia da história

A escolha do cristianismo por Constantino, a suspensão das perseguições e o reconhecimento da liberdade religiosa para todos criavam, para os cristãos, condições radicalmente novas; daí em diante, havia que pensar o Estado romano no plano divino, na economia da salvação, pensar a relação do soberano cristão com Deus e com seu lugar na Igreja.

Nos Estados antigos, a realeza humana era pensada como imagem terrestre da realeza divina, e aquele que era investido dela, como representante na terra do soberano celeste; o exercício do poder era uma imitação sacralizante da ação divina. Mesmo em Roma, certa sacralização do imperador, que o título Augusto já exprime, desenvolvera-se sob diversas formas, entre elas o culto imperial; e o imperador, em sua qualidade de pontífice supremo, era chefe e responsável da religião tradicional.

Eusébio, que se tornou bispo de Cesareia (na Palestina) por volta de 313-314, próximo de Constantino depois de 324, apologista, teólogo e historiador, foi o primeiro a formular, em diferentes discursos e obras, uma teologia cristã do poder e da história. Ele mostra que a Encarnação do Verbo de Deus, o Logos, na pessoa de Jesus é o ponto crucial da história da humanidade e lhe dá sentido; ora, o acontecimento se deu no Império Romano na época de Augusto, o que não é uma coincidência, mas a realização do desígnio de Deus; assim, "um Deus único era proclamado a todos e, ao mesmo tempo, uma realeza única, a dos romanos, se estabelecia florescente entre todos [...] no mesmo momento [...] uma paz profunda tomava conta do universo" (*Elogios de Constantino*, XVI, 4). Havia a partir de então um só Deus e um só imperador – monoteísmo e monarquia andam juntos; a paz romana era o sinal objetivo dessa realização providencial, ainda que, durante vários séculos, os imperadores não tenham sido cristãos, ainda que os cristãos tenham sido perseguidos. O Império Romano é, assim, totalmente assumido; no desígnio de Deus, ele tem por missão assegurar a unidade e a harmonia do gênero humano; a expansão do Império e a paz romana criam as condições que permitem realizar o "ide ensinar todas as nações em meu nome" (Mt 28, 19, citado por Eusébio em XVI, 8). Com essa meditação sobre a história, Eusébio permitia que seus contemporâneos se pensassem plenamente romanos e cristãos, tanto que, "em nosso tempo", diz ele, essa vocação do Império se consumava. Ao se tornar cristão, com Constantino, o imperador pode ser verdadeiramente a imagem de Deus na terra; sua realeza é uma imagem da do Logos, o Filho pelo qual o Pai, soberano universal e onipotente, executa sua realeza na terra: "O rei amado de Deus, portando do alto a imagem da realeza, governa e dirige, à imitação do Todo-Poderoso, tudo o que está na terra" (I, 6). "Bem-amado de Deus", o imperador cristão é dotado de virtudes carismáticas: razão, sabedoria, bondade, justiça, temperança, coragem e, acima de tudo, piedade – são as virtudes do soberano ideal da tradição filosófica –, que ele não toma por méritos pessoais mas, antes, por graças recebidas do alto. Nisso, ele é verdadeiramente "filósofo" porque "conhece a si mesmo"; reconhecendo sua posição subalterna e aspirando ao Reino do alto, invoca o Pai celeste para a sua salvação e a do povo de que tem o encargo. Mas de que missão Constantino, que só foi batizado em seu leito de morte, estava concretamente investido na Igreja? Tudo era por inventar.

Se ensinar a verdadeira doutrina, dar força de lei a uma fórmula definida por um concílio, pôr em execução suas decisões, ordenar a construção de igrejas, tomar medidas em relação aos cultos tradicionais passam a ser, daí em diante, incumbência do imperador cristão, qual é seu lugar na Igreja quando não é batizado ou é considerado herético, quando impõe uma ortodoxia que não é aceita por todos, num contexto de querelas teológicas graves? Desde o reinado do filho de Constantino, Constâncio II (317-361), abre-se o conflito entre os bispos que defendem a lei estabelecida pelo Concílio de Niceia (325) contra definições de concílios posteriores que o imperador impõe; eles são expulsos então de sua sé e mandados para o exílio. As reações são vivíssimas: Hilário, bispo de Poitiers, num panfleto particularmente violento, trata Constâncio de Anticristo! Portanto é o lugar do imperador na Igreja e sua competência em matéria de definição da fé que têm de ser repensados.

"O imperador está na Igreja e não acima da Igreja." Essa fórmula de Ambrósio, bispo de Milão (339/340-397), resume muito bem o pensamento dos bispos no curso das últimas décadas do século IV, em particular no Ocidente romano. Em 386, ele lembrava com firmeza os "direitos do sacerdócio" ao jovem imperador Valentiniano II, ainda não batizado: em matéria de fé, "os bispos é que são juízes dos imperadores" e não o inverso, sobretudo se o imperador é suspeito de heresia ou cometeu uma falta grave. Em 390, recusou ao imperador Teodósio, culpado de, num movimento de cólera, ter ordenado um massacre contra os habitantes da Tessalônica, o acesso à igreja sem antes fazer penitência pública; o imperador submeteu-se à exigência de maneira cujo exemplo edificante Ambrósio não deixou de ressaltar posteriormente. De um imperador "bispo dos assuntos de fora", como seria designado Constantino, a um imperador "primeiro dos leigos", como Ambrósio o representa, está claro que a concepção do imperador cristão evoluiu no correr do século IV. Mais que Constantino, agora é Teodósio o modelo do soberano cristão ideal; dele tem as qualidades: temor a Deus e piedade, clemência, domínio de si e humildade; por isso, merece a vitória e, para ele e para seu povo, essa "felicidade eterna que Deus propicia às almas realmente piedosas" (Agostinho, *Cidade de Deus*, V, 26). A humildade aparece a partir de então como a virtude essencial do imperador cristão. À imitação de Cristo, que "se fez obediente até a morte", o imperador deve ser submetido a Deus, mas também à Igreja, em matéria de fé, de conduta e até em sua maneira de exercer o poder.

Mas se o Império Romano pôde ser pensado como desejado por Deus e consumado em império cristão, seu estremecimento pelos ataques dos bárbaros e a tomada de Roma pelos godos em 410 obrigavam os cristãos a superar a ideia da eternidade de Roma, a não ligar a sorte da Igreja à de um Estado terrestre, qualquer que fosse, inclusive cristão, e a não confundir "as extremidades da terra" a ser evangelizada com as fronteiras do Império. "Horror, o Universo rui", escreve Jerônimo (*Epístola* 128), mas também chamando à penitência: "São nossos pecados que fazem a força dos bárbaros" (*Epístola* 60). Já Agostinho convida a reler a história de Roma e a refletir sobre a velhice do mundo, destinado a desaparecer, mas a que Cristo, mediante sua Encarnação, trouxe a salvação. Superando as representações da cidade ideal, mesmo que dilatada às dimensões do mundo, Agostinho enuncia então: "Dois amores construíram duas cidades. O amor a si até o desprezo a Deus, a cidade terrestre; o amor a Deus até o desprezo a si, a cidade celeste" (*Cidade de Deus*, XIV, 28). Não se trata de opor uma cidade terrestre inteiramente má a uma cidade celeste fora do tempo e desencarnada: trata-se de dois amores. As duas cidades não são contraditórias: a cidade terrestre que pode fazer reinar a paz e a concórdia não é desprezível, mas é insuficiente e não poderia ser um fim; a cidade celeste, em sua viagem pela terra, supera todas as formas de Estado e as transcende: ela "atrai a si cidadãos de todas as nações [...] de todos os pontos da terra" para conduzi-los "ao Reino que não terá fim" (*Cidade de Deus*, XXII, 30).

FRANÇOISE THELAMON

Roma christiana, Roma aeterna
O lugar conquistado pela Igreja de Roma na
Antiguidade tardia

A vitória de Constantino sobre seu rival Maxêncio na ponte Mílvio, no dia 28 de outubro de 312, não apenas lhe abriu as portas de Roma e do poder, mas também assinalou o advento da Antiguidade tardia. No curso desse período de cerca de três séculos, as datas mais significativas para a história da Igreja romana remetem a dois anos marcados por acontecimentos sobrevindos fora da Cidade, mas prenhes de futuro para ela: 330 e 429.

No dia 11 de maio de 330, o novo príncipe fundava Constantinopla; com isso, fazia também sua uma política de regionalização do Império que conheceu seu acabamento sob Teodósio. E isso leva a uma regionalização da cristandade. Atesta-o o terceiro cânone do Concílio de Constantinopla de 381: "Que o bispo de Constantinopla tenha a primazia de honra após o bispo de Roma, porque essa cidade é a nova Roma", a que faz eco de forma mais acentuada ainda o vigésimo oitavo cânone do Concílio de Calcedônia, de 451. Roma protestou todas as vezes, mas acabava sua primazia universal que ela entendia decorrer, não do seu status político, mas das suas origens apostólicas. O Oriente lhe era, dali em diante, em grande parte fechado, embora suas Igrejas tenham continuado a dirigir-se a ela quando se viam em situação delicada ante o imperador.

Já na primavera de 429, oitenta mil vândalos, homens, mulheres e crianças, atravessaram o estreito de Gibraltar e tomaram, quase sem combates, a *África* romana. Ganhados ao arianismo, os novos senhores quiseram impor sua fé a seus súditos; seguiu-se um século de perseguição, ora feroz, ora camuflada. Apesar de ter saído vitoriosa dessa vicissitude, a Igreja local passou por um longo eclipse e nunca mais recobrou seu brilho. Ora, o número de seus bispos, a glória de seus mártires e a viva lembrança deixada por pastores como Cipriano e Agostinho faziam dela a única Igreja ocidental capaz de rivalizar com Roma; seu retraimento permitiu que a Igreja romana exercesse no Ocidente o primado que não pudera salvaguardar no Oriente. Porque, se o norte da Itália resistiu por um tempo, as jovens Igrejas das Gálias e das Espanhas viram, de imediato, no papa de Roma, o patriarca indiscutido do Ocidente.

Pelo menos na origem, o favorecimento imperial contribuiu muito para essa aura reconhecida à Igreja romana, porque, tão logo entrou na *Urbs*, Constantino multiplicou as iniciativas relacionadas a ela. Com a *basilica Constantiniana* (São João de Latrão), dotou-a de uma vasta e luxuosa catedral, mais adequada que as "casas de oração" para reunir os fiéis em torno do seu bispo. Ergueu para Pedro uma basílica não menos vasta no Vaticano, para Paulo outra igreja – sem dúvida mais modesta – na estrada de Ostia, enquanto, na via Ápia, a *basilica Apostolorum* (São Sebastião) celebrava conjuntamente esses dois "pilares" da Igreja local. Para si próprio, enfim, construiu na via Labicana uma igreja funerária e um mausoléu em que repousou sua mãe, Helena. E, ao longo de todo o século IV, os príncipes seguiram esse mesmo caminho, com os constantinianos erguendo São Lourenço e Santa Inês, e a dinastia teodosiana reconstruindo São Paulo Extramuros para igualá-la a São Pedro, cuja dedicatória a saudava como uma "morada real".

No século V, os bispos de Roma tinham se tornado suficientemente poderosos para edificar basílicas capazes de rivalizar com essas fundações imperiais, como Santa Maria Maior, no Esquilino, obra de Sisto III (432-440). E, embora tenham sido menos ambiciosos, seus predecessores também contribuíram para o surgimento, na *Urbs* de uma topografia cristã cujo andamento Charles Pietri reconstruiu magistralmente. Na cidade, isso passou pela construção dos *tituli*, ao mesmo tempo igrejas e centros de catequese, cuja rede se tornara tão densa a partir do século V, que não havia fiel que precisasse percorrer mais de quinhentos metros para assistir ao ofício. E o mesmo ocorreu extramuros, com a multiplicação, nos cemitérios e catacumbas, de santuários mais ou menos importantes em homenagem aos mártires. Nenhuma outra cidade podia concorrer com Roma na quantidade e na qualidade desses edifícios; Roma proporcionava com isso um modelo de equipamento eclesiástico ainda mais notável por estar a serviço de uma pastoral original, cujas características principais foram adquiridas desde o episcopado de Damásio (366-384).

As inscrições, em versos de caligrafia esplendorosa, que esse pontífice prodigalizou nos túmulos dos mártires não se limitam ao elogio dos santos; o que elas celebram com sua reiteração de cemitério em cemitério nada mais é que a agregação à comunidade romana desses heróis da fé cristã. "Cristianização de Roma e romanização do cristianismo" (Richard Krautheimer) são, assim, as duas faces de um mesmo processo que foi crescendo ao longo da Antiguidade tardia e de que Damásio foi o primeiro cantor – e que cantor! Atesta-o o elogio que destinou à *basilica Apostolorum*: se nela concede, um pouco da boca para fora, que Pedro e Paulo haviam sido "enviados pelo Oriente", logo acrescenta que, por causa do sangue que haviam derramado, "Roma pode reivindicá-los como seus cidadãos"; por isso, saúda-os para terminar como "novas estrelas", o que equivale a identificar esses príncipes da *Roma christiana* aos gêmeos Cástor e Pólux, que velavam, desde as origens ou quase, pela salvação da *Roma aeterna*.

É óbvio que Pedro e Paulo não foram convocados inocentemente para essa reinterpretação cristã da ideologia cívica de Roma, tanto que os papas do século IV não cessaram de exaltar as raízes apostólicas da sua Igreja e a figura de Pedro, por trás da qual se desenhava em filigrana seu próprio retrato de sucessores do Apóstolo. Esse tema, tão abundantemente orquestrado por seus relatos, também encontrou uma tradução em imagens nas pinturas das catacumbas e nos sarcófagos, muitos dos quais foram exportados, o que contribuiu bastante para difundir no Ocidente a ideologia pontifical. Atestam-no as pias batismais do início do século IV, em que Pedro é representado com os traços de Moisés, qual um patriarca da "nova Israel", e sobretudo as cenas do fim do século, em que Cristo, em seu palácio celeste, entrega sua Lei a Pedro, em presença de Paulo, que o aclama. Ao contrário da primeira arte cristã, que proporcionava um acesso imediato às Escrituras, está significado aqui que a recepção da Escritura deve ser feita na Igreja e, singularmente, por intermédio da Igreja de Roma.

Ora, para traduzir isso, os artesãos usaram uma composição hierática e deram aos protagonistas da cena traços nos quais a iconografia cristã, até nossos dias, ainda busca sua inspiração. Não é o menor legado que a Igreja de Roma da Antiguidade tardia deixou à Igreja universal, mas há outro, específico do Ocidente, sobre o qual convém igualmente insistir: o da língua.

Isso vale para a linguagem jurídica – o direito canônico e sua jurisprudência – que o papado começou a forjar a partir do século IV, inspirando-se estreitamente no direito romano. Também sob esse aspecto, Damásio foi um iniciador: a chancelaria pontifícia, que ele robusteceu consideravelmente, prefigura a cúria, enquanto a expressão *decreuimus*, que ele empregou nas suas relações com as Igrejas do Ocidente, anuncia as decretais da Idade Média. De resto, a denominação "Sé apostólica", que se difunde no seu pontificado, visava principalmente traduzir a ideia de que a Igreja romana era fonte de direito, e as imagens de Pedro-Moisés nos sarcófagos da época não diziam outra coisa: ao privilegiar as cenas do Sinai – entrega da Lei e o "milagre da fonte" –, é a figura de um legislador que elas exaltam.

A contribuição não foi menor no domínio da língua sacra. Damásio – ele de novo – havia solicitado a seu secretário Jerônimo que traduzisse as Escrituras para o latim. O que recebeu em resposta foi nada menos que a Vulgata. Mas o mesmo vale para a substituição do grego pelo latim nas celebrações, o que deu lugar à elaboração da liturgia romana, cujo formulário é uma criação das mais originais, mescla harmoniosa de grandeza e sobriedade, de simplicidade e dignidade. Este fino conhecedor da cultura antiga que foi Henri-Irénée Marrou considerava-o "a última, mas não a menor, obra-prima da civilização clássica". Claro, foi preciso aguardar a reforma carolíngia para que essa liturgia se difundisse no Ocidente, mas, desde então até o Concílio Vaticano II, ela foi o patrimônio comum dos fiéis católicos romanos.

JEAN GUYON

IV

Definir a fé

Heresias e ortodoxia

A diversidade caracteriza o cristianismo nascente, conforme as formas que adquirem as relações com o judaísmo, as relações com o mundo politeísta penetrado pelas missões aos "gentios" e a referência a Cristo nas comunidades primitivas. As Epístolas de Paulo e os Atos dos Apóstolos de Lucas atestam conflitos; há diferenças entre a teologia dos escritos joaninos e a dos Evangelhos sinópticos. Poderíamos multiplicar os exemplos, levando em conta igualmente os mais antigos dos escritos cristãos, qualificados mais tarde como "apócrifos". Múltiplas, as "Igrejas" constroem sua identidade; os indivíduos, as doutrinas e os usos circulam, ao mesmo tempo que se exprimem aspirações à unidade. Enquanto as "Igrejas" vivem o presente como iminência dos últimos tempos, as divisões, quando provocam distúrbios, aparecem como sinais da hora derradeira e basta para compreendê-los e dominá-los ver neles a intervenção dos "falsos profetas" que a tradição viva do apocalíptico descreve. No entanto, a partir do momento em que a parúsia (o retorno de Cristo) tarda a se manifestar e que o cristianismo se organiza para assegurar sua difusão num mundo que ele não percebe mais apenas como estrangeiro, ele é obrigado a representar seus conflitos internos como o fato de uma sociedade estabelecida numa certa permanência e a associar aos critérios de delimitação e de exclusão, tirados da sua herança original, modelos emprestados do universo que o rodeia.

A oposição entre "heresias" e "ortodoxia" é o resultado do fortalecimento das estruturas institucionais. Eusébio de Cesareia, no século IV, impôs por muito tempo a imagem da unidade original da Igreja, atacada por "heresias" sobrevindas mais tarde. Esse quadro presidiu a historiografia, com poucas exceções, até o século XX. Foi subvertido então por Walter Bauer, que se esforçou em mostrar que as correntes qualificadas *a posteriori* de "heréticas" eram majoritárias no século II, enquanto as tendências consideradas retrospectivamente "ortodoxas" eram minoritárias. A tese de Bauer, embora contestável no detalhe, se harmoniza com o progresso dos conhecimentos tornado possível há algumas décadas pelas descobertas relativas ao gnosticismo, como a biblioteca copta de Nag Hammadi (no Egito), pela consideração despreconceituada da literatura dita "apócrifa" e por uma percepção apurada das relações entre cristianismo e judaísmo nos primeiros séculos. Uma das fraquezas da tese, todavia, foi ter conservado o par "heresia" e "ortodoxia", permanecendo assim presa a conceitos produzidos pela apologética.

A noção de "heresia" se precisa, de fato, em meados do século II, numa descrição unificadora do erro, que, em seguida, servirá de balizamento e de instrumento para a polêmica e de que é testemunho, em primeiro lugar, a obra do apologista (e mártir) Justino. A adoção de um modelo comum de exclusão se situa no momento em que a Igreja procura ser reconhecida, definindo sua autenticidade de acordo com as maneiras de pensar daqueles que ela precisa convencer. O *Tratado contra todas as heresias que se produziram*, de Justino, se perdeu, mas alusões a ele na *Apologia* e em seu *Diálogo com Trifão*, assim como vestígios em Irineu de Lyon, possibilitam reconstituir sua heresiologia. Antes de Justino, o termo *haíresis* foi emprestado dos gregos para designar tendências divergentes, num sentido desfavorável, como na Epístola de Paulo aos gálatas (5, 20) e em sua primeira Epístola aos coríntios (11, 19). Mesmo nos Atos dos Apóstolos – onde, conforme o costume dos judeus helenizados, ele geralmente é empregado de maneira neutra para evocar as correntes do judaísmo –, uma nuance negativa aparece (em 24, 14). Na segunda

Epístola de Pedro (2, 1-2), um dos escritos mais tardios do Novo Testamento, *haíresis*, no plural, é empregada no sentido de "doutrinas perniciosas", e *haíretikós*, na Epístola a Tito (3, 10), atribuída a Paulo, é nitidamente pejorativa. Sentido pejorativo que se acentua mais ainda nas epístolas de Inácio de Antioquia.

O que é novo em Justino é, por um lado, o agravamento do sentido restritivo da palavra aplicada aos "falsos profetas" e à origem diabólica dos provocadores de distúrbios; por outro lado, a adaptação polêmica à heresiologia cristã de esquemas próprios da historiografia da época helenística e imperial, concernente às "escolas" filosóficas. Pode-se dizer, resumindo, que Justino tira proveito do sentido vago de "escola de pensamento" adquirido pela palavra *haíresis* nos tratados *Perì hairéseon* (*Sobre as heresias*), a partir da segunda metade do século II a. C.; a ser distinguida da "escola" institucional, *skholé*, de que falam as obras intituladas *Sucessões dos filósofos*, um pouco anteriores, a propósito das quatro escolas de Atenas (Academia, Liceu, Jardim, Pórtico). A analogia assim estabelecida por Justino entre as "escolas" filosóficas e as "seitas" cristãs possibilita privar da designação de "cristãos" aqueles cujas convicções são atribuídas à iniciativa de seres humanos pervertidos e, graças ao motivo judaico e cristão da falsa profecia, a uma origem demoníaca; ela possibilita esboçar também a tese que faz de Simão, o Mago, o pai de todas as heresias e tornar plausível uma genealogia das "seitas". Nascia então a heresiologia.

Irineu sistematiza e endurece o discurso desta, ridicularizando as "escolas" e introduzindo a suspeita sobre a influência da filosofia; Tertuliano, em seguida, faz de Platão o provedor das "heresias". Chega-se, no século III, ao método ilustrado pela *Denúncia de todas as heresias* do Pseudo-Hipólito, que identifica cada "seita" com um sistema pagão; depois, no século IV, ao gênero da suma heresiológica, culminada por Epifânio e seu *Panárion*, a *Caixa de remédios*. Mesmo os Padres mais favoráveis à filosofia, como Clemente de Alexandria e Orígenes, exploram o máximo possível a força acusadora da designação "heresia". A partir de então, será uma acusação maior nos debates teológicos e nos conflitos institucionais no seio da Igreja. Quando o Império se torna cristão, a legislação pública pune severamente os suspeitos de heresia, como atestam o *Código teodosiano* e, mais tarde, o *Código justiniano*.

O instrumento heresiológico é forjado por Justino e desenvolvido por Ireneu na época em que duas grandes crises permeiam o cristianismo, provocadas por Marcião e pelos "gnósticos": um rejeita a herança judaica e a lei bíblica e constitui uma Igreja rival; os outros alegorizam a Escritura e reivindicam o acesso ao conhecimento puro, que os coloca acima dos "simples" e dos pastores que os governam, contestando assim radicalmente a autoridade das instituições de que a Igreja está se dotando. Esse instrumento é completado então pelo tema da "sucessão" autêntica, esboçado por Justino no contexto da controvérsia com o judaísmo e com certo eco da maneira como o farisaísmo estabelecia em seu benefício a continuidade da transmissão da Torá desde Moisés. Já no tempo de Ireneu, a ruptura com o judaísmo é consumada, e os cristãos acusados de judaísmo também são banidos e qualificados de heréticos. Mas, indiretamente, a influência das representações oriundas do judaísmo se faz sentir sobre a teoria da sucessão autêntica, que remonta aos apóstolos e a Cristo. Essa continuidade institucional e normativa levaria consigo a tradição de verdade, única e pura, oposta à apostasia e às dissensões dos "heréticos". É também com Ireneu que se afirma a constituição de um cânone do Novo Testamento, outra peça mestra da ortodoxia, sobre a qual a Igreja, na sua conquista da unidade, assenta sua autoridade.

O conjunto das normas que constroem a "ortodoxia" é completado no século IV, quando os defensores do Concílio de Niceia opõem, nos documentos oficiais, a ortodoxia à "heresia" ariana. Quanto ao adjetivo "ortodoxo", ele passa a qualificar a fé da Igreja, em oposição ao que é denunciado como heresia, trate-se dos juízos em matéria de doutrina, dos escritos, dos bispos ou de qualquer adepto da regra de fé precisada e confirmada pelos concílios ecumênicos.

ALAIN LE BOULLUEC

Concorrentes do cristianismo
Gnose e maniqueísmo

Privilegiando, ambos, um conhecimento (*gnôsis*) que é iluminação direta no homem, a gnose e o maniqueísmo fizeram forte concorrência ao cristianismo nos primeiros séculos da nossa era. A gnose manifestou-se no Império Romano entre os séculos II e IV, ilustrada por mestres cuja memória foi conservada pela polêmica dos Padres da Igreja. Nativos do Egito, da Síria ou da Ásia Menor, esses mestres, cujo legado cultural se arraiga tanto no paganismo como na tradição judaica ou cristã, construíram sistemas de pensamento que, apesar da sua diversidade, concordam num ponto fundamental: o mundo é a criação defeituosa de um deus inferior (o demiurgo) na qual o homem está aprisionado. Portador, porém, de uma centelha de luz proveniente do Inconhecível, o homem pode remontar até suas verdadeiras origens, se for capaz de reavivar essa luz interior. Ser "gnóstico" (*gnostikós*, "aquele que conhece") é desfazer-se das amarras do corpo, tomando consciência da negatividade do universo e de si mesmo no universo. Conhecendo, superamos as leis perversas da história e do tempo, estabelecidas pelo criador, a fim de reintegrar o "pleroma" (a plenitude).

Vários sistemas gnósticos identificaram o deus criador com o Deus da Bíblia: o livro do Gênesis é a história mítica de um Deus ciumento que impôs ao homem o peso de um corpo para subjugá-lo. Cristo é um enviado celeste, revelador dos mistérios do começo e do fim. Por uma tradição oculta, essa instrução, confiada a alguns discípulos escolhidos, como Tomás, Filipe, Tiago e Maria Madalena, foi posta em forma escrita por autores anônimos entre os séculos II e III.

Essa releitura, que subvertia os fundamentos do cristianismo, acarretou a reação dos Padres da Igreja, que refutaram a gnose, conscientes das suas perigosas implicações. Adversária ameaçadora de uma Igreja em via de se estruturar, preconizando uma salvação pelo caminho exclusivo do conhecimento individual e não tendo a menor necessidade das hierarquias eclesiásticas, a gnose foi taxada de heresia, seus adeptos perseguidos, seus escritos destruídos – política de repressão levada a cabo pelo Estado romano, tornado cristão.

A gnose foi, de início, exclusivamente conhecida por seus oponentes: Irineu de Lyon (*Denúncia e refutação da gnose de nome mentiroso*, entre 180 e 185), o Pseudo-Hipólito de Roma (*Refutação de todas as heresias*, início do século III) e Epifânio de Salamina (*Panarion*, "Caixa de remédios", fim do século IV), mas também Tertuliano de Cartago, Clemente de Alexandria e Orígenes. No meio pagão, Plotino, cuja escola romana era frequentada por gnósticos, e seu discípulo Porfírio de Tiro se ergueram, no século III, contra uma doutrina que associava mito e filosofia. Embora polêmica, a documentação de controvérsia é útil, porque nos informa sobre os nomes e as teorias de certo número de mestres: Valentino e seus discípulos Ptolomeu e Heracleão, Carpócrates, Isidoro e Basilídio, todos naturais do Egito, os sírios Satornilo e Menandro, e o asiata Marcos, o Mago. A partir de Alexandria, de Antioquia e de Roma, as doutrinas gnósticas se espalharam por todo o Império.

Desde o fim do século XVIII, foram redescobertos textos compostos pelos próprios gnósticos: escritos em copta, língua do Egito na época cristã, são traduções de originais gregos perdidos, dos séculos II e III. Esses textos são conservados em *codices* (o *codex* é o ancestral do livro) encadernados, confeccionados por volta de 350: o *codex* Askew, o *codex* Bruce e o *codex* de Berlim. A descoberta arqueológica maior foi a de Nag Hammadi (Alto

Egito), onde se encontrou uma biblioteca gnóstica inteira: treze *codices* de papiro, reunidos em meados do século IV, ou seja, cinquenta e três tratados, estavam dentro de um jarro, escondido numa gruta projetada sobre o Nilo. Evangelhos, apocalipses, homilias, assim como exposições de filosofia e de mitologia constituem a rica paleta desse *corpus*. São textos de teor esotérico, destinados à instrução dos que enveredam no caminho do conhecimento. Em 2006, a restauração de um novo *codex* foi terminada: descoberto em 1970, no Médio Egito, o *codex* Tchacos contém quatro tratados gnósticos, o mais surpreendente dos quais é sem dúvida o *Evangelho de Judas*. O estudo concomitante dessas fontes permite redescobrir uma doutrina, fascinante e complexa, que tem seu lugar entre as grandes construções da história do pensamento.

A tendência dualista expressa na gnose pela separação entre um deus perfeito e um deus criador se torna mais nítida no sistema de pensamento elaborado por Mani (216-276). Nascido no norte da Babilônia, em Mardinu, Mani passou a infância numa comunidade batista do Dastumisão praticando o ascetismo e purificações rituais. Aos doze anos, em 228, conforme diversas fontes, Mani teve uma revelação do seu gêmeo celeste, que descera da terra da luz. Após uma segunda visita do anjo, doze anos depois, Mani saiu da seita para difundir a mensagem divina recebida: a verdadeira pureza decorre da separação, tanto no homem como no universo, entre o que pertence à luz e o que pertence às trevas. Da capital sassânida, Selêucia-Ctesifon, Mani realizou viagens missionárias durante trinta anos. Com o apoio de Shabuhr I, fundou comunidades em todo o Irã. No Império Romano, depois da Mesopotâmia e do Egito (cerca de 240), sua doutrina chegou a todas as províncias. Numa estada em Ctesifon (262-263), preparou os estatutos da sua Igreja. A morte de Shabuhr I (272/273) pôs termo à extraordinária expansão da religião de Mani, e a ascensão de Vahram I, influenciada pelo clero masdeísta, privou-o da sua proteção real. Convocado pelo novo rei a Beth Lapat (Susiana), cumulado de falsas acusações e jogado nas masmorras, Mani faleceu (276), condenado ao suplício das correntes. Sua paixão era comemorada todos os anos na festa de Bema. A morte de Mani e, em seguida, a do seu sucessor Sis (284) assinalaram o início da perseguição.

Segundo uma fórmula bem confirmada, a doutrina de Mani é a dos "dois princípios e dos três tempos". Os dois princípios são bem e mal, luz e trevas, coeternos, opostos um ao outro, cujas relações se articulam em três tempos: o tempo da separação; o tempo mediano, em que a luz é agredida pelas trevas e se mistura a elas; o tempo final, em que são novamente separadas. A cosmogonia (gênese do mundo), a antropogonia (gênese do homem) e a soteriologia (doutrina da salvação por um redentor) se enraízam no tempo mediano, durante o qual a luz aprisionada é progressivamente libertada por um dispositivo cósmico de filtragem. O combate mítico entre bem e mal se interioriza em todo maniqueísta que separa a luz das trevas graças a um comportamento ascético e a um regime alimentar vegetal, rico em partículas luminosas. Mito e doutrina se entrelaçam nas nove obras compostas por Mani, de que só restam fragmentos: o *Shabuhragan*, o *Evangelho vivo*, o *Tesouro*, os *Mistérios*, as *Lendas*, a *Imagem*, os *Gigantes*, as *Letras*, os *Salmos* e as *Preces* – todas em siríaco, salvo o *Shabuhragan*.

Sua doutrina é revestida de elementos emprestados de outras religiões (budismo, zoroastrismo, cristianismo), a fim de se adaptar a todo contexto cultural, mas também porque Mani se considerava o último elo da corrente dos mensageiros divinos. Pondo por escrito a sua revelação, Mani se distinguia no entanto dos outros fundadores de religião – Buda, Zoroastro, Jesus – e aplicava a si mesmo a metáfora do "selo da profecia", significando que é nele que se realiza a revelação.

A extraordinária difusão do maniqueísmo se apoia na organização sem falhas da sua Igreja, estruturada em duas classes: leigos e religiosos, sendo estes últimos apóstolos itinerantes, obrigados a um código moral muito exigente.

O pensamento de Mani revisita, numa grade de leitura dualista, elementos da tradição cristã. Enquanto a rejeição da Bíblia judaica é bastante nítida, a figura de Jesus, um Jesus celeste de que

Mani se proclama apóstolo e paracleto (consolador – o termo designa o Espírito Santo), é honrada. A Igreja enfrentou o maniqueísmo, que ela acusou de heresia por causa da sua distinção entre um deus do bem e um deus do mal criador (o Deus da Bíblia), da rejeição das escrituras veterotestamentares e da releitura da figura de Jesus. A partir de 280 (carta de Teonas de Alexandria), multiplicam-se as advertências contra a propaganda maniqueísta, chegando à redação das refutações: a primeira delas, os *Atos de Arquelau* (c. 345), descreve Mani como um persa bárbaro que se infiltrava no mundo cristão. Essa imagem, retomada pela heresiologia – de Cirilo de Jerusalém (348) a Epifânio de Salamina (376), de Filastro (385) a Fócio (870) –, contrasta com a que é transmitida pela tradição persa e árabe, na qual Mani goza de um grande prestígio. O Estado romano reagiu contra o maniqueísmo: o edito de Diocleciano (297) acusou seus seguidores de espionagem para o rei persa, condenando-os a castigos extremos. Agostinho, maniqueísta por dez anos, atesta a sua penetração na África proconsular.

O maniqueísmo foi aclarado, desde o início do século XX, pela descoberta de fontes de primeira mão. Dos *codices* coptas de Medinet Madi (Fayum, século IV) ao pequeno *codex* grego de Colônia (século V) e às escavações arqueológicas do oásis de Dahlah (antiga Kellis), empreendidas em 1982, uma rica documentação sobre os maniqueístas do Egito veio à luz.

Banido no Ocidente, o maniqueísmo se difundiu no Oriente, com fortuna diversa, e chegou, pela rota da seda, até a Ásia Central e à China, ilustrado por abundantes fontes literárias e iconográficas. Marco Polo teria encontrado maniqueístas em Zaitun, em 1292, e vestígios do século XVI atestam a permanência dessa religião no sul da China.

MADELEINE SCOPELLO

A elaboração de uma ortodoxia nos séculos IV e V

Esses dois séculos são um tempo de intensa elaboração doutrinal, assinalada primeiro pelas controvérsias trinitárias e, no século V, pela querela cristológica. Tanto as primeiras como a segunda questionavam a divindade do Filho e, ao mesmo tempo, a economia da salvação que ela implica. As soluções finalmente adotadas fundam ainda hoje a lei da maioria dos cristãos, embora muitos deles confessem não acreditar que Jesus seja realmente Filho de Deus e pareçam céticos quanto à Ressurreição. Trata-se no entanto do ponto fundamental de que depende a identidade dos cristãos: no seio de um monoteísmo herdado dos judeus, a fé em Jesus Cristo, Filho de Deus, ligada à questão da salvação, os obriga a formular as relações que este mantém com Deus Pai. Deus é como ele? ou um ser divino distinto do Pai? ou ainda uma criatura de Deus, ainda que a primeira? Para assegurar a salvação da humanidade, o Filho tem de ser plenamente Deus e plenamente homem.

Diversas soluções já haviam sido consideradas nos séculos precedentes recorrendo a conceitos da filosofia grega, como os de *ousía* ("substância" ou "essência"), *hypóstasis* ("hipóstase", existência real), *prósopon* ("pessoa") ou *phýsis* ("natureza"), elas oscilavam entre dois empecilhos: o modalismo (representado por Sabélio), que insistia na unidade da substância divina (*ousía*) em detrimento do reconhecimento das três pessoas distintas, e o diteísmo, que concedia ao Filho uma substância divina própria e igual à do Pai. A questão é reaberta no início do século IV por Ário, sacerdote de Alexandria, que, em nome de Deus, único não gerado, considera o Filho, gerado pelo Pai, uma criatura e define uma teologia trinitária segundo a qual o Filho é subordinado e inferior ao Pai. Mas Constantino, único imperador desde 324, desejoso de unificar a Igreja depois de ter unificado o Império, reúne um concílio geral em Niceia, em 325, para definir uma data para a Páscoa e uma ortodoxia comum a todos os cristãos do Império. De fato, a Igreja é agora reconhecida como uma instituição oficial em todo o império. Contra o arianismo, o *homooúsios*, que afirma que o Filho é "da mesma substância" (ou essência) do Pai, é adotado por todas as Igrejas, as proposições de Ário são anatematizadas e o sacerdote, banido.

Essa fórmula suscitou no entanto mais do que reservas entre os bispos do Ocidente, por causa de uma interpretação sabeliana sempre possível. Por isso, as discussões propiciaram por quase quarenta anos uma sucessão de sínodos nos quais os arianizantes, apoiados pelo imperador Constâncio (337-361), recuperaram terreno. Desenvolveu-se uma teologia antiniceense da similitude, oscilando entre o semelhante segundo a substância (*hómoios kat'ousían*) e o simples semelhante (*hómoios*), que se destinava a afastar os dois extremos: sabelianos, para quem o Filho não é senão uma modalidade do Pai, e arianos radicais, que defendiam a diferença de substância (*heterooúsios*) do Filho.

Uma solução intermediária, o homeísmo, prevaleceu em 359; ela foi adotada em 1º de janeiro de 360 como fé oficial por Constâncio, que via nela um meio para impor a unidade a todo o império. Os oponentes foram exilados. Fora do império, essa fé também foi compartilhada por Ulfila, o evangelizador dos godos. A morte de Constâncio, em 361, comprometeu esse equilíbrio: ante o perigo do arianismo radical, as posições niceenses são reafirmadas em Alexandria por Atanásio (Concílio "dos confessores" de 362) e reconhecidas em Antioquia pelo ex-homeísta Melécio (sínodo de 363). Mas Valêncio (364-378) retoma por sua vez a política homeísta de Constâncio. Sua morte assinala o início da reviravolta niceense, firmemente apoiada por Teodósio (379-395). Seu edito de 28 de fevereiro de 380 define a ortodoxia a partir da fé dos bispos de Roma e de Alexandria, símbolo, a seu ver, da unidade do Império. Ele convoca um sínodo de todo o Oriente em Constantinopla, em maio de 381, enquanto no Ocidente o Concílio de Aquileia condena os últimos homeístas, exilados por Graciano (375-383). A fé de Niceia é reafirmada por cento e cinquenta bispos e explicitada em dois pontos, especificando que "o reinado de Cristo não terá fim" e afirmando a divindade do Espírito Santo, "adorado e glorificado com o Pai e o Filho". O edito de 30 de julho de 381 reconhece como "católicos" unicamente os que professam essa fé, sendo os demais rejeitados como heréticos.

A reflexão cristológica continuou em torno da questão da coexistência em Jesus do humano e do divino. Aí também as posições extremas serão afastadas após ásperas discussões, em favor de um compromisso entre as duas principais tendências, representadas pela Igreja de Alexandria e pela de Antioquia. A primeira, monofisista, defendia uma cristologia da única natureza (*phýsis*) do Verbo encarnado; a segunda, diofisista, insistia nas duas naturezas (*phýseis*) de Cristo, reconhecendo porém sua unidade na pessoa real. Ora, a confusão entre os conceitos de natureza e de pessoa contribuía para conturbar o debate: os monofisistas acusavam seus adversários de dividir Cristo e ensinar dois Filhos, a que os diofisistas respondiam que os monofisistas negavam a humanidade de Cristo e punham em questão a economia da salvação. Não se podia tampouco admitir uma distinção demasiado afirmada em Cristo entre o verbo divino e o homem Jesus, como fazia Nestório de Constantinopla, pois a união real desaparecia então em benefício de uma simples união moral que comprometia a divindade de Jesus; como tampouco se podia aceitar a mistura das duas naturezas, divina e humana, com o humano desaparecendo em benefício exclusivo da divindade – outra posição extrema defendida pelo arquimandrita Eutiques, que seduziu Teodósio II (408-450).

Este reuniu um concílio em Éfeso, em 431, para resolver a crise suscitada pela posição nestoriana. A corrente de Cirilo de Alexandria (412-444), majoritária, obteve a condenação e a deposição de Nestório, aprovadas pelos legados romanos e, em seguida, pelo imperador, que o mandou para o exílio, mas nenhuma decisão doutrinal foi tomada, além do reconhecimento do símbolo de Niceia. Uma tentativa de aproximação entre Alexandria e Antioquia, empreendida depois do concílio, em 433, fracassou. Eutiques, de início condenado por Flaviano de Constantinopla em 448, de comum acordo com Roma, se vê apoiado pelo novo bispo de Alexandria, Dióscoro (444-454); este é designado por Teodósio II para presidir um novo concílio em Éfeso, em 449, onde Eutiques é reabilitado contra a opinião dos legados romanos, enquanto Flaviano e os antioquenses são violentamente afastados. As decisões desse concílio, reafirmando o monofisismo, foram confirmadas pelo imperador, mas condenadas por Leão de Roma, autor de um *Tomo* dirigido a Flaviano e nitidamente diofisista, que denunciava o "latrocínio" de Éfeso.

A relação de forças se inverte com a morte de Teodósio II. O novo imperador, Marcião (450-457), hostil a Eutiques e a Dióscoro, convoca um novo concílio em 451, na Calcedônia. Reunidos em outubro, trezentos e cinquenta bispos, quase todos orientais, anulam as decisões de Éfeso II (449) e homologam, após longas discussões, uma cristologia diofisista, em parte retomada do *Tomo* de Leão, que proclamava a união das duas naturezas perfeitas na pessoa de Cristo encarnado: "Um só e mesmo Filho [...], gerado para nós e para nossa salvação pela Virgem Maria, mãe de Deus [*Theotókos*] [...], reconhecido em duas naturezas, sem confusão, sem mudança, sem divisão, sem separação [...], uma só pessoa e uma só hipóstase." Essa solução doutrinal de conciliação foi considerada um esclarecimento dado ao símbolo de Niceia-Constantinopla, e não uma nova definição da fé. Mas acabou não podendo se dar a união entre calcedônios e monofisistas, que logo se organizaram em Igrejas separadas, ainda hoje ativas (Egito).

Niceia, Constantinopla, Éfeso (431) e Calcedônia são considerados na história da Igreja como os quatro concílios "ecumênicos" que fundaram a doutrina cristã.

ANNICK MARTIN

V
Edificar estruturas cristãs

Estruturar as Igrejas

Numa homilia sobre o capítulo VI dos Atos dos Apóstolos, João Crisóstomo (falecido em 407) se interroga sobre a função realmente exercida "pelos sete homens de boa reputação, cheios de Espírito e de sabedoria", que os Doze instituem para "o serviço das mesas" na primeira comunidade de discípulos de Jesus de Nazaré estabelecida em Jerusalém: "Mas que dignidade lhes foi conferida? Que ordenação receberam? É o que necessitamos saber. Terá sido a de diáconos? Mas não é o que sucede nas Igrejas, e nesse caso é aos padres que cabe ministrar? Ainda nem havia bispos, apenas apóstolos. Assim, creio que daí decorre clara e evidentemente que nem o nome de diáconos nem o de padres se aplicam a eles; no entanto, foi com esse objetivo que foram ordenados."

O embaraço do pregador é patente, a expressão hesitante: a leitura cursiva dos Atos não lhe permite identificar com evidência, na idade apostólica, os cargos e funções que ele conhece em sua própria Igreja na virada do século IV: bispo, diácono, padre. O historiador contemporâneo não está mais bem armado do que Crisóstomo para abordar os primeiros tempos da estruturação ministerial das comunidades cristãs. Das alusões e incidentes contidos nas cartas unanimemente atribuídas a Paulo – os primeiros escritos cristãos – fica manifesto que, em Jerusalém, os Doze, isto é, os discípulos diretamente escolhidos por Jesus (com exceção de Matias, que substituiu Judas) e enviados por ele em missão (daí seu nome de apóstolos), constituem, com Tiago, o "irmão do Senhor", os pilares do grupo ligado ao Nazareno. As comunidades que Paulo cria ou encontra no decorrer das suas viagens estão, por sua vez, postas sob a direção de colégios de responsáveis chamados *epískopoi* ("vigias, inspetores") ou *diákonoi* ("servidores"), sem que seja possível precisar as nuances eventualmente vinculadas às diferentes denominações. O mesmo se dá com o termo *presbýteroi* que encontramos nos Atos dos Apóstolos. A dificuldade é tanto maior na medida em que os mesmos vocábulos foram conservados ao longo do tempo para designar as principais funções em uso nas comunidades cristãs da "Grande Igreja", mas com uma acepção que mudou. É por isso que a tradição erudita fala, no que concerne à época primitiva, de "epíscopos", de "presbíteros", mas também, com certa incoerência, de "diáconos", supondo implicitamente com isso que essa última função continuou sendo substancialmente a mesma no curso das diversas eras. A questão está toda em determinar em que momento e segundo que processos os termos *presbýteroi* e *epískopoi* adquiriram seu significado moderno, o que torna legítimo traduzi-los respectivamente por "padres" e "bispos".

Na primeira metade do século II, talvez por volta de 110-120, a correspondência de Inácio de Antioquia, por mais discutidos que continuem a ser sua composição exata e seu texto, é um testemunho a favor do surgimento de uma evolução decisiva da organização eclesiástica. De fato, nas cartas que, no caminho que o levava a Roma para ser martirizado, envia a diferentes Igrejas da Ásia Menor, Inácio não cessa de exortar os cristãos à unidade e de recomendar a todos a submissão ao *epískopos*, que "ocupa o lugar do próprio Deus" (*Epístola aos magnésios*, 6, 1): uma direção colegial cede lugar aqui a um bispo único – os eruditos utilizam a expressão "monoepiscopado" –, que preside uma comunidade hierarquizada dotada de "padres" e de "diáconos". O tom particularmente polêmico dessa correspondência leva a pensar que tal transformação acarretou debates. Revolução ou mutação gradual? As fontes não permitem responder, ainda que as Epístolas pastorais, cuja autenticidade paulina é geralmente negada e, por conseguinte, cuja determinação cronológica é muito discutida, atestem uma tendência à precisão crescente das funções e obrigações dos servidores das Igrejas, ao estabelecimento de ministros permanentes e a uma especialização progressiva das tarefas. Certos especialistas identificam, inclusive, nesses textos os vestígios de um monoepiscopado. Seja como for, a passagem ao episcopado único afetou pouco a pouco, ao longo do século II, segundo uma cronologia variável, todas as comunidades da "Grande Igreja"; assim é que o polemista anticristão Celso (cf. Orígenes, *Contra Celso*, V, 59) designa, na virada do século II, a rede majoritária de comunidades cristãs em comunhão umas com as outras em oposição aos pequenos grupos dissidentes.

Essa nova constituição episcopal permitiu dar uma visibilidade maior ao caráter apostólico que as comunidades da "Grande Igreja" reivindicam (tanto quanto seus adversários, aliás). De fato, desde Paulo, e de maneira cada vez mais acentuada no correr das décadas, a investidura apostólica, direta ou indireta, aparece como o requisito *sine qua non* de toda autoridade nas Igrejas. Na virada do século I, a *Carta da Igreja de Roma à Igreja de Corinto* (42, 1-4 e 44, 2) orquestra todos os harmônicos desse tema: "Os apóstolos receberam por nós a Boa-nova pelo Senhor Jesus Cristo; Jesus, o Cristo, foi enviado por Deus. Logo Cristo vem de Deus, os apóstolos vêm de Cristo; as duas coisas saíram em boa ordem da vontade de Deus. Eles receberam instruções e, cheios de certeza pela ressurreição de Nosso Senhor Jesus Cristo, fortalecidos pela Palavra de Deus, com a plena certeza do Espírito Santo, partiram para anunciar a Boa-nova de que o reino de Deus ia vir. [...] Tendo recebido um conhecimento perfeito do futuro, eles instituíram ["bispos" e "diáconos"], e estabeleceram então como regra que, depois da morte desses últimos, outros homens provados os sucederiam em seu ofício."

Os bispos da "Grande Igreja" reivindicam ser depositários e intérpretes legítimos e exclusivos, ante todos os dissidentes, dessa tradição confiada aos apóstolos e a seus sucessores: desde o terceiro quartel do século II, "sucessões da verdade" são elaboradas para Corinto e Roma e opostas às "sucessões do erro" dos mestres gnósticos. É assim que nascem as listas episcopais, que projetam de maneira anacrônica, no passado mais remoto das comunidades, a organização monoepiscopal. Na virada do século II, Tertuliano pode exclamar para seus rivais: "Mostrem a origem das suas Igrejas; exibam a série dos seus bispos, sucedendo-se desde a origem, de tal modo que o primeiro bispo tenha tido como avalista e predecessor um dos apóstolos ou um dos homens apostólicos que ficaram até o fim em comunhão com os apóstolos. Porque é assim que as Igrejas apostólicas apresentam seus fastos" (*Das prescrições dos heréticos*, 36, 1). A ausência de uma estruturação episcopal dos grupos dissidentes podia constituir desse ponto de vista uma fraqueza nas controvérsias entre cristãos.

No decorrer do século III, a *Didascália dos apóstolos*, um regulamento canônico-litúrgico sírio posto sob um patronato apostólico, ou a correspondência de Cipriano, bispo de Cartago, ou ainda as críticas com que Orígenes pontilha suas obras testemunham o novo equilíbrio ministerial das comunidades cristãs. Como chefe de uma Igreja eleito por toda a comunidade e sagrado por outros bispos vindos, como vizinhos, assistir à eleição, o bispo é seu liturgo por excelência: é ele o principal celebrante da eucaristia, ajudado pelos diáconos para levar as oferendas e distribuir o pão e o vinho consagrados. É ele que recebe na Igreja, geralmente ministra o batismo e, se for o caso, excomunga; é ele que põe o pecador entre os penitentes e o reintegra. É ele que, ouvida a comunidade, confia os encargos e funções e atribui a este ou aquele este ou aquele ofício. É ele que pode ser convocado para arbitrar os conflitos entre os membros da comunidade e para indicar a regra de fé quando das controvérsias doutrinais. É ele que gerencia, com o concurso dos diáconos, a caixa e os bens da comunidade, de tal modo que aparece aos que são externos a esta, em particular às autoridades romanas, como o verdadeiro presidente da associação dos cristãos.

Sob as suas ordens estão diretamente postos os clérigos ("aqueles a quem foi atribuído um papel"), sempre homens na "Grande Igreja" (exceto o caso particular das diaconisas), que as fontes distinguem cada vez mais, desde o correr do século II, dos leigos ("os que pertencem ao povo"), sem que seja necessário endurecer em demasia essa distinção: as fronteiras inferiores do clero permanecem incertas por muito tempo, tanto que o curso clerical só se vai instalar gradualmente e os encargos subalternos (diaconisa, subdiácono, acólito, exorcista, leitor, porteiro, chantre, coveiro) variam de uma Igreja a outra. Assim, no início dos anos 250, a Igreja de Roma conta "46 padres, 7 diáconos, 7 subdiáconos, 42 acólitos, 52 exorcistas, leitores e porteiros" (Cornélio, bispo de Roma, citado por Eusébio de Cesareia, *História eclesiástica*, VI, 43, 11). Os diáconos são ligados de forma bastante direta à pessoa do bispo e o assistem em todas as suas atividades. Os padres parecem ter sobretudo um papel de suplência do bispo (para a eucaristia, o batismo ou a predicação) e com frequência aparecem nas fontes de maneira mais discreta que os diáconos. As rivalidades desses colégios de clérigos não são raras, pois uns e outros podem ter correntemente acesso ao episcopado.

A revolução constantiniana acelera o processo de institucionalização das Igrejas e o pagamento de subsídios aos clérigos acarreta uma definição mais precisa do clero, das aptidões requeridas a seus membros e da sua carreira, enquanto o progresso da difusão do cristianismo conduz a uma ampliação das competências dos sacerdotes.

MICHEL-YVES PERRIN

Iniciação cristã, culto e liturgia

Na petição endereçada pelo filósofo Justino de Naplusa, que tinha uma escola em Roma e fora discípulo de Cristo, ao imperador Antonino, o Pio, e a seus filhos adotivos, Marco Aurélio e Lúcio Vero, pouco depois do meado do século II, em defesa e ilustração de seus irmãos de fé, o autor invoca dois ritos dos cristãos:

"Quanto a nós, depois de lavar aquele que crê e se uniu a nós, conduzimo-lo ao lugar em que estão reunidos aqueles que chamamos de irmãos. Fazemos com fervor preces em comum por nós, pelo iluminado, por todos os outros, onde quer que estejam, a fim de serem julgados dignos, depois de terem aprendido a verdade, de terem sido vistos praticando a virtude e observando os mandamentos e serem, assim, salvos para uma salvação eterna. Quando as preces terminam, nós lhes damos o beijo da paz.

"Depois, leva-se a quem preside a assembleia dos irmãos um pedaço de pão, um copo de água e de vinho aguado. Ele pega tudo e louva e glorifica o Pai do universo em nome do Filho e do Espírito Santo, depois faz uma longa ação de graças [*eukharistía*] por todos os bens que dele recebemos. Quando termina as preces e a ação de graças, todo o povo presente exclama: 'Amém.' 'Amém' é uma palavra hebraica que significa 'assim seja'.

"Quando aquele que preside fez a ação de graças e todo o povo fez a aclamação, os que chamamos de diáconos distribuem a cada um dos presentes o pão, o vinho e a água que receberam a ação de graças e os levam aos ausentes" (*Primeira apologia*, 65).

O primeiro dos ritos, aqui apenas descrito, é o batismo (palavra derivada de um verbo grego que significa "molhar, mergulhar"). Tem sua origem em práticas de imersão ritual muito difundidas no judaísmo palestino contemporâneo de Jesus de Nazaré. Concebido como purificador, esse tipo de banho podia ser dotado de um significado escatológico, como no caso do movimento de João Batista, e só ser conferido uma vez em sinal de conversão (*metánoia*); Jesus recebeu-o (Mc 1, 9-11) e ele próprio batizou (Jo 3, 22), assim como seus discípulos, imitando-o. Esse gesto de penitência, consumado como sinal da "remissão dos pecados", adquiriu um novo significado, pois tal ato é apresentado com frequência nos Atos dos Apóstolos como executado em "nome de Jesus": ele assinala a plena e irrestrita adesão à fé em Cristo, a integração numa comunidade cristã, e Paulo de Tarso interpreta-o como a participação na morte e na ressurreição de Cristo (Rm 6, 3-5). Desde os primeiros textos cristãos, lhe são dadas diversas designações que vieram a ter uma ampla difusão: "selo do Espírito" (2 Cor 1, 22; Ef 1, 13; 4, 30), "banho do novo nascimento e da regeneração" (Tt 3, 5), "circuncisão não feita pela mão do homem" (Cl 2, 11); e é associado à imagem de uma "iluminação" (Ef 5, 8-14; Heb 6, 4; etc.).

Desde a segunda metade do século II é atestada progressivamente uma preparação para o batismo – o catecumenato (de uma palavra grega significando "instrução oral") –, que tem em vista, por um lado, pôr à prova a seriedade do pedido de adesão do futuro batizado e constatar a conversão do seu modo de vida às prescrições então reconhecidas como definidoras do ser cristão e, por outro lado, dar uma formação doutrinal e moral. As *Catequeses batismais* de um Cirilo de Jerusalém em meados do século IV ou de um Teodoro de Mopsueste algumas décadas mais tarde, para só tomarmos dois exemplos, permitem conhecer as diferentes etapas do catecumenato – sua ordem e sua cronologia podem variar conforme as Igrejas: inscrição na lista dos catecúmenos, exorcismos (com frequência, repetidos), catequeses, jejuns e vigílias, penitências, tradição (transmissão oral) e redição (recitação pelo catecúmeno) do símbolo de fé, tradição do Pai-nosso. O batismo, administrado preferencialmente na vigília pascoal, comporta diversos ritos: depois de renunciar solenemente a Satanás, o diabo, e a suas obras – o momento desse ato é diferente no Ocidente –, o catecúmeno, que foi ungido uma ou várias vezes com óleos, entra, nu, na bacia batismal cheia de água previamente benta, antes de o bispo em pessoa – a não ser que delegue a função a um padre – o batizar, por imersão ou infusão, "em nome do Pai, do Filho e do Espírito Santo". Geralmente, vem em seguida outra unção, esta perfumada, interpretada como simbolizando o Espírito Santo. O catecúmeno torna-se então neófito (em grego, "nova planta"), novo batizado, e usa por uma semana roupas brancas; ele pode, a partir de então, ter pleno acesso ao segundo rito que Justino evoca: a eucaristia.

A gênese e a história desse ritual durante os primeiros séculos são particularmente difíceis de analisar e, por conseguinte, controversas, porque as fontes – excetuando-se Justino – são raríssimas e muito alusivas. De fato, a partir da virada do século II, tende a se estabelecer progressivamente nas comunidades da "Grande Igreja" uma forte reticência a evocar diante dos não-batizados os ritos batismal e eucarístico, o segundo mais que o primeiro. Essa atitude, que o polemista reformado Jean Daillé (1594-1670) denominou "disciplina do arcano", é acompanhada por uma caracterização crescente desses rituais como "mistérios" que necessitam de uma "iniciação". Porque, a partir da época helenística, e na esteira de precedentes platônicos, o uso metafórico da terminologia dos cultos a mistérios politeístas teve uma difusão maciça. Somente um "iniciado" – é assim que as fontes gregas costumam designar um batizado – pode ter conhecimento do ritual eucarístico em sua totalidade e dele tomar parte.

Este, por mais diversificadas que sejam as formas segundo as regiões e as Igrejas, conhece duas partes principais: a primeira é feita de leituras de textos escriturários (Antigo e Novo Testamento) – sua quantidade varia – seguidas de uma homilia geralmente pronunciada pelo presidente da assembleia de fiéis, que tem por finalidade, salvo exceção, comentar integral ou parcialmente esses textos. Vem em seguida a retirada dos catecúmenos e dos penitentes, que estão sob os cuidados dos diáconos e dos porteiros. Os penitentes são os que cometeram pecados graves ou públicos, como a apostasia, a heresia, o adultério ou o assassinato, e que por isso foram excomungados pelo bispo, mas desejam reintegrar-se à plena comunhão dos fiéis. Se a sua reconciliação é julgada possível – o que depende tanto das normas e das práticas em vigor em sua Igreja como da aquiescência do seu bispo –, são inscritos no grupo dos penitentes por uma duração variável até sua reconciliação solene, só podendo assistir à primeira parte da missa, antes de se retirarem, geralmente ao mesmo tempo que os catecúmenos.

Começa então o rito eucarístico propriamente dito, reservado unicamente aos batizados, cuja realização em fins do século IV é evocada em detalhe pelo livro VIII das *Constituições apostólicas*, uma compilação canônico-litúrgica realizada provavelmente em âmbito antioquiense. Uma prece, dita "anáfora" no mundo grego, é pronunciada por um bispo ou um padre – são, na "Grande Igreja", os únicos habilitados a fazê-lo – ante pão e vinho eventualmente aguado e ante oferendas que os fiéis trouxeram. Essa prece de ação de graças, cujo texto, ao fio dos séculos, tende progressivamente a se fixar e que compreende, em geral, mas não necessariamente, a lembrança da última ceia de Jesus com seus discípulos, é considerada capaz de operar uma transformação do pão e do vinho em corpo e sangue de Cristo. Conquanto não se deva buscar antes de meados do século V, salvo casos excepcionais, esclarecimentos precisos sobre a natureza e as modalidades dessa transformação, convém notar a ênfase frequentemente posta, pelo menos nos testemunhos oriundos das cristandades orientais, na força transmutadora do Espírito invocado ante as oferendas. Os elementos eucaristiados são, em seguida, distribuídos pelos diáconos aos fiéis, e estes últimos podem, se for o caso, levá-los para casa a fim de consumi-los quando desejarem comungar. De fato, a eucaristia ocorre todos os domingos e, eventualmente, várias vezes por semana, de acordo com um calendário que é próprio de cada Igreja.

Compreendido como um "sacrifício espiritual" em estreita relação com o "sacrifício de Cristo consumado na Cruz", conforme uma temática cara ao autor da Epístola aos hebreus, o ritual eucarístico é objeto de uma sacralização crescente ao longo dos séculos, que toma emprestado dos modelos veterotestamentares sacrifícios oferecidos ao Templo de Jerusalém: é todo um léxico sacrifical que tende a designar os dispositivos litúrgicos (edifícios, mesas e recipientes) relacionados a ele, assim como os ministros que o realizam, enquanto se multiplicam as regras e os interditos, em particular de ordem sexual.

As aclamações e os cantos dos fiéis marcam essas cerimônias, cujos rituais não param de se enriquecer ao longo dos séculos e de fascinar os observadores exteriores, enquanto a eucaristia, ao sabor das controvérsias doutrinais, se torna a pedra de toque da comunhão das Igrejas: a crise donatista na África do Norte, bem como a crise monofisista no Oriente mediterrâneo, proporcionam numerosos exemplos desse processo.

MICHEL-YVES PERRIN

Cristianização do espaço e cristianização do tempo

A *Paixão dos sete dormentes de Éfeso*, que Gregório de Tours conhecia, narra a história de cristãos perseguidos que adormeceram numa gruta na época das perseguições movidas pelo imperador Décio (249-251). Eles acordaram do seu longo sono sob o imperador Teodósio II (408-450) e um deles foi até a cidade próxima. Qual não foi sua surpresa ao ver "o sinal-da-cruz gravado na porta da cidade". Essa observação resume, por si só, toda uma revolução política e religiosa – a passagem do cristianismo, do estatuto de adesão criminosa, ao de religião de Estado – e atesta a inscrição visível dessa transformação no espaço da vida cotidiana no seio do Império Romano (a situação é diferente no que concerne ao Império Persa).

A partir do fim dos anos 310, cruzes e crismas – o sinal formado pelo entrelaçamento das duas primeiras letras gregas da palavra *Khristós*, "Cristo" – florescem cada vez mais, frequentemente como sinal de proteção ou de exorcismo, nos monumentos públicos e privados: marcos miliários na África ou lintéis das portas das casas ou das igrejas, lagares ou marcos de delimitação dos territórios das aldeias na Síria, fontes ou estátuas em Éfeso, para dar apenas alguns exemplos, sem esquecer as sepulturas. A afirmação espacial da presença cristã também é assinalada pela construção de locais de reunião para os cristãos, cada vez mais claramente identificáveis tanto na trama urbana como nos campos.

Esse processo, que havia começado no decorrer da segunda metade do século III (provavelmente favorecido pelo edito do imperador Galiano, que em 260 havia posto fim às perseguições gerais aos cristãos e aberto o período da "Pequena Paz da Igreja", como os historiadores modernos o chamam), havia sido brutalmente interrompido pelas perseguições promovidas por Diocleciano. De fato, as medidas de repressão tomadas em 303, que tiveram uma aplicação desigual conforme as regiões, previam a destruição dos locais de reunião dos cristãos.

Voltando a paz, dá-se uma verdadeira revolução edificatória, que abrange, segundo uma cronologia e uma intensidades variáveis, grande número de Igrejas no mundo romano: a necessidade de reconstruir os edifícios destruídos, o apoio financeiro da elite cristã, mas também dos simples fiéis, o exemplo do próprio imperador Constantino, que, primeiro em Roma e na Itália central, depois nos Lugares Sagrados da Palestina, assume a construção de igrejas e de santuários, contribuem para a multiplicação dos locais de reunião dos cristãos. Por causas acima de tudo funcionais – trata-se de conceber edifícios capazes de abrigar comunidades em pleno crescimento demográfico –, o plano dito basilical (retangular) é geralmente privilegiado e declinado conforme suas numerosas variantes. Ele também permite uma repartição e uma distinção eficazes dos espaços internos entre o coro, onde se encontra o altar e ficam os padres, e o resto da basílica, onde os fiéis se acomodam. Em certas regiões, a orientação do edifício é objeto de atenção. Uma evidente preocupação de visibilidade acompanha essas novas construções: contribuem para isso o teto geralmente elevado da nau mediana, a monumentalidade cada vez mais acentuada da entrada, a eventual construção de anexos (pátio, de nome átrio, que precede a igreja, batistério, residência episcopal, etc.). Por mais dependente que seja da estrutura territorial urbana e das suas mutações (compras, vendas e doações), a implantação dos edifícios cristãos nas cidades também passa por uma importante transformação que, em certos casos, levou em dois séculos ou mais a uma verdadeira saturação do espaço urbano e periurbano: a cidade média de Oxirrinco, no Egito, contava pelo menos duas igrejas no início do século IV, doze por volta de 400 e mais de vinte e cinco em 535/536. É que aos edifícios situados na cidade se somam os que foram erguidos em seus arredores, no *suburbium*, perto dos túmulos dos mártires e, mais tarde, dos santos monges ou bispos.

O cuidado que os cristãos reivindicam para a sepultura dos seus que morreram como mártires, a convicção cada vez mais difundida da capacidade que eles teriam de interceder junto a Cristo juiz, o desenvolvimento da prática da inumação *ad sanctos*, isto é, perto dos túmulos dos santos, que favorece a construção de verdadeiras cidades dos mortos em torno deles – testemunhos disso são certas catacumbas romanas ou as necrópoles de santa Salsa em Tipasa (hoje na Argélia) ou de Manastirine em Salona, na Croácia – também se traduzem pela monumentalização dos túmulos venerados e pela eventual construção de santuários para atrair peregrinos, na maioria das vezes vindos da cidade próxima. A repartição espacial desigual dos corpos dos santos favorece a circulação de relíquias, quase sempre panos ou óleos previamente postos em contato com os restos venerados, que são considerados portadores do mesmo poder de cura e, mais geralmente de milagre, sendo capazes, por isso, de atrair a devoção dos fiéis e, portanto, capazes de estimular impulsos edificatórios. Nesse contexto, os locais ligados a um episódio do Antigo ou do Novo Testamento têm uma posição à parte: tradições judaicas, memórias cristãs e lendas locais contribuem para um inventário em perpétuo crescimento, num movimento sem precedentes de apropriação do espaço. Embora não convenha superestimar a amplitude das peregrinações de longa distância à "Terra Santa" na Antiguidade tardia – a viagem de Egéria, em 381-384, é um caso excepcional –, a difusão de relíquias da verdadeira Cruz em todo o mundo mediterrâneo atesta um intenso fascínio. Os cristãos tinham uma história; adquirem daí em diante uma geografia.

Essa conquista do espaço também assume a forma de uma substituição simbólica: assim, não são mais os lugares de culto pagãos, oficialmente fechados a partir de 392, que desfrutam do direito de asilo (privilégio de inviolabilidade) e acolhem os fugitivos, mas sim, e cada vez mais, os santuários cristãos, num processo complexo de sacralização. Além do mais, os edifícios de culto pagão podem ser objeto do ardor destrutivo de cristãos, e isso desde meados do século IV. A tal ponto que no início do século seguinte certos imperadores procuram às vezes proteger os templos desertados. Na maioria dos casos, entretanto, esses edifícios não são imediatamente reutilizados para o culto cristão: são necessárias décadas, quando não séculos, para apagar a lembrança dos "demônios".

A essa cristianização do espaço corresponde uma cristianização do tempo. De fato, os cristãos haviam conservado o ritmo hebdomadário da semana judaica, que podia se harmonizar facilmente com o da semana planetária (dia da Lua, de Marte, etc.), cujo uso tendia a se difundir no mundo romano. Mas, por um lado, na "Grande Igreja", a observância do sabá havia sido abandonada em benefício da observância do descanso no domingo, dia associado à ressurreição de Cristo, e, por outro lado, os bispos censuravam, com um sucesso incerto, o emprego do nome dos planetas para designar os dias da semana. De resto, no decorrer do século II, uma festa anual da Páscoa de conteúdo especificamente cristão havia sido instaurada, mas a determinação da sua data dividia os cristãos. Uns a celebravam na época da Páscoa judaica, que começava na noite do décimo quarto dia do mês de Nisan, ou seja, na lua cheia seguinte ao equinócio da primavera, o que levava a acentuar a Paixão de Cristo, já que, segundo a cronologia do Evangelho de João, Jesus foi crucificado num dia 14 de Nisan; outros, no domingo seguinte à festa judaica, o que valorizava a Ressurreição. O primeiro grupo tornou-se minoritário, e o Concílio imperial de Niceia (325) baniu seu uso na "Grande Igreja". O segundo foi geralmente adotado, mas, quaisquer que fossem os esforços empreendidos para chegar, cada ano, a uma determinação do dia da Páscoa válido para todo o mundo cristão, subsistiram divergências durante toda a Antiguidade. Enfim, ao mais tardar na virada do século III, uma festa da natividade de Cristo foi estabelecida em 25 de dezembro em Roma e em 6 de janeiro em Alexandria. As razões que levaram à adoção dessas duas datas são obscuras e controversas. Outras festas anuais ligadas a Cristo e, logo depois, à Virgem, apareceram em certas igrejas, e sua observância se difundia conforme uma cronologia e uma geografia variáveis.

Com Constantino, o tempo cristão começou a ser levado em conta pela legislação imperial. Assim, já em 321, o "dia do Sol", domingo, tornou-se dia de descanso para que as populações das cidades pudessem ir às igrejas (*Código teodosiano*, II, 8, 1, e *Código justiniano*, III, 12, 2). Em 389, uma lei estabelece os dias de folga dos tribunais: o dia 1º de janeiro, os aniversários da fundação de Roma (21 de abril) e de Constantinopla (11 de maio), os sete dias que precedem a Páscoa, os sete dias seguintes a essa festa, os domingos, os aniversários de nascimento e de subida ao trono dos imperadores (*Código teodosiano*, II, 8, 19). O tempo da liturgia cristã se insinua no calendário público. Uma anistia pascoal é atestada já em 367 (*ibid.*, IX, 38, 3) e, em 380, uma lei prevê a suspensão dos processos criminais durante a quaresma (*ibid.*, IX, 35, 4), porque, como explicará uma disposição ulterior, "durante esses dias em que se espera a libertação das almas, não se devem supliciar os corpos" (*ibid.*, IX, 35, 5).

A partir das décadas centrais do século IV, os bispos tentam fazer concorrência ao calendário dos festejos pagãos multiplicando as festas dos mártires e esforçando-se para organizar verdadeiros ciclos de festas cristãs. Em 392, a autoridade imperial, provavelmente solicitada, proíbe as corridas do circo aos domingos, salvo se o aniversário do imperador cair nesse dia (*ibid.*, II, 8, 20). Essa exceção logo não será mais tolerada, enquanto as festas pagãs são oficialmente suprimidas; no entanto, algumas sobrevivem – é o caso das calendas de janeiro –, conforme atestam, ao longo do século V, as queixas recorrentes dos pastores. Mas o crescimento contínuo do número de festas cristãs durante a Antiguidade tardia, o apoio dos imperadores e as adesões maciças ao cristianismo conduzem a uma transformação quase total das referências tradicionais do tempo público.

MICHEL-YVES PERRIN

Dignidade dos pobres
e prática da assistência

Interrogar-se sobre o que os cristãos dos seis primeiros séculos realizaram em favor dos pobres é dar com um vasto problema, herdado de vários séculos de debates: o cristianismo, por sua expansão através do mundo antigo, trouxe progressos em matéria social e humanitária? O século XVIII já se fizera essa pergunta, por exemplo, com Montesquieu. O século seguinte se dividiu entre os que criticavam os cristãos por apenas terem oferecido aos desventurados alívios, sem criticar a ordem social nem, sobretudo, tentar abolir a escravidão, e os que, por zelo apologético, apresentavam a difusão inicial da mensagem evangélica como uma inovação que superava, antecipadamente, as Luzes e a Revolução Francesa. Entre os segundos, o mais ilustre é sem dúvida Chateaubriand (ainda que não sejam seus *Estudos históricos* nem seu *O gênio do cristianismo* a lhe valer sua reputação em nossos dias); mas seria preciso citar principalmente Franz de Champagny, cujos livros influenciaram o bispo de Perúgia, Giuseppe Pecci, futuro autor, como papa Leão XIII, da primeira encíclica sobre a condição dos operários. Com sua *História da escravidão na Antiguidade,* Henri Wallon, um dos pais fundadores da Terceira República, também participou dessa controvérsia, salientando tudo o que achava de inovador na maneira como os primeiros cristãos consideravam e tratavam os escravos. Do século XX a hoje, a discussão continua aberta: certos historiadores minimizam a contribuição humanitária do cristianismo, vendo nela apenas um aspecto da evolução geral das ideias e dos costumes greco-romanos; outros insistem na originalidade dos valores e das práticas cristãs, bem como nas mudanças positivas que teriam suscitado.

Ora, o caso é que a atitude em relação aos pobres e em relação à escravidão constitui dois exemplos contrastantes do papel social desempenhado pelo cristianismo no mundo antigo. São, por assim dizer, dois polos opostos: embora a Igreja não tenha recusado o sistema escravagista, inovou grandemente em favor dos pobres, tanto no domínio das realizações concretas como no das representações coletivas. Essa defasagem se explica sobretudo pela diversidade das prescrições que os cristãos dos primeiros séculos encontraram na Bíblia. Embora esta contivesse alguns versículos condenando *explicitamente* a escravidão, teria sido dificílimo pô-los em prática, salvo na escala de comunidades pouco numerosas e marginais, tão fortes eram as pressões socioeconômicas e os hábitos psicológicos. Aristóteles não imaginava uma sociedade sem escravos, a não ser que os teares se pusessem a tecer sozinhos. Como é que os cristãos da Antiguidade, acostumados, tanto quanto seus demais contemporâneos, a ver na servidão de uma parte da população um dado elementar da sua vida cotidiana poderiam ter decretado como intolerável essa instituição que suas Escrituras não vedavam? Em compensação, o cuidado com os pobres e os desventurados ocupou, logo de início, na tradição cristã, uma posição central, já que o próprio Jesus, segundo o Evangelho de Mateus (25, 35-36), tinha se identificado plenamente com eles: "Porque tive fome e me destes de comer; tive sede e me destes de beber; eu era um estranho e me recolhestes; nu, me vestistes; doente, me visitastes; preso, viestes a mim."

Essa enumeração, cujo eco se propaga de Justino de Roma (mártir em 165) às *Constituições apostólicas* (compiladas por volta de 380) e muito além, leva a nos interrogar sobre a diversidade do que os textos patrísticos e, mais tarde, a bibliografia contemporânea habitualmente agrupam sob o nome vago e demasiado abrangente de "pobres". Trata-se, antes de mais nada, dos desventurados, dos que se encontram numa situação, provisória ou duradoura, de sofrimento e necessidade: os indigentes de todo tipo, os expatriados sem apoio, os doentes isolados, os presos, assim como, na continuidade das mais antigas injunções bíblicas, as viúvas e os órfãos. Os "pobres" das nossas fontes são igualmente os que dispõem para viver do estrito necessário ou pouco mais: humildes artesãos ou camponeses, que a imprecisão do vocabulário poderia, às vezes, nos fazer confundir com os mendigos. São também todos os degradados, aquelas e aqueles que os distúrbios políticos e as invasões do fim da Antiguidade privaram de seus bens e de seu estatuto: Ambrósio de Milão, Jerônimo, Vítor de Vita e, sobretudo, Gregório, o Grande, se interessam muito por eles, como se fossem especialmente sensíveis a essas perturbações da ordem social e como se julgassem especialmente lamentável o infortúnio dos que tinham se acostumado inicialmente com a riqueza e com as honrarias. Esses "pobres" são, enfim, os que, dispondo de uma pequena propriedade, foram espoliados por um vizinho mais poderoso, como o Nabote da Bíblia, caro a Ambrósio. Nesse sentido, é "pobre" toda vítima, todo oprimido, todo indivíduo confrontado com um mais forte.

Mas, se o léxico das nossas fontes se mostra ambíguo, a prática das Igrejas antigas não dá margem a dúvidas. Os Atos dos Apóstolos atestam que, com base no modelo das comunidades judaicas, os primeiros "cristãos" (ainda não se chamavam assim) de Jerusalém proporcionavam, pelo menos na forma de refeições coletivas, uma assistência às viúvas do seu grupo. Por volta do fim do século II, Tertuliano fala de contribuições dadas pelos crentes para a alimentação e a inumação dos indigentes, para a ajuda aos órfãos, aos serviçais idosos, aos náufragos e aos que haviam sido condenados às minas ou à prisão por causa da sua fé. Em meados do século seguinte, a Igreja de Roma mantinha mais de mil e quinhentas viúvas e indigentes. É justamente na década de 250 que essa prática cristã da assistência começa a superar o âmbito estritamente comunitário para se dirigir indistintamente a todas as vítimas de uma epidemia de peste: assim sucedeu em Cartago no episcopado de Cipriano, depois em Alexandria, sob

Dionísio. Mais uma nova etapa é vencida em 313, com a "virada constantiniana". Já instaladas na legalidade, quando não privilegiadas pelo poder central, as Igrejas desenvolvem, voltadas para todos, estruturas de assistência de um novo tipo; elas até obtêm dos imperadores cristãos o reconhecimento oficial do serviço que prestam assim à sociedade. A segunda metade do século IV vê florescer um vocabulário original, muito bem percebido como tal por um certo Agostinho de Hipona, vocabulário que designa as construções em que se dispensa ajuda aos desventurados. Por exemplo, a palavra grega *xenodokheîon*, que vai dar em latim *xenodochium*, parece designar um edifício em que são recebidas as pessoas de passagem (peregrinos, mas também vagabundos) e tratados os enfermos. Esses estabelecimentos caritativos funcionam graças à generosidade dos simples fiéis, mas também dos aristocratas e dos príncipes cristãos; empregam um pessoal específico: médicos, enfermeiros, padioleiros (como os *parabalani* de Alexandria, no início do século V). Sua importância e a quantidade dos seus beneficiários variam consideravelmente, conforme os lugares: são acolhidos de uma dúzia de indigentes a várias centenas. O exemplo mais impressionante é o do vasto complexo, que compreende ao mesmo tempo asilos e um leprosário, criado perto de Cesareia da Capadócia pelo bispo Basílio. O amigo deste, Gregório de Nazianzo, pretende ver nesse conjunto uma "nova cidade", que outras fontes chamarão mais tarde de "Basilíada". Em suma, é na ação concreta do cristianismo da Antiguidade tardia em benefício dos indigentes que se deve buscar as remotas origens das nossas instituições hospitalares.

No domínio das ideias e das representações coletivas, a contribuição cristã, ela própria herdeira da tradição judaica, tampouco dá margem a dúvidas. Os escritos dos Padres da Igreja, como antes a Bíblia, falam com muito mais frequência dos "pobres" (oprimidos, mendigos, viúvas, órfãos...) do que a literatura greco-romana, e com uma estima inédita. Judaísmo e cristianismo têm em seu ativo uma verdadeira reabilitação dos indigentes e dos desventurados, que o segundo inclusive identifica, em virtude de um texto fundador já citado, com Jesus. Perante o desprezo dos ricos, um Gregório de Nissa proclama a dignidade dos pobres; seu amigo Gregório de Nazianzo declara que todos os cristãos são "companheiros de miséria", "mendigos" que necessitam da ajuda divina; para Agostinho, cada homem é um "mendigo de Deus". Um eco dessa predicação pode sem dúvida ser identificado naqueles epitáfios que fazem o elogio de crentes ricos, qualificando-os, de acordo com uma fórmula igualmente empregada pelas inscrições judaicas, de "amigos dos pobres". Isso quanto ao discurso destinado aos abastados; mas cabe também mencionar as palavras que um Ambrósio e um Agostinho dedicam diretamente aos cristãos menos favorecidos para exortá-los a não desanimar nem se depreciar. Bispos como eles tentaram realizar, numa sociedade tão inigualitária nos princípios quanto nos fatos, o que poderíamos chamar de uma *democratização da estima de si*. Precisamente, parece que, no seio das Igrejas, os mais pobres tomaram consciência de seu peso coletivo, souberam interpelar em seu favor os bispos e, individualmente, tendiam às vezes a já se estimar seguros da sua salvação no além. Às vezes, Agostinho chama-os ao dever de humildade que têm em comum com todos os outros fiéis, inclusive os mais afortunados.

Por mais inegáveis que sejam, essas inovações dos cristãos da Antiguidade em matéria de ajuda material e psicológica aos pobres não devem ser encaradas com "angelismo". A assistência eclesiástica não pertence apenas à moral; ela acarreta consequências que vão muito além do alívio das misérias mais gritantes. Esse sistema de beneficência constitui, para os que o dirigem, os bispos, uma justificativa teórica para as riquezas não raro consideráveis, cuja gestão asseguram e, sobretudo, uma fonte de influência cotidiana nas cidades. Tendo se tornado protetores dos mais pobres e mesmo das camadas populares em geral, os bispos saem da esfera unicamente "religiosa": eles são agora novos atores, e não dos menores, da vida social e política. No Ocidente, nos séculos V e VI, a ruína das estruturas administrativas do Império Romano leva-os até a assumir o lugar, pelo menos pontualmente, das autoridades civis e militares. Chegava, então, ao fim a divisão de tarefas que o século IV, essa "idade de ouro dos Padres da Igreja", havia realizado – momento de um equilíbrio que não devia durar, mas também de um pensamento social cristão que ia, na sequência, perder sua audácia.

JEAN-MARIE SALAMITO

Em busca da perfeição
Ascetismo e monaquismo

Desde as origens, muitos discípulos de Jesus adotaram um modo de vida ascético. Para segui-lo ou para ser perfeito, como ele pedia, era necessário abandonar a família, a profissão, a propriedade: essas exigências, aceitas pelos primeiros discípulos, também foram ouvidas, sob diversas formas, por seus sucessores. Os membros da primeira comunidade de Jerusalém compartilham seus bens; em outras comunidades, numerosos cristãos de ambos os sexos optam por viver na virgindade e na pobreza, "errantes apostólicos" percorrem as rotas do Império – e esse tipo de ascese durará vários séculos. Encontramos até, em certas regiões, como a Síria, desde o século III, esboços de estruturas comunitárias que reúnem celibatários a serviço das Igrejas, os "filhos da Aliança".

Mas, por volta do fim daquele século, aparece um modo de viver o ascetismo que vai suplantar pouco a pouco essas formas antigas e se tornar uma verdadeira instituição: o monaquismo. Antônio, através da biografia que dele nos deixou o bispo de Alexandria, Atanásio, aparece como seu modelo, se não como seu iniciador. Não só ele se despoja dos seus bens, não só opta por viver na castidade e na penitência, mas o faz na solidão, definindo o que será a originalidade do monaquismo: a escolha de uma vida isolada, implicando uma separação física do mundo; o monge é aquele que é só (*mónos* ou *monakhós*). Antônio, nos anos 280, parte da sua aldeia no vale do Nilo e se instala longe dela, primeiro num túmulo distante das moradias, depois num fortim abandonado no deserto, enfim no "deserto interior" da montanha próxima do mar Vermelho, onde reside de aproximadamente 312 até sua morte, em 356. Em sua solidão, o monge ora, jejua, faz vigília, luta contra o demônio, tudo isso tendo por fim conduzi-lo à unificação do seu ser e à contemplação.

Antônio não é o único a adotar então esse modo de vida, que, aliás, vai rapidamente se transformar na razão do seu sucesso. Como numerosos outros solitários, ele viu afluírem vários candidatos a essa vida, de que ele se tornara o guia espiritual. Constituem-se colônias monásticas, onde cada um se exercita na ascese em solidão, porém os mais jovens têm contatos com um ancião e seguem seus conselhos. Não existe, contudo, nenhuma regra comum, cada qual faz sua própria regra. Nos primeiros anos do século IV, grupos assim aparecem em diversas regiões do Egito, em particular no deserto de Scete, uns sessenta quilômetros ao sul de Alexandria.

Mas uma nova etapa se inicia nessa época: a da vida comunitária. Seu iniciador é Pacômio, que, após alguns anos de vida solitária, se instala por volta de 321 em Tabenese, uma aldeia abandonada do vale do alto Nilo, onde alguns discípulos se juntam a ele. Uma verdadeira comunidade se constitui pouco a pouco sob a sua direção, e uma regra progressivamente elaborada se torna o marco jurídico que estrutura a existência cotidiana dos "irmãos". Ela prevê preces comuns várias vezes ao dia, práticas ascéticas vividas num ambiente coletivo (que moderam o rigor das práticas dos solitários, tanto em matéria de jejum como de vigílias). Nessas comunidades, o trabalho manual se torna um elemento essencial da ascese, em reação a um monaquismo que pretendia se contentar unicamente com a prece e fazer-se manter pelos outros cristãos (tendência que se encontrará em diversas regiões). Os monges vivem num mosteiro, um conjunto de edificações rodeadas por uma muralha que assegura a separação do mundo; as refeições e o regime alimentar são comuns, a divisão dos bens é integral, com cada um entregando os seus ao mosteiro e só podendo dispor do que a regra lhe concede. Nessa vida organizada, a obediência ao superior se torna a principal virtude do monge.

Florescendo celeremente no Egito, tanto na forma solitária como na forma comunitária, o monaquismo se difunde pouco a pouco em todo o mundo cristão, com diferenças locais às vezes bastante acentuadas. Assim, o monaquismo sírio se assinala pelo extremo rigor da ascese dos solitários, que se impõem penitências tremendas. É aí que aparecem os primeiros estilitas, que vivem sua ascese no alto de uma coluna, um modo de vida que terá numerosos imitadores. Na Ásia Menor, encontramos fraternidades marcadas por um radicalismo evangélico que vai de par com a crítica das estruturas e das práticas de uma Igreja "instalada" e tende a fazer do monaquismo um movimento sectário; o bispo de Cesareia da Capadócia, Basílio, levará um grande número de seus membros a adotar um ambiente de vida propriamente monástico, com comunidade de bens, castidade, exigência de trabalhar para ganhar a vida e fazer a caridade. Como em Pacômio, a obediência a um superior adquire uma importância capital: é ele que tem o carisma do discernimento e sabe explicitar os mandamentos. Por outro lado, essas comunidades permanecem a serviço da Igreja local em torno do bispo. As regras basilianas tiveram uma longa posteridade no monaquismo oriental.

Se o modo de vida solitário é reservado aos homens, o modo de vida comunitário é logo adotado pelas mulheres. Pacômio funda conventos de mulheres, outros se criam por iniciativa de mulheres de nível social elevado, como Macrina, irmã de Basílio. Subsistiram por muito tempo virgens independentes, que continuavam a residir com a família ou que, inclusive, compartilhavam seu modo de vida com um homem que fizera a mesma opção: esse tipo de coabitação é atestado bem cedo, mas os bispos, considerando-o suspeito, não cessarão de combatê-lo ao longo do século IV, e ele acabará desaparecendo em benefício da vida comum.

No Ocidente, o monaquismo propriamente dito foi importado do Oriente e só se desenvolveu a partir da segunda metade do século IV. A antiga maneira de viver a vida ascética se manterá por mais tempo aqui: ela não comporta nem a solidão nem a existência comunitária, mas a virgindade, a pobreza, a prece, o jejum, o cuidado com os pobres são respeitados nos marcos da vida habitual de cada um; só pouco a pouco é que ela desaparecerá ou assumirá o modelo monástico.

A *Vida de Antônio*, traduzida em latim assim que veio a lume (em 357), logo provocou no Ocidente o aparecimento de numerosos eremitas que, como seu modelo, se exercitavam na ascese em solidão. Alguns escolhiam o campo ou as florestas, outros se instalavam nas ilhas do Mediterrâneo. A atração pela vida eremítica, atestada por obras como o *Elogio do deserto* de Euquério de Lyon, escrita por volta de 400, persistiu por muito tempo no Ocidente. Os testemunhos precisos são relativamente raros, porque muitos eremitas desapareceram sem deixar vestígio, mas sabe-se que muitos dos que então fundaram mosteiros comunitários começaram pela vida solitária e que, em torno destes últimos, foram conservadas por muito tempo celas isoladas em que os monges mais adiantados na ascese podiam permanecer. Apesar de tudo, pode-se dizer que houve, no Ocidente, um declínio progressivo do ideal propriamente eremítico.

Em compensação, o monaquismo comunitário teve um grande sucesso, sob diversas formas. No início, fundam-se mosteiros familiares, quando cristãos (e, principalmente, cristãs) conquistados para o ascetismo transformam pouco a pouco sua casa em mosteiro, levando uma vida já mais ou menos comunitária com meninas e viúvas da aristocracia, sem falar de seus serviçais, homens e mulheres. Criam-se igualmente mosteiros episcopais, onde os clérigos levam uma vida comunitária em torno do seu bispo (um dos mais conhecidos é o de Agostinho, em Hipona). Logo se estabelecem mosteiros no sentido estrito, reunindo em torno do seu fundador um grande número de monges. João Cassiano, vindo do Oriente, funda assim um mosteiro em Marselha e difunde no Ocidente, com seus escritos, o ideal dos cenobitas egípcios. Outros fundadores começaram pela vida solitária: é o caso de Martinho († 398), instalado inicialmente em

Ligugé, depois em Tours, onde se torna bispo e vão unir-se a ele numerosos discípulos. É também o caso de Honorato, que se instala na ilha de Lérins entre 400 e 410: discípulos vindos de todas as regiões vêm a ele, residindo primeiro em celas separadas, mas sob a autoridade do mesmo chefe e da mesma regra. Lérins logo se torna um *coenobium*, um grande convento em que se pratica a vida em comum. Nos séculos V e VI, foi o mais importante centro monástico da Gália, se não do Ocidente, com múltiplas filiais. As regras que daí emanaram inspiraram numerosos mosteiros ocidentais, antes do aparecimento da regra de são Bento.

PIERRE MARAVAL

VI

Intelectuais cristãos para confirmar a fé. Os Padres da Igreja

Basílio, Gregório de Nazianzo, João Crisóstomo

A mensagem do Evangelho, destinada a todos os homens, havia sido revelada por Jesus prioritariamente à gente humilde. Os apóstolos que, depois dele, a difundiram no Oriente grego e, mais tarde, no Ocidente não eram letrados.

Em face da cultura tradicional, os escritores cristãos dos primeiros séculos tiveram de enfrentar verdadeiros desafios: denunciar o absurdo ou a imoralidade das fábulas do politeísmo, reter da filosofia grega o que podia contribuir para estabelecer as bases intelectuais do cristianismo nos domínios do dogma e da moral, utilizar para se comunicar com seus irmãos ou seus contraditores os recursos da dialética e da retórica; e, graças a esta, dar aos textos cristãos seus "títulos de nobreza" em diversos gêneros literários – obra imensa de confronto, para a qual era necessário estar perfeitamente armado, como revela a carreira dos grandes bispos do século IV.

Basílio de Cesareia (c. 330-379): um teólogo homem de ação

O mais velho dos capadócios pertence a uma família riquíssima da aristocracia, que havia sofrido muitas perseguições. Cesareia era renomada por seus retóricos, mas Basílio, o Velho, que ensinou retórica, mandou seu filho completar sua formação em Constantinopla e, sobretudo, em Atenas. Durante essas estadias, seis a sete anos ao todo, Basílio fez amizade com Gregório de Nazianzo. Ambos tiveram mestres prestigiosos, entre eles o pagão Libânio, e percorreram o ciclo completo dos conhecimentos.

Sua formação religiosa, recebida da mãe e da avó, foi sólida. Com efeito, de volta à Capadócia, Basílio se voltou para a vida ascética e realizou (sozinho?) uma grande viagem pelo Baixo Egito e pela Síria, tomando contato com diversas formas de vida monástica. Retirou-se então para Anesi, no Ponto, em meio à solidão dos bosques de uma propriedade da família, com a mãe, a irmã Macrina, o irmão Gregório (futuro bispo) de Nissa (por certo tempo) e, também, Gregório de Nazianzo. Com este último, empenhou-se no estudo de Orígenes († c. 254), de cuja obra tiraram extratos em forma de metodologia exegética e filosófica, a *Filocalia*. Não demorou a ser ordenado sacerdote e, em 370, quando da morte do bispo de Cesareia, foi eleito para sucedê-lo. Seus oito anos de episcopado foram bem densos, tanto no plano doutrinal, disciplinar e canônico quanto por suas iniciativas litúrgicas (ofícios cantados em coros mistos), seus giros por sua província eclesiástica, suas fundações de fraternidades monásticas, suas obras de caridade (sopas populares e conjuntos de assistência, sobretudo a famosa Basilíada nas portas de Cesareia), sua defesa da gente humilde e das vítimas da administração imperial e seu incansável trabalho em favor da paz e da unidade entre as Igrejas.

Basílio soube fazer frutificar o patrimônio que recebera de seu meio e da sua "escolaridade" em proveito do povo que lhe era confiado. Convencido de que só existe uma autoridade, a da Escritura, redige uma suma dos deveres do cristão, as *Regras morais* (comentários de mil e quinhentos versículos do Novo Testamento), depois as respostas às perguntas feitas pelas fraternidades, o *Pequeno Asceticon*; elas se tornaram mais tarde as *Grandes* e *Pequenas regras* ou *Grande Asceticon*. O tratado *Sobre o Espírito Santo* abre caminho para o Concílio de Constantinopla (381).

A predicação de Basílio compreende homilias sobre os *Salmos*, homilias "morais" sobre diversos temas, entre eles as questões sociais, enfim o *Hexâmeron* (sobre Gn 1-3). O opúsculo *Aos jovens sobre a maneira de tirar proveito das letras helênicas* é uma obra maior sobre as relações entre fé cristã e cultura "clássica": com os conhecimentos que havia adquirido dos melhores representantes dessa cultura, Basílio era muito bem qualificado para formar os jovens espíritos no discernimento. Enfim, ele deixou mais de trezentas cartas a clérigos e a vários leigos fervorosos, as quais revelam uma grande sensibilidade. Favorecida por traduções latinas, a influência de Basílio chegou ao Ocidente em sua vida e fez dele o Padre grego mais citado, talvez, pelos autores medievais.

Gregório de Nazianzo (cerca de 330-390): um teólogo poeta

Gregório nasceu num burgo do sudoeste da Capadócia, numa família fervorosamente ortodoxa: seu pai, Gregório, o Velho, foi eleito bispo de Nazianzo antes de ele nascer. Frequentou as escolas de Cesareia da Capadócia, Cesareia da Palestina, Alexandria e, sobretudo, Atenas, onde conheceu Basílio. Voltou para a sua pátria antes de Basílio, depois foi encontrá-lo em Anesi para levar a "vida filosófica" que os dois amigos haviam escolhido. Em 361, chamado por seu pai, Gregório é, contra a sua vontade, ordenado padre. Pouco depois, cedendo à atração pela vida solitária, foge para junto de Basílio, mas volta a Nazianzo antes da Páscoa de 362.

Pouco depois da sua eleição para a sé de Cesareia, Basílio força Gregório a deixar-se sagrar bispo de Sasima, simples estação de muda ao sul da Capadócia. O temperamento de Gregório, nada disposto ao enfrentamento, o papel que seu amigo desejava lhe fazer desempenhar diante de Antímio de Tiana destinavam essa iniciativa ao fracasso. Gregório fugiu de novo para a montanha. Pouco antes de morrer, seu pai conseguiu fazê-lo voltar, e ele administrou a diocese de Nazianzo, para satisfação dos bispos da região. Como eles demoraram para eleger um sucessor, Gregório fugiu para Seleucia de Isauria. Em 378, quando da ascensão ao trono de Teodósio, protetor da ortodoxia, a comunidade católica de Constantinopla pediu para Gregório ser seu pastor, o que ele aceitou após alguma hesitação (379). Desse período datam seus notáveis *Discursos teológicos* (n.ºs 27-31), consagrados à defesa da Trindade.

Nisso, abre-se o Concílio de Constantinopla (381), presidido por Melécio de Antioquia, que regularizou a situação canônica de Gregório à frente da diocese, mas morreu antes do encerramento da assembleia. Sua sucessão em Antioquia deu ensejo a dissensões entre os Padres, e elas respingaram em Gregório, cuja posição foi contestada por alguns: ele aproveitou para pedir demissão, administrou a Igreja de Nazianzo até 383 e, depois da eleição do seu primo Eulálio, retirou-se para Arianzo, onde se dedicou ao estudo e à poesia até falecer (390). A vida dessa alma delicada, voltada para a contemplação, havia sido uma sequência de abandonos e fugas.

A obra daquele que o Oriente ia apelidar de o Teólogo foi incansavelmente copiada, lida, citada nos concílios. Ela compreende duzentas e quarenta e nove cartas de grande interesse histórico e espiritual, repletas de sinceridade e de naturalidade; numerosos poemas (dezessete mil versos, ao todo), teológicos (apologia contra os heréticos) e históricos (entre eles, epitáfios, epigramas e – coisa rara entre os antigos – duas autobiografias), enfim quarenta e cinco discursos (vários deles sobre festas e algumas orações fúnebres, entre elas a de Basílio). Naqueles tempos de fermentação teológica, era necessária uma imensa cultura para não fazer concessão ao gosto dos tempos, como faziam o clérigos em destaque, e para não se limitar a defender a fé de Niceia "mediante hábeis e sutis dosagens".

Entretanto, Gregório, adversário do helenismo em seus discursos ao povo, mas adepto da cultura grega em sua correspondência e em seus poemas, não se contradizia, usando ele próprio as armas literárias cujo emprego reprovava nos outros? Na verdade, para Gregório, "o verdadeiro perigo é a ignorância das letras", "erro de juízo" da maioria dos cristãos, que ele denuncia. É o que o aproximava de seu amigo Basílio e que o torna atualíssimo.

João Crisóstomo (cerca de 344/354-407): a delicadeza do coração

Nascido em Antioquia, recebeu muito da mãe, Antusa, sua primeira educadora, a quem deve uma grande sensibilidade. Formado em sua cidade, parece também ter sido aluno de Libânio; mas logo se voltou para os ensinamentos divinos, aprendidos com Melécio (que o batiza em 372) e, em seguida, com Deodoro de Tarso. Ordenado leitor, João levou uma vida ascética, primeiro em casa, depois foi cenobita quatro anos a leste de Antioquia, enfim solitário numa gruta. Mas seus excessos de austeridade o obrigaram a voltar a Antioquia, onde foi ordenado diácono (381), depois padre (386); tornou-se, a partir de então, *o pregador de Antioquia*.

Sua reputação chegou a Constantinopla, sem dúvida por ocasião da sedição de Antioquia (387): quando da morte do arcebispo Nectário (397), João foi escolhido para sucedê-lo (398) e, ante seu pouco interesse, levado para Constantinopla. Ganhou, lá também, o afeto dos pobres e de uma parte do clero. Em consequência de divergências com a imperatriz Eudóxia, foi ilegalmente deposto em 403 – ordem anulada quase imediatamente –, mas logo banido pelo jovem imperador Arcádio (404), deportado para Cucusa (Armênia), depois para Pityus (Cáucaso): essas marchas forçadas o fulminaram a caminho de Comana, no Ponto, em 14 de setembro de 407.

João, que deve tanto à cultura grega, "clareza de ideias, força de persuasão, brilho de expressão", não parou de perseguir o helenismo com seus ataques, suplicando aos pais que preservassem os filhos das fábulas dos gregos. Rigor sem dúvida explicado pela corrupção dos costumes em Antioquia. Às vezes, porém, ele retoma temas platônicos ou estoicos. Além dos sermões de circunstância (*Ao povo de Antioquia*), sua imensa obra oratória comenta uma grande parte do Antigo e do Novo Testamento, fazendo de João "Boca de Ouro" o mais fecundo dos pregadores gregos; ele também deixou uma abundante correspondência, notadamente à viúva Olímpia, e alguns tratados ascéticos e espirituais. João Crisóstomo "entra nos corações; ele torna as coisas sensíveis" (Fénelon) e excele no comentário das atitudes mais simples. Em toda a sua obra, a gravidade do tom e as exigências do Evangelho se misturam a diálogos fictícios em que o pastor se mostra preocupado com a educação dos jovens.

BENOÎT GAIN

Jerônimo
e a "Vulgata"

Muito mais do que por seus Comentários da Escritura – em particular os dos profetas, pequenos e grandes, do Antigo Testamento –, Jerônimo (347?-418) é hoje celebrado como o autor da Vulgata. Há mais de um milênio, porém especialmente desde o Concílio de Trento, no século XVI, chama-se assim a "edição vulgata da Bíblia" – isto é, a edição corrente, comum, difundida –, ou simplesmente "a Vulgata", a tradução em latim do Antigo e do Novo Testamento elaborada em boa parte por Jerônimo no final do século IV e que passou, lenta e às vezes dificilmente, a ser usada pela Igreja do Ocidente dois a três séculos mais tarde. A partir do século IX, certos manuscritos e, já nos séculos XIV e XV, muitos pintores popularizaram a imagem de um Jerônimo redigindo a Vulgata sob a inspiração do Espírito Santo.

Na realidade, essa denominação envolve uma história bastante complexa, que é muito difícil não simplificar excessivamente e deformar numa apresentação sucinta. Esse nome de Vulgata designa muito mais o êxito e o reconhecimento de uma empreitada por muito tempo contestada por sua novidade do que uma vontade da parte de Jerônimo de estabelecer um texto normativo. Ele próprio designa por *vulgata* a ou as traduções latinas anteriores a ele, que julga inexatas. Antes de se tornar a tradução "corrente", a sua aparecerá como tradução nova e, por isso mesmo, suspeita, inclusive aos olhos de alguém como santo Agostinho, que mal a utilizará.

Para compreender essa evolução e a inversão da situação, assim como do vocábulo, há que partir da situação concreta dos cristãos do Ocidente, visto que, quer se trate do Novo ou do Antigo Testamento, o grego, em que lhes chegavam até então os textos dos dois testamentos, não lhes é mais acessível. Diversas traduções em latim aparecem na África e na Itália, na virada do século III. As do Novo Testamento – por exemplo, dos Evangelhos, de que Jerônimo cuidou – remontam a um texto grego da época, mas que não é o mais difundido no Oriente. Quanto às traduções do Antigo Testamento, quase sempre parciais, baseiam-se todas, não no texto hebraico, mas em alguma das traduções gregas realizadas pelos judeus da Diáspora, em particular a que foi feita em Alexandria do Egito entre o século III antes da nossa era e o início da era atual: a "Septuaginta", assim chamada porque teria sido efetuada por setenta eruditos judeus. Por outro lado, quaisquer que fossem os textos a traduzir, a realização deixava a desejar, não apenas em termos de exatidão ou de conformidade com os textos gregos mais recentes, mas também por sua fraca qualidade literária. No século IV, os letrados cristãos estavam chocados com a mediocridade formal do texto latino que descobriam. Além da estranheza do vocabulário e da diferença de sintaxe entre as diversas línguas, os erros de gramática e de estilo lhes pareciam indignos da palavra de Deus, independentemente dos próprios erros de cópia.

Esse aspecto estético entra, em parte, no primeiro trabalho de conjunto que Jerônimo, voltando do Oriente, onde encontrou várias versões gregas dos Evangelhos, empreende em Roma entre 382 e 384. A partir de um texto grego que ele considera ser o melhor e que, na época, era muito divulgado no Oriente, Jerônimo corrige a tradução latina dos Evangelhos em uso em Roma, melhora sua cor latina e sua fluidez, sem se obrigar a dar uma tradução totalmente nova. O tempo, mas também a prudência e o desejo de não colidir muito com os hábitos, incitam-no a não alterar profundamente o texto existente. Essa tradução é que foi admitida mais rápido no Ocidente. É também a única que lhe pertence no que se chama a Vulgata do Novo Testamento. A revisão das Epístolas de Paulo data sensivelmente da mesma época; ela talvez tenha sido elaborada no círculo de Jerônimo, mas não é obra sua, ao contrário do que se acreditou por muito tempo.

Desde a sua estada em Roma, também inquieta Jerônimo outra dificuldade, que concerne ao Antigo Testamento: o diálogo com os judeus. Preocupadíssimo em estabelecer o caráter messiânico de Cristo, ele coteja o texto grego dos livros dos profetas com manuscritos hebraicos que lhes são emprestados por rabinos judeus. Para ele, o texto hebraico é mais favorável à fé cristã do que o texto grego dos Setenta, que velou o messianismo. Será preciso aguardar nossa época para se tomar verdadeiramente consciência de algo que ele ignora: que o retorno dos judeus da Diáspora ao texto hebraico, sensível desde os primeiros séculos da nossa era, em que gera várias revisões gregas da Septuaginta, se deve a um endurecimento da comunidade judaica ante a utilização do texto dos Setenta pelos cristãos. Por outro lado, seguindo Orígenes, que havia começado a comparar o texto hebraico com as diferentes traduções gregas, Jerônimo admite que a discussão com os judeus só pode se dar com base em seu texto. Isso não o impediu de trabalhar primeiro numa revisão do texto latino do Antigo Testamento, traduzido com base no texto grego dos Setenta revisado por Orígenes. Mas dessa tradução, que santo Agostinho prefere à tradução a partir do hebraico, não resta quase mais nada. Paradoxo, porém: o Livro dos Salmos da Vulgata outro não é que a revisão da Septuaginta. A tradução a partir do hebraico – o "Saltério segundo o hebraico" –, mais erudita, nunca fez parte da Vulgata.

O desejo de discussão com os judeus acarreta outra consequência: só podem ser utilizados os livros reconhecidos por eles. Estão excluídos, por exemplo, os livros, judaicos embora, originalmente escritos em grego. Estes, sem terem sido objeto de revisão alguma por Jerônimo, entraram entretanto na Vulgata, na forma de um texto que remonta a uma ou várias traduções anteriores a Jerônimo (Sabedoria e Eclesiastes, por exemplo). Daí virá, em particular, a diferença entre o "cânone" – lista dos livros reconhecidos – da Igreja católica, que acolhe todos os livros utilizados pela Igreja antiga, e o cânone da Reforma, fiel a Jerônimo e ao cânone judaico.

Última indicação antes de passar para a história propriamente dita da realização: Jerônimo, ocupado em mil assuntos, não efetuou todas as traduções com o mesmo cuidado. Certos livros (o Gênesis, os Profetas) lhe parecem mais importantes do que outros. Algumas encomendas lhe são feitas – e são efetuadas – em prazos curtíssimos. A qualidade do trabalho é portanto desigual e a ordem dos livros está longe de ser respeitada. Todas as suas traduções serão um dia reunidas e acabarão constituindo uma edição singular, mas começaram circulando separadamente, à medida que eram feitas.

Foi em 390/392 que Jerônimo abandonou sua revisão do texto grego do Antigo Testamento para passar a um trabalho de revisão do latim a partir do texto hebraico, aliás não sem a ajuda das diversas traduções gregas (judaicas) existentes. Com muitas interrupções, seguidas de fases de grande atividade, o trabalho o reterá até 405, ou seja, cerca de quinze anos. Podemos acompanhar sua progressão, em particular seus dissabores, pelos Prefácios que ele antepôs à maioria de suas "fatias" de traduções. Esses Prefácios respondem principalmente às críticas que o acusam de condenar a tradução reconhecida até então pela Igreja. Nos livros mais importantes, o texto de Jerônimo melhora com frequência a língua e a sintaxe, pretendendo-se ao mesmo tempo mais próximo do hebraico. O resultado está longe de ser desprezível para a época.

Edição erudita, por um lado, essa tradução assegurou lentamente um lugar para si no seio da Igreja latina, até mesmo nas leituras litúrgicas. Ela exerceu assim uma influência considerável em toda a Europa, inclusive sobre as diversas línguas. Mas, difundindo-se, seu texto sofrerá na própria transmissão muita corrupção material, sem contar as voltas mais ou menos inconscientes ao texto latino em uso anteriormente. Foi com Cassiodoro (cerca de 550) que apareceu o primeiro agrupamento dos textos traduzidos por Jerônimo, mas como uma bíblia entre outras. No decorrer dos séculos seguintes, Renascimento incluso, foram feitas diversas tentativas de volta ao texto de Jerônimo. Será preciso esperar o século XX para que uma equipe de monges beneditinos, incessantemente renovada, dedique oitenta anos de trabalho obstinado, não apenas para reunir os múltiplos manuscritos da Vulgata mais ou menos alterada, mas também para reconstituir, de acordo com as regras mais estritas da filologia, o texto deixado por Jerônimo.

YVES-MARIE DUVAL

Santo Agostinho
e a irradiação do seu pensamento

Foi paradoxalmente na África do Norte, portanto numa região hoje totalmente islamizada, que nasceu o cristianismo ocidental latino. Surgida no Oriente num meio judeu, que não demorou a ser impregnado de helenismo, a nova religião por muito tempo só teve, em Roma e no resto da Europa ocidental, pouquíssimos membros de colônias orientais. Na África do Norte, desde a segunda metade do século II, desenvolveu-se em todos os meios sociais a comunidade cristã ocidental mais abundante e mais dinâmica, logo de início de língua latina. É lá também que, no século V, o cristianismo ocidental encontrou sua personalidade própria, intelectual e espiritual, graças à marca indelével que o pensamento e a obra de santo Agostinho iriam lhe imprimir.

Para o historiador, Agostinho possui três particularidades. Primeiro, é o escritor mais prolixo, porque milhares de páginas da sua obra chegaram até nós, e ainda se descobrem nos manuscritos textos seus que ignorávamos (vinte e nove cartas em 1981, cerca de trinta sermões na década de 1990). Por outro lado, ele é o homem da Antiguidade de que melhor conhecemos a vida, os sentimentos, a psicologia, porque falou muito de si, e não apenas em suas *Confissões*, que contêm um relato dos trinta e quatro primeiros anos da sua vida. A terceira característica é a imensa influência do seu pensamento, que marcou de maneira decisiva o Ocidente cristão na Idade Média e na época moderna. Um sinal dessa marca é o fato de que os monges medievais incansavelmente copiaram suas obras: eles nos transmitiram mais de quinze mil manuscritos reproduzindo seus escritos.

Agostinho nasceu em 354 na pequena cidade de Tagasta, hoje Suk-Ahras, na Argélia, próxima da fronteira com a Tunísia. Seus pais eram personalidades locais de pequeno destaque, mas conseguiram lhe dar uma brilhante educação, o que lhe possibilitou tornar-se, em 375, professor de retórica em Cartago. Partindo para a Itália em 383, tornou-se professor em Milão, residência do imperador, e ambicionou então uma brilhante carreira administrativa e política. Sua conversão, em 386, pôs fim a esses projetos e estimulou-o a voltar à África já em 388, para se dedicar à vida religiosa. Tornou-se padre (em 391), depois bispo (em 395) de Hipona, hoje Annaba (outrora Bône), e consagrou-se a esse ministério pastoral, assim como à redação de sua imensa obra, até falecer, em 430, com quase setenta e seis anos, em sua cidade episcopal sitiada pelos vândalos.

Agostinho havia passado cinco anos na Itália, mas, durante todo o resto da sua longa existência, viveu e escreveu na África do Norte. No entanto, sua obra logo teve uma grande repercussão na Europa. Na verdade, as margens norte e sul do Mediterrâneo não eram, então, universos linguísticos e culturais diferentes. As províncias da África romana eram das mais ricas do imenso Império; havia lá múltiplas cidades prósperas, onde vivia uma elite culta, formada na maioria das vezes por berberes latinizados (como eram, evidentemente, o próprio Agostinho e sua família). A África não parece ter sido atingida pelo declínio que sofreram no Baixo império certas regiões do Império Romano. Os intercâmbios culturais e econômicos com a Europa eram contínuos, e a metrópole cartaginesa, a segunda cidade do Ocidente depois de Roma, tinha uma influência que ultrapassava em muito os limites africanos. Compreende-se portanto que, redigidas na África, as obras de Agostinho puderam ser imediatamente lidas e comentadas em todo o mundo ocidental. Em Cartago, admiradores mandavam fazer cópias dos seus livros, que enviavam para a Itália, de onde se difundiam para a Gália e a Espanha. Essa irradiação se devia à profundidade da sua reflexão teológica e espiritual, mas também ao seu imenso talento literário, à sua língua rica, poderosa e original, à sua faculdade de exprimir pela linguagem escrita sua sensibilidade aguda e a perspicácia, desconhecida antes dele, da sua análise psicológica.

A posteridade frequentemente só reteve dele um pessimismo arraigado sobre a natureza humana, corrompida pelo pecado original e inclinada ao mal, assim como um austero rigorismo moral. É que, no correr do tempo, os teólogos agostinianos muitas vezes sistematizaram e enrijeceram o pensamento do mestre, que se revela, em sua obra gigantesca, complexo, sutil e não isento de contradições (ele evoluiu muito ao longo dos anos), o que torna bastante difícil uma apresentação sumária: aqui, só podemos evocar alguns aspectos de um pensamento variado, múltiplo e multiforme. É somente na última etapa, no fogo da controvérsia com seus adversários pelagianos, que ele apresentou suas teses de uma maneira rígida e sistemática, em particular para a doutrina da predestinação, na qual, de certo modo, já idoso, sem querer se caricaturava. Retenhamos que, para Agostinho, a natureza humana é irremediavelmente marcada pelo pecado e que só podemos alcançar a salvação por nossos méritos pessoais ou nossas boas obras: somente a graça divina pode nos salvar. Era a própria experiência de Agostinho, relatada nas *Confissões*: após suas múltiplas errâncias, Deus o havia, de certo modo, tomado pela mão e guiado para si, revelando-lhe sua presença em sua maior intimidade e a onipotência do seu perdão. Sua conversão não se devia a seus méritos pessoais: era, ao contrário, a resposta a uma chamada divina, à graça divina.

Agostinho encontrou no asceta britânico Pelágio e, sobretudo, em seus discípulos adversários que reduziam o cristianismo a um rigoroso moralismo sem espiritualidade. Consumando estritamente a lei divina, cada um podia, segundo eles, alcançar a perfeição, e Deus devia recompensá-lo por seus méritos (ou puni-lo por suas faltas) na vida futura. Como a natureza humana era considerada boa pelos pelagianos, esse programa era tido como realizável. Essas ideias tiveram sucesso nos meios monásticos.

O pelagianismo também foi apreciado no mundo aristocrático romano, onde a exaltação da virtude individual encontrava profundos ecos, os da tradição romana antiga e do estoicismo. Agostinho reagiu fortemente: no fundamento de tal sistema, encontravam-se, segundo ele, uma ilusão sobre a bondade da natureza humana e a negação do pecado original que tornava essa natureza disposta ao mal. Principalmente, Pelágio e os seus menosprezavam a graça divina e a necessidade da salvação por Cristo: em seu orgulho, eles se estimavam aptos a se tornar perfeitos por suas próprias forças; pensavam, de certo modo, poder prescindir de Deus. Nessa discussão, Agostinho tinha consciência de defender um elemento central da essência do cristianismo. Mas a polêmica durou e se exacerbou: Agostinho terminou elaborando um sistema antipelagiano radical, no qual reservava a salvação a uma comunidade de eleitos escolhidos desde toda a eternidade pela graça divina, os predestinados, extraídos ao acaso da "massa danada", que era a humanidade pecadora. Essa última fase do seu pensamento é que a posteridade iria designar, equivocadamente, é claro, pelo nome de agostinismo.

Foi entre 413 e 426, na época das invasões bárbaras portanto, que Agostinho redigiu *A Cidade de Deus*, que é uma vasta reflexão, sob o olhar da eternidade, acerca do destino da humanidade, que, vista a atualidade trágica, era um pouco, como pôde escrever esse profundo conhecedor moderno de Agostinho que foi Henri-Irénée Marrou, "uma arte de viver num tempo de catástrofe". Dessa suma imensa, vamos considerar aqui apenas um aspecto. A Cidade de Deus – isto é, a comunidade dos eleitos – está, no tempo da história, a caminho da sua realização, que só advirá no fim dos tempos. Por ora, ela não poderia ser confundida com nenhuma comunidade ou instituição humana atual: um Estado, mesmo que se proclame cristão, como o Império Romano de então, não pode se dizer Cidade de Deus na terra e reivindicar um caráter sagrado, uma onipotência de origem divina. Isso vale até para a Igreja terrestre, a Igreja visível, que abrange ao mesmo tempo justos e pecadores. Henri-Irénée Marrou percebeu muito bem como esse pensamento constituía uma forte recusa de todos os totalitarismos e, também, de todos os integrismos.

Agostinho viu-se arrastado assim numa dramática querela que dilacerava a cristandade africana desde a época de Constantino. Uma comunidade cismática, chamada Igreja donatista, devido ao nome do seu fundador, Donato, dominava regiões inteiras, entre elas a Numídia de Hipona. Os donatistas acusavam os bispos católicos de terem fraquejado, quando da perseguição de Diocleciano: pretendiam constituir por si sós a Igreja autêntica, a dos santos, dos puros, dos mártires. A forte implantação dessa Igreja nos meios rurais e a implicação de alguns dos seus membros num levante camponês que ensanguentou a Numídia nos anos 340 (a revolta dos circunceliões, os "rondadores de celeiros") incitaram os historiadores modernos a considerar, não sem anacronismo, esse movimento religioso como a manifestação de um nacionalismo antirromano ou de uma luta de classes. Na verdade, tratava-se de uma forma sumária e intransigente de religiosidade, o que chamamos de integrismo, sem programa político particular, que compreendia entre seus partidários muitas personalidades, inclusive senadores. O batismo, na maioria das vezes recebido na idade adulta, introduzia o batizado na comunidade cristã e tinha uma imensa importância na espiritualidade do tempo. Os donatistas rebatizavam os cristãos das outras Igrejas que aderiam à sua comunidade, porque se consideravam os únicos cristãos autênticos. Agostinho tentou em vão trazê-los de volta à unidade pela persuasão, mas fracassou e, de início reticente, acabou se aliando à repressão levada a cabo pela autoridade imperial. No fim das contas, foi um dos líderes da conferência episcopal contraditória, reunida em Cartago em 411, que levou à dissolução autoritária da Igreja cismática, com os donatistas recebendo multas pesadas. Esse conflito entre irmãos cristãos, não raro violentíssimo, foi incontestavelmente uma causa de fraqueza para a Igreja da África, e certos historiadores puderam ver nele com razão uma das causas remotas do futuro desaparecimento do cristianismo nessa região.

Até Agostinho, o pensamento teológico e filosófico cristão era quase exclusivamente de língua grega. A partir de então, o Ocidente cristão latino possuía um mestre com uma personalidade poderosa, que exprimia seu gênio com ainda maior originalidade criativa porque, conhecendo mal o grego, havia sido levado a pensar por si mesmo, em vez de permanecer tributário de seus antecessores. O nascimento, na África, de uma teologia ocidental particular é, aliás, uma das causas remotas, porém maior, do cisma consumado a partir do século IX, que iria separar o Ocidente latino católico do Oriente grego ortodoxo. No Ocidente, ao longo da alta Idade Média, Agostinho foi o único mestre, sem que no entanto os aspectos extremos da sua doutrina fossem admitidos; o saxão Gottschalk foi condenado à prisão perpétua no século IX por ter sustentado a doutrina da predestinação. O pensamento escolástico, a partir do século XII, distanciou-se bastante de Agostinho, embora partindo dele. O bispo de Paris, Pierre Lombard, resumiu sua doutrina em fórmulas dogmáticas abstratas, o que necessariamente a caricaturava e deformava. Posteriormente, o sucesso do aristotelismo afastou cada vez mais a teologia escolástica da pura tradição agostiniana.

As controvérsias religiosas do século XVI puseram Agostinho de novo no primeiro plano. Lutero e Calvino romperam com a Igreja católica porque a acusavam de pelagiana. Para eles, o homem só podia ser justificado diante de Deus pela graça e pela fé, não por suas obras, porque era privado de méritos devido à sua natureza corrompida. O protestantismo foi, portanto, no início, um retorno resoluto a um agostinismo estrito, inclusive, em Calvino, à doutrina da predestinação. No entanto, no Concílio de Trento, os adversários católicos dos Reformadores também se inspiraram no pensamento do velho africano, rejeitando porém certos aspectos radicais, como a predestinação ou a negação de qualquer valor das obras humanas.

No século XVII, o prestígio e a autoridade de Agostinho foram incontestes na França, onde ele foi incessantemente invocado como uma autoridade infalível. Ele inspirou todos os movimentos espirituais da época, como o Oratório do cardeal de Bérulle. Em 1640, foi publicado o *Augustinus*, grosso livro póstumo de Jansen, bispo de Ypres, em Flandres, que retomava os argumentos de Agostinho contra os pelagianos e preconizava uma teologia agostiniana radical. A Igreja da França se dividiu entre partidários e adversários do jansenismo. O mosteiro feminino de Port-Royal-des-Champs tornou-se o centro do movimento. O *Augustinus* foi condenado sucessivamente por vários papas. O apoio que muitos parlamentares lhe concediam tornou-o suspeito, a partir de 1665, aos olhos de Luís XIV, que mandou destruir Port-Royal em 1710. Um dos argumentos favoritos apresentados em sua defesa pelos jansenistas era que eles apenas exprimiam a doutrina de Agostinho e que seus adversários, mesmo que fossem papas, só podiam estar errados, pois estavam combatendo o ilustre doutor.

No século XVIII, a grande época da Europa agostiniana pertencia ao passado. O jansenismo estava em pleno declínio: não era mais que uma mistura de rigorismo moral com oposição política. Os teólogos protestantes, por sua vez, abandonavam cada vez mais o agostinismo estrito de seus predecessores. Constata-se uma rejeição do agostinismo sobretudo na Europa das Luzes. A ideia de uma natureza humana irremediavelmente corrompida e imperfectível chocava, evidentemente, filósofos convencidos da possibilidade de um progresso indefinido, tanto moral quanto intelectual. Jean-Jacques Rousseau elaborou sua teoria de um homem naturalmente bom mas corrompido pela sociedade, talvez em reação contra o calvinismo em que havia sido educado em sua juventude genebrina. Mais tarde, certos românticos apreciaram a viva sensibilidade de Agostinho e seu senso do trágico do destino humano, mas esse interesse permaneceu superficial.

O destino do pensamento agostiniano pode parecer singular. Desde o triunfo do islamismo, sua lembrança foi ocultada em seu próprio país, onde Agostinho não tem nenhuma posteridade intelectual ou religiosa. Na Argélia de hoje, a ideologia oficial só retém dele seu conflito com os heréticos donatistas, vistos de forma extremamente anacrônica como os ancestrais do nacionalismo local; Agostinho, nessa perspectiva, se torna um partidário do colonialismo! Ao visar um gênio assim, filho de um país a que permaneceu a vida inteira profundamente ligado, essa atitude parece ao mesmo tempo absurda e irrisória. Percebe-se, aqui, o tamanho da ruptura radical que suscitou a islamização do Magreb. Na Europa ocidental, e não na África do Norte, é que foram copiados durante a Idade Média os milhares de manuscritos que as obras de Agostinho nos transmitiram. Mas, se ele deixou uma marca mais poderosa do que qualquer outra na vida religiosa e intelectual do Ocidente europeu, também aí essa influência declinou irremediavelmente a partir do século XVIII: a ideologia do Ocidente moderno exalta o humanismo, a crença no progresso e na perfectibilidade da natureza humana. Tal visão do mundo e da humanidade se inscreve resolutamente contra o teocentrismo agostiniano e sua concepção pessimista ou, talvez, simplesmente lúcida de uma natureza humana irremediavelmente propensa ao mal.

No entanto, se o agostinismo como sistema doutrinal parece hoje pouco apreciado, constata-se que nossos contemporâneos permanecem sensíveis à excepcional profundidade da análise psicológica de Agostinho: assim, ele foi o primeiro a discernir, no fundo do nosso ser, as forças obscuras que, fora da consciência clara e do livre exercício da vontade, podem determinar nosso comportamento, o que, desde Freud, chamamos de subconsciente. Lembremos enfim que sua visão pessimista da natureza humana não impediu Agostinho de afirmar a importância essencial da inteligência em toda reflexão, religiosa ou outra. A razão, a inteligência são dons de Deus, que é preciso sempre pôr em ação: nada lhe teria sido mais alheio que uma religião obscurantista. Ele dizia que era preciso procurar para encontrar e encontrar para procurar mais – magnífica definição, não somente da busca de Deus, mas também de todo procedimento intelectual. Do mesmo modo, todo filósofo permanecerá para sempre em dívida para com a reflexão agostiniana sobre o tempo e a memória. Muitos espíritos religiosos, enfim, permanecem profundamente marcados pela espiritualidade de Agostinho, em particular sua visão do *tête-à-tête*, na interioridade do coração, entre a alma e seu Criador, "mais íntimo a mim mesmo que eu mesmo". Último paradoxo: é no mundo muçulmano que encontramos hoje a fidelidade mais explícita a princípios que foram agostinianos antes de serem islâmicos: a afirmação sem concessões da transcendência divina absoluta, a aceitação pacífica da vontade de Deus e a espera da salvação pela misericórdia, e somente ela. Se fosse possível estabelecer um diálogo religioso sereno e desapaixonado entre as duas margens do Mediterrâneo, o pensamento do velho doutor cristão africano poderia, talvez, servir de traço-de-união.

CLAUDE LEPELLEY

VII

Anunciar o Evangelho
"até as extremidades da terra"

    O anúncio da Boa-nova (Evangelho) "até as extremidades da terra" é um elemento constitutivo do cristianismo. Jesus enviava seus apóstolos em missão dizendo-lhes: "Ide, fazei discípulos de todas as nações, batizando-os em nome do Pai, e do Filho, e do Espírito Santo" (Mt 28, 19). Uma tradição já atestada no século III e retomada pelos historiadores da Igreja (Eusébio de Cesareia no início do século IV, Rufino de Aquileia no início do século V) mencionava uma divisão da terra a evangelizar entre os apóstolos. Isso validou por muito tempo a pretensão de numerosas Igrejas a ter um apóstolo como fundador e se inscrever na sucessão (*diadokhé*) apostólica direta. Se a expansão do cristianismo se fez, de início, no Império Romano e nas regiões orientais vizinhas, havia além dela muitos povos a evangelizar; alguns penetraram no Império desde o século III. Ao longo do século IV e no século V, os cristãos tomaram pouco a pouco consciência do fato de que a Igreja não podia se limitar ao Império Romano, ainda que ele fosse oficialmente cristão.

FRANÇOISE THELAMON

A cristianização da bacia mediterrânea no século V, nos limites do Império Romano

No dia 9 de abril de 423, o imperador da parte oriental do Império, Teodósio II, dirigiu ao prefeito do pretório, Asclepiodoto, uma lei que dispunha entre outras coisas que "os pagãos que subsistem, embora Nós pensemos que não resta mais nenhum, sejam submetidos pelas prescrições [leis] já promulgadas" (*Código teodosiano*, XVI, 10, 22).

Cerca de trinta anos depois do fechamento dos templos, ordenado em todo o Império por Teodósio I, seu sucessor encarava de maneira bastante ambígua o alcance dessa medida. À negação ideológica da existência de adeptos dos cultos politeístas se opunha a realidade cotidiana da presença deles, ainda que suas atividades cultuais não pudessem mais transcorrer em público e devessem buscar, no temor de uma legislação cada vez mais repressiva, a proteção das casas particulares, das margens ou dos locais recuados do mundo romano. É impossível para o historiador contemporâneo avaliar quantitativamente e em momentos sucessivos a amplitude dessa adesão, condenada – salvo exceção – ao segredo nos territórios dos "imperadores cristianíssimos". Em consequência, não é possível avaliar o ritmo da passagem dos "pagãos" ao cristianismo; e as "conversões" de judeus, às vezes em massa, como em Mahón, na ilha de Minorca, em fevereiro de 418, são evidentemente minoritárias. Claro, Agostinho (*Comentário dos Salmos*, VII, 7, XXXIX, 1, etc.) denuncia com frequência – e ele não é o único a fazê-lo na virada do século IV – "a crescente hipocrisia" entre os cristãos, em outras palavras, a hipocrisia das adesões simuladas, mas já Orígenes, um século e meio antes, emprega uma linguagem similar (*Comentário sobre Mateus*, ser. 19, 20, 24). A história da progressão numérica do cristianismo no Império Romano depende portanto, em geral, das impressões de leitura e da convicção mais ou menos bem sustentada do historiador que a estuda, ainda que ela fosse o resultado de tentativas de modelização assentadas em bases estatísticas tão evanescentes quanto controvertidas.

A cristianização crescente do espaço e do tempo – isto é, a saturação progressiva em referências cristãs dessas duas dimensões essenciais da vida cotidiana – é inegável e reforça o peso das leis que proscrevem o "paganismo" e limitam, a partir do século V, o exercício do culto judaico. Mas as transferências de adesão religiosa, em especial as "conversões ao cristianismo", não são documentadas de maneira detalhada, a não ser por certos retratos de grupo, como os "ismaelitas" (isto é, populações árabes) ao pé da coluna de Simeão, o Estilita, segundo o testemunho de Teodoreto de Ciro (*História philothea*, XXVI, 13-16), ou os depoimentos, autobiográficos, de Justino mártir a Arnóbio e de Agostinho, que é difícil seriar. Por conseguinte, a tradição historiográfica muitas vezes tratou da "conversão dos povos" em afrescos narrativos tão vastos quanto imprecisos, ou do "itinerário de uma alma" escrutado com a ajuda de todos os recursos da psicologia moderna aplicada aos textos antigos. As tentativas visando pôr em evidência certos mecanismos sócio-históricos de "conversão ao cristianismo" são numerosas. Mas desembocam muitas vezes em grandes relatos com finalidade explicativa que, embora livres da sombra da Providência, penam para articular efeitos locais e causas gerais, pois esses relatos se fundam na determinação de presumidas capacidades de atração das comunidades cristãs e de sua(s) mensagem(ns) – por exemplo, as práticas e discursos da assistência – ou, numa perspectiva, em última análise, redutível à apologética cristã, no realce de fraquezas igualmente presumidas dos politeísmos tradicionais. Prova, se é que necessária, da dificuldade de harmonizar o particular – a "conversão" de um indivíduo – com o universal – a cristianização de uma sociedade.

Essas poucas considerações preliminares convidam a um enfoque mais circunscrito do fenômeno das "conversões" ao cristianismo, centrado no exame dos motivos de adesão explicitamente identificáveis nas fontes, sem procurar distinguir entre "conversões sinceras" e "conversões interessadas". A neutralidade axiológica do historiador impõe renunciar a essa discriminação, que, de todo modo, é inoperante. Ela conduz a valorizar apenas as informações disponíveis sobre o que determina as transferências de fidelidade religiosa; isso num tempo em que desapareceu a menção a pregadores itinerantes cristãos no Império Romano. A difusão do cristianismo com base no modelo da missão pauliniana havia, na verdade, se tornado essencialmente, seja um esquema literário com grande fortuna na literatura apócrifa dos Atos dos Apóstolos, seja um apanágio de Mani e seus discípulos.

Essa pesquisa leva a uma enumeração de fatores variados, cujo entrelaçamento impede hoje serem classificados por ordem de importância: influências familiares, imitação dos poderosos – "se determinado nobre se tornasse cristão, ninguém continuaria a ser pagão" (Agostinho, *Comentário dos Salmos*, LIV, 13) –, em particular do príncipe, vontade de obter uma vantagem material ou de se tornar bem-visto, medo da coerção ou mesmo do exercício da violência como em Mahón, donativos recebidos à guisa de caridade, milagres e sonhos, discussões com próximos, bispos ou monges, influências de amigos, leitura de livros, predicação e, mais geralmente, artes da palavra, etc. Seria necessário também evidenciar os fatores de resistência à "conversão" – podendo este ou aquele fator, é claro, agir num sentido ou noutro: tradições familiares, certa consciência de classe, vínculo ideológico (é o caso dos neoplatônicos de Atenas, como Proclo), etc.

Quaisquer que sejam o encadeamento dos motivos que conduziam à inscrição entre os catecúmenos e a duração do processo gradual de assimilação das normas e crenças até então julgadas requeríveis de um cristão, aderir ao cristianismo significava fazer seu ingresso numa comunidade. Essa dimensão ordináriamente comunitária do fato cristão na Antiguidade tardia e, consequentemente, a importância crescente da caracterização religiosa na definição de uma identidade social, aparecem com tanta evidência quanto o catecúmeno e o batizado são incessantemente chamados não só a distinguir, de um ponto de vista intelectual, "ortodoxia" e "heresia", mas também a diferenciar, de um ponto de vista prático, os grupos que faziam profissão de cristianismo.

Por conseguinte, uma primeira avaliação da densidade da presença cristã no mundo romano pode se basear na cartografia tradicional dos bispados comprovadamente existentes nesta ou naquela época. Os progressos das pesquisas prosopográficas permitem completar as listas episcopais e estimar, por exemplo, no início do século V, em quatrocentos o número de bispos donatistas na África do Norte, assim como o de bispos "católicos" (antidonatistas), ou seja, levando-se em conta as sés com dois titulares antagônicos, cerca de seiscentos bispados. Na Gália, existiriam em meados do século V entre setenta e oitenta sés episcopais, isto é, tantas quantas na Itália na mesma época. O Egito possui uma centena de bispados; na diocese civil da Ásia, ou seja, a parte ocidental de Ásia Menor, encontramos cerca de duzentos. Na determinação desses dados numéricos, as listas de assinatura dos bispos (ou de seus representantes) nas atas dos concílios ou sínodos – os dois termos, um latino, o outro grego, são sinônimos naquele tempo – têm papel decisivo. Surgida em fins do século II, a instituição conciliar, que consiste na reunião dos chefes de Igreja numa base geográfica mais ou menos ampla para debater problemas a que são confrontados, teve um vivo desenvolvimento. Os imperadores, desde Constantino e os concílios de Arles (314) e de Niceia (325), adotaram-na a fim de tentar solucionar os conflitos que dilaceravam o mundo cristão.

Certa hierarquização das sés episcopais progrediu paralelamente, e os bispos, essencialmente orientais, reunidos em Niceia homologaram a preeminência do bispo de Alexandria sobre todo o Egito e do bispo de Roma sobre a Itália central e meridional – logo serão chamados de "arcebispos". Por outro lado, eles decidiram criar em todas as províncias civis uma sé metropolitana cujo titular seria encarregado de supervisionar as eleições episcopais em toda a sua jurisdição e convocar seus sufragâneos para um concílio provincial duas vezes por ano. A difusão do sistema de metropolitas, primeiro no Oriente, depois no Ocidente, assegurou uma estruturação mais sólida da Igreja imperial. No Concílio de Calcedônia (451) surgiu a noção de "patriarcado", que só adquirirá toda a sua importância a partir do reinado de Justiniano (527-565), com a "pentarquia": Roma, Constantinopla, Alexandria, Antioquia e Jerusalém – a "Antiga" e a "Nova" Roma disputando uma com a outra a primazia sobre a Igreja imperial.

O vigor dessa organização eclesiástica, que as "invasões bárbaras" comprometem no curso do século V, em particular na África e na península Ibérica, não deve ocultar a densidade desigual da rede episcopal nos limites do Império Romano. O contraste pode ser grande, não apenas na escala regional, por exemplo entre a parte oriental da África do Norte e suas margens ocidentais, mas também em escala microrregional, como prova o caso italiano, e mesmo no nível local, onde podem se opor uma cidade amplamente conquistada para o cristianismo, como Edessa, e um bastião dos cultos tradicionais, como Harran. Além disso, a importância, não apenas territorial mas também demográfica, de uma sé episcopal pode variar consideravelmente, de modo que na falta de dados sólidos sobre o povoamento convém renunciar a toda cartografia do fenômeno da progressão numérica do cristianismo e privilegiar análises microrregionais que levem em conta uma cristianização largamente esporádica.

MICHEL-YVES PERRIN

Mapa

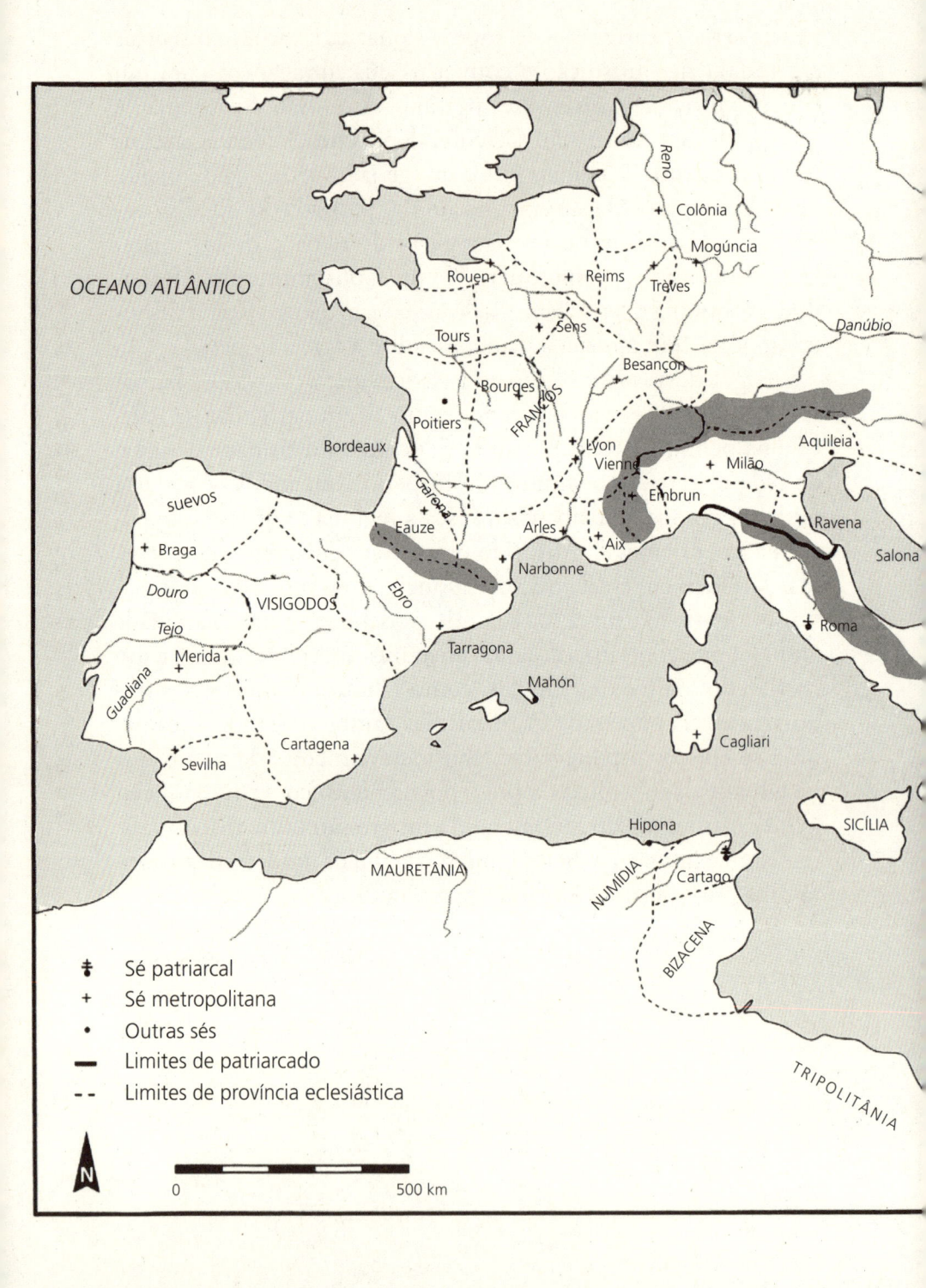

OCEANO ATLÂNTICO

- Colônia
- Mogúncia
- Rouen
- Reims
- Trèves
- Tours
- Sens
- Besançon
- Bourges
- Poitiers
- FRANCOS
- Lyon
- Vienne
- Aquileia
- Bordeaux
- Milão
- Embrun
- Ravena
- Garona
- Eauze
- Arles
- Aix
- Salona
- Narbonne
- SUEVOS
- Braga
- Douro
- Ebro
- Tejo
- VISIGODOS
- Roma
- Mérida
- Tarragona
- Guadiana
- Mahón
- Sevilha
- Cartagena
- Cagliari
- SICÍLIA
- Reno
- Danúbio
- MAURETÂNIA
- Hipona
- NUMÍDIA
- Cartago
- BIZACENA
- TRIPOLITÂNIA

Legenda:
- ☦ Sé patriarcal
- + Sé metropolitana
- • Outras sés
- — Limites de patriarcado
- -- Limites de província eclesiástica

N — 0 — 500 km

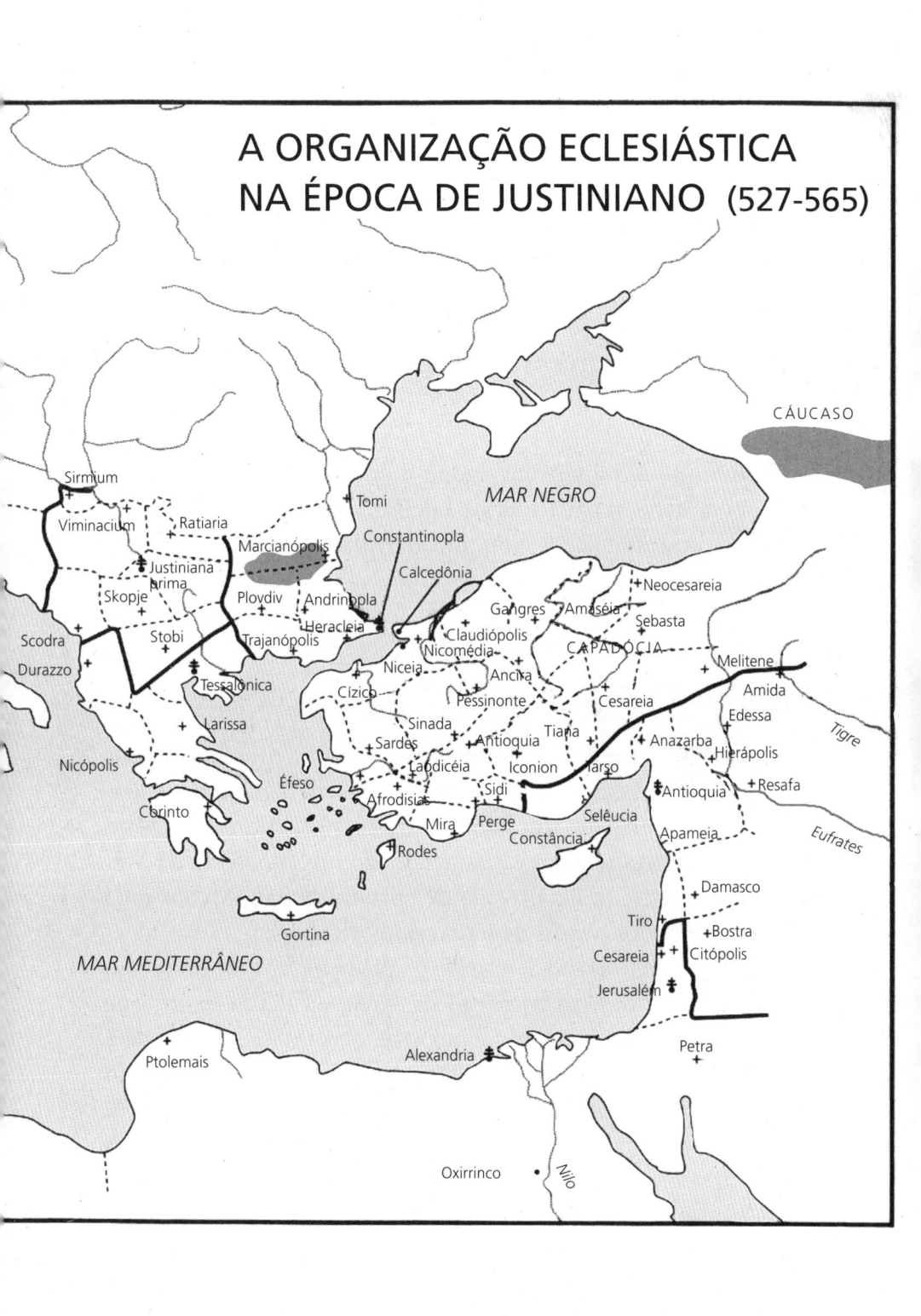

A ORGANIZAÇÃO ECLESIÁSTICA NA ÉPOCA DE JUSTINIANO (527-565)

Povos cristãos
às margens do Império Romano

Atribuindo aos apóstolos Tadeu e Tomás a evangelização da Mesopotâmia (em particular de Edessa), e até da Índia, justifica-se a existência atestada de comunidades cristãs na segunda metade do século II.

Uma Igreja persa

A dinastia persa dos sassânidas, que assumiu então o controle do Império Parta, reforçou a religião nacional, o masdeísmo, enquanto as vitórias do rei Shabuhr I (240-272) sobre o Império Romano acarretaram, em várias regiões do Império Persa, da Mesopotâmia ao Irã, a deportação de cristãos da Ásia Menor e da Síria, perseguidos depois de terem sido tolerados.

A política de tolerância, vigente na primeira metade do século IV, permitiu o desenvolvimento da Igreja da Pérsia, tanto que um bispo seu participou do Concílio de Niceia em 325. Desde o fim do século III, o bispo de Selêucia-Ctesifon havia procurado estabelecer a hegemonia da sua sé sobre todas as Igrejas do Império Sassânida, em prejuízo dos seus colegas, que haviam apelado para a arbitragem dos bispos do Império Romano. Existem, então, dos confins do Império Romano ao golfo Pérsico, numerosas comunidades cristãs dotadas de um bispo, e a presença de cristãos é comprovada a leste e ao norte, até no mar Cáspio; há cristãos em toda a sociedade, inclusive na corte, assim como ascetas solitários e monges que vivem em comunidade.

A retomada das hostilidades entre persas e romanos em 338 foi, sem dúvida, com a hostilidade dos magos, que haviam reformado a religião nacional, uma das causas da mudança política do imperador Shabuhr II (309-379), que perseguiu então os cristãos: foi o "grande massacre" (340-383). Suspeitos de serem traidores internos ganhos pelo inimigo romano, os cristãos foram vítimas de uma perseguição sangrenta que fez numerosos mártires.

No início do século V, o rei Yazdegerd I, desejando se emancipar da influência dos magos e se aproximar do Império Romano, libertou os cristãos aprisionados, autorizou a reconstrução das igrejas e a reunião de um concílio em Selêucia-Ctesifon, em fevereiro de 410; esse concílio organizou uma Igreja nacional reconhecida pelo Estado, tendo à sua cabeça o bispo de Selêucia, que logo se intitulou catholicós-patriarca (em 424); adotando as decisões do Concílio de Niceia, ele estabelecia a Igreja da Pérsia na comunhão da Igreja universal, mas em 423-424 um sínodo decidiu sua autonomia disciplinar e doutrinal.

A Armênia: primeiro reino cristão

Reino independente nos confins do Império Romano e do império persa sassânida, a Armênia esteve, no século IV, sob a influência, ora de um, ora de outro, e depois foi dividida entre eles (cerca de 387): dois terços do território ficou sob protetorado persa, conservando um rei, a parte ocidental foi praticamente anexada pelo Império Romano.

As origens cristãs da Armênia são conhecidas somente por fontes armênias, posteriores, como é óbvio, à invenção do alfabeto armênio pelo monge Machtots (Mesrop), por volta de 405. A origem siríaca de uma primeira evangelização dos cantões meridionais próximos da Alta Mesopotâmia, tradicionalmente ligada ao apóstolo Tadeu, deixou vestígios no vocabulário religioso.

Mas essa evangelização foi, sobretudo, obra de Gregório, o Iluminador, pregador de origem parta, vindo da Capadócia; ele enfrentou o rei Tiridates IV (298-330), que primeiro o mandou prender, depois deixou-o pregar o cristianismo. De volta a Cesareia, onde foi ordenado bispo, batizou em 314 o rei, convencido da nulidade do culto dos ídolos, bem como a corte, o exército e todos os habitantes. O reino da Armênia tornava-se assim o primeiro Estado cristão. Os missionários gregos e sírios que acompanhavam Gregório instruíram os novos convertidos – em particular os filhos dos sacerdotes dos cultos pagãos que herdavam domínios anteriormente entregues a seus pais – para formarem o clero cristão; por ordem do rei, os templos haviam sido destruídos e substituídos por igrejas. Tiridates não queria mudar nem as leis consuetudinárias, nem as estruturas do seu reino, cuja coesão a conversão ao cristianismo fortaleceu. Ele concedeu a Gregório e a seus descendentes os títulos de sumo sacerdote e de bispo principal, juiz-mor do reino e protetor dos pobres, funções antes exercidas pelo chefe dos sacerdotes pagãos. A Armênia conheceu as mesmas querelas doutrinais do império romano: os bispos permaneceram fiéis à fé definida pelo Concílio de Niceia, mas os soberanos se alinharam geralmente às opções doutrinais dos imperadores, o que foi fonte de conflitos.

Em meados do século IV, o bisneto de Gregório, Nerses, o Grande, organizou a Igreja da Armênia, criou fundações de caridade e introduziu o monaquismo. Seus sucessores não foram mais ordenados em Cesareia: a partir de 373, a Igreja armênia tornou-se autocéfala. Depois da divisão da Armênia, ela teve de enfrentar a hostilidade do conquistador persa. O neto de Nerses, Sahak (387-438), último descendente de Gregório, foi entretanto nomeado arcebispo, mas a sé episcopal foi transferida para junto da residência real; quando da morte de Sahak, o arcebispado tornou-se eletivo. Protetor de Machtots, Sahak incentivou o desenvolvimento de uma literatura armênia: a Bíblia foi traduzida em armênio já antes de 407, os livros litúrgicos também, depois numerosas obras dos Padres gregos e siríacos. Foi esse o fundamento da cultura armênia cristã. Machtots obteve também do imperador Teodósio II o direito de ensinar o alfabeto armênio do lado bizantino da fronteira, permitindo assim que os habitantes armênios dessas regiões salvaguardassem sua identidade, sua língua e sua cultura.

Em meados do século V, os cristãos da Armênia foram duramente perseguidos pelo poder persa: a abjuração simulada dos dinastas não bastou; magos atacaram os campos, expulsando os padres e obrigando os camponeses a manter altares do fogo. Estourou a revolta. Os armênios foram derrotados por um exército persa muito mais forte (junho de 451); seu líder, Vardan Mamikonian e os duzentos e oitenta príncipes que haviam perecido foram venerados com o nome de santos Vardanank. Os persas suspenderam por um tempo as conversões forçadas, mas as perseguições recomeçaram várias vezes nos séculos V e VI, sem nunca conseguir vencer o cristianismo dos armênios.

A conversão da Geórgia

A despeito de uma tradição que atribui ao apóstolo André a evangelização da Geórgia ocidental, ignora-se como ela se iniciou; um bispo de Pitionte, no mar Negro, estava presente no Concílio de Niceia, e vestígios de igrejas do século V foram encontrados. O sul da região, assim como a Albânia, a leste (Azerbaijão), foram alcançados por missionários enviados por Gregório, o Iluminador, e por outros vindos da Síria. Mas foi nas primeiras décadas do século IV, sob Constantino ou pouco depois da sua morte, em 337 ou 338, que a Ibéria do Cáucaso (Geórgia central e oriental) foi convertida ao cristianismo. Os georgianos chamam de Kartli esse reino de que Mtskheta (a oeste de Tbilissi) era a capital. Sua sorte estava ligada às lutas entre romanos e persas. No início do século IV, está sob protetorado dos romanos, que nomeiam o rei. Enquanto as fontes escritas georgianas são todas muito posteriores, a mais antiga relação escrita da conversão dos iberos foi redigida em latim, em 402-403, pelo historiador Rufino de Aquileia, segundo o testemunho do personagem ibero Bacurius (Bacur), então oficial do exército romano: uma mulher "cativa" – deve-se entender "cativa de Deus" ou "cativa de Cristo", e não "prisioneira de guerra" – revela o nome do deus que ela venera e que efetua as curas por seu intermédio: Cristo. A rainha, depois o rei e, por eles, o povo se convertem. A "cativa" ensina os ritos do culto e a maneira de construir uma igreja, mas foi só depois de ela passar uma noite rezando que uma coluna, que permanecera pairando no alto, se coloca por si mesma em seu lugar. O nome de "Coluna viva", dado mais tarde à catedral de Mtskheta, sob a qual foram encontrados vestígios da pequena igreja de madeira do século IV, perpetua a lembrança desse milagre, rito de fundação. A conversão ao cristianismo também era uma opção política que fortalecia os laços com o império de Constantino (ou de seus filhos) ante os persas. Segundo a tradição georgiana, Nino, a "santa mulher", tinha vindo da Capadócia no reinado do rei Mirhian, que pediu sacerdotes a Constantino. Na verdade, os primeiros bispos foram de origem grega, e a Igreja da Ibéria era tida como dependente de Antioquia, onde seu catholicós ainda era consagrado no momento em que ela se torna Igreja nacional, na segunda metade do século V (467?). No início do século V, a criação de uma escrita nacional facilita a evangelização, a elaboração da liturgia e o aparecimento de uma literatura cristã. Contudo, enquanto a planície é cristianizada e os persas tentam impor o masdeísmo quando controlam a Ibéria, o sistema religioso politeísta se mantém por muito tempo nos vales altos do Cáucaso.

A introdução do cristianismo na Etiópia

É a Rufino de Aquileia que devemos o relato mais antigo da introdução do cristianismo no reino de Axum (Etiópia), que ele chama de *India ulterior*. No século IV, Axum era um Estado poderoso, cujo rei tinha o título de "negus" e de "rei dos reis"; atestam-no inscrições em língua e escrita etíopes (gueza) e sul-arábicas, e designam um rei Ezana que não parece mais exercer suserania real do outro lado do mar Vermelho, mas que comanda campanhas vitoriosas na África, pelas quais agradece primeiro a vários deuses, e depois a um só, chamado "Senhor do céu". Ora, Rufino, segundo o testemunho de um deles, relata que dois jovens cristãos originários de Tiro, feitos prisioneiros durante uma viagem, tinham se posto a serviço do rei do lugar; o mais brilhante, Frumêncio, logo dirige a chancelaria e, quando da morte do rei, exerce o papel de regente junto à rainha e seu jovem filho. Ele dá a negociantes romanos de passagem a possibilidade de construir igrejas e favorece um início de evangelização da população. Quando o príncipe se torna rei, Frumêncio parte para Alexandria, onde é consagrado bispo por Atanásio, em torno de 330. De volta a Axum, prega com sucesso a fé definida no Concílio de Niceia, como confirma, em 356, uma carta do imperador Constâncio II aos soberanos de Axum, Ezana e Sazana, o que não implica, é claro, que eles sejam cristãos. As fontes etíopes, todas elas tardias, retomam o relato de Rufino e situam no reinado desses dois reis a ação de Fremanatos, primeiro patriarca da Etiópia, venerado com o nome de Abba Salama, o "Revelador da luz". Enfim, numa inscrição em grego, de data incerta, um rei Ezana se diz "servidor de Cristo", cuja divindade proclama, e afirma sua fé em Deus Pai, Filho e Espírito Santo. No fim do século V, monges sírios prosseguem a evangelização e desenvolvem o monaquismo, mas a Igreja da Etiópia permanece em comunhão com Alexandria.

Ao escolher o relato desses dois casos de expansão do cristianismo, em direção ao Cáucaso e à *India ulterior* que representam os confins do mundo, Rufino mostra que no tempo de Constantino a expansão do cristianismo continuou "até as extremidades da terra", inscrevendo na continuidade dos tempos apostólicos a época do primeiro soberano romano cristão, pensado como décimo terceiro apóstolo.

FRANÇOISE THELAMON

Bárbaros cristãos,
dentro e fora do Império Romano

Os bárbaros – isto é, por definição, os povos que não falavam nem latim nem grego – sempre cercaram e ameaçaram o Império Romano. Este se protegia deles graças a uma fronteira militarizada contínua, o *limes*. Desde o fim do século III, no entanto, a crise que corroía o mundo romano tornou o custo dessa defesa difícil de arcar. A barreira ficou cada vez mais permeável, mas o cristianismo ganhou com isso oportunidades de se difundir entre os povos vizinhos.

É verdade que, desde havia muito tempo, Roma levava uma política de sedução dos bárbaros mais próximos. Oferecendo-lhes dinheiro, os imperadores conciliavam essas nações belicosas, mas economicamente vulneráveis, e as fixavam nas fronteiras de modo a criar uma zona de proteção. Essas populações, mais ou menos sedentarizadas, se abriam então às influências culturais de seus poderosos protetores. O cristianismo aproveitava-se ocasionalmente dessas aberturas. Assim, na Arábia setentrional, uma tribo de sarracenos aliada de Roma se converteu já nos anos 370.

Essa instalação de povos clientes nas fronteiras não bastou para conter a crise profunda por que o mundo romano passava e cuja causa principal era provavelmente a queda da demografia. Para repovoar o império, os dirigentes dos séculos IV e V permitiram portanto que alguns bárbaros entrassem em seu solo. Muitos deles foram engajados num exército que já não conseguia encontrar um número suficiente de recrutas entre os cidadãos. Alguns deles fizeram belas carreiras: a maioria dos grandes generais do Império tardio, como Estilicão, Bauto e Arbogasto, foi bárbara. Embora esses homens geralmente continuassem pagãos, seus filhos se converteram ao cristianismo e se casaram com membros das maiores famílias romanas.

Outros bárbaros, por grupos inteiros, foram instalados em províncias despovoadas, que foram encarregados de explorar. Foi essa a sorte de vários povos chamados "germânicos". Morando a leste do Reno e a norte do Danúbio, eram empurrados na direção do Império Romano, não para saqueá-lo, mas para ficar sob a sua proteção. Descobrindo então o cristianismo, suas reações à nova religião dependiam muito das complexas relações que mantinham com os imperadores.

A esse título, o destino dos visigodos basta para resumir o processo de evangelização dos bárbaros. Em meados do século IV, esse velho povo germânico vivia no baixo vale do Danúbio, quando recebeu a visita de um bispo capadócio chamado Ulfila. Este pregou-lhes o cristianismo e traduziu para eles a Bíblia em língua gótica. Ora, esse Ulfila havia participado em 360 do Concílio de Constantino, que assistira ao triunfo da profissão de fé proposta pelo imperador Constâncio II. Em seu campo de missão, Ulfila ensinou pois aos visigodos o único modelo trinitário que conhecia: a doutrina homeana*, que apresentava o Filho como subordinado ao Pai e que seus oponentes qualificavam de arianismo disfarçado. Por puro acaso, o "arianismo germânico" acabava de nascer.

Apesar do ardor de Ulfila, o sucesso do cristianismo não foi, todavia, imediato. Entre 369 e 372, um dos chefes visigodos, Atanarico, desencadeou uma perseguição, provavelmente porque a nova religião ameaçava as antigas crenças tribais sobre as quais se fundava a identidade gótica. Tudo mudou quando a força dos

---

* Do grego *hómoios*, semelhante. (N. do T.)

visigodos decaiu e seu território foi invadido pelos hunos. Em 376, o chefe Fritigern foi obrigado a negociar a entrada do seu povo em território romano. Em sinal de boa vontade, converteu-se ao cristianismo homeano, que era então a religião oficial do império do Oriente.

O imperador Valêncio não teve porém condescendência para com os refugiados. Humilhou os chefes godos e esfomeou seu povo. Num movimento de desespero, os bárbaros se revoltaram. Valêncio tentou desastradamente esmagá-los, subestimando sua força. Com isso, levou o exército romano a um dos piores desastres da sua história, a batalha de Andrinopla (378), onde ele próprio encontrou a morte. O trauma causado pela derrota selou o destino da doutrina homeana no Império, onde se considerou que a morte do imperador havia sido um castigo divino punindo a sua heresia. Em 380, o novo imperador, Teodósio I, pôde sem dificuldade impor o retorno ao catolicismo, doutrina do Concílio de Niceia (325).

Quanto aos visigodos, continuaram a errar através do Império, ora como aliados, ora como inimigos. Tendo permanecido fiéis à doutrina que Ulfila lhes pregara, descobriram pouco a pouco que os romanos não professavam mais o mesmo modelo trinitário. Em vez de se converterem ao catolicismo, preferiram continuar "arianos": no momento em que sofriam uma forte romanização de seu modo de vida, a diferença religiosa lhes permitia proteger sua identidade étnica. Assim, enquanto declinava no uso cotidiano em favor do latim, a língua gótica continuava a ser a língua litúrgica da Igreja ariana.

O cristianismo dos visigodos, embora fruto do seu oportunismo político, mesmo assim era sincero. Quando em 410 eles saquearam a cidade de Roma, respeitaram o direito de asilo das basílicas. Só em 418 o Império lhes confiou, enfim, uma tarefa digna deles e remunerada de acordo com as suas expectativas: eles receberam a missão de defender as províncias do sul da Gália contra todos os outros bárbaros. Ainda senhores desse imenso território quando do desaparecimento do último imperador do Ocidente, os visigodos fizeram dele seu reino.

Nas regiões que controlavam, os visigodos implantaram um clero ariano e construíram basílicas heréticas. Mas difundiram também sua fé em meio aos outros povos germânicos. Os ostrogodos, que lhes eram aparentados, haviam sido convertidos desde a época da instalação de ambos à margem do Danúbio. Seus reis conservaram essa fé depois que conquistaram a Itália em 493. Do mesmo modo, os vândalos aceitaram a doutrina ariana, em circunstâncias mal esclarecidas mas numa data bem precoce; seu reino na África tornou-se uma terra de heresia. Em 466, a diplomacia conquistadora dos soberanos visigodos também obteve a conversão ao arianismo dos suevos, instalados no noroeste da Espanha. Quanto os burgúndios, situados no médio Reno, haviam arriscado a se converter ao catolicismo nos anos 430, contando assim se beneficiar do apoio de Roma contra os hunos que ameaçavam suas fronteiras. Decepcionaram-se cruelmente. Por isso, quando formaram um reino independente em torno de Lyon, nos anos 470, preferiram converter-se à religião de seus poderosos aliados visigodos.

Por volta de 500, em todo o Ocidente, o arianismo germânico tinha se tornado, assim, a "lei dos godos", símbolo da sua supremacia. Paradoxalmente, apesar disso as Igrejas arianas se abstinham de qualquer proselitismo em relação às populações locais. A única razão de ser da heresia – baseada numa sutileza teológica cuja compreensão escapava a muitos – era, na verdade, manter nos novos reinos uma distinção entre "romanos" e "bárbaros". Para que essa estratégia de distinção funcionasse, era preciso porém que os romanos não fossem tentados a se converter ao arianismo. Isso explica por que os reis arianos, com a notável exceção dos soberanos vândalos, foram extremamente tolerantes com seus súditos católicos.

Essa especificidade do arianismo germânico explica igualmente seu fracasso entre certos povos bárbaros, que haviam optado por se aproximar das populações romanas. Foi o caso dos francos, que se converteram em massa ao catolicismo depois do batismo do seu rei, Clóvis, por volta de 500. Eles jogaram, então, com sua ortodoxia para se aliar estreitamente às elites galo-romanas, notadamente ao episcopado. Esses apoios lhes permitiram derrotar os visigodos da Aquitânia em 507 (batalha de Vouillé).

A partir de então, o arianismo começou a recuar por toda parte. Em 516, os burgúndios proclamaram a igualdade das três pessoas divinas na Trindade, a pedido de seu rei Sigismundo. Em meados do século VI, foi a vez de os reinos vândalo e ostrogodo, vencidos pelos exércitos bizantinos, desaparecerem. O imperador Justiniano impôs então a doutrina de Niceia à África e à Itália reconquistadas. Os visigodos, retirados na Espanha, foram por muito tempo um dos derradeiros bastiões do arianismo. Em 589, seu rei Reccared ordenou no entanto a conversão de todo o seu povo à fé católica. Tendo compreendido que as tensões confessionais minavam seu reino, preferiu sacrificar a religião identitária dos godos.

Quando Gregório, o Grande, tornou-se papa, em 590, o catolicismo já triunfava entre a maioria dos povos bárbaros instalados nas antigas províncias do império. Somente os lombardos, senhores do norte da Itália desde 568, permaneceram fiéis, por mais algumas décadas (até o início do século VII), a um arianismo germânico cada vez mais anacrônico.

BRUNO DUMÉZIL

Segunda parte

A Idade Média Nem lenda negra nem lenda áurea...
(séculos V-XV)

A primeira metade desse período de dez séculos corresponde a um tempo de consolidação dos âmbitos locais e centrais. A obra missionária prossegue, ampliando os espaços cristianizados. As vicissitudes da história deixaram face a face as metrópoles de Constantinopla e de Roma, que encarnaram duas formas de cristianismo que não eram denominados "ortodoxo" e "católico", mas "grego" e "latino". No Ocidente, para aprofundar a cristianização da sociedade e dissociar o espiritual do temporal, o papado se erigiu em potência religiosa soberana. Mas esse movimento fez surgir uma teocracia: dois direitos coexistiram, o direito civil e o direito da Igreja (direito canônico), ambos com grande influência do direito romano; o império, como os reinos, foram governados por príncipes e não pelo papa; nenhum soberano pôde se prevalecer de prerrogativas sacerdotais.

Longe da imagem de uma Idade Média petrificada numa submissão cega à autoridade da Igreja, observa-se que a penetração da mensagem cristã suscitou, depois do ano mil, fortes correntes de afirmação (cruzada) e de contestação ("heresia"). As segundas decorrem antes de tudo de um anticlericalismo virulento, prova de que os espíritos podiam discernir as contradições entre o conteúdo da mensagem transmitida e o exemplo dado; elas deixam reaparecer também as dificuldades de receber uma religião da Encarnação. Para além do uso da coerção, que tem um só tempo, a resposta mais pertinente se esforçou em satisfazer as aspirações assim manifestadas. A multiplicação dos carismas religiosos contribuiu para tanto, ilustrada pela criação de novas ordens, tanto contemplativas como hospitalárias ou "mendicantes", atentas aos pobres e experientes na pregação. Os regulares vieram, assim, apoiar com seu prestígio e sua ação a obra pastoral confiada aos seculares, que o período sistematizou no âmbito da paróquia, forjando para designá-la o termo de "cura de almas" (cuidado das almas), apenso a quem assume essa responsabilidade, o "cura".

No prolongamento de uma pastoral da responsabilidade individual em matéria de salvação, que valoriza a conversão até o extremo fim da vida, nos antípodas de toda forma de predestinação – um conceito estranho à espiritualidade medieval, pelo menos até o fim do século XIV –, o período viu nascer, por iniciativa dos clérigos mas também dos leigos, homens ou mulheres, modalidades originais de vida religiosa. Todas elas são assinaladas, ao mesmo tempo, pela convicção de que a salvação não se ganha sozinha e por uma individualização crescente: essa exploração dos caminhos da interioridade fez brotar belas páginas espirituais e místicas.

CATHERINE VINCENT

I
Consolidação e expansão

São Bento († c. 547)
Pai dos monges do Ocidente

Forma de renúncia por Deus praticada no modo da solidão absoluta (eremitismo) ou em comunidade (cenobitismo), o monaquismo (do grego *monakhós*, "solitário") aparece no século IV no Egito, na Ásia Menor e, em seguida, no Ocidente. A integração dos "renunciantes" na estrutura da Igreja latina é, a partir do século VI, um fator essencial de evolução da sociedade cristã. Como estar ao mesmo tempo só e junto? Como santificar a comunidade no isolamento e no retiro do mundo? São essas as questões-chave da história do monaquismo no Ocidente entre 500 e 1200.

São Bento e a regra beneditina

São Bento, considerado o "pai dos monges do Ocidente", é uma figura bastante obscura, de que o papa Gregório I, o Grande (c. 540-604), se faz arauto no segundo livro dos seus *Diálogos*. Nascido por volta de 490, em Núrsia, nos Apeninos da Úmbria, Bento pertence a uma família abastada. Enviado a Roma para receber uma educação à antiga, o jovem Bento logo decide dedicar-se à "douta ignorância" na solidão de uma gruta perto de Subiaco. Funda uma dúzia de pequenos mosteiros que acolhem os filhos da aristocracia romana, como seus discípulos Mauro e Plácido. Por volta de 530, Bento e seus companheiros vão para o monte Cassino. É aí que Bento morre por volta de 560 e que repousa em companhia da irmã Escolástica. Vinte anos mais tarde o mosteiro é destruído pelos lombardos. Uma lenda criada por discípulos distantes de Bento, instalados em Fleury, à margem do Loire, pretende que as relíquias do santo foram clandestinamente recolhidas no monte Cassino em 670 e transportadas para a Gália; desde então, Fleury tornou-se "Saint-Bénoît-sur-Loire".

Para as necessidades da comunidade de monte Cassino, Bento compõe uma regra que depende em grande parte de usos anteriores, consignados na "regra do Mestre". Para ele como para seu modelo, trata-se de estabelecer da melhor maneira possível o modo de vida dos "irmãos" que, à imitação dos apóstolos, optam por romper com os vínculos mundanos (o parentesco carnal, o casamento, a rede de amigos e relações) para unir-se a uma parentela espiritual antecipadora da comunidade dos santos no além. Num mundo que se retrai economicamente, com a dissolução do império romano, a regra de são Bento prescreve o trabalho manual, que permite que o mosteiro viva em autarquia dos frutos da terra; outra tarefa manual, a cópia de manuscritos, proporciona à comunidade todo acesso necessário às "Letras", em especial à Sagrada Escritura e a seus comentários. O mosteiro beneditino é, assim, ao mesmo tempo, uma unidade de vida econômica (muitas vezes, até um ator dinâmico e de vanguarda na vida dos campos) e um órgão cultural de importância essencial para a sobrevivência e a renovação intelectuais do Ocidente durante a alta Idade Média. O segundo objeto da regra é proporcionar aos irmãos uma imagem viva dos graus da escala de perfeição que se estende até o Céu. Ela prescreve a cada um humildade e obediência. Impõe a todos uma estrita organização do tempo repartido entre o trabalho (cerca de seis horas); a prece, solitária ou coletiva no âmbito do ofício divino – recitação dos salmos e leituras (Vidas de santos, textos dos Padres) em horas fixas, das vigílias às completas* –; a prática da *lectio divina* (leitura e meditação da Bíblia).

---

* As horas da prece são as seguintes, começando pela prece da noite: vigílias ou matinas, laudes, prima, terça, sexta, nona, vésperas e completas.

De início, a regra de são Bento nada mais é que um texto entre outros numa profusão de regras que, no seio das "microcristandades" do Ocidente (Peter Brown), ensinam diversos modos de renúncia. Levando-se em conta esse início modesto, como explicar o prodigioso sucesso do modelo beneditino? Deve-se ver nele, no essencial, um efeito indireto da lenta política de unificação da Igreja latina. O papa Gregório I, o Grande, ele próprio ex-monge e devoto de Bento, envia uma pequena equipe de discípulos para evangelizar a Inglaterra. É por intermédio desses missionários que a regra de são Bento é adotada nos mosteiros anglo-saxões; no início do século VIII, outros missionários, insulares dessa vez, retornam ao continente para evangelizar a Germânia e implantar aí o monaquismo beneditino. Os discípulos de são Bento ocupam, a partir de então, uma posição de primeiro plano na frente pioneira de uma Igreja latina conquistadora. E isso tanto mais que os soberanos carolíngios decidem, no âmbito do seu grande projeto de Império cristão, impor o tipo beneditino como modo de vida universal dos monges. Bento de Aniano († 821), conselheiro do imperador Luís, o Piedoso, em matéria religiosa, promove um verdadeiro *aggiornamento* em matéria monástica, ao cabo do qual os irmãos reunidos em comunidade optam por "uma só regra e um só costume": a regra de são Bento, mais ou menos adaptada em função das necessidades do tempo com base em "costumes", isto é, disposições (modos de vida, usos litúrgicos) não previstas por são Bento.

O sacerdócio dos monges

A multiplicação dos costumes, a partir do século IX, é um bom indício da importância que os monges adquirem progressivamente no interior da comunidade cristã. Essa evolução um tanto paradoxal vem transformar os que renunciaram ao mundo em engrenagens essenciais da vida em sociedade. Com efeito, o monaquismo se torna, desde os anos 800, uma "ordem" perfeitamente integrada ao serviço da Igreja e do poder político. Na repartição ideal das tarefas definida pelo esquema carolíngio das três ordens funcionais (os que oram, os que combatem e os que trabalham), os monges se integram na ordem da prece. No isolamento do claustro, sua função é obrar pela salvação dos cristãos, vivos ou mortos. Entre essas "obras", estão, é claro, a prece mas também o serviço do altar, especialmente importante para acompanhar os defuntos nem muito bons nem muito ruins, que necessitam do sufrágio dos vivos para se agregar à comunidade dos santos. Em relação ao modelo beneditino original, é sem dúvida esse o ponto de evolução mais importante. Na época de Bento, os irmãos, salvo raríssimas exceções, são leigos; no século IX, e mais ainda nos tempos que se seguem, as comunidades contam cada vez mais monges padres, que celebram missas "especiais" ou "privadas" a serviço dos defuntos, ex-membros da sua fraternidade, familiares ou amigos da comunidade. Esses familiares e esses amigos, cujos nomes muitas vezes são inscritos nos livros de memória do mosteiro (necrológio e cartulário), dão uma boa ideia dos laços que a sociedade dos monges mantém com o exterior, especialmente com as grandes famílias aristocráticas. Depois de terem sido instrumentos do poder público sob os carolíngios, os mosteiros e o controle de seus patrimônios tornam-se objeto de lutas de poder na época feudal. Em vez de se chocar com o espetáculo de uma "Igreja na mão dos leigos"*, deve-se compreender que as elites da alta Idade Média constituem uma aristocracia ao mesmo tempo leiga e eclesiástica para a qual o domínio sobre os homens e sobre a terra passa pelo controle e posse dos mosteiros. O melhor exemplo desse tipo de integração na "ordem senhorial" é proporcionado, sem dúvida nenhuma, pelos monges de Cluny.

---

* Fórmula do historiador Augustin Fliche, amplamente empregada para qualificar a situação anterior à reforma gregoriana e combatida por esta última.

Os senhores de Cluny (910-1150)

O mosteiro de Cluny, na região de Mâcon, foi fundado em 910 (ou 909) por Guilherme III, duque de Aquitânia e conde de Mâcon, dito o Piedoso. Esse grande príncipe renuncia a todo direito sobre o estabelecimento e põe o mosteiro sob a proteção direta de Roma, de modo a garantir a independência de Cluny ante todo poder temporal e espiritual. Na lógica do ato de fundação, os papas Gregório V (998) e João XIX (1024) concedem posteriormente a isenção aos cluniacenses. Trata-se de um privilégio que, segundo modalidades diversas, libera os monges de todo vínculo com seu bispo de tutela, no caso o de Mâcon. É então que nasce verdadeiramente a Igreja cluniacense, uma rede de densas malhas de abadias, priorados e subpriorados, diretamente vinculada à abadia-mãe (Cluny) e a seu abade, que só responde ao papa, vigário de Pedro e de Cristo. No mesmo momento, a Igreja cluniacense se envolve profundamente na vida geral da Igreja latina, fornecendo a Roma numerosos quadros: padres, bispos, arcebispos, cardeais e até um papa, Urbano II. Num jogo de espelhos notável, Cluny se confunde com Roma, considerando-se uma redução de toda Igreja. Todas as formas de vida consagrada são praticadas pelos cluniacenses: monaquismo, eremitismo e reclusão, tanto no caso dos homens como no das mulheres. De resto, o mosteiro borgonhês e suas dependências funcionam como um imenso asilo aberto a todos os leigos, pobres e ricos, desejosos de se retirar temporária ou definitivamente do mundo, sem contar os fiéis que pedem para ser acolhidos na comunidade na hora da morte.

Essa imensa rede eclesiástica centrada no "mosteiro principal" (Cluny) está profundamente implicada na sociedade feudal e na ordem senhorial. A virada do ano mil representa, na França ocidental (parte oeste do antigo Império carolíngio, origem da França), uma fase de desagregação do poder real que possibilita o desenvolvimento, sobretudo no sul do reino, de senhorias independentes, laicas e eclesiásticas, entre as quais figura o mosteiro de Cluny. Os dois tipos de senhoria são concorrentes e, ao mesmo tempo, ligados em seu destino. De fato, as grandes famílias aristocráticas dotam Cluny de bens e inserem alguns de seus membros na comunidade. A simbiose clero-aristocracia é constitutiva das estruturas de dominação social e política na era feudal. Todas as abadias de Cluny, do século X ao século XII, são aliás oriundas da pequena, média ou alta aristocracia. Para influenciar o comportamento, às vezes violento, dos seus vizinhos castelães, os monges grãos senhores de Cluny põem em cena, em seus escritos, aristocratas leigos modelares. O essencial desse modelo é elaborado bem cedo por Odon (879-942), segundo abade do mosteiro, que é o primeiro a esboçar o retrato do homem de armas cristão na biografia do conde Géraud de Aurillac, prefiguração do "cavaleiro cristão", essa síntese do monge e do soldado, tal como são Bernardo a descreverá dois séculos mais tarde.

DOMINIQUE IOGNA-PRAT

Gregório, o Grande
Um pastor na dimensão do Ocidente

Os catorze anos (590-604) do pontificado de Gregório, o Grande, constituem um momento excepcional para a história da alta Idade Média. De fato, esse papa deixou uma obra escrita imensa, fonte de primeira ordem para nosso conhecimento da época. Foi também um ator maior desse tempo, à frente da Igreja romana, no âmbito de um Império Romano já bizantino e da emergência de uma Europa ocidental herdeira da romanidade e transformada pelo desenvolvimento dos reinos romano-germânicos.

Gregório nasceu por volta de 540 numa família da aristocracia romana ligada à Igreja. Conheceu em sua infância as desgraças da guerra gótica* e o restabelecimento do poder imperial direto de Justiniano sobre Roma e a Itália. Foi prefeito da Cidade, depois tornou-se monge. Como Roma se encontrava sob a ameaça premente dos lombardos, foi enviado a Constantinopla como representante oficial do papa junto ao imperador. De volta a Roma, retornou à vida monástica, e foi um encadeamento de circunstâncias dramáticas – inundação, fome, epidemia de peste provocando a morte do papa Pelágio II – que o levou a ser eleito à sé romana.

---

* Travada contra os ostrogodos na Itália, de 535 a 554, no reinado de Justiniano, no âmbito da "Reconquista", antes da implantação dos lombardos no território da península.

Gregório redigiu um comentário sobre o livro de Jó (*Moralia in Job*), a pedido de seus irmãos monges, que o haviam acompanhado a Constantinopla. Desenvolve uma exegese baseada nos três sentidos da Escritura: literal, alegórico e moral. A letra do texto bíblico pode ser, por si só, uma lição de moral. A alegoria consiste em reconhecer nas figuras do Antigo Testamento as verdades doutrinais reveladas pelo Novo e, antes de mais nada, a pessoa de Cristo. Enfim, o sentido moral extrai o ensinamento para o cristão e para a Igreja. O próprio título de *Morales* mostra a posição dominante que Gregório concedia a essa dimensão da exegese, amplamente vinculada ao próprio contexto em que compôs seu comentário. Gregório percebia em Jó o justo afligido por desgraças pavorosas, uma figura da atualidade: a Igreja romana passava por provações terríveis ligadas à guerra, causas de um grave desconcerto moral.

Quando Gregório tornou-se papa, já havia desenvolvido uma reflexão orientada para a pastoral. Notadamente sobre o tema dos vícios e das virtudes, as *Moralia* se inspiram fortemente na tradição monástica ocidental, entre elas a de João Cassiano. Mas elas transpõem a direção dos irmãos que vivem no seio de uma comunidade monástica à direção das almas que formam o povo de Deus.

Logo que se tornou papa, Gregório redigiu a *Pastoral* (ou *Regra pastoral*), em que examina como se deve ter acesso à função pastoral, como deve se comportar nela e, principalmente, como se deve pregar às diversas categorias de fiéis. Não é sob o ângulo jurídico que ele examina o acesso ao "governo das almas": é a qualidade da vida moral e a intensidade da vida espiritual que devem qualificar o candidato à pregação e caracterizar o bispo em exercício. Por outro lado, a lista das dezenas de categorias de fiéis que constitui a maior parte desse tratado atesta uma verdadeira preocupação pastoral: Gregório procura tocar cada um em sua realidade psicológica, social e moral. Ele ressalta em suas *Homilias* que seu rebanho já recebeu uma instrução cristã e que, em contrapartida, tem uma necessidade urgente de exortação moral. Gregório utiliza uma técnica nova de exortação, o *exemplum*, anedota curiosa, muitas vezes ligada ao culto de um santo, relacionada à vida cotidiana e que desperta a atenção dos ouvintes. Observa-se uma preocupação análoga nos *Diálogos*, coletânea de Vidas de santos. Claro, o cerne dos *Diálogos* é o livro II, todo ele consagrado à vida de são Bento, única fonte biográfica sobre o "pai dos monges do Ocidente", onde o monaquismo ocidental encontrou seu modelo. Mas há também nessa obra santos "leigos" e monges que guiam os fiéis leigos. A diferença de estilo entre os *Diálogos*, voltados para o maravilhoso, mais "populares", e as *Homilias sobre Ezequiel*, orientadas para significações espirituais da visão grandiosa do Templo de Jerusalém, é reveladora de uma exigência fundamental, longamente desenvolvida na *Pastoral*: o pastor não deve abandonar o cuidado das questões materiais na atenção que dá às questões espirituais e não deve negligenciar as atividades espirituais quando se consagra às ocupações materiais.

Temos um conhecimento bastante preciso da ação de Gregório graças às oitocentas e cinquenta cartas que conservamos dele. A negligência do imperador constrangeu-o a cuidar de questões militares na guerra entre o Império e os lombardos. Contra a opinião do exarca de Ravena, negociou uma trégua com o rei dos lombardos, Agilulf, e indispôs-se com o imperador Maurício. Gregório fustigava, aliás, o emprego do adjetivo "ecumênico" (ou "universal") pelo patriarca de Constantinopla, enquanto a "Europa" – num sentido moderno: é uma das primeiras ocorrências da palavra – "era devastada pelos bárbaros". Essas devastações inspiravam em Gregório uma escatologia premente: o mundo inteiro vem abaixo, o retorno de Cristo está próximo. Essa tensão escatológica impelia-o também a uma ação de reorganização no plano material e administrativo. A Igreja romana possuía grandes domínios na Sicília, e Gregório se esforçou por obter rendimentos mais abundantes, ao mesmo tempo que zelava pelos recursos dos camponeses: lutou contra a corrupção e as retiradas dos intermediários. Empenhou-se em restaurar uma rede episcopal nos territórios postos sob a jurisdição de Roma. Zelou pelo bom desenrolar das eleições e sugeriu, ele próprio, candidatos. Ante a presença de bispos negligentes ou depravados, promoveu os mais dignos, muitas vezes oriundos do seu próprio mosteiro romano. Em Roma, deu aos monges uma posição mais importante do que antes.

Além disso, seu olhar se voltou cada vez mais para o Ocidente "bárbaro". Durante sua estada em Constantinopla, viveu em companhia de Leandro de Sevilha. Ao retornar à Espanha, Leandro obteve, em 587, a conversão ao catolicismo de Reccared, o rei dos visigodos, até então ariano. Mais tarde, Isidoro, irmão de Leandro, bispo de Sevilha, sucedeu-o na sé episcopal. Por intermédio de Leandro, a quem foram dedicadas as *Moralia*, o vínculo que une Gregório e Isidoro († 636) torna-se estreito, e a obra do segundo, largamente devedora do primeiro no domínio moral e teológico.

Na Itália, Gregório não se contentou em zelar pela defesa de Roma e em tentar obter tréguas. Também trabalhou para a conversão dos lombardos, que, para uns, eram pagãos, para outros, arianos, para outros ainda, já católicos. Apoiou-se na esposa de Agilulf, a rainha Teodelinda, católica, e conseguiu em 603 o batismo de Adaloaldo, herdeiro do trono. No entanto, a conversão dos lombardos não foi obtida durante sua vida.

Da Gália, Gregório conhece a herança espiritual marselhesa e leriniana. Ele sabe que os reis francos são católicos de longa data. No entanto, preocupa-se com a reforma da Igreja franca, ainda marcada por práticas pagãs e pela corrupção. Os conflitos internos da família merovíngia limitam seus meios de ação, mas pode-se ver a consequência dos seus esforços no Concílio de Paris de 614, reunido por Clotário II, que se tornou o único rei depois da execução de Brunilda.

A Gália foi também a passagem obrigatória das missões que ele enviava à Inglaterra. Gregório encontrou apoios eficazes em certos bispos galo-francos que o ajudaram a desenvolver essa atividade missionária audaciosa em direção à antiga Bretanha. Essas missões, que lhe valem o título de "apóstolo dos ingleses", são bem conhecidas de Beda, o Venerável. A primeira, constituída significativamente de monges, desembarcou na costa de Kent em 597 e foi recebida pelo rei Etelberto, cuja esposa era uma princesa franca católica. Gregório lançou as bases de uma hierarquia episcopal. Embora Beda, sucessivamente, tenha minorado a influência do substrato bretão cristão na conversão dos anglo-saxões, o fato é que o papel de Gregório e da missão romana foi considerável no nascimento de um novo povo cristão. A legitimidade romana dada ao reino de Etelberto possibilitou a emergência de uma Inglaterra e de um povo inglês no qual se fundiu a antiga população celta.

A preocupação pastoral leva Gregório, que vê na missão o prolongamento da pregação, a ampliar o anúncio de Cristo aos limites do mundo conhecido. Nas desgraças e nas provações do seu tempo, ele teve energia bastante para restaurar a Igreja romana e desenvolver uma solicitude pastoral voltada para a renovação moral dos povos já cristãos e para a conversão dos povos ainda pagãos. De maneira notável, desde o século VII, Gregório, o Grande, aparece como uma autoridade, do mesmo nível dos grandes escritores do século IV, como Ambrósio, Jerônimo ou Agostinho. Na época carolíngia, é considerado um dos quatro Padres da Igreja latina, numa contração do tempo que realça a sua proximidade com Agostinho e seu distanciamento dos contemporâneos de Carlos Magno. No entanto, está cronologicamente mais próximo de Beda que de Jerônimo. Isso é característico de um "fundador da Idade Média".

BRUNO JUDIC

Em torno do ano mil
As "novas cristandades"

Com uma fórmula célebre, o monge cluniacense Raul, o Imberbe, evocou por volta de 1040 o "branco manto de igrejas" que ornava a Europa em plena renovação. Menos espetacular, mas igualmente significativa da Nova Aliança que via germinar diante dos seus olhos, era a recente dilatação da cristandade; é que, acrescentava ele, "o reino de Deus submeteu em toda parte os tiranos pela virtude do santo batismo". Eslavos ocidentais, escandinavos e húngaros que, somente alguns decênios antes, semeavam o terror através de todo o continente vinham, com efeito, integrar a cristandade latina. Em breve subsistiriam apenas alguns redutos pagãos, em terras finlandesas e bálticas; os lituanos aguardariam até 1386 para se converter. Mas, se excetuarmos esses derradeiros irredutíveis, forçoso é reconhecer com nosso cronista que o ano mil correspondeu, grosso modo, ao desaparecimento do vasto *no man's land* pagã ao norte e a leste da Europa.

Esses "recém-chegados" (Aleksander Gieysztor) se apresentam em três conjuntos distintos. Primeiro os escandinavos: engajados desde o fim do século VIII na expansão viking, movimento indissoluvelmente comercial e guerreiro, haviam fincado raízes nas regiões conquistadas, seja na Normandia e no Danelaw, seja no norte e no leste da Inglaterra. Os daneses aproveitaram para se impor como potência hegemônica e fundar um grande reino, englobando a Noruega, dominando o mar do Norte até a Groenlândia e exercendo uma pressão constante sobre a Grã-Bretanha. Entrementes, certos suecos que faziam, com o nome de varegues, a rota de Novgorod a Constantinopla haviam entrado em contato com as imensidões do mundo eslavo. De fato, desde meados do século VII, a maior parte da Europa oriental, até o arco alpino e o Adriático, era habitada por tribos eslavas, elas próprias em curso de diferenciação etnolinguística. As mais ocidentais, como as dos eslovenos de Caríntia, logo se integraram ao Império Carolíngio. Em outras partes, porém, poderosos Estados eslavos despontaram em meados do século IX. Contudo, mesmo o mais vasto deles, o reino da Grande Morávia, teve uma existência efêmera, devida à irrupção dos húngaros vindos da Ásia central. Sob a direção do duque Arpad, esse povo seminômade se estabeleceu nos Cárpatos, de onde lançou reides mortíferos, até o imperador Oto I lhes infligir uma estrondosa derrota em Lechfeld, perto de Augsburgo (955). Nessa data, além dos eslovenos e seus vizinhos croatas, somente os tchecos e os morávios haviam abraçado, não sem resistências, o cristianismo. Todos os outros povos do norte e do centro da Europa continuaram alheios ou refratários a ele. Se, por exemplo, haviam sido edificadas igrejas no decorrer do século IX nas grandes praças comerciais escandinavas de Birka, Hedeby e Ribe, elas o foram para acolher os mercadores estrangeiros; nada atesta que autóctones as tenham frequentado.

A fim de explicar a entrada dessas populações na cristandade em torno do ano mil, a posteridade pôs em destaque algumas individualidades excepcionais, muitas das quais alcançaram rapidamente a glória dos altares, a tal ponto seu papel na conversão de seus povos foi julgado decisivo. Porventura não se apresentam hoje os batismos do polonês Mieszko I (966), do russo Vladimir (c. 988), do húngaro Estêvão-Vaik (995) ou do norueguês Olaf (c. 1015) como rupturas históricas maiores? As coisas no entanto estão longe de ser tão simples. Porque a cristianização se estendeu por toda parte ao longo de várias décadas, se não mais. Assim, chefes húngaros da Transilvânia se converteram ao cristianismo na sua forma bizantina desde os anos 940, ou seja, quase meio século antes de o futuro santo Estêvão se decidir a fazê-lo, arrastando consigo todo o povo húngaro. Do mesmo modo, na Escandinávia, a conversão oficial dos chefes foi precedida por um longo período de tolerância para com o novo culto. Inversamente, sobretudo onde não havia uma verdadeira unidade política, como na Suécia, o paganismo pôde se manter até o fim do século XI. Assim, por muito tempo a cristianização se acomodou com um pluralismo religioso de fato. Na maioria das vezes, os próprios novos príncipes cristãos hesitavam em reprimir os antigos cultos para não bater de frente com os aristocratas reticentes, como aquele chefe sueco que, com medo de os pagãos aproveitarem a ocasião para derrubá-lo, dissuadiu os missionários de destruir o santuário de Uppsala. Outros houve que, embora batizados, desejavam continuar tendo a simpatia dos deuses antigos. A atitude do húngaro Geza é eloquente: embora cristão, ele continuou a oferecer sacrifícios aos deuses pagãos; ao sacerdote que o censurou por isso, ele respondeu altivamente que "era rico e poderoso o bastante para dar presentes a eles também"! Como se vê, a cristianização obedeceu a um processo complexo e gradual, que não é sequer isento de recuo; em quase todas essas novas cristandades mais cedo ou mais tarde estouraram reações paganizantes, às vezes tão violentas que, na Polônia, por exemplo, foi preciso recomeçar quase da estaca zero sob Casimiro, dito o Renovador (1034-1058). Não sucumbamos pois às miragens do ano mil. Muito embora seja cômoda, essa datação não nos deve fazer esquecer os meandros de uma história mais movimentada do que parece.

Outra falsa ideia é a de que, nessas paragens, a cristianização foi acompanhada pela germanização. É verdade que as missões em direção aos eslavos foram levadas a cabo a partir dos bispados bávaros de Salzburgo, Passau e Regensburgo. E, também, que o duque da Boêmia, são Venceslau (c. 922-935) escolheu ao mesmo tempo que o cristianismo romano a submissão, tanto política quanto financeira, ao rei saxão Henrique I, o Passarinheiro. Entretanto, a influência germânica enfrentou em toda parte viva concorrência. Certamente não foi a de Bizâncio que lhe constituiu um obstáculo: com a expulsão da Grande Morávia dos discípulos dos santos Cirilo e Metódio, os missionários bávaros sobrepujaram a presença grega na Europa central; enquanto se propagou sem entraves na Bulgária e, depois, na Rússia de Kiev, o cristianismo bizantino permaneceu marginal tanto na Hungria como na Dalmácia e não pôde se firmar na Polônia. Mas, ante o Império Germânico em plena expansão, os chefes eslavos e escandinavos ciosos da sua independência podiam contar com outros contrapesos, pelo menos igualmente eficazes. Assim, na Noruega e na Dinamarca, foi da Inglaterra que vieram os primeiros bispos. Graças à familiaridade cultural que ligava a Escandinávia às ilhas britânicas, eles conseguiram contrabalançar a pressão alemã que se exercia por intermédio dos arcebispos de Hamburgo-Bremen. Do mesmo modo, a conversão dos poloneses não foi confiada à metrópole germânica de Magdeburgo, mas resultou de um acordo firmado com o duque tcheco Boleslau, cuja filha, Dobrava, era casada com Mieszko. O caso húngaro ilustra melhor ainda que diversidade de influências modelou nessas regiões o cristianismo nascente, já que santo Estêvão se apoiou simultaneamente no bispo de Praga, Adalberto, em sua mulher bávara, Gisela, irmã do imperador Henrique II, e no bispo húngaro Gellert, que tinha se formado no mosteiro veneziano de San Giorgio Maggiore.

Isso mostra ao mesmo tempo a originalidade da dinâmica política que presidiu a essa cristianização dos confins. Na época carolíngia, a unidade da fé implicava, em geral, a agregação ao império: a missão, armada em caso de necessidade, fazia as fronteiras políticas recuarem ao mesmo tempo que ganhava as almas. Essa estratégia ainda foi a de Oto I (936-973), mas vários fatores começaram a miná-la no fim do século X. Desde que, um século antes, havia optado por apoiar a obra de são Metódio, o papado tinha como ideia condutora fazer surgir Igrejas autóctones além do *limes saxonicus*. Ora, as resistências pagãs, que chegaram ao auge quando da insurreição dos eslavos polábios no verão de 983, vinham selar o fracasso de uma unificação religiosa obtida a ferro e fogo. Coube ao jovem Oto III (983-1002) o mérito de compreender esse malogro. Em seu desejo de restaurar o impé-

O OCIDENTE RELIGIOSO
SÉCULOS XI-XV

- ① Reino da Noruega
- ② Reino da Suécia
- ③ Reino da Escócia
- ④ Irlanda
- ⑤ Gales
- ⑥ Reino dos anglo-saxões
- ⑦ Reino da Dinamarca
- ⑧ Reino da Germânia
- ⑨ Reino da Polônia
- ⑩ Principado de Kiev
- ⑪ Reino da Hungria
- ⑫ Reino da França
- ⑬ Reino da Borgonha
- ⑭ Reino da Itália
- ⑮ Croatas, servos, búlgaros
- ⑯ Reino de León
- ⑰ Reino de Castela
- ⑱ Reino de Navarra
- ⑲ Condado de Barcelona
- ⑳ Califado de Córdoba
- ㉑ Patrimônio de são Pedro
- ㉒ Império bizantino

☩ Centro do papado

† Metrópoles eclesiásticas
As datas são as da criação das metrópoles

⊙ Local de concílio

● Mosteiro

▲ Outro lugar

Fronteiras políticas no ano mil

▬ Fronteiras fixas

---- Zonas fronteiriças

Armagh †
Dublin 1040
Cashel 400
Canterbury 597
OCEANO ATLÂNTICO
Rouen
Tours †
Santiago de Compostela 1120
Bordeaux †
Auch 879
Braga 1104
Toulouse
Tarragona 1091 †
Toledo 1088
Sevilha 1248

0   500 km

Mapa da Europa Medieval

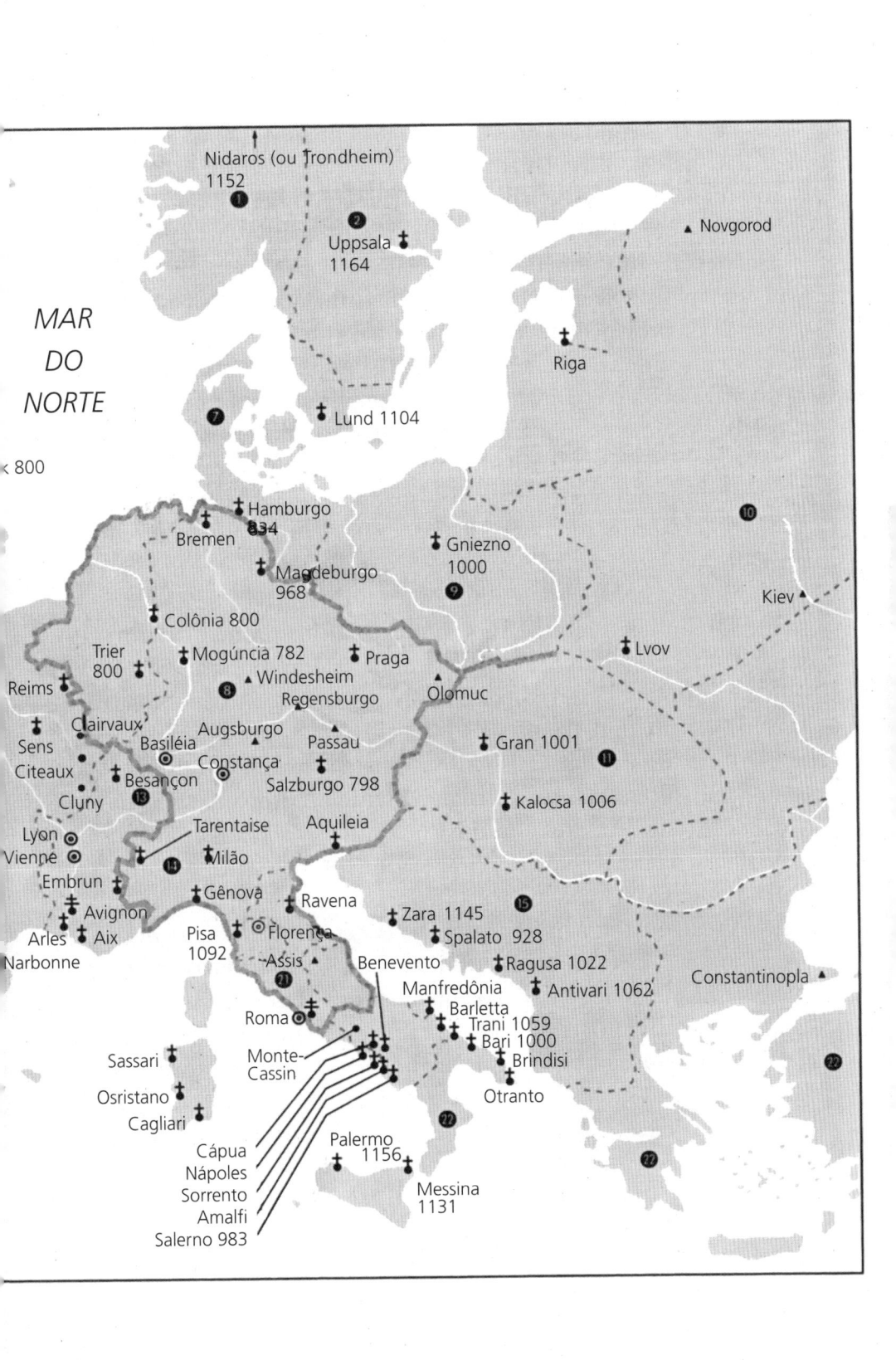

MAR DO NORTE

- Nidaros (ou Trondheim) 1152 — ①
- ② Uppsala 1164
- Novgorod
- Riga
- ⑦ Lund 1104
- < 800
- Hamburgo 834
- Bremen
- Gniezno 1000
- Magdeburgo 968
- Colônia 800
- Kiev
- Trier 800
- Mogúncia 782
- Praga
- Lvov
- Reims
- ⑧ Windesheim
- Regensburgo
- Olomuc
- Clairvaux
- Augsburgo
- Passau
- Gran 1001 — ⑪
- Sens
- Basiléia
- Constança
- Citeaux
- Besançon
- Salzburgo 798
- Kalocsa 1006
- Cluny — ⑬
- Tarentaise
- Aquileia
- Lyon
- ⑭ Milão
- Vienne
- Embrun
- Gênova
- Ravena
- ⑮
- Avignon
- Zara 1145
- Arles — Aix
- Pisa 1092
- Florença
- Spalato 928
- Narbonne
- Assis
- Benevento
- Ragusa 1022
- Manfredônia
- Constantinopla
- Barletta
- Antivari 1062
- Roma
- Trani 1059
- Sassari
- Monte-Cassin
- Bari 1000
- Brindisi
- ㉒
- Osristano
- Cagliari
- Otranto
- Cápua
- Nápoles
- Palermo 1156
- ㉒
- Sorrento
- Amalfi
- Messina 1131
- Salerno 983
- ㉑ Assis

rio universal em simbiose com o papa Silvestre II (999-1003), ele lançou os fundamentos de uma nova organização do mundo cristão: no curso da peregrinação que empreendeu em março do ano mil ao túmulo de santo Adalberto, em Gniezno, ele coroou Boleslau, o Audaz, à moda bizantina, outorgando-lhe o grau de irmão na família imperial dos príncipes; na sequência, foi criada aí uma metrópole eclesiástica, com três bispados sufragâneos, separada da província de Magdeburgo pelo Oder. No ano seguinte, foi a vez de santo Estêvão receber com plena soberania a coroa real e obter o erguimento de uma metrópole em Gran (Esztergom). Finalmente, apenas o reino da Boêmia, por ainda estar em gestação e pertencer ao Sacro Império, permaneceu privado de arcebispado; além desses, o bispado de Praga, fundado em 973, e o bispado, um pouco mais recente, de Olomuc foram retirados da Igreja de Salzburgo para serem postos sob a distante autoridade de Mogúncia. Quanto à Escandinávia, seguiu um destino similar, embora num ritmo próprio: primeiro ela dependeu de Hamburgo, antes de se dotar de um centro metropolitano em Lund (1104); depois em Nidaros, no caso da Noruega (1152); e em Uppsala, no da Suécia (1164).

A Igreja do Império, tal como a tinham sonhado Carlos Magno e seus sucessores, cedeu lugar portanto à Europa das cristandades. Atesta essa mutação uma miniatura célebre proveniente de Reichenau: nela, vemos o imperador em majestade, acompanhado por Roma e as antigas províncias romanas, mas também pela Esclavônia, o país dos eslavos. Nasceram assim na periferia da Europa poderosas Igrejas territoriais, e logo nacionais. Fortemente ligadas à Sé romana, da qual haviam obtido seu primeiro apoio e à qual muitas pagaram um dízimo de um denário em sinal de reconhecimento, elas forjaram sua identidade através do culto dos seus santos reis, numa união estreita da fé, da dinastia e do país. Nesse sentido, a Europa das nacionalidades que conhecemos hoje, ainda que num contexto secularizado, é filha do ano mil.

OLIVIER MARIN

Roma, cabeça da Igreja latina
(a partir do século XI)

Ao cabo de um longo processo, no interior qual o período medieval se revela decisivo, o prestígio ligado à cidade de Roma se transformou numa predominância institucional sobre o mundo cristão, fazendo do papa muito mais do que o bispo de Roma, o que de todo modo continuou sendo.

A debilitação das instituições romanas favoreceu a ascensão, em termos de poder, do bispo de Roma, patriarca do Ocidente, no governo da capital imperial. Aquele que é chamado de papa (do grego *páppas*, "pai") assume seu papel de chefe da parte ocidental do mundo cristão, ocupando em relação às outras sés episcopais uma posição de árbitro ou de último recurso. Roma ainda está posta sob o controle do imperador de Constantinopla; apesar disso, é ao papa que cabe assegurar a boa gestão da vida cotidiana numa cidade bastante diminuída em população, mas sempre igualmente famosa. Enquanto Bizâncio continua sendo senhora da Itália, Roma e o papa gozam de uma proteção militar especial; isso já não acontece com as invasões lombardas, no século VI.

Ameaçado pelos bárbaros, desejosos de manter certa autonomia, o bispo de Roma pede ajuda militar aos francos, então em plena ascensão. Pepino, o Breve, responde favoravelmente ao apelo premente de Estêvão II, em 753. Seguem-se a intervenção militar do carolíngio e a doação territorial à sé apostólica, que daria nascimento a um Estado pontifício tendo Roma como capital. Posta sob a autoridade moral do primeiro imperador cristão por um documento que é uma das mais célebres falsificações da história, desmascarada no século XV pelo humanista italiano Lorenzo Valla, essa doação ficou conhecida mais tarde pelo nome de *Doação de Constantino*. Carlos Magno segue o caminho do pai, toma a coroa dos lombardos e empreende uma política de estreitas relações com o papado. A coroação imperial de 800 inaugura uma estreita aliança dos dois soberanos que pretendem, ambos, governar a sociedade dos cristãos (*respublica christiana*). Roma é agora senhora de boa parte da Itália. Nessas condições, a eleição do papa reveste uma importância maior; ela passa a ficar, no entanto, sob o controle de algumas grandes famílias romanas, o que não parece ter tido graves consequências sobre a ação puramente religiosa daquele que servia de referência e de autoridade suprema para os cristãos do Ocidente. Após meio século de vazio de poder, o renascimento do Império, em 962, assinala o início de cem anos de domínio dos soberanos alemães sobre Roma, o papado e a Itália. Quando esse domínio relaxava, como foi o caso sob Henrique II (1002-1024), o destino do papado caía de novo nas mãos da aristocracia local.

O século XI representa uma virada decisiva, prelúdio a uma ascensão cada vez mais firme do papado. Durante os séculos que separam a ida a Roma de Pepino, o Breve, da ida de Henrique III (1039-1056), ou seja, durante trezentos anos, o papado teve apenas um papel secundário, só expedindo bulas numa parte pouco considerável do Ocidente. Mesmo se interessando por regiões distantes que deveriam converter e onde às vezes se impõem, como na Polônia e na Hungria, mesmo se fazendo reconhecer pela liturgia romana que faz escola e se difunde rapidamente a partir do primeiro impulso dado sob Carlos Magno, os papas, muitas vezes prisioneiros dos que os levaram ao trono de são Pedro, têm ambições limitadas, sobretudo quando os imperadores estão presentes ou representados na Itália. Em 1049, a escolha de Leão IX († 1054) vai assinalar uma virada decisiva que empenha o papado numa revisão completa do seu funcionamento e lhe dá novo poder.

A reforma que se inicia alimenta grandes desígnios: ela tenta diferenciar o melhor possível os dois domínios, o espiritual e o temporal, mas hierarquizando-os e confiando ao primeiro a missão de guiar o segundo. É por isso que, ao mesmo tempo que ambiciona cristianizar em profundidade toda a dívida, ela se dedica, num primeiro momento, ao mundo dos clérigos, encarregados de ilustrar e de transmitir seu programa aos leigos. Sua execução repousa numa concepção centralizada do governo das Igrejas, cuja cabeça se encontra em Roma: uma eclesiologia piramidal, em que os bispos colaboram com o papa, sucede a uma eclesiologia horizontal, impregnada de comunhão colegial. Mais especificamente, a escolha unilateral dos papas pelo imperador sem dúvida acelerou o processo de revisão do modo de designação dos pontífices romanos. Em 1059, fica convencionado em sínodo que o papa, até então promovido apenas pelo clero e pelo povo de Roma, passará a ser eleito pelos cardeais, um grupo de clérigos composto dos bispos suburbicários (titulares das igrejas dos subúrbios de Roma), assim como pelos padres e diáconos das igrejas romanas. Essa medida revolucionária cria ao mesmo tempo uma instituição, o colégio de cardeais, que se põe a serviço do papa, para o qual constitui uma verdadeira corte, a "cúria", que assegura a continuidade do governo da Igreja entre dois reinados.

A chancelaria vê sua atividade fortalecida e sua produção aumentar: uma quantidade crescente de bulas partem de Roma com destino a todos os países a fim de levar aos fiéis as decisões do papa. O novo modo de designação deste, de que os leigos são excluídos, por mais poderosos que sejam, inspira o dos bispos, posto nas mãos dos cônegos dos capítulos catedralescos. O movimento se prolonga em direção aos simples padres, cuja nomeação pelos chefes leigos das igrejas é cada vez mais contestada, passando a caber aos bispos. A introdução de novidades tão radicais nas modalidades de investidura nos cargos eclesiásticos provocou a "querela do sacerdócio e do império". Porque quem tinha mais a perder nesse caso era o imperador, diretamente interessado na escolha dos prelados, intimamente associados à eleição imperial e ao governo. Henrique IV (1056-1106) se revoltou, depois pediu perdão em Canossa, sem conseguir vencer militarmente na Itália. Em face dele, Gregório VII (1073-1085) foi o defensor inflexível da liberdade da Igreja; por isso a expressão "reforma gregoriana" foi utilizada para designar uma empresa que se prolongou muito além do seu pontificado, por mais de um século (c. 1050-c. 1150).

Ditados pelas mesmas preocupações, a reunião de concílios gerais, as viagens do papa fora de Roma e da Itália, a criação de organismos curiais e o desenvolvimento do espírito jurídico contribuíram para um considerável fortalecimento do papado. Com efeito, até então somente alguns raros papas tinham saído de Roma. Leão IX teve uma concepção diferente e empenhou-se em longas viagens pelas regiões fronteiriças da França e da Germânia. A vontade de tornar o papado presente em toda a cristandade levou posteriormente a difundir a prática das legações, que possibilitavam ao papa ter fiéis executores em todos os países: os legados pontifícios. Foi durante o pontificado de Alexandre III (1159-1181) que se manifestaram mais nitidamente todas essas inovações; depois, Inocêncio III (1198-1216) pôs fim a esse longo período de transformações. Os concílios de Latrão em 1123, 1148 e 1179 já anunciavam o concílio, muito mais amplo, de Latrão IV (1215) convocado por esse papa; sobretudo, Inocêncio III estabeleceu os Estados do papa no nível dos principados leigos e instalou-os no feudalismo, seja distribuindo feudos, seja obtendo juramentos de vassalagem de outros príncipes.

Ao longo dos séculos XII e XIII, o papado tornou-se plenamente senhor das decisões a tomar em todos os níveis, do metropolitano ao cura de paróquia, em toda a cristandade. Não tardou a se encarregar das promoções dos clérigos, controlando, revendo ou ordenando as eleições dos bispos, distribuindo prebendas de toda sorte a pedido dos grandes e a seu bel-prazer. Poucas ações religiosas escapavam ao patriarca do Ocidente. Bonifácio VIII quis exprimir esse poder total por ocasião do jubileu de 1300, prelúdio notável de um período difícil para o papado, diante da afirmação dos Estados nacionais, cujos príncipes quiseram ter o domínio sobre o "seu" clero.

Em 1308, a eleição de um papa francês precedeu em pouco a transferência da cúria para Avignon. Durante setenta anos, esta mostrou que podia reinar sobre a cristandade longe da Itália, acentuando a sua burocracia, que se tornou um verdadeiro modelo para os Estados nascentes, nos domínios jurídico e financeiro. Se perdeu o papado, Roma não perdeu entretanto todo o seu prestígio, baseado na dupla lembrança do Império e dos mártires. Numerosas vozes se ergueram para reclamar a volta. Esta se deu em 1377, mas provocou o início de uma fase particularmente dramática para o governo da Igreja do Ocidente, o Grande Cisma. O Ocidente foi então dividido entre dois papas, um reinando em Roma, o outro em Avignon, onde cardeais saudosos do antigo estado de fato e irritados com o comportamento do eleito de Roma haviam procedido à designação de um novo pontífice. Cada um deles contava com seus apoios. Ora, os dois lados eram de poderio equivalente, logo a força não era capaz de resolver nada. Nenhum pontífice quis renunciar, cada um estimando sua eleição legítima. A situação, que ficou emperrada por mais de uma geração, provocou o desenvolvimento de uma poderosa corrente reformadora, que via na reunião do concílio o derradeiro recurso. Se o Grande Cisma terminou graças à ação do Concílio de Constança (1414-1418), a assembléia conciliar não conseguiu no entanto se impor como um órgão estável de governo da Igreja e se desacreditou no concílio reunido em Basileia (1431-1449), enredando-se num debate sem fim. O papado saiu fortalecido ante os partidários das teses conciliares, como atesta o formidável sucesso do jubileu de 1450, que viu multidões convergirem para Roma.

MICHEL PARISSE

Bizâncio/Constantinopla e o Ocidente
Comunhão e diferenciação

A ruptura entre a Igreja romana e a Igreja bizantina e o rótulo de "cismática" que foi pespegado desde então nesta última fazem pensar que, nesse caso, o papel de vilão foi desempenhado por um Oriente que teria se recusado a seguir o bom caminho traçado para os cristãos por Roma, mãe das Igrejas. Isso é ignorar que essas duas Igrejas têm, cada qual, a sua história: a Igreja de Roma afirmou progressivamente sua autoridade, enquanto a Igreja de Constantinopla se construiu num marco totalmente diferente. Em vez de falar de separação, é melhor frisar a comunhão entre essas duas Igrejas e as razões da diferenciação que se introduziu entre elas.

Na Idade Média, as duas Igrejas, que utilizavam a mesma Bíblia, em grego uma, em latim a outra, sempre acabaram se pondo de acordo em três domínios fundamentais. Em primeiro lugar, frisemos que seu Credo (expressão do conteúdo da fé) é o mesmo, o que foi definido pelos concílios ecumênicos entre os séculos IV e IX. Em segundo lugar, as duas Igrejas concordam em ver são Pedro como o "corifeu" (chefe do coro) dos apóstolos; do mesmo modo, a peregrinação a Roma, para ir venerar as relíquias de Pedro e Paulo, nunca deixou de ser uma prática oriental. Enfim, ambas as Igrejas têm as mesmas estruturas de direção (bispados agrupados em províncias metropolitanas). Podemos acrescentar que os concílios ecumênicos não se preocuparam apenas com precisar o dogma, mas legislaram também em numerosos domínios (liturgia, organização do clero, vida moral, piedade, vida monástica...) para normalizar e harmonizar mediante regras comuns vários aspectos da vida dos cristãos e de seus pastores. Nunca se deve esquecer que, de fato, uma grande diversidade havia caracterizado em todos os domínios as Igrejas primitivas, que, a partir dos textos considerados como revelados, tinham se dotado pouco a pouco de formas de vida e de culto elaboradas em função de tradições locais e de problemas particulares, tendo como único recurso suas vizinhas mais próximas. A partir do primeiro concílio ecumênico (Niceia, 325), a diversidade inicial das Igrejas primitivas começou a se afunilar.

Ademais, é também no final do século IV que o Império Romano se dividiu num Império Romano do Oriente, centrado em Constantinopla/Bizâncio, e num Império Romano do Ocidente. O império bizantino ia existir, sem solução de continuidade, até 1453, considerando-se herdeiro de um Império Romano de vocação universalista. O Império do Ocidente, por sua vez, teve uma história mais atormentada, que se traduziu numa fragmentação política: teve um imperador, mas nem sempre; nunca se estendeu sobre todo o mundo cristão ocidental; seus fundamentos romanos se coloriam com outras heranças, notadamente a franca. Essa diferença política não é encontrada no plano eclesiástico: a Igreja cristã, oriunda dos concílios ecumênicos, comportava cinco instâncias supermetropolitanas, chamadas patriarcados. Na parte oriental do Império Romano, densamente povoada, onde os bispados eram numerosos, houve quatro: Constantinopla, Alexandria, Antioquia e Jerusalém. Na parte ocidental, houve apenas uma: Roma. Cada um dos patriarcas tinha autoridade em sua alçada, mas a concordância entre as cinco sés era garantia da retidão da fé, todos convindo que o patriarca de Roma tinha direito, nos patriarcados, a honras particulares. Convém acrescentar que, até o século VIII, a autoridade do imperador de Constantinopla se estendia a uma parte da Itália; por isso Roma, que dependia do Oriente no plano político, regia mesmo assim as Igrejas ocidentais.

Foi respeitando essa organização, a pentarquia ("cinco poderes"), a qual se conjuga com a ideia de que o corpo de bispos reunidos é o único sucessor verdadeiro do colégio de apóstolos, que se desenrolaram os concílios ecumênicos, todos eles convocados pelos imperadores, guardiães da ordem pública. No entanto, pela força das coisas, uma evolução não demorou a se produzir.

Primeiramente, no Oriente, a importância de Constantinopla cresceu consideravelmente na esteira da formação do Império árabe-muçulmano. Alexandria, Antioquia e Jerusalém continuaram a existir como patriarcados, mas em terra muçulmana e, ainda por cima, debilitadas pelo desenvolvimento de Igrejas heréticas rivais. Constantinopla foi o único patriarcado a permanecer em terra cristã; melhor ainda, sua alçada acabou quase coincidindo com o do Império bizantino, que dispôs, a partir do século VIII, de duas cabeças: o imperador e o patriarca, associados e solidários, a títulos diferentes, em sua responsabilidade para com os cristãos. A Igreja bizantina nunca se pensou fora da sua relação com o imperador (foi seu grande problema quando o Império desapareceu em 1453): era uma Igreja imperial e orgulhosa de sê-lo, "dando a César o que é de César", e ainda mais disposta a fazê-lo por ser o imperador "coroado por Deus", por sua capital ser posta sob a proteção particular da mãe de Deus e por seu império ter uma dimensão providencialista. Já desde o século V, o patriarca de Constantinopla se atribuía uma importância particular e o segundo lugar no seio do colégio dos patriarcas, pelo fato de ocupar a sé da capital do império que substituía a Roma antiga.

A Igreja de Roma, por sua vez, havia evoluído em função de outras realidades. Seu chefe, chamado de papa com frequência cada vez maior, tinha a responsabilidade por todas as Igrejas ocidentais. Bem cedo, já no século V, surgiu a ideia de conceder uma primazia especial, dentre todos os bispos, ao bispo de Roma, como sucessor de são Pedro a quem Cristo tinha dado a missão de fundar sua Igreja, sem limitação geográfica, e cujas relíquias a cidade guardava. O bispo de Roma necessitou todavia de certo tempo para impor essa primazia às Igrejas do Ocidente e para impor igualmente sua liberdade ante leigos, soberanos, reis ou imperadores, no âmbito da reforma gregoriana, iniciada no século XI. Nesse meio-tempo, o aprofundamento da herança de são Pedro havia levado o papa a se definir, não mais apenas como sucessor do chefe dos apóstolos, mas como vigário ("aquele que substitui") de Cristo, o que o punha numa situação excepcional e única em todo o mundo cristão.

As vicissitudes da história haviam engendrado dois polos no mundo cristão, Roma e Constantinopla, cada um fundado em sua concepção própria da Igreja: ideologia petrinista, que levava a dar uma dimensão ao mesmo tempo universalista (é o sentido da palavra católico) e monárquica à Igreja de Roma; ideologia imperial providencialista, na qual a dimensão colegial e pentárquica da Igreja atuava a favor da sua capital, Constantinopla. Essa diferenciação se acentuou a partir do fim do século IX, depois nos séculos X e XI, período durante o qual não se considerou útil pedir aos imperadores que reunissem concílios ecumênicos, já que nenhuma heresia nova ameaçava a integridade da fé cristã. Houve durante esses séculos múltiplos contatos entre Roma e Constantinopla, o que se costuma facilmente esquecer, privilegiando os momentos de crise, como o que ocorreu quando do patriarcado de Fócio, na segunda metade do século IX. Mas o fato mais prenhe de consequências, a longo prazo, foi o fim dos concílios ecumênicos que haviam sido o âmbito de encontros e intercâmbios para elaborar as decisões comuns. À exuberância intelectual sucedeu o tempo da gestão; às tumultuosas e candentes questões teológicas, a paciente busca de soluções para as interrogações levantadas por sociedades em evolução; à definição da ortodoxia, agora comum, a busca de uma ortopraxia. A normalização e a uniformização romanas tiveram seus equivalentes no Império bizantino. Baseando-se em textos muitos dos quais eram comuns, com métodos e instituições diferentes (decretais*

---

* Coleções de epístolas de papas que, a partir do século XIII, fazem autoridade no *corpus* do direito canônico, ao mesmo título do *Decreto* de Graciano, composto em meados do século XII.

pontifícias e concílios de Latrão, em Roma; sínodo permanente e legislação sinódica, ratificada pelo imperador, em Constantinopla), a Igreja romana e a Igreja de Constantinopla alcançaram resultados práticos às vezes sensivelmente diferentes. São conhecidas as divergências mais marcantes: pão ázimo ou pão fermentado na eucaristia, celibato ou não dos padres, jejum ou não aos sábados...

Assim, sem minimizar a violência dos acontecimentos de 1054, cumpre apreciar a crise à luz dessa evolução que, ao longo de dois séculos, não havia provocado nenhum choque notável. Os problemas postos nessa ocasião eram reais e sérios, notadamente o da primazia que o papa estimava dever exercer sobre todas as Igrejas. As personalidades que se encarregaram deles eram pouco capazes de resolvê-los. Mas só houve excomunhão de pessoas, não das Igrejas; estas mantiveram no século e meio que se seguiu relações de tipo tradicional: Roma não estava, na época, nada persuadida de se haver com "cismáticos" e Constantinopla não repugnava de modo algum conversar com o sucessor de são Pedro, então completamente emancipado dos poderes temporais.

É certo, em compensação, que as cruzadas, singularmente a quarta, em 1204, interromperam esse movimento. Fazendo a conquista do Império bizantino, estabelecendo um imperador latino no trono de Constantinopla, instituindo um patriarca latino, espoliando a cidade, os cruzados fizeram mais do que consumar atos que batiam de frente com o orgulho político dos bizantinos: eles atacaram realidades sagradas para seus irmãos cristãos, eram sacrílegos. Roma não desautorizou o fato consumado. Pode-se compreender que muitos gregos tenham então considerado os latinos como mais perigosos do que os muçulmanos, principalmente quando evocavam a maneira pacífica pela qual Saladino tomou novamente posse de Jerusalém em 1187.

BERNADETTE MARTIN-HISARD

São Bernardo de Clairvaux († c. 1153) e os cistercienses

No momento em que a "Igreja cluniacense" (*ecclesia cluniacensis*) alcança o seu apogeu, a regra de são Bento se encontra na origem de outra forma de experiência monástica, ao mesmo tempo próxima e diferente: o movimento cisterciense, cujo nome provém da abadia de Cister, que foi o seu berço.

Cister ou o retorno efêmero à pureza monástica das origens (1098-1220)

O nome de Cister evoca os "juncos" (cistos) encontrados nos charcos da planície do Saône. Foi lá que, em 21 de março de 1098, ex-eremitas conduzidos pelo abade Roberto decidem fundar seu "Novo Mosteiro", após o fracasso de uma primeira instalação em Molesmes (no limite entre a Champagne e a Borgonha). Roberto e seus irmãos, contra o fausto dos grãos-senhores cluniacenses, pretendem voltar às fontes do monaquismo e à letra da regra de são Bento. Instalados (pelo menos teoricamente) em vales remotos, empenham-se em viver exclusivamente do seu trabalho, recusando todo ganho senhorial e toda renda eclesiástica (oferendas ou dízimos); proíbem-se portanto de se inserir na vida das paróquias e até de se encarregar da memória dos mortos, de modo a se furtar da arbitrariedade dos vivos.

A fundação obtém rápido êxito. Em 1115, Cister já conta quatro "filhas": La Ferté (perto de Chalon-sur-Saône), Pontigny (ao sul de Auxerre), Morimond (a leste de Chaumont) e Clairvaux (perto de Troyes). Esta última abadia foi fundada por um grupo de irmãos levados por Bernardo de Clairvaux, que será seu abade até falecer, em 1153. Nascido em 1090 em Fontaine-lès-Dijon, numa família da pequena aristocracia, o jovem Bernardo é educado numa escola de cônegos. Aos vinte e dois anos de idade, ele decide, em companhia de uns trinta nobres – alguns deles seus irmãos, tios ou primos –, unir-se aos frades do "Novo Mosteiro" e, mais tarde, de Clairvaux. Cisterciense de segunda geração, Bernardo encarna todo o espírito do movimento. Em sua oposição aos cluniacenses e a seu abade, Pedro, o Venerável, o melhor inimigo de Bernardo, com o qual mantém uma correspondência contínua, o abade de Clairvaux reivindica um retorno dos monges à pobreza dos tempos apostólicos e à pureza da regra de são Bento. Ele pretende impor aos irmãos uma verdadeira renúncia em todos os aspectos da vida comunitária: conduta pessoal ascética, ambiente de vida de grande sobriedade, liturgia despojada da duração e dos fastos de Cluny. Mas, como Pedro, o Venerável, ele quer promover o magistério dos monges no interior da Igreja, persuadido de que somente os mais puros podem mostrar o caminho aos outros fiéis. Donde sua presença, do lado de fora do claustro, em todas as frentes de luta pela defesa e pela ilustração da cristandade: ele denuncia os erros teológicos de Abelardo no Concílio de Soissons; ajuda o papa Inocêncio II a eliminar o antipapa Anacleto II e seu partido (1130-1138); opõe-se aos heréticos maniqueístas no Languedoc, que pretende eliminar como "as pequenas raposas da vinha do Senhor"; percorre o nordeste da França e o Império, para pregar a segunda cruzada pela libertação dos Lugares Santos (1146).

A influência de Cister e de suas filhas é imediata e duradoura. Em 1250, esse primeiro conjunto tinha se expandido pelos quatro cantos da cristandade latina e contava mais de seiscentos e quarenta estabelecimentos, entre eles mosteiros de mulheres. É um corpo posto sob a proteção da "Virgem misericordiosa", cujos membros são tratados com igualdade, no âmbito do capítulo geral (ou assembléia de abades) reunido todos os anos em Cister. A pobreza e o despojamento, expostos até na própria simplicidade da roupa de lã não tingida (donde o qualificativo de "monges brancos"), não devem dar margem a ilusões. A ordem de Cister é, desde o início, sustentada pela prodigalidade aristocrática. Os estabelecimentos cistercienses acolhem grande número de filhos e filhas das grandes famílias. A organização do mosteiro cisterciense típico reflete, de resto, uma estratificação social rígida entre, de um lado, o espaço dos monges de coro, frequentemente de origem aristocrática, e, de outro lado, o dos conversos, esses irmãos leigos, nascidos em sua maioria no campesinato, que optaram por servir o Senhor com as suas mãos.

Estes últimos participam da grande obra cisterciense: a domesticação da natureza e a exploração dos frutos da terra. Tendo escolhido o isolamento dos eremitas, os cistercienses se encontram rapidamente à frente de vastos domínios rurais organizados em centros de produção na vanguarda do progresso agrícola e industrial: as granjas. Exploram terras, pastagens, bosques, vinhedos e pedreiras; o domínio da força hidráulica lhes permite fazer funcionar moinhos e forjas. Eles alimentam os mercados com seus excedentes: lã, carne, couro, vinho, vidro, carvão e ferro. Assim, os "pobres" cistercienses têm acesso, pelo comércio, à moeda e às riquezas do mundo; adquirem pela lógica das suas opções iniciais – trabalho manual e agricultura – o estatuto de "santos empreendedores" (C. B. Bouchard) que participam do formidável crescimento da Europa ocidental a partir dos anos 1100. Nessas condições, pode-se dizer que o século e o mundo reconquistaram esses arautos do retorno à pobreza das origens. Aliás, numa evolução natural, o capítulo geral de 1220 suprime todas as proibições iniciais e traz os cistercienses de volta ao regime comum dos monges, isto é, ao estatuto de grandes senhores eclesiásticos.

As igrejas de pedra, que os cistercienses começam a construir em grande número a partir de 1140, são amplamente alimentadas pelos excedentes tirados dos frutos da terra. No plano monumental e estético, Cister se inscreve em ruptura com o luxo dos edifícios realizados pelos "monges negros" em Cluny III, a *maior ecclesia* da cristandade, ou pelo abade Suger em Saint-Denis, primeiro edifício de estilo gótico. Em sua *Apologia de Guillaume de Saint-Thierry*, composta por volta de 1125, Bernardo de Clairvaux expõe a carta do despojamento cisterciense, ainda identificável pela ausência de imagens e de cores nas igrejas conservadas. Atendo-se à mais extrema sobriedade, trata-se primeiramente de preservar os bens destinados a manter os pobres; privilegiando a luz branca e nua, apenas filtrada por vidros sem cor, proibindo a realização de decorações no interior da igreja, trata-se também, e sobretudo, de não desviar os sentidos da meditação interior das Escrituras. Esse manifesto é uma tomada de posição contra a função mística da decoração, a função "anagógica", segundo a qual as imagens, pelo despertar dos sentidos, permitem ascender até o Criador. No mosteiro cisterciense, não se procura chegar a Deus, mas habitar com aquele que, segundo Bernardo de Clairvaux, é "altura, largura, comprimento e profundidade".

DOMINIQUE IOGNA-PRAT

A catedral

Imortalizada por Victor Hugo em *O corcunda de Notre-Dame*, a catedral permanece nos espíritos como o símbolo da Idade Média cristã. Mas, "igreja de bispo", a catedral não poderia ser compreendida unicamente através da versão gótica. No entanto, esse clichê não é fortuito...

A igreja catedral deriva seu nome da cátedra, a cadeira solenemente reservada ao bispo e posta no coração do edifício: trata-se portanto da igreja destinada à autoridade episcopal que se estende sobre a diocese. A amplitude dessa circunscrição territorial evoluiu muito. Nos primeiros séculos da cristianização, após a paz da Igreja, as dioceses se confundiram com os territórios das cidades antigas, pelo menos nos espaços romanizados. Assim, era na catedral que os fiéis da cidade e do campo ao seu redor vinham celebrar as grandes festas, durante as quais recebiam um ensinamento do bispo; era também aí que se batizavam os neófitos durante a vigília pascoal. Essas dioceses de pequeno tamanho, ainda numerosas na Itália, existiram no sul da França até a Revolução Francesa. A esse estado de fato correspondeu uma realidade monumental fragmentada entre vários edifícios que os arqueólogos, cujas escavações os revelaram, chamam de "grupo episcopal": um dos primeiros foi descoberto em Genebra nos anos 1970-1980. Esse conjunto se compunha, em primeiro lugar, de várias igrejas cujo respectivo uso é mal conhecido: a maior devia servir para as cerimônias solenes; outra era sem dúvida reservada ao clero catedralesco, que assistia ao bispo em suas responsabilidades, para a recitação cotidiana no ofício. Acrescentava-se a elas um batistério, facilmente identificável pelas instalações hidráulicas de que era objeto para possibilitar o batismo por imersão numa pia central. Diversos edifícios civis serviam enfim de local de moradia para o clero, sem contar o prédio da escola e o que servia para acolher os pobres e os doentes, o *xenodochium*. Vale dizer que o nível episcopal de uma cidade se notava facilmente no tecido construído!

Quando a cristianização ganhou regiões menos urbanizadas, o tamanho das dioceses se amplificou consideravelmente, a ponto de tornar impossível uma prática regular na catedral; além disso, o batismo passou a ser dado às crianças já no nascimento. A catedral já não reunia todos os fiéis, que celebravam o culto nas igrejas paroquiais, mais próximas. O bispo, que havia delegado uma parte das suas funções aos vigários dessas paróquias, continuou porém à frente da circunscrição diocesana como a autoridade de referência, rodeado por um clero designado cada vez mais correntemente pelo nome de cônegos, distintos dos monges. Os edifícios religiosos do grupo episcopal fundiram-se progressivamente numa só igreja, a catedral, enquanto as outras construções persistiram, adquirindo amplitude. Os palácios episcopais ganharam em magnificência, abrigando os serviços de uma administração diocesana cada vez mais fornida, que punha algumas das suas repartições a serviço da população, notadamente para a autenticação de atos, nas regiões em que não havia tabelionato. Os cônegos se dotaram de construções adaptadas a seu modo de vida. Conforme as regiões, este revestia um caráter comunitário (cônegos regulares) ou individual, este último autorizando cada um a ter a sua própria casa: o conjunto era repartido em torno da catedral no "bairro canonical". Esse espaço, que às vezes era fechado e gozava de um estatuto jurídico próprio, ainda é facilmente identificável no plano das cidades. As escolas catedralescas tiveram seu momento de glória nos séculos XI e XII

(Angers, Chartres, Laon, por exemplo), sob a direção de um cônego, mandatário do bispo: o "escolastra". Quanto aos velhos *xenodochia*, foram substituídos por hospícios mais espaçosos, onde eram recolhidos os pobres e os necessitados.

A função de igreja catedral se transformou, ao passo que o encargo da ação pastoral era assumido pelos vigários de paróquia, aos quais se somaram, a partir do século XIII, os frades mendicantes. Embora continuassem a esperar do bispo que ele pregasse nos dias das festas principais (o que nem todos respeitavam), os reformadores enfatizaram os deveres deste para com o clero diocesano. Diversas circunstâncias proporcionavam ao bispo a oportunidade de manter com "seus" padres o vínculo que unia a "igreja mãe" da diocese (é assim que os textos da época chamam a catedral) e as igrejas filhas das paróquias: as assembleias sinódicas, reunidas com todo rigor duas vezes por ano, para a instrução do clero; a missa crismal, celebrada na quinta-feira santa, no decorrer da qual eram abençoados os óleos que serviam para a administração dos sacramentos (entre eles o santo crisma, para o batismo, donde o nome dessa missa) e de que cada um podia levar um pouco para a sua paróquia, em sinal de comunhão. Observa-se, ademais, que a catedral teve cada vez mais o papel de lugar de memória da identidade diocesana, como atestam a presença entre suas paredes dos túmulos dos bispos e das relíquias das mais ilustres figuras locais, assim como suas tradições litúrgicas, que associavam elementos universais, comuns a todas as Igrejas cristãs, e outros próprios da história da cristianização local: memória dos santos da diocese, comemoração da dedicação da igreja ao fim da sua construção, tradição coral que não havia sido suplantada pelo canto romano imposto por Carlos Magno às igrejas do Império (como o canto ambrosiano para a Igreja de Milão). Um ou outro cônego, consciente desse papel, pôde escrever a história da sua igreja, seja na forma de notas biográficas dos bispos (*Atos dos bispos*), como fizera em Roma o *Liber pontificalis*, seja na forma de relatos mais sintéticos.

Ao contrário das igrejas dos mosteiros ou dos conventos mendicantes, a catedral se apresenta como um edifício compartilhado, em que existem vários grupos. Vêm em primeiro lugar os cônegos, que são seus usuários mais regulares. Eles é que são os verdadeiros donos do local, onde organizaram seu coro, isolando-o da animação ambiente por uma divisória, depois, no fim da Idade Média, por um jubeu, e dotando-o de estalas, ornadas às vezes com esculturas dos maiores mestres (Amiens). Depois, o bispo, presente de forma mais passageira e cujos direitos sobre o edifício eram rigorosamente delimitados. Enfim, os fiéis do bairro, para os quais foi preciso encontrar uma paróquia: uma igreja vizinha pôde servir como tal, quando não uma parte bem circunscrita da catedral, uma capela lateral. Alguns raros leigos, em geral poderosos, foram autorizados a deixar sua marca nesse monumento prestigioso, na maioria das vezes construindo uma capela privada com fins funerários.

Nunca será demais repetir que as catedrais ainda de pé no mundo contemporâneo ilustram todos os estilos da arquitetura. Nos países de velha cristianização, esse monumento, que se inscreve por definição na longuíssima duração, foi submetido a numerosas reformas, quando não a reconstruções totais, em consequência de incêndios ou para pôr o edifício em conformidade com o gosto da época. Muito embora o observador francês tenha dificuldade para perceber, houve catedrais românicas, certamente mais bem conservadas em certos países vizinhos, como a Alemanha ou a Itália. Mas não é sem razão que a catedral se confunde em nossas memórias com a arquitetura gótica. Essa nova arte de construir, que apareceu na Île-de-France na segunda metade do século XII e permaneceu em vigor até o Renascimento, correspondeu a uma fase de reconstrução de numerosas igrejas catedralescas. As obras eram suscitadas pela expansão urbana e pelo enriquecimento da população, inclusive do clero, que as financiou amplamente. As corporações canonicais e as corporações da cidade, além dos príncipes, entre eles o rei da França (o novo estilo nasceu no coração do seu reino), puseram nesses edifícios todo o seu orgulho, rivalizando entre si para elevar as abóbadas até alturas vertiginosas. As catedrais góticas, abundantemente iluminadas graças à técnica da cruzaria de ogivas, que permite aliviar as paredes de arrimo e nelas inserir vitrais, foram dotadas de uma decoração esculpida ou pintada em pedra ou em vidro, cuja coerência o historiador da arte Émile Mâle, em sua obra *L'art religieux du XIIIe siècle* [A arte religiosa do século XIII], tentou reconstituir. Exprime-se nela a visão cristã do mundo: uma criação boa, desejada por Deus, em que os elementos minerais, vegetais e animais encontram seu lugar; uma história humana que adquire sentido em relação à Encarnação de Cristo, cuja vida é abundantemente representada em suas correspondências tipológicas com os episódios do Antigo Testamento; na melhor das hipóteses, nos dias de hoje poríamos maior ênfase na importância dada, nesse programa, à história local, estreitamente ligada a essa história universal, por intermédio dos santos representados. Nesse pensamento englobante, tanto quanto no jogo das correspondências entre Antigo e Novo Testamento, assim como nessa arquitetura analítica, em que as forças são subdivididas ao longo das colunetas que compõem os pilares, encontra-se o eco do procedimento intelectual das escolas urbanas e das universidades (Erwin Panofsky): a tipologia cara à exegese medieval, a decomposição escolástica dos problemas em questões sucessivas e a vontade de reunir o saber em Sumas.

Mas a vida das catedrais não parou no fim da Idade Média: reformas e novas decorações aí estão para provar que essas igrejas continuaram a assumir seu papel de guardiãs da memória da diocese, sem deixar de estar presentes em seu tempo.

CATHERINE VINCENT

II

Afirmação, contestações e resposta pastoral

A primeira cruzada (1095) e seus prolongamentos

A cruzada suscita um interesse historiográfico sempre alimentado e confundido pelas opções ideológicas, pelo espírito da época. A expansão europeia e a colonização no século XIX, depois a experiência sionista no século XX, suscitaram e ainda suscitam comparações e assimilações que se pretendem polêmicas e se baseiam na identificação do movimento de 1905 com uma agressão, bloco contra bloco, vinda do Ocidente. Mais sutilmente, a cruzada foi interpretada de acordo com os padrões econômicos e sociais de leitura (expansão do feudalismo ou do comércio italiano) que lhe retiram toda especificidade e que encontramos primeiro nos historiadores árabes entre os séculos XII e XIII. Estes últimos assimilam-na à Reconquista ibérica e à conquista da Sicília, mostrando assim a dificuldade de apreender sua originalidade.

De fato, um só ponto reúne essas três investidas da Europa latina: todas elas respondem ao apelo de cristãos submetidos ao islã e oprimidos, moçárabes da Andaluzia, gregos da Sicília e cristãos da Palestina.

A Europa conhece bem os sofrimentos destes últimos. Sob a formidável perseguição do califa fatímida Hakim, em 1009-1012, eles sofreram o assassinato do patriarca de Jerusalém, tio materno do califa, a destruição de todos os santuários cristãos e judeus e a conversão forçada, como sucedeu em todo o império fatímida, da Sicília à Síria. O primeiro efeito disso foi o desenvolvimento vigoroso das peregrinações a uma Jerusalém sem igrejas, iniciadas em 1025, reduzidas de 1040 a 1050 e retomadas por numerosas expedições e exércitos, assim como pela multiplicação na Europa ocidental das igrejas dedicadas ao Santo Sepulcro ou imitando seu projeto e sua rotunda.

A cruzada de 1095-1099 é um movimento religioso, autônomo em relação ao magistério pontifical, leigo por seus quadros e quase sem controle de parte de uma hierarquia episcopal ausente da marcha a Jerusalém. O apelo de Clermont, lançado por Urbano II e de conteúdo incerto (apoio a Bizâncio ou libertação dos cristãos do Oriente e dos Lugares Santos) não foi seu principal motor: ele se segue à difusão, por Pedro, o Eremita, de volta da Terra Santa, da carta do patriarca de Jerusalém, Simeão, exortando à libertação dos cristãos, que esteve na origem de uma primeira mobilização. O apelo pontifício reuniu no voto de partida, nova forma jurídica, dois elementos: o compromisso do peregrino e a indulgência plena prometida aos penitentes. Esse voto é logo simbolizado por uma cruz de pano costurada na vestimenta. É uma multidão numerosa de peregrinos penitentes, mais de cem mil, homens e mulheres, que parte em 1096, animada por um sopro de guerra santa saído da Bíblia, dos Livros dos Macabeus, e estimulado pelas experiências espanhola e siciliana entre 1060 e 1080. A batalha de Cerami, que vê o conde Rogério da Sicília dispersar os muçulmanos, é o protótipo dos combates de 1098-1099: vitória esmagadora graças à intervenção celeste. É uma ruptura, preparada, sem dúvida, pelas expedições carolíngias contra os pagãos, com a tradição que identificava a vida militar ao mal e à impureza (*militia malitia*).

A força militar da expedição de 1096, considerável, compreende dez mil cavaleiros, comandados por membros das principais famílias da aristocracia europeia, sempre mais velhos, como Godofredo de Bouillon e Raimundo de Saint-Gilles, conde de Toulouse. É uma verdadeira comuna, como as das cidades e dos burgos da Europa, sem autoridade régia. A acolhida do império bizantino, longe de ser hostil, redunda numa colaboração eficaz e duradoura, que logo as ambições de certos chefes da cruzada contrariarão, mas que só será rompida no início do século XIII. O cerco de Antioquia, de outubro de 1097 a junho de 1098, manifesta a originalidade do movimento, que Paul Alphandéry analisou. Numa atmosfera saturada de referências bíblicas, em particular aos "pobres de Israel", e de temas de libertação messiânicos, os sinais de Cristo se multiplicam: visões do além e promessas de milagres, aparições de anjos e de santos combatentes. Ainda que frações do exército sempre tenham dúvidas sobre a sua autenticidade, as visões de Pedro Bartolomeu e a descoberta da santa Lança dão um formidável ânimo aos peregrinos. O exército turco é desbaratado e o Império seljúcida desmorona. A ajuda dos cristãos da Síria possibilita uma chegada rápida diante das muralhas de Jerusalém.

Um cerco por mês, marcado por novas aparições, permite a tomada da Cidade Santa em 15 de julho de 1099 e uma purificação violenta dos Lugares Santos. Logo depois, na atmosfera festiva e inquieta que reúne os latinos, os sírios e os gregos de Jerusalém, tudo muda. O estabelecimento de um Estado destinado à guarda do Sepulcro é confiado a Godofredo de Bouillon. Este se recusa a cingir a coroa temporal onde Cristo portou a coroa de espinhos; seu irmão e sucessor, Balduíno de Bolonha, aceita o título real para evitar a constituição de um outro "patrimônio de são Pedro", como na Itália. Foi enterrado no Santo Sepulcro com o epitáfio que o nomeia precisamente como o "outro macabeu". Esse reino, consumando a profecia de Isaías, será um reino de justiça e de paz. Cristãos orientais e muçulmanos conservam seus marcos religiosos e jurídicos; não se nota nem colonização econômica, nem política de povoação. A atribuição de senhorias aos peregrinos que optam por permanecer – de início, um pequeno número – apenas prolonga o enquadramento fiscal dos fatímidas. Os cristãos gregos (dependentes do patriarcado de Constantinopla) e jacobitas (dependentes do patriarcado de Antioquia) conservam a sua hierarquia episcopal e os seus mosteiros, numa atmosfera de união implícita com os latinos. E é pelo casamento com cristãs orientais que se consuma uma mestiçagem que chocou os latinos do Ocidente, os quais designam com uma metáfora pejorativa – "potros" – os filhos dessas uniões.

Um mesmo clima de unidade se encontra nos três outros principados fundados pelos cruzados entre 1095 e 1099: o condado de Edessa, implantado pelos Bolonha em território armênio, à margem do Eufrates; o principado de Antioquia, que coube ao normando da Itália, Boemondo; o condado de Trípoli, estabelecido por Raimundo de Saint-Gilles e consolidado por seu filho. Segundo o testemunho do patriarca jacobita Mateus, o Sírio, ele durará até o fim do século XII, sendo comprometido depois pela ruptura de 1204 entre Roma e Constantinopla, consecutiva à tomada da capital grega por uma cruzada da Champanha desviada contra ela por Veneza. As consequências religiosas desse clima de unidade são notáveis: pacificação geral, ausência de disputa teológica, adesão dos maronitas (cristãos do Líbano constituídos em Igreja patriarcal desde o século VIII) à Igreja romana, imigração de nestorianos (discípulos de Nestório, que, no século V, não reconheceu a dupla natureza de Cristo) e de jacobitas para os principados latinos. Mas se nota, com Jacques de Vitry, em 1215, o início de um afrouxamento desses laços, quando Jerusalém passa de volta à dominação muçulmana. Essa paz se estende aos muçulmanos e aos judeus: enquanto os primeiros não são autorizados a viver em Jerusalém e a fazer a peregrinação à mesquita de Omar, que se tornou a colegial do Templo do Senhor, não se proíbe aos segundos aí rezarem, como atesta o relato da peregrinação de Maimônides.

As relações com os Estados muçulmanos vizinhos se situam sob o signo de conflitos políticos. A propaganda dos meios pietistas a favor do *jihad* não subleva o mundo islâmico, e os príncipes, chefes de guerra turcos, dele se servem unicamente para se legitimar. Alianças fugazes unem, de resto, os dinastas muçulmanos e os príncipes dos Estados latinos. Por volta de 1170, no entanto, com a emergência de Saladino, favorecido pelo aventureirismo de Amalrico de Jerusalém, que tenta a conquista do Egito, uma força considerável se esboça. Só faltava mais uma imprudência, desta vez a do jovem rei Guido de Lusignan, que procura legitimar seu frágil poder com uma vitória, para levar, com a derrota de Hattin (1187), à ruína do reino meridional.

Não se pode, contudo, considerar a política dos latinos somente na perspectiva das conquistas territoriais. Para eles, trata-se de defender um patrimônio sagrado, sem hostilidade preconcebida nem desprezo. Salientemos que os sentimentos de estima que têm por seus adversários são compartilhados por estes últimos, como testemunha Usama ibn Munqidh, que não esconde sua admiração pelos cavaleiros francos. Os valores militares comuns e uma forma de ecumenismo, que ilustra a participação em peregrinações e a frequentação de santuários comuns, explicam a proposta, várias vezes feitas pelos herdeiros de Saladino, de devolver Jerusalém aos latinos, a qual resulta na divisão da Cidade Santa, em 1229, entre o imperador Frederico II, rei de Jerusalém por casamento, e o aiúbida Al Malik Kamil. Jerusalém fica sob a soberania de um príncipe cristão, os muçulmanos conservam o monte do Templo e podem organizar livremente sua peregrinação. Esse acordo durou sem muitos atritos até 1244.

A partir de 1099, as cruzadas continuam, mas mudaram de sentido. A cruzada não é mais a grande expedição de voluntários, como em 1095, mas um fluxo reduzido e contínuo de peregrinos que vão defender os Lugares Santos e, nos momentos difíceis, mobilizações limitadas, que reúnem as forças dos Estados e são guiadas pelos reis da Europa latina, para socorrer os principados ameaçados: em 1147, depois da tomada de Edessa; em 1189, depois da queda de Jerusalém. Projetos mais ambiciosos, todos eles fadados ao fracasso, vêm à luz no século XIII: conquista do Egito em 1218-1221, e novamente em 1250, sob o comando direto de um legado pontifício; expedição de são Luís a Túnis em 1270. Mas eles deixam transparecer ambições políticas. Desde o encontro de Francisco de Assis com Al Malik Kamil diante de Damieta, em 1219, outra preocupação, a da missão e da conversão, domina de fato o mundo latino. Ela anima, antes e depois da queda de Acre (1291), uma relação mais direta com o mundo muçulmano e as cristandades orientais.

HENRI BRESC

As heresias
(século XII)

Uma heresia, a dos bons homens (denominação atestada em 1165), surgiu no século XII no Languedoc. Outra, a dos valdenses, aí aparece largamente implantada por volta de 1200. Esses movimentos ocupam, na história da cristandade, uma posição de destaque, porque suscitaram uma reação vigorosa que adquiriu duas formas sucessivas: uma cruzada que se desenrolou entre 1209 e 1229; e a instauração de uma nova instituição, a Inquisição, em 1231.

A Igreja define a heresia. Essa simples constatação sugere uma relação estreita entre elas e o fato de que a heresia consiste antes de tudo na rejeição da norma eclesiástica. Sem dúvida os clérigos da Idade Média sentiram e apresentaram essa recusa como a irrupção na área ocidental de uma lepra ou de um câncer oriundos do Oriente. Mas seria um erro tomar o discurso deles ao pé da letra: ele dá da heresia uma representação que traveste a realidade. Não se trata de um corpo estranho à cristandade, vindo de longe para subverter a verdadeira fé, mas de uma dissidência, de um desvio. A contestação dos dogmas e das instituições da Igreja romana nasce no coração do Ocidente cristão, é um fenômeno de origem interna.

A dissidência aparece, assim, como o prolongamento e a consequência da reforma gregoriana. Fundado na vida apostólica, o movimento gregoriano provoca a proliferação de correntes "evangélicas" para as quais a reforma conclama a uma superação permanente e não poderia congelar-se no institucional; além disso, ele exalta o sacerdócio e os religiosos regulares, constituindo-os em mediadores obrigatórios entre o mundo terrestre e o além, entre os fiéis, de um lado, e os mortos, os santos e Deus, de outro. Esses dois aspectos são evidentemente contraditórios, tanto mais que a clericalização acentuada da vida religiosa se efetua no mesmo momento da eclosão, principalmente no mundo urbano, de um laicato portador de novas aspirações espirituais. As cidades compõem, com efeito, um universo particular, aberto à ação, favorável à afirmação do indivíduo, caracterizado por contratos igualitários e solidariedades horizontais, em que os negócios geram uma reflexão fundada no raciocínio e favorecem a prática ampliada da escrita e da leitura. Elites se destacam, desejosas de participar ativamente do culto divino e de ter um acesso direto à Palavra de Deus; elas desejam uma religião que seja muito mais intercâmbio e convívio do que autoridade e que abra espaço para a meditação pessoal tanto quanto para os ritos. Em suma, esses leigos, em via de emancipação política, esperam paralelamente uma libertação espiritual. Além disso, como a Igreja ainda não levava em conta o surgimento das novas realidades econômicas, essas elites urbanas sofrem o opróbrio lançado sobre a atividade comercial, assim como sobre o comércio do dinheiro e sobre os que os praticam. Enfim, as novas elites são, no Languedoc, excluídas das dignidades eclesiásticas e monásticas, reservadas aos filhos da aristocracia: elas se veem, desse modo, privadas do magistério espiritual e do reconhecimento social. Fortes da sua afirmação política, reivindicam igualmente o fim da sua subordinação religiosa.

Tal estado de coisas alimenta inicialmente, na primeira metade do século XII, um vigoroso anticlericalismo. Depois o conflito se radicaliza: os movimentos evangélicos urbanos, definidos como movimentos de "pseudo-apóstolos", são denunciados, ao contrário dos movimentos anteriores, que foram rapidamente integrados na instituição eclesiástica. Intervém sem dúvida uma fratura social: a pretensão dos citadinos de portar a Palavra tende a arruinar a preponderância da aristocracia na Igreja e na gestão do sagrado. Como se não bastasse, o respeito absoluto ao Evangelho aniquila a sociedade feudal em seus fundamentos, porque o texto sagrado veda tanto julgar como matar e proscreve o juramento, nó das relações sociais. Os dissidentes opõem igualmente o Evangelho às instituições eclesiásticas. Pretextando um evangelismo literal, eles recusam sacramentos e hierarquia, sustentando que o modo de vida apostólico, e não a ordem (o fato de ser ordenado clérigo), funda o direito de pregar a Palavra.

Com o tempo, o choque entre os dissidentes e os clérigos produz efeitos múltiplos. Primeiro, uma divisão da contestação em dois ramos. Discípulos de Valdo, um mercador lionês, os valdenses admitem a Encarnação e a Redenção, mas rejeitam a Igreja e seus sacramentos, porque se trata de "obedecer a Deus, em vez de aos homens" (At 5, 29). Eles professam que cada um deles, em razão da pureza dos seus costumes, pode pregar, confessar e até consagrar o pão e o vinho. Eles não reconhecem entre si nenhuma hierarquia, Cristo é o único senhor. Adotam a pobreza e a mendicidade como condição prática do seu apostolado itinerante: nem bens, nem mulher, nem trabalho, com base no modelo dos apóstolos.

De seu lado, o anticlericalismo dos bons homens evolui progressivamente para o dualismo, amplificando certas latências do cristianismo da época "romana". Eles rejeitam o mundo visível, como criação de Satanás, levando ao extremo o desprezo ao mundo assim como o ódio à carne e às vaidades terrestres que são expressas em tantos autores eclesiásticos nos séculos XI e XII. Retomam, radicalizando-a, a certeza de que o universo é campo de um combate entre as forças do mal, conduzidas pelo diabo, o Inimigo, onipresente, e as do bem, antagonismo figurado na decoração pintada e esculpida das igrejas mais humildes. Mas a passagem de uma concepção unitária à concepção dualista do mundo parece, nos bons homens, proceder antes de mais nada da vivência, assim como do desenvolvimento da lógica e da dialética nas escolas. As lutas e as condenações geram neles o sentimento de uma ruptura total entre o Evangelho e o século: esse dualismo vivenciado acaba suscitando um dualismo ontológico. Este último nasce também de uma reflexão sobre a incompatibilidade entre a onipotência de Deus e o livre curso do mal no mundo. Produto, ou antes, contraproduto da teologia nascente, a "cisão do universal" (Jean Jolivet) permite questionar a unidade entre Igreja e sociedade. O dualismo implica uma doutrina particular da criação, assim como das relações entre Deus e o mundo. Os bons homens do Languedoc rejeitam a Encarnação e a Redenção pela cruz. Mas sua dissidência não deixa de ser de inspiração cristã. Eles se baseiam exclusivamente na Bíblia, sobretudo no Novo Testamento, que leem e comentam em língua vernácula. O "Pai-nosso" é sua única prece. A regra de vida que observam se conforma aos preceitos evangélicos. Sua liturgia, muito simples, comporta apenas elementos tomados de empréstimo à tradição da Igreja.

Outras dissidências religiosas surgem em diversas regiões do Ocidente latino a partir de 1120, notadamente nas regiões do Meuse, na Renânia e na Itália setentrional e central. Antes mesmo do fim do século XII, os clérigos estendem sobre esses movimentos o manto da unidade, reunindo-os sob uma denominação genérica: *heretica pravitas*, perversão herética. Dão corpo assim a um fantasma nascido do medo que a contestação lhes causa. Nos fatos, não há nenhum vínculo orgânico entre essas dissidências de estruturas frouxas, ainda que suas aspirações coincidam. É injustificado portanto pensá-las como *uma* Igreja e *uma* doutrina. A esse respeito, o emprego dos termos "cátaros" e "catarismo", indiferentemente aplicados às dissidências religiosas desabrochadas na cristandade ocidental entre 1000 e 1300, se mostra totalmente ilegítimo. O Languedoc medieval ignora esses vocábulos, só conhecem "bons homens" e seus "crentes".

A partir de 1200, os valdenses do Sul são mal conhecidos, na falta de arquivos suficientes. Constata-se porém sua persistência até fins do primeiro terço do século XIV. Eles são recrutados principalmente na classe média das cidades, a dos artesãos. O Languedoc serve igualmente de refúgio para valdenses vindos da Savoia e da Borgonha. Quanto aos fiéis dos bons homens, eles pertencem às elites urbanas do saber e da riqueza. A estas últimas se junta uma parte da pequena aristocracia meridional: largamente excluída do prestígio, do poder e dos rendimentos dos benefícios eclesiásticos, detentora das igrejas fundadas por seus membros e, por isso mesmo, dos dízimos que lhe são vivamente contestados, ela se inclina naturalmente para o anticlericalismo, depois para um clero desprendido dos bens deste mundo e que atenda a demandas espirituais que também são as dela. O fato de a dissidência dos bons homens ser peculiar às elites ajuda a compreender sua rejeição do sensível e seu distanciamento da religião popular, muito apegada ao concreto: rejeição dos milagres, das imagens, das relíquias e da pompa dos rituais. Seu recrutamento sociológico a torna bastante minoritária, nas cidades como no campo: ela atinge cinco por cento da população no máximo, e o valdismo menos ainda. Os clérigos pretendem que o sul da França está totalmente "gangrenado" pela heresia; mas essa asserção decorre da polêmica combatente e não descreve em absoluto a realidade.

Resta que o radicalismo evangélico traz em si a aniquilação dos poderes temporais e espirituais, associados por laços estreitos. A Igreja, em razão inclusive da sua função espiritual e escatológica, numa época em que religião, natureza e sociedade são coextensivas, define o quadro das relações sociais e das condutas; ela é uma instância reguladora maior, na qual se apoiam os poderes do século. A defesa da unidade de fé, espiritual mais do que tudo, interessa não apenas à instituição eclesiástica mas também, com ela, a todo o sistema social. Por isso bons homens e valdenses suscitam vivíssimas reações, cuja violência é correlata ao caráter revolucionário das suas proposições.

JEAN-LOUIS BIGET

A Inquisição (século XIII)

Toda uma série de concílios regionais, coroados pelo de Latrão III (1179) e, sucessivamente, pela bula *Ab abolendam* (1184), começa a organizar perseguições aos heréticos. Passa-se, assim, com o apoio dos príncipes temporais, cujo poder judiciário acompanha a mesma evolução, da justiça acusatória à justiça inquisitória no domínio da fé. Em seguida, o papa Inocêncio III, pela Constituição *Vergentis in senium* (1199), assimila a heresia a um crime de lesa-majestade divina, exposto às mesmas penas que os atentados à majestade imperial romana. Nesse momento, pela conjunção de vários fatores, prevalece na cristandade a opinião de que o Languedoc é povoado unicamente por heréticos. De fato, desde 1170, os poderosos vizinhos dos condes de Toulouse, o duque de Aquitânia, rei da Inglaterra, e o conde de Barcelona, rei de Aragão, instrumentalizam a heresia para dela fazer um motivo de ingerência nos territórios do principado tolosano. Além disso, a fraqueza democrática do sul da França faz deste último um campo privilegiado de ação do soberano pontífice e de seus legados, cistercienses na maioria; a luta contra a heresia é a mola propulsora da política deles. Ela lhes serve para renovar o episcopado, substituindo por prelados fiéis a Roma os bispos ligados aos poderes locais. Ela lhes dá pretexto para impor ao conde de Toulouse uma subordinação de fato ao papa. Essas ofensivas conjugadas provocam uma representação hiperbólica da dissidência languedociana. A situação fica tensa quando fracassa a quarta cruzada (1204), que de certa forma ultraja o poder pontifício. Pregadores populares afirmam, aliás, que esse fracasso se deve à impureza do Ocidente, cuja responsável é a heresia. Nesse contexto, o assassinato do legado pontifício, Pierre de Castelnau, à margem do Ródano, numa manhã de fevereiro de 1208, deflagra a cruzada contra os inimigos internos (1209).

No que concerne à dissidência, essa empresa se mostra totalmente contraprodutiva, tanto mais que essa forma de violência, coletivamente sofrida, alimenta sem dúvida nenhuma a heresia. Por isso, quando os cruzados batem em retirada, após 1218, a audiência dos bons homens conhece seu melhor período. Tudo muda com a intervenção do rei no sul da França. O tratado de Paris, firmado em 1229, implica a busca dos heréticos. Segue-se a ele um concílio que define os princípios da Inquisição, a qual é então confiada aos bispos. Depois de diversas hesitações relativas à Itália, em outubro de 1231, Gregório IX instaura contra a heresia no sul da Alemanha juízes delegados por ele: nasce então a Inquisição pontifical. Tal como a bula *Vergentis in senium*, que concernia aos habitantes de Viterbo revoltados contra o papa, a Inquisição procede em primeiro lugar de problemas italianos, em particular do conflito entre Frederico II e a Santa Sé. Todavia, estendida à Germânia e, depois, na primavera de 1233, a toda a cristandade latina, ela manifesta a universalidade do poder pontifício e permite que o papa intervenha em todos os lugares, em nome da defesa da fé; meio do magistério pontifical, ela serve igualmente para a afirmação deste.

A Inquisição é uma jurisdição de exceção, que derroga a qualquer direito. Ela substitui o procedimento acusatório, oral e público, por um procedimento, a que deve seu nome, de investigação de ofício, totalmente secreta, sem que os acusados tenham direito a uma assistência. Ela aplica técnicas "modernas", oriundas da racionalidade universitária: elaboração de manuais práticos e precisos, constituição de uma memória estruturada, consignada em registros, que a indústria nascente do papel permite multiplicar. Os inquisidores tentam obter a confissão dos acusados: do ponto de vista judiciário, a confissão é considerada então uma prova perfeita; do ponto de vista espiritual, se for sincera, abre caminho para a penitência. Os heréticos arrependidos são admitidos a esta: graduada de acordo com a gravidade das faltas, ela adquire a forma da prisão, do "muro" ou do porte – infamante – de cruzes, acompanhado de peregrinações aos principais santuários da cristandade. A participação da ida a ultramar, a cruzada no Oriente, também constitui uma pena até cerca de 1250. Os heréticos impenitentes são entregues aos representantes dos poderes temporais, que os levam à fogueira. Esses autos-de-fé, que chocam no século XXI, não têm no século XIII o impacto que se poderia imaginar. Para a maioria da população, trata-se de cerimônias penitenciais e purificadoras que reduzem uma fratura e assinalam um retorno à unidade e à harmonia. O castigo dos heréticos – que ofenderam a Deus – é, para os fiéis que permaneceram na ortodoxia, uma promessa de eternidade, motivo de júbilo e não de luto. A solidariedade espiritual e social não se forma em torno dos heréticos, mas contra eles. De fato, a meta, profundamente sentida tanto pelos inquisidores como pela enorme maioria da população, é a salvação de todos. No século XIII, a ação inquisitorial não é vista como violadora das consciências; muito pelo contrário, a heresia é que é tida como uma violação da fé. A Inquisição suscita apenas uma hostilidade minoritária, o que explica como ela pode funcionar, porque não dispõe, por si própria, de nenhuma força material. Com o apoio das multidões, ela se beneficia igualmente da assistência decisiva do poder capetíngio. De fato, a ortodoxia sincera dos soberanos se opõe vigorosamente a toda forma de dissidência; ademais, além da fé pessoal destes, intervém a defesa da monarquia, pois a "fragmentação do universal" põe em questão a unicidade do poder, desqualificada ainda como emanação de Satanás; enfim, é certo que a unidade política repousa na unidade de crença, numa época em que o vínculo espiritual é a garantia mais poderosa da coesão das populações.

Em face da dissidência, graças a esses apoios, a Inquisição se mostra muito mais eficaz do que o exército dos cruzados. Ela atin-

A Idade Média. Nem lenda negra nem lenda áurea... 195

ge e destrói solidariedades territoriais, familiares e sociais. Ela consegue, assim, aniquilar o clero dos bons homens. É indiscutível portanto que desempenha um papel no perecimento da dissidência. Todavia, o esfacelamento da base social da heresia parece igualmente determinante. A pequena cavalaria, ao longo do século XIII, acaba sendo ceifada pela evolução econômica e pela inflação que reduzem suas rendas. Sua única tábua de salvação reside no acesso aos ofícios da monarquia ou aos benefícios da Igreja, o que exclui a opção da dissidência. Quanto às elites citadinas, elas se aliam à monarquia, que lhes proporciona possibilidades de participação no poder e de promoção, porque esta necessita de técnicos do direito, da escrita e das finanças. As causas sociais da derrocada da dissidência dos bons homens são postas em evidência pelo caso dos valdenses; estes desaparecem do Languedoc depois de 1330, mas se mantêm nos Alpes do Dauphiné e na Provença, desertando as cidades pelos campos. A religião dos bons homens não possui a capacidade de se popularizar para sobreviver: ela estará extinta em fins do primeiro terço do século XIV.

Nessa extinção, os fatores religiosos têm um papel essencial. As ordens mendicantes, irmãos menores e pregadores, realizam de fato a reconquista espiritual das elites. A contrapelo das ordens religiosas tradicionais, a que os monges de coro pertencem em sua esmagadora maioria, se não em sua totalidade, a aristocracia, os pregadores e os menores reúnem em seu interior os filhos das elites de nascimento e das elites cidadãs. Essa integração, própria também dos bons homens, constitui uma novidade revolucionária. Ela contribui para uma melhor compreensão dos problemas. Uma análise mais acurada dos dados da economia autoriza certas formas de benefício e empréstimos. Novos caminhos são abertos para a penitência e a salvação: eles situam as obrigações individuais no plano da consciência, como atesta a difusão da confissão auricular. A insistência posta no Purgatório promete a remissão aos eventuais pecadores e abre a todos a esperança da eleição terrestre. Os mendicantes também propõem às elites uma pregação que convém à cultura e ao estado destas. Para fazê-la ouvida, colaboram no sul da França, para a elaboração e a expansão de uma arquitetura militante, cujo volume amplo e unificado promove as igrejas a casas da nova palavra e volta contra a heresia alguns dos seus trunfos mais fortes: a austeridade e certo distanciamento em relação ao sensível. O despojamento dos edifícios do gótico tolosano estimula o fiel a se elevar a Deus por meio do recolhimento e da meditação; ele constitui a expressão monumental de um processo de interiorização da espiritualidade e de afirmação do personalismo religioso; ele participa da resposta às necessidades espirituais parcialmente responsáveis pelo sucesso da dissidência nas elites sociais.

Essa pastoral tem sucesso. Em toda parte do Languedoc, os filhos das famílias heréticas contribuem para povoar os conventos dos mendicantes desde o início do século XIV. Além disso, a multiplicação das capelas no perímetro das igrejas meridionais, efetuada inicialmente nos Jacobinos de Toulouse, tem por função primeira acolher a sepultura das grandes linhagens ou os altares das confrarias. Sua reunião em torno dos coros e das naves exprime atos de fé, traduz o retorno à Igreja de oligarquias por muito tempo partidárias dos bons homens e assinala o sucesso da renovação pastoral, que se manifesta igualmente no progresso do enquadramento paroquiano. Assim, muito mais que a atividade dos inquisidores, foram dados políticos, sociológicos e sobretudo religiosos que acarretaram a extinção da religião dos bons homens no Languedoc.

JEAN-LOUIS BIGET

O fim dos tempos

Na perspectiva cristã medieval, a visão da história é indissociável de uma interrogação sobre o fim dos tempos e o Juízo Final, que impregna toda a Bíblia: a escatologia. Esta tem suas raízes no Antigo Testamento. Os profetas Amós, Miqueias e Oseias descrevem o dia de trevas, de luto e de castigo por vir: furacões e terremotos precederão o Juízo Final, depois do que Deus se manifestará no esplendor de uma teofania, e a conversão da humanidade inaugurará um longo período de felicidade. Ezequiel, Joel, Isaías e Daniel precisam essas noções em textos designados pelo nome de apocalipses ("revelações"), onde descrevem sua visão enfatizando a vinda do Messias, o rei sobre-humano que governará esse mundo renovado. Redigido pouco antes do nascimento de Cristo, o Livro dos Segredos de Enoque precisa que, após seis mil anos de existência, o mundo será destruído; um reino universal de mil anos será então instaurado e precederá o dia de Yaweh, o grande Juízo que inaugurará a eternidade. No Novo Testamento, no Evangelho de Mateus, nas duas Epístolas de Paulo aos tessalonicenses e, sobretudo, no Apocalipse de João (extremo fim do século I da nossa era) falam da Parúsia, o segundo advento de Cristo no fim dos tempos, e dos seus sinais prenunciadores: catástrofes cósmicas, perseguições aos cristãos, apostasia geral e abandono da fé, reino do Anticristo e derrota final deste, ressurreição dos mortos e Juízo Final.

A Idade Média alimentou-se dessas concepções: sua visão da história foi dominada pela ideia de que esta não constitui somente uma etapa de um processo cíclico – como no mito antigo do eterno retorno –, mas terá um dia um fim definitivo; enquanto isso, os homens devem trabalhar para construir neste mundo o reino de Deus, cuja plena realização se situará no além.

Um dos principais problemas postos pelo texto do Apocalipse – cujo caráter inspirado só foi reconhecido tardiamente e foi muito pouco comentado no mundo bizantino – é o da menção (20, 1-5) de um período intermediário, um "reino de mil anos", situado entre o tempo da história e a eternidade do além. Dever-se-ia tomar a expressão ao pé da letra ou lhe atribuir um valor simbólico? É essa segunda interpretação que santo Agostinho fez prevalecer, quando, no início do século V, apresentou esse milênio como uma figura da história da Igreja, destinada a durar até o fim dos tempos. Mas outros comentadores, minoritários, continuaram a considerar que essa passagem anunciava, sim, um período de regeneração que preparava a vinda do Céu à terra. Essa interpretação é designada pelo nome de "milenarismo", mas nem todos os que a sustentaram acreditavam necessariamente no advento de um reino de mil anos; além disso, enfatizaram menos o fim do mundo do que a instauração na Terra de uma era de bondade e de paz e o "grande dia" que devia assinalar seu início. Essa espera se manifestou por uma atenção vigilante aos "sinais do tempo" capazes de anunciar esse momento e às profecias que indicavam suas etapas. O milenarismo, entretanto, é apenas uma das formas possíveis da escatologia cristã, que também inspirou certas correntes reformadoras, as quais procuraram criar no âmbito dos mosteiros uma sociedade perfeita, antecipação da Jerusalém celeste (por exemplo, Cluny).

Na perspectiva tradicional, até o início do século XIII, a ideia de progresso era desconhecida. Ao contrário, os cronistas têm a convicção de um declínio progressivo do fervor religioso, à medida que se vai afastando da perfeição dos primeiros tempos. Assim, a aspiração a uma reforma só podia encontrar legitimidade apresentando-se como uma volta às origens: a Igreja dos apóstolos ou o mundo anterior ao pecado de Adão e Eva. A aspiração a uma sociedade mais justa e mais fraterna se traduziu mais geralmente pelo desejo de voltar à idade de ouro, mito igualitário e paradisíaco que constituiu o pano de fundo ideológico de numerosos movimentos políticos e sociais nos últimos séculos da Idade Média. No entanto, nessa tensão permanente entre o passado e o futuro, a referência ao futuro permanecia fundamental. A escatologia cristã tem por fim a salvação prometida por Deus, ao fim de uma história: a história, individual, de cada ser humano e a história, coletiva, da Igreja, nova Israel a caminho nesta terra do Reino eterno. Nessa perspectiva, o lugar da salvação da humanidade só podia ser Jerusalém, onde deviam se consumar as promessas divinas não somente para Israel, mas também para todas as nações (Is 42, 6, e 49, 6). A data em que iam se produzir esses acontecimentos foi objeto de numerosas especulações, baseadas em geral no Livro de Daniel.

Para os exegetas medievais, era necessário determinar se os combates e triunfos descritos no Apocalipse se referiam a um passado já consumado – o tempo das perseguições sofridas pela Igreja primitiva – ou se eles se aplicavam ao presente e ao futuro. A primeira interpretação, baseada em santo Agostinho, prevaleceu durante a alta Idade Média, nos comentários do Apocalipse por Beda, o Venerável, e por Beato de Liébana, nos séculos VII e VIII, assim como nos de Haimon de Auxerre, cerca de 840. Mas, a partir do século X, observa-se um interesse renovado por uma leitura histórica do Apocalipse, atestado por exemplo pelo tratado do abade Adson de Montier-en-Der, *Sobre o nascimento e o progresso do Anticristo* (c. 950): o fim do mundo se aproxima e será precedido pela volta de dois grandes profetas subtraídos da morte, Elias e Enoque, que prepararão os fiéis para enfrentar o Anticristo. Este último reinará três anos e meio: reconstruirá o Templo de Jerusalém e se fará adorar como se fosse Deus até ser morto por Cristo, descido do Céu para o Juízo Final. Nessa obra aparece igualmente o tema do imperador dos últimos tempos que, ao se aproximar o fim da história, irá a Jerusalém depor suas armas e sua coroa no monte das Oliveiras. É nesse contexto que se deve situar o sucesso popular da primeira cruzada (1095-1099). Mas o papado se empenhou também em mobilizar essas energias a serviço da reforma "gregoriana", apresentando-a como uma urgência absoluta e um episódio decisivo do combate entre as forças do bem e do mal (partidários da simonia, do casamento dos padres e da investidura laica). Roma recebeu nisso o apoio de uma monja alemã, visionária e profetiza, Hildegarda de Bingen († 1179), que não hesitou em dirigir advertências ao imperador Frederico Barba Roxa e em ameaçar o clero com os piores castigos, se ele não se reconciliasse com os reformadores.

Mas o personagem mais importante da época sob esse aspecto é, sem dúvida nenhuma, Joaquim de Fiore († 1202). Esse monge calabrês, oriundo da ordem cisterciense, que ele abandonou por uma vida mais perfeita, foi o primeiro autor medieval a fazer do livro do Apocalipse a chave de uma leitura teológica da história da Igreja e da humanidade. Ele dividiu a história em três idades, correspondentes a cada uma das pessoas da Trindade. A primeira, da criação à Encarnação, é a idade do Pai: seu livro é o Antigo Testamento e os homens, todos casados, nela viviam de modo carnal. A idade do Filho ia do nascimento de Cristo até o início do século XIII, em conformidade com os números dados pelo Livro de Daniel; é uma época ao mesmo tempo carnal e espiritual, situada sob o signo do Novo Testamento, em que os simples fiéis eram enquadrados e dirigidos pelos clérigos seculares. Depois dela devia começar a terceira idade, marcada pela plena manifestação do Espírito, em que os crentes, sob a influência de uma elite de "homens espirituais", alcançariam uma plena compreensão "em espírito e em verdade" da Palavra de Deus. No espírito de Joaquim, esses "homens espirituais" eram sem dúvida monges. Mas sua mensagem foi retomada, nos anos 1240-1250, por alguns frades menores que viram em são Francisco, que se tornou o "segundo Cristo" (*alter Christus*) após a sua estigmatização, o Messias da terceira idade cujos filhos eram chamados a renovar a Igreja e o mundo. Com Joaquim de Fiore e as correntes joaquimitas, cuja influência se faz sentir em toda a Europa até o século XVI, a história se vê investida pela primeira vez de uma significação positiva, concebida como um tempo de crescimento e de progresso em direção à idade do Espírito.

A partir do século XIV, a reflexão sobre o fim dos tempos se focaliza no antagonismo entre as forças do mal – a Igreja carnal – e as forças do bem, assimiladas à Igreja espiritual; na segunda metade do século, a referência ao Apocalipse se torna mais frequente e a ênfase é dada, tanto nos sermões de certos pregadores como na iconografia, ao caráter violento do "tempo do fim": comentadores e artistas dão um grande espaço ao personagem do Anticristo; mas eles também difundem a imagem da Jerusalém celeste, morada eterna prometida aos eleitos, apresentada na forma de uma cidade ideal e não mais do jardim do Éden. Paralelamente, à medida que se atenuam as esperanças de uma reforma da Igreja, a escatologia se politiza: vê-se a multiplicação de homens e mulheres, tanto clérigos quanto leigos, pretendendo ter recebido de Deus a missão de ler os acontecimentos e identificar entre os soberanos os sequazes do Anticristo ou, ao contrário, os prováveis reis messiânicos. Quando do Grande Cisma (1378-1417) e durante as guerras franco-inglesas, cada um dos lados se cerca de profetas e profetizas. Mas, quer tenham ainda acreditado, como Brígida da Suécia († 1373) e Catarina de Siena († 1380), que o papado saberia se reformar e a Igreja com este, quer, como Joana d'Arc e muitos outros, tenham depositado suas esperanças na ação do rei da França, do imperador ou de um soberano espanhol, os melhores cristãos estavam em busca de um líder espiritual ou temporário que, pondo fim às divisões, restabelecesse a paz e organizasse a derradeira "passagem" além-mar, permitindo libertar a Terra Santa e converter os muçulmanos e os judeus, e criando assim condições favoráveis para o retorno glorioso de Cristo a Jerusalém.

ANDRÉ VAUCHEZ

Latrão IV (1215)
O ímpeto pastoral

Ainda que não tenha ficado tão célebre na história do cristianismo ocidental quanto o Concílio de Trento, o IV Concílio de Latrão assinala contudo uma etapa decisiva, notadamente do ponto de vista da prática religiosa, cujos elementos definiu de acordo com modalidades que se revelaram duradouras.

Convocada em 1215 por Inocêncio III († 1216), essa assembleia é como o arremate da reforma gregoriana. Ela se inscreve na sequência de três concílios precedentes que foram reunidos no século XII por iniciativa do papado. Essa renovação da atividade conciliar, num lugar escolhido a dedo, o palácio de Latrão, próximo da catedral de Roma, a igreja de São João de Latrão, que é então a residência pontifícia (o Vaticano só vem a sê-lo a partir do século XIV), é o sinal do poder recentemente adquirido pelo bispo de Roma. A reunião foi preparada com cuidado com ampla distribuição de convites, desde o ano precedente, aos dignitários eclesiásticos latinos e orientais e a alguns leigos poderosos. O programa dos debates foi estabelecido pelo papa, eminente jurista formado nas escolas de Bolonha. Pela dimensão que lhe é dada (mais de mil e duzentos participantes) e pelo alcance das decisões tomadas, o concílio pretende estar em pé de igualdade com os grandes concílios ecumênicos dos primeiros séculos cristãos.

Situada no limiar do século XIII, a reunião dessa assembleia intervém num contexto conturbado: arraigamento dos movimentos de contestação, notadamente no norte da Itália e no Languedoc (valdenses e bons homens, ditos cátaros); aspirações manifestas, de parte dos leigos cultos, em meio urbano, a um enquadramento religioso mais constante, que a floração de movimentos de devoção – como os humilhados (*Umiliati*) ou os penitentes, na Itália – traduz; fracasso da quarta cruzada, desviada do Oriente para Constantinopla, cujo saque (1204) sela a cisão entre os mundos cristãos latino e grego. Com lucidez e energia, o papado quis, com esse concílio, retomar o controle da situação e fortalecer os marcos da vida religiosa no espaço posto sob a sua obediência, o qual abarca então não apenas as regiões antigamente cristianizadas mas também os países de "novas cristandades".

A esse respeito, é sugestivo constatar que os cânones do IV Concílio de Latrão se abrem com uma longa profissão de fé. Menos sintética que as dos concílios ecumênicos dos primeiros séculos e mais acentuada, na sua parte final, pelo contexto da época, ela não veio a ter a mesma fortuna; mas foi a ocasião para reafirmar o conteúdo da Igreja ocidental e sua posição sobre as questões sacramentais então debatidas ou contestadas, notadamente a doutrina eucarística da transubstanciação.

Depois, num longo corpo de cânones (artigos), o concílio aborda todos os problemas em suspenso, terminando pela cruzada e pela situação dos Lugares Santos. Ao longo das disposições internas da Igreja do Ocidente, encontramos os grandes combates dos reformadores gregorianos para limitar o tráfico de dinheiro ligado aos encargos eclesiásticos e à administração dos sacramentos, assim como para promover a dignidade dos clérigos, erigidos em modelos de comportamento cristão para o seu rebanho. É lembrado pois que este deve adotar um modo de vida que, por suas renúncias, o separa cada vez mais dos leigos: sujeição ao celibato; modéstia do traje e da casa; dignidade dos costumes, longe dos lugares de divertimento e indecência. O concílio se mostra igualmente preocupado com a sua formação, a qual ainda não é dotada de instituições próprias (os seminários só aparecem depois do Concílio de Trento) e repousa em pequenas escolas paroquiais, as escolas catedralescas, de que nascerão às vezes uma universidade, como em Paris, ou, mais regularmente, a reunião dos clérigos diocesanos em torno do bispo quando das assembleias sinódicas, cuja reunião é estipulada obrigatoriamente em duas vezes por ano. Nessa ocasião, a leitura dos cânones dos concílios, a pregação do bispo ou de um clérigo mandatário para substituí-lo, assim como a participação na liturgia da catedral, são meios de dar aos párocos modelos a que se referir.

Tais disposições aparecem em perfeita coerência com as que fizeram a celebridade do IV Concílio de Latrão e que concernem à ação pastoral a ser realizada junto aos fiéis para responder às suas aspirações e absorver a contestação. Esta se dá primeiramente pelo desenvolvimento de uma pregação constante: esse meio tradicional de transmissão da fé foi amplamente captado pelas correntes contestatárias que a Igreja pretende combater situando-se no mesmo terreno. Assim é que o concílio emite o voto de instituir, junto aos bispos que não podem ou não querem se ocupar desse aspecto do seu encargo, pregadores especialmente dedicados a essa tarefa. Claro, a disposição não foi acompanhada de nenhuma aplicação, mas antecipa de certo modo o sucesso das ordens mendicantes, entre elas a dos irmãos pregadores, instituídas em 1216.

No entanto, o instrumento pastoral que é objeto da maior insistência é a paróquia, a menor das circunscrições eclesiásticas pela qual se procede o enquadramento dos fiéis. Pela primeira vez em séculos, um concílio geral se debruça sobre essa instituição e estabelece as condições da prática mínima requerida dos fiéis: cada um deverá se confessar e comungar pelo menos uma vez por ano, na Páscoa, na igreja da sua paróquia (cânone 21). A realização desses gestos distinguirá os fiéis respeitosos da Igreja dos que questionam a validade dos sacramentos ministrados por clérigos que eles consideram indignos ou dos que rejeitam totalmente o valor desses sinais concretos da graça. O pároco vê-se encarregado de levantar o nome dos que relutam em cumprir com o seu dever. Adotando um ritmo anual para a prática da confissão e da comunhão, o concílio não fazia nada além de retomar as disposições mínimas adotadas por numerosos bispos que podiam sujeitar seus fiéis a uma frequência mais constante – três vezes por ano, no Natal, na Páscoa e em Pentecostes. O ritmo anual permanecerá solidamente arraigado nos costumes, a ponto de fornecer às pesquisas contemporâneas de sociologia religiosa um critério de estimativa da identidade cristã média e definir uma categoria de praticantes, os "pascalizantes", menos fervorosos que os praticantes regulares.

Enunciando essa ação, o cânone 21 ligava entre si dois sacramentos maiores do grupo dos sete que acabava de ser estabelecido e que é mencionado pela primeira vez nas *Sentenças* de Pedro Lombardo (c. 1140), obra de base do ensino teológico. Trata-se daqueles cuja prática é renovável, ao contrário dos cinco outros que são recebidos apenas uma vez: batismo, crisma, ordem ou casamento (conforme o estado de vida, clerical ou leigo), extrema-unção. De fato, na prescrição, esses dois sacramentos são dependentes um do outro: a comunhão só intervém se o fiel se preparou pela confissão dos seus pecados ao padre da sua paróquia. Assim fazendo, o concílio integra uma evolução maior registrada pelo sacramento da penitência, que adquire daí em diante a forma de confissão dos pecados, previamente identificados e pelos quais se sente pesar e arrependimento: a confissão individual auricular. Esse ato é julgado suficientemente penoso para garantir ao fiel o perdão divino, dado pelo confessor e rematado pela consumação de algumas penas concretas: preces, esmolas ou, às vezes, dias de jejum ou peregrinações. Essa nova disciplina penitencial supõe uma educação da consciência individual, pela qual o fiel se reconhece responsável por seus atos e suas consequências em matéria de salvação; ela foi preparada pela emergência, ao longo do século XII, de um "socratismo cristão" (Marie-Dominique Chenu). Ela repousa igualmente na convicção segundo a qual, longe de toda e qualquer forma de predestinação, o arrependimento e a conversão podem garantir a todo instante a salvação, como ilustra a figura evangélica de Maria Madalena, a pecadora arrependida, cujo culto passa então por um grande desenvolvimento. Nesse aprendizado, o papel do confessor é primordial; é por isso que o concílio descreve qual deve ser a atitude do vigário de paróquia, comparada à de um médico, que deve pôr óleo e mel nas chagas da consciência, e não avivá-las por uma culpabilização excessiva: um verdadeiro "cuidado das almas" cuja formulação latina, a *cura animarum*, está na origem do termo de "cura" adotado depois do século XIII para designar o pároco.

Longe de tornar-se letra morta, as decisões pastorais do IV Concílio de Latrão foram amplamente difundidas. Prova disso é a presença de passagens inteiras de seus cânones, notadamente do vigésimo primeiro, nos textos de legislação para uso das dioceses redigidos nas assembleias sinódicas – os estatutos sinódicos –, de que os párocos deviam possuir uma cópia. Melhor ainda, as primeiras palavras do cânone 21 *Utriusque sexus* ("os fiéis *de um e outro sexo...*") são identificadas na pregação, ainda que como fonte de gracejo, sinal de que os fiéis tinham se familiarizado com elas. E, além da letra das disposições conciliares, o ideal sacerdotal da cura d'almas que as inspirava atravessou os séculos.

CATHERINE VINCENT

Francisco, o pobre de Assis
(† 1226)

Nascido em 1181-1182, Francisco era o filho mais velho de um comerciante de tecidos da cidadezinha de Assis (Úmbria) a quem deveria suceder nos negócios. Mostrou-se porém mais interessado pela vida festiva que a juventude dourada da cidade levava. Sua riqueza lhe permitia frequentar as famílias nobres e, em contato com elas, impregnou-se dos ideais da cultura cortês e cavaleiresca. Em 1202, participou da guerra que opôs Assis a Perúgia e ficou prisioneiro vários meses. Em 1205, na esperança de se cobrir de glória, juntou-se a uma expedição militar contra os partidários do Império na Apúlia. Mas, em Espoleto, deu meia-volta em consequência de uma visão. Trabalhado pela graça, procurou seu caminho na meditação solitária e na caridade. Após um violento conflito com o pai, que o recriminava por sua prodigalidade com os pobres e as igrejas, Francisco renunciou a seus bens, pôs-se sob a proteção do bispo de Assis como penitente leigo e viveu como eremita itinerante nos arredores da sua cidade, onde seu comportamento fez que o dessem por louco. Em fevereiro de 1208, ouvindo a passagem do Evangelho de são Mateus (10, 7-10) relativa ao envio em missão dos apóstolos, descalços e sem dinheiro, tomou consciência da sua verdadeira vocação: viver na pobreza evangélica e anunciar a Palavra de Deus. A partir de então modificou sua indumentária, mantendo apenas uma túnica e substituindo o cinto por uma corda, e começou a convocar seus cidadãos para a conversão. Logo uniram-se a ele alguns moradores de Assis e das cercanias, tanto clérigos como leigos. Em 1209, Francisco redigiu uma espécie de "manifesto" programático, feito de algumas frases do Evangelho, e foi a Roma com seus companheiros para submetê-lo ao papa Inocêncio III. Este último se contentou em aprovar oralmente seu gênero de vida, esperando para ver como a experiência – muito próxima da dos primeiros valdenses – evoluiria.

De volta a Assis, onde obtiveram a concessão de uma igrejinha em ruínas, Santa Maria de Porciúncula, os irmãos – que adotaram então o nome de "menores": pequenos, humildes – desenvolveram suas campanhas de pregação na Itália central e atraíram jovens seguidores, fascinados pelo carisma de Francisco. Entre estes, uma jovem aristocrata de Assis, Clara, que fugira da casa familiar em 1212 e daria origem às "Pobres damas reclusas" de São Damião – as futuras clarissas –, ramo feminino do movimento. Em 1217, por ocasião do capítulo geral (reunião anual dos irmãos), foi tomada a decisão de enviar alguns em missão ao norte dos Alpes e a ultramar. Francisco parece ter querido partir para a França, mas o cardeal Ugolino persuadiu-o a ficar na Itália para zelar por sua comunidade, ainda frágil, embora em pleno desabrochar. Em 1219, o Pobre de Assis partiu no entanto para o Oriente e juntou-se às tropas da quinta cruzada. Durante uma trégua, foi levado à frente do sultão Al-Kamil, a quem tentou em vão convencer da superioridade da fé cristã. Depois desse fracasso foi à Terra Santa, mas teve de retornar à Itália em 1220. Na sua ausência, alguns irmãos haviam tomado iniciativas que ameaçavam o espírito da sua fundação. Francisco pôs ordem nela, mas preferiu abandonar a direção do movimento, cujo rápido desenvolvimento – contavam-se mais de mil irmãos em 1221 – trazia problemas institucionais e disciplinares que ele não se sentia capaz de enfrentar. De fato, o papado fazia pressão para que essa fraternidade evangélica se transformasse numa ordem religiosa, evolução que Francisco não rejeitava, mas que acreditava controlar. Então, ao mesmo tempo que continuava a pregar com um sucesso cada vez maior, consagrou seus esforços à redação de uma regra: uma primeira versão (1221) foi recusada pela Cúria; a segunda, mais jurídica e menos original, foi aprovada por Honório III em novembro de 1223 e tornou-se a regra dos irmãos menores.

Muito doente, incomodado com os novos problemas que o crescimento da ordem acarretava, Francisco fez longas estadias nos eremitérios, entre os quais o de La Verna, onde teria recebido os estigmas da Paixão de Cristo no dia 24 de setembro de 1224. Ficou quase cego, mas mesmo assim compôs o *Cântico do irmão Sol ou das criaturas*, texto fundador da literatura religiosa em língua italiana. Sentindo o fim se aproximar, redigiu seu *Testamento*, em que evoca com emoção os primeiros tempos e recorda com vigor a necessidade de permanecer fiel ao ideal evangélico. Morreu em Porciúncula na noite de 3 para 4 de outubro e foi canonizado já em 1228 por Gregório IX (ex-cardeal Ugolino). Sob incentivo do irmão Elias, construiu-se rapidamente a magnífica basílica que lhe foi dedicada do lado de fora de Assis. Seus restos foram transferidos para ela em 1230 e a parte superior da igreja foi coberta, por volta de 1300, por Giotto e seu ateliê, com afrescos evocando os principais episódios da sua existência e alguns dos seus milagres.

Francisco de Assis não deixou obra escrita muito notável: duas curtas regras, alguns bilhetes, cartas e preces, ou seja, um pequeno volume. E, se certos textos (*Cântico do irmão Sol ou das criaturas* ou seu *Testamento*) são justamente célebres, conhecemos sobretudo Francisco através das lendas. Ele não foi nem teólogo nem legislador, mas uma testemunha do Evangelho em seu tempo, mais próximo, em sua busca de Deus, dos heróis dos romances corteses do que dos doutores universitários. Por isso sua lembrança se fixou ao mesmo tempo em tradições orais, reunidas pela coletânea dos *Fioretti* (postas por escrito no corrente do século XIV), e em numerosas Vidas escritas por seus irmãos. A interpretação da sua existência constituiu, logo de início, um propósito maior. Desde 1229, um frade próximo dos meios dirigentes da ordem e do papa Gregório IX, Tomás de Celano, escreveu uma primeira Vida que teve vasta difusão. Mas essa biografia, a despeito das suas qualidades e da sensibilidade religiosa do autor, foi objeto de sérias críticas. Outros textos foram posteriormente compostos, entre eles a *Lenda dos três companheiros*, que enfatiza os vínculos que Francisco manteve com a sociedade urbana de Assis. Em 1246, o ministro geral da ordem mandou que os irmãos que haviam conhecido seu fundador redigissem suas lembranças. Resultou daí uma massa de testemunhos, a *Compilação de Greccio*, na qual os biógrafos sucessivos se basearam, a começar por Tomás de Celano, que escreveu em 1247 uma segunda Vida, bem diferente da primeira. Mas as tensões que se desenvolveram no seio da ordem por volta de 1250 acentuaram a necessidade que os irmãos tinham de conhecer a verdadeira fisionomia do seu fundador e sua atitude em relação a questões fundamentais para eles: a prática da pobreza e os estudos. Em 1263, Boaventura de Bagnoreggio, ministro geral da ordem, publicou uma Vida intitulada *Legenda maior* que se tornou a única biografia autorizada, e o capítulo geral ordenou em 1266 a destruição dos manuscritos de todas as Vidas anteriores. Sua interpretação mística e triunfalista esteve, no entanto, longe de alcançar a unanimidade e, a partir do fim do século XIII, quando se envenenou a querela entre os espirituais, partidários da pobreza integral, e a maioria da ordem, novas compilações foram redigidas, questionando a imagem desenhada por Boaventura. Esses escritos contestatários, que se referiam às lembranças deixadas pelos primeiros companheiros, entre eles frei Leão, não devem entretanto ser considerados mais objetivos do que as biografias anteriores: eles contribuíram inclusive para confundir as coisas, interpretando a santidade do Pobre de Assis em função dos problemas que se punham no tempo desses autores, e não dos que Francisco havia efetivamente encontrado. Essa abundante produção, assim como a de coletâneas de milagres e de uma abundante iconografia, mostra bem que a figura de Francisco permanecia no centro das preocupações dos irmãos maiores e dos leigos do seu círculo.

Esse fascínio duradouro se deve ao fato de que o santo de Assis operou uma síntese entre os movimentos religiosos populares anteriores – alguns dos quais acabaram condenados como heréticos – e a mais autêntica tradição cristã. Nele, uma profunda devoção por Cristo, venerado em sua humilhação e em seus sofrimentos, era acompanhada por um senso agudo da onipotência e da transcendência divinas. Seu desejo de ter uma vida evangélica, na pobreza e na humildade, como Cristo e os apóstolos, não excluía uma fidelidade sem falhas à Igreja, que era a única a poder transmitir a Palavra de Deus e tornar este último presente pelo sacramento da eucaristia. A seus olhos, a prática da pobreza constituía a própria essência da vida evangélica. Longe de representar uma virtude entre outras ou uma condição econômica e jurídica, ela era antes de tudo um modo de vida individual e coletivo que permitia "seguir nu o Cristo nu". Conferindo uma segurança ilusória, o dinheiro falseava as relações entre os homens e lhes fazia esquecer sua igualdade fundamental como filho do mesmo Pai. Por isso ele proíbe que os irmãos menores recebam ou detenham qualquer moeda, por ínfima que seja, salvo o necessário para os doentes, e lhes prescreve trabalhar com as próprias mãos, sendo a mendicidade tida apenas como um recurso extremo. Viver de acordo com o Evangelho supunha aceitar a insegurança mas também se encontrar em pé de igualdade com os mais pobres, tais como os leprosos. Pode-se portanto considerar que Francisco de Assis procurou criar com os irmãos menores um modelo alternativo de sociedade, alheio ao mundo da compra e da venda e rejeitando hierarquias ligadas à riqueza e ao prestígio social e cultural. Na fraternidade que fundou, os clérigos e os leigos se encontravam em pé de igualdade e, pelo menos nos primeiros tempos, os homens e as mulheres levavam vidas separadas mas complementares. É a "utopia franciscana". Ainda que esse modelo tradicional tenha sido rapidamente abandonado, continuou a exercer um real fascínio, como mostram os movimentos que, no seio da ordem franciscana, o reivindicaram até em pleno século XVI, com a reforma dos capuchinhos. Embora tenha sido com frequência esvaziada da sua graça ou distorcida, a mensagem de Francisco de Assis marcou a visão religiosa dos últimos séculos da Idade Média, no sentido de um cristocentrismo radical e de uma devoção à humanidade sofredora do Salvador, cujo caminho da cruz (*via crucis*) constituiu uma das expressões mais significativas.

Francisco de Assis esteve em sintonia com a piedade popular. Assim, a representação mimada da Natividade, que ele realizou em Greccio, na noite do Natal de 1223, deu origem à difusão do presépio, enquanto a mística feminina italiana, com Margarida de Cortona († 1297) e Angela de Foligno († 1308), não deixou de se referir à sua experiência espiritual. Pode-se dizer, portanto, que ele influenciou de maneira profunda e duradoura a espiritualidade e a sensibilidade do Ocidente.

ANDRÉ VAUCHEZ

As ordens mendicantes

Os contemporâneos foram sensíveis ao aparecimento das ordens mendicantes, irmãos menores, fundadas por são Francisco de Assis (1181-1226), e irmãos pregadores, por são Domingos (1175-1221), como é o caso do cronista premonstratense alemão, Burchard de Ursperg: "Nesse tempo, o mundo envelhecia. Duas ordens surgiram na Igreja, cuja juventude renovaram à maneira da águia." A despeito das diferenças que existiam entre eles, perceberam suas características comuns e a singularidade em relação às formas de vida consagrada preexistentes. Às vezes, esses religiosos são designados pelo nome de "monges mendicantes", expressão bastante inexata porque, precisamente, os mendicantes não são monges, mas religiosos de um novo tipo.

A originalidade das ordens mendicantes reside, em primeiro lugar, numa opção a favor da pobreza coletiva e da mendicidade, forma de abandono à Providência. O monaquismo beneditino, inclusive o mais rigorista (cistercienses), nunca havia exigido mais que a pobreza individual, que não impedia a comunidade de possuir terras e rendas fundiárias e comerciais. Com Francisco e Domingos, as exigências aumentam: todos os dois proibiram possuir o que quer que fosse, tanto pessoalmente como em comum. A pobreza era, para Francisco, a própria essência da vida evangélica: os irmãos menores deviam viver do trabalho das suas mãos, sem pensar no dia de amanhã. Em caso de necessidade, podiam recorrer à mendicidade, mas sem nunca aceitar esmola. Desde os anos 1230, essa exigência se atenuou e a maioria das comunidades vivia das rendas da mendicidade e dos donativos, donde seu nome. Para são Domingos, a pobreza constituía antes de mais nada uma arma contra a heresia, uma condição necessária – mas não suficiente – para que o testemunho dos pregadores que ele havia reunido à sua volta no Languedoc fosse recebido pelos leigos dessa região, hostis a uma Igreja poderosa e rica. Por isso os dominicanos se mostraram menos rígidos, aceitando tornar-se proprietários das igrejas e dos conventos em que residiam. Mais tarde, não hesitaram em receber rendas de parte dos soberanos ou das cidades: a prioridade, para eles, era o ministério das almas, pela pregação e pela confissão. Mas, inclusive quando começaram a se afastar das exigências iniciais, os mendicantes, a que cumpre acrescentar os carmelitas e os eremitas de santo Agostinho, constituídos por incentivo do papado, em 1240-1255, surgiram como religiosos diferentes, porque não tinham propriedades fundiárias e se situavam fora da moldura senhorial e feudal. Foi uma das razões do seu sucesso em meio à sociedade urbana: ao contrário dos bispos, dos cônegos e dos monges, não se podia suspeitá-los de querer preservar ou estabelecer posições de poder.

Entre as inovações dos mendicantes, uma das que mais impressionaram foi sua abertura para o mundo: apesar de viverem em comunidade, eles não permaneciam ao abrigo do claustro, sujeitos à estabilidade como os monges, mas dele saíam regularmente. O religioso só fica enclausurado para recompor suas forças: sua vocação é estimular os fiéis à conversão e à penitência, pela palavra e pelo exemplo. Muito móveis, os frades saem à estrada, em dupla, para pedir, pregar a palavra de Deus, ir aos *studia* (centros de estudos superiores) da sua ordem, onde se formam em teologia e exegese bíblica, participar dos capítulos provinciais ou gerais que reuniam periodicamente os responsáveis ou realizar missões na Cúria romana ou junto ao seu superior geral. Essas viagens servem para numerosos contatos entre si. Mas as relações com os leigos são muito mais importantes. Dependendo destes últimos para a subsistência, os mendicantes necessitam de uma rede de amizades eficazes. Serão até acusados, após 1250-1260, de se mostrar demasiado amáveis com os fiéis, inclusive com as mulheres, para obter donativos e legados testamentários. Mas é a pregação que provocava os encontros mais significativos: ela podia se desenrolar numa paróquia, nas praças e adros das igrejas ou no âmbito das reuniões de confrarias e outros grupos de leigos devotos que haviam escolhido os mendicantes como diretores espirituais.

Outra inovação: sua relação com a Igreja hierárquica. Muito embora, desde a origem – como são Domingos em Toulouse –, tenham tomado o cuidado de agir de comum acordo com os bispos, os mendicantes respondiam diretamente à Santa Sé. Longe de agirem como simples cooperadores do clero secular, eles se puseram sob a proteção romana, porque seu apelo à conversão se pretendia universal. Em contrapartida dessa estreita conivência com o papado, que os cumulou de privilégios, eles apareceram como agentes zelosos da Sé, o que os levou a ser vistos com olhos suspeitos e inclusive acarretou graves conflitos com o clero secular, até ser encontrado um equilíbrio satisfatório na divisão das tarefas e das rendas da *cura animarum* entre eles e os párocos, graças à bula *Super cathedram* de Bonifácio VIII, em 1300.

Essa ação apostólica empreendida em toda a cristandade também teve repercussões sobre as estruturas de governo das suas ordens. O superior geral, mestre geral no caso dos dominicanos e ministro geral no dos franciscanos, era eleito por uma instância representativa, o capítulo geral, único a ter o poder de modificar as constituições, representava o papel de órgão judiciário supremo e podia depô-lo. A inovação mais original consiste num desdobramento do governo da ordem. Em cada província, havia uma organização parecida com a que existia no topo: um prior ou ministro provincial, escolhido pelo capítulo provincial constituído por representantes de cada um dos conventos que a compunham. Só chegavam ao topo os problemas que não podiam ser resolvidos no nível local, o que possibilitou aos mendicantes conciliar uma forte autoridade no seu vértice com uma descentralização efetiva das decisões. Mas a principal diferença em relação ao governo dos monges reside no fato de que os superiores só permaneciam em função por uma duração limitada, enquanto os abades beneditinos permaneciam da sua eleição até a sua morte. As práticas eleitorais das ordens mendicantes se inspiravam, além disso, na das instituições comunais, relativamente democráticas para a época: enquanto, no caso dos monges, a eleição do abade se fazia por maioria qualificada, por adesão da *sanior pars* – os mais antigos e os que exerciam funções de autoridade –, no caso dos mendicantes a maioria simples bastava: um homem, um voto. O que é hoje regra na vida política constituía então uma novidade.

Em última análise, o aspecto mais original das ordens mendicantes é sem dúvida a sua orientação para a missão junto aos não-cristãos e aos pagãos, que encontramos desde a origem em são Domingos, o qual sonhava evangelizar os cumanos, e em são Francisco, que, depois de ter enviado irmãos ao Marrocos, já em 1217, tentou em 1219 converter o sultão do Egito. Após essa experiência, Francisco consagrou um capítulo da sua primeira regra (1221) para definir a atitude a adotar "no caso dos sarracenos e outros infiéis". "Os irmãos que partem assim podem encarar seu papel espiritual de duas maneiras: ou não promover nem processos nem querelas, submeter-se a toda criatura humana por causa de Deus e confessar simplesmente que são cristãos; ou, se virem que tal é a vontade de Deus, anunciar a Palavra de Deus a fim de que os pagãos creiam em Deus onipotente, Pai, Filho e Espírito Santo, e em seu Filho redentor e salvador, se façam batizar e se tornem cristãos."

Mas os primeiros resultados das missões franciscanas foram decepcionantes e muitos irmãos pagaram com a vida seu anúncio público da fé cristã. Como já notava por volta de 1230 o bispo de São João de Acre, Tiago de Vitry (*Historia occidentalis*), "os sarracenos escutavam de bom grado os irmãos enquanto eles pregavam a fé de Cristo e a doutrina evangélica, até que se pusessem a contradizer manifestamente Maomé em sua pregação... Então eles os surravam e os expulsavam de suas cidades."

Os mendicantes tomaram então consciência do fato de que, para pregar aos muçulmanos com alguma chance de serem ouvidos, tinham de renunciar à polêmica e aos argumentos de autoridade, aprender a língua e se impregnar da cultura deles por uma leitura aprofundada do Corão. Assim foi que criaram centros de estudo para o aprendizado das línguas orientais, por exemplo em Valência e em Túnis. Alguns tornaram-se grandes peritos no islã, como o dominicano Ricoldo de Monte Croce, que teve contatos profundos com os letrados de Bagdá. Mas os mendicantes também tentaram evangelizar os mongóis: em 1289, o franciscano João de Montecorvino foi enviado pelo papa ao grão-cã. Montecorvino chegou a Khanbaliq – Pequim –, onde desenvolveu seu apostolado junto às minorias cristãs presentes e aos indígenas. Após receber um reforço, tomou em 1310 o título de arcebispo de Pequim e dividiu os missionários que se haviam juntado a ele entre os principais centros da China, onde fundaram conventos franciscanos, que foram a origem de novos bispados. O esforço missionário das ordens mendicantes se estende também às margens do Báltico, junto aos prussianos, aos povos bálticos e na Finlândia.

Os mendicantes corresponderam portanto a esse novo clero apostólico com que haviam sonhado Inocêncio III e o Concílio de Latrão IV (1215). De fato, o sucesso dos movimentos heréticos mostrara que a cristianização do Ocidente era incompleta e muitas vezes superficial. Na periferia da Europa, restavam numerosos pagãos a converter, e o islã continuava exercendo uma pressão temível. Nessa conjuntura, a Igreja não podia contar nem com os monges, cuja ação no mundo não era sua vocação, nem com um clero secular malformado e cujos costumes muitas vezes nada tinham de edificante, enquanto grande número de bispos se deixava absorver pelos assuntos temporais. Com as ordens mendicantes apareceram religiosos considerados providenciais pelo papado, que ratificou sua entrada em cena ao canonizar rapidamente seus fundadores, são Francisco († 1226) em 1228 e são Domingos († 1221) em 1234, e que não demorou a compreender qual podia ser seu papel para esvaziar a heresia. Foi por isso que o papado apoiou sua ação em profundidade, pela pastoral, e lhes confiou a responsabilidade da repressão no âmbito do tribunal da Inquisição.

ANDRÉ VAUCHEZ

Tomás de Aquino
(† 1274)

Tomás de Aquino resumiu, ele próprio, o programa da sua vida ao explicar um adágio da ordem dominicana, na qual ingressou em 1244: "É mais bonito iluminar do que somente brilhar; do mesmo modo, é mais bonito transmitir aos outros o que se contemplou do que somente contemplar." De fato, ele consagrou toda a sua vida ao ensino, ilustrando de sua alta estatura intelectual o melhor do pensamento escolástico.

No decorrer da sua vida de estudos, Tomás percorreu amplamente a Europa: originário do sul da Itália, iniciou seus estudos na universidade de Nápoles, esteve várias vezes em Paris, primeiro como aluno, depois como mestre (1245-1248; 1252-1259; 1268-1272) e exerceu esse ofício de professor em Orvieto (1261-1265), em Roma (1265-1268) e em Nápoles (1272-1273). Toda a sua obra traz a marca do ensino: assim, embora se trate do fruto de um estudo obrigatório para obter o mestrado em teologia, o *Comentário das Sentenças* (1252-1254) é uma obra teológica pessoal que já anuncia as duas grandes sumas: a *Suma contra os gentios* (iniciada em 1259, terminada em 1265) e a *Suma teológica* (1265-1273, inacabada).

Na primeira dessas duas grandes sínteses, Tomás pretende propor uma obra de sabedoria: o estudo da *sapientia* era considerado o empreendimento humano mais perfeito, mais sublime, mais útil e mais agradável. Ele pretende portanto "expor, de acordo com a nossa possibilidade, a verdade que a fé católica propõe, refutando ao mesmo tempo os erros contrários" (*Suma contra os gentios*, I, cap. II). Por sua vez, a *Suma teológica*, que, com suas três partes, se apresenta como uma obra concebida para "instruir os iniciantes", repousa numa concepção mais estrita da doutrina sagrada, isto é, da teologia, que "trata tudo sob a razão de Deus ou do ponto de vista de Deus, quer o objeto de estudo seja o próprio Deus, quer se relacione com Deus como seu princípio ou como seu fim" (*Suma teológica*, I, 1, 7).

Além disso, na medida em que a função de mestre em teologia, que Tomás assumiu desde a primavera de 1256, comportava então três aspectos, comentar (*legere*), pregar e discutir, possuímos várias séries de questões discutidas que atestam a diversidade e a riqueza dos debates intelectuais no século XIII, notadamente as questões *Sobre a alma* e *Sobre as criaturas espirituais*, ou ainda *Sobre o mal*. Os numerosos comentários bíblicos que Tomás deixou – o *Comentário de Jó* (1261-1265), o *Comentário das Epístolas de são Paulo*, a *Lectura* sobre são Mateus (1269-1270) e a *Lectura* sobre são João – remetem igualmente à sua atividade professoral. Mas não é o caso de seus doze comentários das obras de Aristóteles (redigidos a partir de 1265). Estes atestam, muito mais, a convicção de que uma sólida filosofia é o fundamento indispensável para uma teologia de boa qualidade.

A essa série já impressionante de obras, convém acrescentar um número considerável de pareceres e, sobretudo, alguns tratados originalíssimos como, no domínio da filosofia primeira, *Do ser e da essência* (1254-1256) e o opúsculo inacabado *Sobre as substâncias separadas* (1271) ou, no domínio da teologia, o *Breve resumo da teologia*, e, no campo da política, o tratado *Do reino* (1267).

Não se deve tampouco esquecer que Tomás participou ativamente dos debates que agitavam a vida intelectual de Paris, defendendo vigorosamente o direito a ensinar das ordens mendicantes, na querela que as opunha aos seculares: vários opúsculos e tratados atestam sua intervenção nessa discussão, tão engajada quanto candente. Não menos virulenta e feroz se mostra a intervenção de Tomás na discussão filosófica em torno da doutrina da possibilidade da unicidade do intelecto, a qual foi provocada notadamente por certos escritos de Sigério de Brabante, a partir de 1265. Com uma verve sem precedente, o dominicano, no tratado *Da unidade do intelecto contra os averroístas* (1270), combate a ideia de um intelecto único para todos os homens e quer demonstrar que seus adversários, em particular o filósofo árabe Averróis (falecido em 1198), dito o Comentador, são péssimos intérpretes dos textos de Aristóteles.

Esses numerosos escritos são o fruto de uma incansável atividade e de um trabalho obstinado que, de acordo com os testemunhos de seus próximos, cessou subitamente no mês de dezembro de 1273. Tomás parou de escrever, desfez-se do seu material de escrita e, segundo Reinaldo de Piperno, seu companheiro e assistente, teria afirmado o seguinte: "Não posso mais. Tudo o que escrevi me parece ninharia em comparação com o que vi." Pouco tempo depois dessa decisão, que os historiadores interpretaram diversamente (seria consecutiva a uma experiência mística?), Tomás de Aquino morre a caminho do Concílio de Lyon, na abadia de Fossanova (ao sul de Roma), no dia 7 de março de 1274.

O pensamento do dominicano italiano se baseia numa concepção tão precisa quanto rigorosa da teologia que preenche os critérios da cientificidade. Ao mesmo tempo que afirma a superioridade da teologia, Tomás defende a legitimidade e a autonomia relativa da filosofia, a qual se funda exclusivamente na razão. A surpreendente "confiança no poder da razão" (Étienne Gilson) que caracteriza toda a sua especulação se explica pelo fato de que o real, que o filósofo procura compreender com a ajuda da razão, e a revelação, que o teólogo interpreta, têm o mesmo Deus por causa: por conseguinte, é impensável que "a verdade da fé seja contrária aos princípios que a razão conhece naturalmente" (*Suma contra os gentios*, I, cap. VII). O primeiro princípio indemonstrável sobre o qual repousa todo o procedimento da razão humana é o princípio da não-contradição. A esse primeiro axioma da razão especulativa corresponde, na ordem da razão prática, a proposição: "É necessário fazer e buscar o bem, e evitar o mal", axioma que se baseia na noção de bem, cujo conteúdo a razão apreende através das inclinações naturais do homem. Resulta daí, em última análise, uma ética para a qual a conformidade à razão é decisiva: "Nos atos humanos, o bem e o mal são determinados em relação à razão" (*Suma teológica*, I-II, 18, 5). Para Tomás, o homem é determinado por três relações: à razão, que é a medida das suas ações; a Deus, que é seu criador; a seu semelhante (*Suma teológica*, I-II, 72, 4). O ser humano é, de fato, não apenas animal racional mas também "animal social e político", o que é atestado pelo fato de que o homem possui a linguagem que o torna capaz de manifestar seu pensamento e articular o que é justo e correto.

Graças ao hilemorfismo aristotélico, para o qual todo ser se explica pela matéria (*hýle*) e pela forma (*morphé*), é possível compreender a alma como forma do corpo e assegurar, contra todo dualismo, a unidade do homem. O empirismo epistemológico de Tomás, segundo o qual o conhecimento humano não pode prescindir da sensação, explica por que a proposição "Deus existe", impossível de apreender diretamente pelos sentidos, não é evidente para a razão natural e deve, portanto, ser demonstrada. A demonstração mais célebre da existência de Deus (que se encontra na *Suma teológica*, I, 2, 3), tenta provar a verdade da dita proposição por cinco caminhos, referindo-se à experiência do movimento, da causalidade, da contingência, dos graus de perfeição e da finalidade das realidades naturais. Essas provas, que dependem de várias fontes filosóficas, ainda não revelam porém o aspecto mais original da concepção tomasiana de Deus: ele é o ser subsistente por si (*esse per se subsistens*).

Essa concepção de Deus pressupõe não apenas a distinção entre o ser e a essência, que caracteriza todo ente finito, mas também uma interpretação específica do ser concebido como a "atualidade de todas as formas" e a "perfeição de todas as perfeições". Essa metafísica do Êxodo, designando Deus como "aquele que é" (Ex 3, 14), é solidária de uma consciência aguda dos limites do conhecimento humano de Deus. "Nosso conhecimento é a tal ponto fraco que nenhum filósofo nunca pôde examinar perfeitamente a natureza de uma mosca: por isso lemos que um filósofo passou trinta anos na solidão para conhecer a natureza de uma abelha" (*Sobre o credo*, prólogo).

RUEDI IMBACH

III

Obrar pela própria salvação

O Purgatório e o além

O terceiro lugar do além cristão, com o Inferno e o Paraíso, seria uma invenção da Idade Média, segundo Jacques Le Goff (*La naissance du Purgatoire* [O nascimento do Purgatório], 1981). Conquanto seja possível encontrar-lhe alguns precedentes, o fato é que, a partir dos séculos XII-XIII, a noção se arraiga nos espíritos e nas práticas da Igreja do Ocidente, sem obter entretanto o assentimento das Igrejas gregas. Fixa-se então, por séculos, a tríade dos caminhos oferecidos aos fiéis depois da morte e que Dante explicou no percurso poético e iniciático da *Divina comédia*. Em que consistiu essa novidade?

O cristianismo desenvolve uma concepção linear da história da humanidade, pontuada por três marcos principais: a criação do mundo, obra divina que o primeiro livro da Bíblia, o Gênesis, relata de modo metafórico; a Encarnação de Deus na terra através da pessoa de Jesus; o fim dos tempos, também descrito de um modo metafórico no último livro da Bíblia, o Apocalipse. Por sua vez, o Evangelho de Mateus (Mt 25, 31-46) refere como o fim dos tempos será marcado pela ressurreição dos corpos e pelo juízo que separará, conforme a atenção dada ao próximo, os danados dos eleitos, sendo os primeiros precipitados no inferno e os segundos admitidos no Paraíso. Numerosas representações figuradas, postas nos portais das igrejas (Autun, Bourges, Chartres), transmitiram amplamente, com o ensino escrito e oral, essa visão binária do além. Mas, nessa perspectiva, o destino final só é jogado no fim do mundo: os fiéis se perguntaram como imaginar o destino das almas entre o momento em que se considera que se separam do corpo, na morte, e o encerramento da história humana. Era-lhes ensinado então que esse longo tempo de espera se desenrolaria no seio de Abraão, pai de todos os crentes; lugares chamados limbos acolhiam, no caso dos limbos dos Patriarcas, os homens que não haviam conhecido a revelação de Cristo e, no caso dos limbos das crianças, os bebês mortos antes de ter recebido o batismo e ser agregados à comunidade dos cristãos. Encontra-se igualmente em alguns autores anteriores ao século XII, entre eles santo Agostinho, a ideia de que a visão de Deus prometida aos eleitos só seria acessível ao fim de um tempo de purificação, deixando entrever o que ia se tornar o Purgatório.

Os primeiros vestígios do Purgatório podem ser identificados no século XII, nos escritos dos cistercienses ou de mestres seculares das escolas urbanas. Estes desenvolvem a seguinte concepção: raros são os crentes que podem se prevalecer de uma perfeição tal que os conduza diretamente ao Paraíso e, para a grande maioria, impõe-se um tempo suplementar de penitência, proporcional à amplitude das faltas não expiadas – princípio ousado, devido talvez à influência da cultura matemática que se desenvolve então nas cidades. Essas ideias transformam a visão do além, que, de binária, se torna ternária. Elas têm por consequência maior fazer o Juízo Final ser precedido por um juízo individual situado, para cada um, no artigo da morte: o fiel poderá ver-se projetado no Inferno se se obstinar em seus pecados e em sua falta de esperança na misericórdia divina; ganhar diretamente o Paraíso, se der todos os sinais da perfeição; mais seguramente, encontrar-se no Purgatório, para consumar a penitência necessária, ao cabo da qual irá para o Paraíso, já que só se sai do Purgatório para o alto. Como Jacques Le Goff percebeu tão bem, esse "terceiro lugar" constituiu uma formidável lufada de esperança para os fiéis: "O Purgatório esvaziou o Inferno." A visão de Deus (ou visão beatífica) pode portanto ser alcançada antes mesmo do

Juízo Final, depois do qual ela seria no entanto intensificada, segundo o ensinamento do papa Bento XII (Constituição *Benedictus Deus*, 1336).

Para difundir essas novas concepções foi necessário formalizá-las em função das categorias de tempo e de espaço. Os autores medievais tentaram pois situar o Purgatório em lugares temíveis do planeta, conhecidos por suas condições naturais extremas; foram escolhidos, assim, seja a cratera do Etna, boca de fogo que se prestava à perfeição à imagem dele, seja um abismo localizado numa ilha ao largo da Irlanda, que servia de local de ascese para os eremitas: o "Purgatório de são Patrício". De fato, embora termine numa saída favorável, o Purgatório não é encarado como um local agradável: as penas sofridas pelas almas se aproximam das penas do Inferno, a julgar pela iconografia que vai se fixando pouco a pouco e que retoma os suplícios do fogo, do frio e das trevas, que as imagens infernais haviam desenvolvido. Quanto ao tempo purgatório, considerou-se que podia ser abreviado graças aos méritos acumulados pelos mais justos, instaurando uma verdadeira solidariedade de salvação entre os crentes. Os méritos de Cristo, incomensuráveis, permitiam que a Igreja dispusesse de um "tesouro", dizem os textos (santo Anselmo, † 1109), que ela distribuía na forma de indulgências; os méritos dos santos eram invocados por seus devotos, que buscavam a intercessão deles junto a Deus, notadamente na hora do juízo; quanto aos méritos dos simples fiéis, acumulados na forma de "boas obras" (preces, celebração de missas, doações e outros gestos de piedade), também eram levados em conta. Relatos exemplares, registrados notadamente pelos dominicanos, vão contar como determinado marido falecido aparecera depois da morte à sua esposa, no Purgatório, primeiro negro de pecado, depois purificado à medida que ela reunia benefícios em seu favor... Esse princípio também está na origem do grande sucesso obtido pelas confrarias, associações fundadas por iniciativa dos fiéis, que punham em prática entre seus membros não só uma solidariedade espiritual, mas também formas de ajuda mútua material em caso de dificuldades.

Compreende-se portanto que era importante preparar o fiel a ter um bom fim, pois todo arrependimento, inclusive o mais tardio, no leito de morte, pode ser fonte de salvação. Os meios intelectuais que formalizaram o Purgatório são também aqueles em que se elabora a nova disciplina penitencial, a confissão auricular individual, segundo a qual a verdadeira responsabilidade reside na intenção que preside o ato. Por isso, a ajuda sacramental dada antecipadamente ao moribundo pela extrema-unção se enriquece com uma derradeira comunhão e uma última confissão, como atestam as "Artes de morrer" (*Artes moriendi*), esses livrinhos compostos no curso do século XV, nos quais são descritos e ilustrados em xilogravura os derradeiros combates espirituais a serem travados.

Essa visão do além vai contribuir para desenvolver e sistematizar as práticas, nascidas antes, da prece em benefício dos mortos. Muito antes do "nascimento do Purgatório", a sociedade já esperava dos monges, esses especialistas da oração, que orassem pelos mortos: cada mosteiro dispunha da sua lista de familiares, alguns dos quais tinha até o privilégio de ser inumado entre as paredes do lugar. No século XI, o abade de Cluny, Odilon, instaurou uma festa especial em homenagem aos defuntos, estabelecida no dia 2 de novembro, logo em seguida da que comemora os eleitos, a de Todos os Santos. Essa nova festa teve enorme sucesso. A "lógica" do Purgatório veio amplificar o fenômeno e lhe dar um relevo particular, tanto mais que se revelava simultaneamente que a boa obra por excelência era a comemoração do sacrifício de Cristo, a celebração eucarística. Os fiéis, a título individual ou coletivo, no âmbito das confrarias, encomendaram então, abundantemente, aos clérigos celebrações de missas, seja logo após um falecimento, a fim de abreviar o mais possível para o defunto as penas do Purgatório, seja perpetuamente, seja enfim combinando os dois ritmos, já que a introdução de um juízo individual não havia feito desaparecer a crença no Juízo Final. Numerosos clérigos, ordenados padres mas privados de paróquia ou outros benefícios, encontraram nessas celebrações fontes de renda lucrativas que, em certas regiões, eles repartiam entre nativos da mesma aldeia, no âmbito de poderosas associações clericais. No sudoeste da França, coletas organizadas junto aos paroquianos para financiar missas em intenção das almas no Purgatório deram igualmente lugar à fundação de associações: as Bacias do Purgatório. A representação da sociedade dos crentes se subdividiu em três grupos: a Igreja triunfante, a dos eleitos; a Igreja sofredora, a das almas do Purgatório; a Igreja militante, a dos vivos, preocupada em aliviar a precedente.

Essas concepções e os usos que elas induziram, por mais surpreendentes que possam parecer ao homem do século XXI, correspondiam entretanto a uma expectativa profunda: não se poderia explicar de outro modo sua persistência tenaz através de toda a época moderna, que conservou a prece medieval para as "almas do Purgatório" até os dias de hoje. No entanto, segundo pesquisas recentes (Guillaume Cuchet), a Primeira Guerra Mundial teria contribuído para lançar um outro olhar sobre a noção de Purgatório: de fato, se pudermos nos permitir este triste jogo de palavras, o inferno das trincheiras foi considerado, pelos que por ele passaram, como um verdadeiro Purgatório na Terra...

CATHERINE VINCENT

Culto dos santos, relíquias e peregrinações

Essas formas de devoção permanecem associadas, nos espíritos, ao período medieval; mas elas o precederam e sobreviveram a ele, apesar de nele terem conhecido belos momentos, como atestam fontes muito sugestivas: Vidas de santos, relatos de milagres, de invenção (descoberta) ou de translação (mudança) de relíquias, assim como descrições de peregrinações.

A Idade Média herda da Antiguidade cristã o uso de homenagear, entre os defuntos, os que se ilustraram como grandes testemunhas da fé. Além das figuras dos tempos apostólicos, distinguem-se os que foram mortos violentamente, os mártires (o termo significa "testemunha"); os que desenvolveram uma intensa obra de evangelização por seu pensamento e sua ação, os confessores (eles "confessaram" sua fé); os que, nos claustros ou nos eremitérios, deixaram um rico legado espiritual, como os Padres do deserto. Essas grandes figuras eram festejadas ao longo do ano, nas datas correspondentes a seu "nascimento no Céu", ou seja, no aniversário da sua morte, misturadas no calendário com as festas da vida de Cristo e de sua mãe, a Virgem Maria, oferecendo assim pontos de referência à vida social e econômica (datas de pagamento de contratos, por exemplo). O grupo dos santos e santas não cessou de se enriquecer ao correr das gerações. Os bispos que, durante a alta Idade Média, fizeram figura de pais protetores da sua cidade logo conquistaram uma reputação de santidade, assim como certos soberanos que apoiaram a evangelização do seu reino, notadamente nos países mais tardiamente cristianizados. Somam-se a estes, monges reformadores, como Bento de Aniano ou Bernardo de Clairvaux, os fundadores de novas ordens, como Bruno no caso dos cartuxos, Francisco de Assis no caso dos irmãos menores, Domingos de Gusmão no caso dos irmãos pregadores, algumas mulheres reconhecidas por sua ação caritativa (Elisabete de Turíngia), sua influência espiritual (Catarina de Siena) ou sua vida mística (Brígida da Suécia); até mesmo alguns raros leigos se viram postos nos altares, após uma vida dedicada aos valores evangélicos, como, na Itália, o comerciante de tecidos Homobonus de Cremona, ou por motivos que misturam espiritualidade e política, no caso do rei da França, são Luís.

Valorizando um ou outro comportamento, a Igreja pretendia dar aos fiéis referências, promover diversos tipos de conduta, quando não, a partir do século XIII, propor modelos, conquanto em sua grande maioria os santos não tenham sido imitáveis, a tal ponto seu caráter excepcional era pronunciado (André Vauchez). Vê-se assim quanto estava em jogo no acesso à santidade. Este repousou inicialmente na "reputação" de santidade (a *fama sanctitatis*), para cuja definição a *vox populi* ("escolha do povo") era considerada como sendo a *vox Dei* (a "voz de Deus"): cabia ao bispo do lugar decidir, ou ao abade, se fosse território monástico. Esse processo não foi privado de abusos de que os próprios contemporâneos estavam conscientes: leia-se o tratado, marcadamente crítico, escrito no século XII pelo monge Guibert de Nogent sobre as *Relíquias dos santos*. Os casos mais litigiosos eram levados a Roma; assim, dado esse precedente e o desenvolvimento do poder do papa, não há que se espantar ao ver o papado estimar que o controle do acesso à santidade lhe cabia em última instância e estabelecer o procedimento ao fim do qual a decisão era tomada: o "processo de canonização". Em parte calcado no novo procedimento judiciário inquisitório, consiste numa investigação feita junto às testemunhas, cujos resultados são examinados pela corte de Roma: a progressão da causa não dependia unicamente das virtudes da pessoa em causa, mas também do poder e da riqueza dos que haviam iniciado o processo!

A veneração de que os santos foram objeto não se baseia unicamente na admiração que sua vida suscitava, vida cujos episódios eram magnificados propositalmente pela literatura hagiográfica, como *A legenda áurea* do dominicano Jacopo de Varazze. Ela se baseia igualmente na convicção de que seus méritos lhes adquiriram, da parte de Deus, um poder de intercessão (*virtus*) que permanecia ligado às suas ossadas ou a partes do seu corpo, bem como a todos os objetos, tecidos, líquidos ou poeiras postas em contato com eles. Assim, os locais de sepultura dos santos tornaram-se rapidamente destino de viagens pias, cujo objetivo era entrar em relação direta com a fonte da *virtus* e obter desta os recursos solicitados, no mais das vezes de ordem terapêutica (curas diversas), mas também de ordem familiar (fecundidade, bom parto, sobrevivência de um bebê, para batizá-lo). Os locais de culto foram organizados em consequência disso. Se, como foi frequentemente o caso durante a alta Idade Média, o túmulo do santo se situasse numa igreja, era tornado acessível por uma galeria que possibilitava a circulação ao redor dele, deambulatório dotado de janelas pelas quais se podia efetuar o contato desejado com a sepultura.

Em certos casos, os fiéis passavam sob a pedra tumular ou eram até autorizados a dormir na proximidade desta, praticando a incubação já em vigor nos templos antigos. Para conquistar a benevolência do santo ou agradecer sua intercessão, que havia obtido de Deus o milagre esperado, os fiéis depositavam no santuário oferendas e ex-votos: os donativos de cera, avaliados pelo peso ou pela estatura da pessoa a curar ou moldados na forma do membro a tratar, foram substituídos no fim da Idade Média e na época moderna por pequenos quadros representando o episódio milagroso. Para difundir o mais amplamente possível as virtudes dos santos, tornou-se de uso, desde a época carolíngia, dividir seus corpos em benefício de numerosas igrejas que conservavam essas preciosas parcelas nos relicários cuja forma às vezes recordava a da ossada preservada. Os cemitérios romanos, que tinham a reputação de conter apenas sepulturas de mártires (o que já não é admitido pela crítica atual), foram grandes fornecedores, até o cerne da época moderna. Em certos casos, chegou-se também a cometer pequenos furtos piedosos, roubos de relíquias cujo êxito confirmava o assentimento do santo e que estão na origem de pitorescos conflitos entre igrejas. No fim da Idade Média, notadamente na Itália, depois em todo o Ocidente, na época moderna, observa-se que competências análogas são reconhecidas às "ymages" dos santos, quadros, pinturas ou estátuas, que por sua vez se tornaram suportes de gestos de devoção análogos.

O inegável e persistente sucesso dessa piedade arraigada no concreto e que não foi recusada pelo magistério, muito pelo contrário, já que os próprios clérigos dela participavam, está na origem da miríade de peregrinações locais que se espalharam pelo Ocidente: a fortuna de algumas durou apenas o tempo de um fogo de palha, ao sabor da empolgação momentânea dos fiéis. Dessa profusão de santuários, às vezes aninhados em locais de difícil acesso, nas ilhas ou no cume dos montes, e às vezes palco de práticas ilícitas, emergem alguns destinos de mais ampla propagação, geralmente servidos por pessoas da Igreja, seculares ou, mais ainda, regulares, que recebiam os visitantes e dirigiam suas devoções. Entre eles, além dos santuários marianos, como Rocamadour, citemos a basílica de São Nicolau em Bari, na Apúlia; a da jovem mártir de Agen, santa Fé, em Conques-en-Rouergue; o túmulo de são Tomás Becket na Cantuária ou o Hôpital Saint-Antoine de Viennois, que pretende conservar as relíquias do grande monge egípcio e fez sua especialidade a cura do mal dos ardentes, transmitido pelo consumo do esporão de centeio.

Entre os mais célebres santuários medievais, a época contemporânea reteve especialmente o de Santiago de Compostela, atual destino de caminhantes, peregrinos e turistas, cada vez mais numerosos. O culto do apóstolo, parente de Jesus, desenvolveu-se na Galiza a partir do século IX; depois foi muito bem orquestrado no contexto da luta contra os muçulmanos de que a península Ibérica foi teatro na Idade Média. Não é possível, no estado atual da documentação, saber qual foi a amplitude da frequentação desse santuário; não poderíamos nos deixar enganar por uma fonte muito original, o *Guia do peregrino de Santiago*, espécie de itinerário comentado, santuário por santuário, de que só se conserva, porém, um manuscrito. Mas a popularidade do santo é inconteste – não só como "mata-mouros", vencedor dos mouros –, como prova a multiplicidade de igrejas que dizem abrigar suas relíquias; e a viagem a Compostela, misturada com a lenda de Carlos Magno, nutriu abundantemente o imaginário medieval. Sem dúvida, para alimentar este foram necessários alguns relatos de peregrinos, que retornaram cobertos da glória de um destino tão distante e prestigioso, situado, ainda por cima, nos confins do mundo então conhecido.

Dois últimos destinos de peregrinações se distinguem nos usos cristãos ocidentais. O primeiro não é outro senão Jerusalém, para o qual os fiéis são atraídos cada vez mais, depois do ano 1000, quando a piedade se prende mais em meditar sobre a vida terrestre de Jesus. Mais tarde, depois de 1095, a história da viagem aos Lugares Santos se confunde com a da cruzada que constitui seu lado armado e, às vezes também, seu desvio. O segundo é Roma, centro da memória cristã em razão da morte que aí tiveram Pedro e Paulo e, posteriormente, os mártires cristãos. Além disso, o papel outorgado ao bispo da antiga capital do império dá à peregrinação romana um destaque particular. Os peregrinos vão a Roma para visitar os túmulos das duas "colunas da Igreja", mas também, muitos deles, para buscar a absolvição dos pecados graves que somente o papa pode lhes conceder. A "viagem romana" adquire, assim, desde a alta Idade Média, uma dimensão penitencial, presente em toda peregrinação, em razão do esforço feito, porém mais acentuada nesta. Esses precedentes fizeram germinar, no fim do século XIII, a ideia de que tal fonte de graça podia se estender a todos os fiéis, na passagem de cada século, depois segundo um ritmo mais frequente, pela proclamação dos jubileus, o primeiro dos quais se deu no ano 1300:

nessas circunstâncias, a visita às basílicas romanas valia para os que a realizavam a indulgência plena, a saber, a remissão de todos os pecados cometidos até então e das penas acumuladas para expiá-los.

CATHERINE VINCENT

Nossa Senhora

Foi no curso do século XII que Maria se tornou "Nossa Senhora" na literatura mariana: o culto da Virgem adquire então um novo fôlego, ligado à redescoberta da humanidade de Cristo. No seio de um mundo ocidental que se esforça por conjugar realeza e feudalidade, a Virgem se afirma como figura maior de poder.

Posta a serviço da ideologia da soberania, definida como realeza sagrada desde o século VIII, Maria tornou-se então rainha do Céu. A vacância do poder real que sucede ao desmoronamento do império carolíngio, no século X, contribui para a sua eleição como rainha da Terra. É também o momento em que as novas estruturas de comando – entre elas, por exemplo, a ordem monástica de Cluny, em pleno desenvolvimento – solicitam a figura mariana para assentar sua soberania. Vê-se então a "senhora das senhoras" reinar absoluta sobre os mosteiros apresentados como terras "virgens", desimpedidas do pecado e povoadas por homens espirituais, os monges, que se creem semelhantes aos anjos para conduzir os homens carnais à salvação. Em virtude de um paralelismo teológico entre a Virgem e a Igreja, apoiado na comparação das respectivas maternidades, uma relativa ao Filho de Deus, a outra relativa aos homens, Maria está agora em condições de impor sua autoridade de Igreja às dissidências que a reforma gregoriana, entre outras missões, se deu como meta erradicar.

Com o Menino Jesus no colo, a Virgem "em majestade" apresenta um Deus bem encarnado aos homens que interrogam o mistério cristão a ponto de questioná-lo. "Por que Deus se fez homem?", resume santo Anselmo († 1109), que responde por intermédio de Maria. Para vir venerar o Menino Jesus, o povo cristão se põe a caminho, como os reis magos, dos santuários marianos – esse povo a quem é explicado que ele peregrina à Jerusalém celeste, destino e finalidade do seu exílio na terra. O progresso doutrinal leva paralelamente a afirmar a maternidade espiritual da Soberana, definida como mediadora entre os homens e Deus: mãe de Deus, Maria tornou-se mãe dos homens.

Nos anos 1100, as peregrinações à Virgem conhecem o início do seu desenvolvimento. Elas se localizam essencialmente no centro e no norte da Europa. Em Laon, em Soissons, em Chartres..., os peregrinos são milhares vindos tocar as relíquias de Maria: sua túnica branca, seu sapato fino, seu leite ou seus cabelos, últimos vestígios da sua presença corporal. A crença na Assunção, que se fixa nos espíritos do século XII, coloca de fato no Céu o corpo incorruptível de Maria elevada com sua alma na luz de Deus. Os relatos de milagres da Virgem, escritos na maioria das vezes por monges ou cônegos, procuram assegurar a promoção das peregrinações, tanto quanto promover a salvação. Não demorando a ser reunidos em coleções – como os *Milagres de Nossa Senhora* de Guilherme de Malmesbury, compostos em cerca de 1123, ou os de Gautier de Coinci, antes de 1236 –, os relatos de milagres contam as inúmeras benfeitorias da mãe de Deus. Os milagres da Idade Média parecem saídos diretamente dos Evangelhos. Vivem o mesmo quinhão de sofrimentos e de doenças, extraídos de uma história comum, relida como sendo a da humanidade excluída, desde a queda, da ordem estabelecida por Deus no Gênesis. A Virgem mostra então o rosto da sua graça, ela que é "cheia de graças", como diz a prece da Ave-Maria, um dos elementos do catecismo minúsculo do cristão do século XII, com o Padre-nosso (ou Pai-nosso) e o Credo (primeira palavra da profissão de fé cristã). São Bernardo († 1153) utiliza notadamente a imagem do aqueduto para descrever esse escoamento de amor divino que flui até todo aquele que eleva sua prece a Maria. Os relatos de milagres são, assim, uma ocasião para traduzir a crença na intercessão da Virgem que, melhor ainda que os santos, apresenta a Deus os rogos dos homens para que todos sejam salvos.

Ao mesmo tempo que restabelece a sociedade medieval numa bem-aventurada felicidade, semelhante à que reinava antes da queda no jardim do Éden, a Virgem em majestade trona nos pórticos das catedrais. Ela se torna uma imagem monumental, como em Notre-Dame de Paris. A partir do fim do século XII, assiste-se à sua coroação ao lado de Cristo, ao mesmo tempo juiz e rei. Nos textos, a Virgem é apresentada como advogada dos pecadores e rainha das rainhas. Triunfante, Maria veste um manto, que suas mãos abrem para acolher a cristandade na entrada das igrejas, essas portas do paraíso. Os comentadores identificam agora a mulher coroada com a Mulher do Apocalipse vestida de sol e coroada de estrelas. À maneira de Rupert de Deutz († 1129), ressaltam seu papel na história do fim dos tempos. Seu regaço de mãe se arredonda ao mesmo tempo com novas maternidades, definidas como espirituais. Assim, por volta de 1200, a ordem cisterciense a proclama fundadora e mãe dos monges. À maneira de são Bernardo († 1153), "criança de peito de Nossa Senhora", segundo seu hagiógrafo Pierre de Celle, os noviços são apresentados como irmãos de leite do Menino Jesus. Eles bebem o leite espiritual que escorre do seio nutridor da Mãe de Deus. Depois, no rastro da ordem cisterciense, as novas ordens religiosas de são Francisco († 1226) e de são Domingos († 1221) reivindicam seu padroado: os frades se aninham sob as abas do grande manto da mãe de misericórdia.

A figura mariana ostenta desde então toda a sua magnificência. De fato, o corpo de Maria é posto no cerne da teologia que se elabora a seu respeito. Visto que esse corpo deu nascimento ao corpo de Cristo, que é ao mesmo tempo corpo de carne, corpo da eucaristia e corpo da Igreja, isto é, de todos os batizados, ele também pode servir de metáfora para designar a Igreja. Cada um dos membros ou corporações que compõem esta última – do povo ao papa – enxerga portanto em Maria a sua mais eminente figuração. Logo depois do IV Concílio de Latrão (1215), a Virgem, modelo de obediência ao Pai, é proposta como modelo de normalização da Igreja. Cabe a ela mostrar o exemplo para as ordens religiosas, guiar as almas à descoberta do mistério de Deus, convidar os fiéis a se tornar cristãos exemplares. Em suma, fazer respeitar o programa conciliar de erradicação da heresia, de enquadramento da crença dos leigos e de construção da unidade da cristandade.

A rainha se apresenta então igualmente como a servidora desse dispositivo. A figura da "serva" dos Evangelhos é posta em relevo nas releituras do texto sagrado. É assim que aparecem, em meados do século XIV, os primeiros "servos e servas de Maria", sejam eles clérigos ou leigos, por exemplo, a ordem dos servitas de Maria. A Virgem é para eles uma mãe de ternura, na qual seus "filhos" e suas "filhas" encontram uma santidade imitável. A imitação mariana abre, em particular, novos caminhos espirituais para as místicas do início do século XIV, que se descobrem "prenhes do Espírito Santo" e "parem" o Menino Jesus em sua alma, como por exemplo santa Catarina de Siena († 1380).

A devoção mariana faz parte desse mesmo processo de incorporação destinado a integrar cada corpo individual ou coletivo no corpo da Igreja. De Flandres à Itália, um mesmo movimento insere nele confrarias, ordens terceiras, cidades, universidades (no sentido medieval genérico de "agrupamento")... Por isso, quando a Igreja se dilacera, e com ela a cristandade, durante o Grande Cisma (1378-1417), o Filho martirizado que desceu da cruz sucede ao Menino Jesus no colo da sua mãe. As *pietà*, essa nova iconografia do século XIV, mostram a Virgem dolorosa ante as desgraças do tempo (peste, fome, epidemias...), enquanto a prece do Stabat Mater descreve Maria ao pé da cruz. As dores substituem as alegrias nas litanias oferecidas a Maria e os teólogos comentam a comunicação da Paixão entre a Virgem e seu Filho. Em Maria, pedra angular do mundo cristão ocidental, o fim da Idade Média também procura encontrar seu derradeiro sobressalto de indivisão. Seus milagres e suas aparições contribuem para tanto, em particular nas controvérsias sobre a sua Concepção imaculada que ameaçam mais que nunca a unidade da Igreja. No fim da Idade Média, o culto da Virgem também foi motivo de uma reforma que o século XVI protestante realizou em atos.

SYLVIE BARNAY

A explosão das obras de caridade
(séculos XII-XIII)

Desde os primeiros séculos, a Igreja proclamou a necessidade de prestar assistência aos pobres: o amor a Deus é inseparável do amor ao próximo (Mt 22, 33-40; Mc 12, 28-34; Lc 10, 25-28). Na tradição cristã, esse dever de caridade foi uma das principais responsabilidades dos bispos. Com o desenvolvimento do monaquismo, notadamente beneditino, a prática da hospitalidade e da esmola, exigida pela regra de são Bento, ampliou a capacidade de socorro aos indigentes. A partir do século XI e sobretudo do século XII, além das expressões multiformes da caridade privada, que a doutrina da salvação pelas obras, amplamente desenvolvida, incita os fiéis a praticar com abundância, já que segundo a Escritura a esmola apaga o pecado, o cuidado com os pobres adquire progressivamente formas mais organizadas, tanto no âmbito de ordens especializadas como no dos movimentos confraternais. Essa atividade caritativa encontrou seu programa nos atos que distinguem os eleitos dos reprovados, conforme o relato do Juízo Final (Mt 25, 31-46): são as "obras de misericórdia". Às obras concretas citadas no texto (dar de comer e de beber aos pobres, vesti-los, visitar os enfermos e os prisioneiros, acolher os estrangeiros, sepultar os mortos), os teólogos acrescentaram um equivalente espiritual (instruir, aconselhar, corrigir, consolar, perdoar, converter, orar pelos vivos e pelos mortos).

Socorrer os peregrinos esgotados com sua marcha a Jerusalém, acudir os cruzados feridos e enfermos foram os objetivos da primeira iniciativa atestada de vocação a servir o próximo inserida nos marcos de uma ordem religiosa reconhecida: o hospital de São João de Jerusalém, que é a mais antiga das ordens caritativas. A regra que lhe foi dada em meados do século XII muitas vezes foi posteriormente imitada por numerosos estabelecimentos hospitalários, no que concerne à acolhida dos enfermos. Depois de receber os cuidados espirituais indispensáveis (confissão e comunhão), os pacientes são levados à cama e servidos como se fossem os donos da casa. A qualidade da hospedagem e a eficácia dos cuidados, somadas à abundância de esmolas distribuídas diariamente aos necessitados, constituem os traços característicos de uma hospitalidade modelo, ilustrada principalmente, é claro, pela casa-mãe de Jerusalém, depois em Acre e em Rodes, mas que não foi inexistente nas numerosas comendadorias dispersas através de toda a cristandade.

No decorrer do século XII, num Ocidente em pleno desenvolvimento econômico e demográfico que também gera seus abandonados, as formas de assistência se multiplicam. Elas se diversificam igualmente. Ao lado desses organismos de distribuições caritativas, criados por iniciativa de certas cidades mas também, com frequência, de indivíduos, surgem numerosos hospitais e leprosários, na maior parte do tempo independentes uns dos outros. Em 1198, o papa Inocêncio III aprova duas fundações recentes, novas em seus objetivos: a dos irmãos do Espírito Santo e a dos trinitários. De fato, foi por volta de 1180 que havia sido fundado por Gui de Montpellier, em sua cidade, um estabelecimento que se propunha como missão alimentar os famintos, vestir os pobres e cuidar dos enfermos. Seu reconhecimento pelo papa, seguido pouco tempo depois pela sua união, sob a mesma direção do frei Gui, ao hospital que o próprio Inocêncio III construíra em Roma, à beira do Tibre, Santa Maria in Sassia, depois a agregação progressiva de vários abrigos na Europa, tornaram desde o século XIII os irmãos do Espírito Santo, agora encarregados de uma verdadeira ordem religiosa hospitalária, dedicados e eficientes promotores da caridade evangélica. Esta se exercia em benefício das vítimas da miséria e da doença: pobres passantes, anciãos, enfermos, parturientes, menores abandonados, todos podiam encontrar asilo e reconforto em suas casas.

A criação, no mesmo momento, de outra ordem, esta dedicada ao resgate de prisioneiros cativos em terras islâmicas e posta sob a invocação da Santíssima Trindade, também se insere na prática das obras de misericórdia. Desde o seu primeiro estabelecimento em Cerfroid (diocese de Meaux), depois de suas casas estabelecidas nos países mediterrâneos, os trinitários não apenas se devotaram a servir os prisioneiros, destinando a essa atividade um terço das suas rendas, mas também mantiveram, na maioria dos seus conventos, um hospital, consagrando à assistência aos pobres e aos enfermos mais um terço dos seus bens. À sua imitação, foi fundada em Barcelona, em 1223, uma confraria consagrada à libertação dos cristãos reduzidos à escravidão pelos muçulmanos, que a partir de 1235 se tornou uma ordem religiosa de cônegos agostinianos, Santa Maria das Mercês. Os "mercedários" se consagravam essencialmente à organização de grandes campanhas de coletas de esmola e serviam igualmente aos hospitais.

Outra ordem hospitalária especializada foi a dos irmãos de Santo Antônio, na região do Viennois, França, que se dedicou às vítimas do ergotismo: o "fogo de santo Antônio" ou "mal dos ardentes" é uma grave intoxicação alimentar que devastou a Europa entre os séculos XI e XIV, e que se devia ao consumo de cereais fermentados, provocando sensações de queimaduras seguidas da perda dos membros atingidos por estas. A partir do seu estabelecimento inicial na região do Dauphiné, os antoninos implantaram uma vasta rede de dependências, centros de recepção dos produtos das coletas e locais de acolhida para os doentes. Em 1297, Bonifácio VIII integrou-as numa ordem religiosa de cônegos regulares seguidores da regra de santo Agostinho, sob a autoridade do abade de Saint-Antoine, na região de Vienne. A competência dos antoninos, as curas que obtinham, seu desvelo em cumprir com a sua missão lhes valeram a admiração da sociedade cristã, a devoção de numerosos testadores, o sucesso das suas campanhas de coleta, enfim a honra de manter um hospital ambulante que acompanhava a corte pontifícia em suas viagens, para cuidar dos peregrinos e dos curiais enfermos. De fato, pouco a pouco, com a redução do ergotismo no século XIV, os hospitais da ordem passaram a receber todos os doentes, sem distinção, mantendo através dos séculos uma fidelidade sem lacunas para com seu ministério de caridade.

Ao lado dessas grandes ordens, havia numerosas pequenas comunidades hospitalárias, organizadas em torno de uma casa importante mas cuja abrangência se limitava a uma região dada, como os grandes abrigos de peregrinos que foram Roncesvalles, San Giacomo di Altopascio ou Aubrac, e sobretudo as múltiplas fraternidades semirreligiosas e as confrarias laicas que consagravam o essencial ou boa parte das suas atividades à assistência. "Esmolas", "caridades", "mesas dos pobres" pululam na Europa da Idade Média, funcionando de variadas formas, submetidas a estatutos e a regulamentos também de grande diversidade, mas todos eles visando prover às necessidades dos pobres, mais particularmente às suas necessidades corporais sob a forma de "doações" de alimento e de roupa. Instituições caritativas de outro tipo também surgiram em torno da tomada de consciência do perigo que representava a travessia dos rios. Assim, associações de irmãos e irmãs "da ponte" assumiram a conservação e, às vezes, até mesmo a construção de uma ponte ou a travessia do rio de barco, além da acolhida dos viajantes em abrigos situados nas proximidades, ilustrando uma hospitalidade viageira original, particularmente representada ao longo do Ródano (Lyon, Pont-Saint-Esprit, Avignon).

À ação dessas estruturas associativas com finalidade assistencial, institucionalizadas e cada vez mais municipalizadas, vem se somar uma proliferação de iniciativas individuais, indo da fundação de um hospital por um rico personagem à instituição dos "pobres de Cristo" como legatários universais, da manutenção por um príncipe ou um prelado de uma esmolaria à ajuda nos tribunais fornecida gratuitamente por um jurista misericordioso.

As respostas que a Idade Média deu, assim, ao desafio social e religioso representado pela presença da miséria no seio de uma camada da população mais ou menos ampla, conforme os lugares e as épocas, foram múltiplas, como vemos. Desenvolvidas no contexto do grande movimento de prosperidade que caracterizou os séculos XII e XIII na Europa, estimuladas pelo despertar de consciências que a palavra dos pregadores provocava, as instituições de assistência, assim como todos os outros gestos e comportamentos que vinham ilustrar a *caritas*, a lei de amor evangélico, também foram, para o mundo leigo, e com relação ao clero, um caminho de acesso ao controle parcial do sagrado e a uma responsabilização crescente do cristão perante a sua salvação.

DANIEL LE BLÉVEC

O culto do Santo Sacramento
(século XIII)

O culto do Santo Sacramento – se entendermos por isso não a cerimônia da eucaristia (a missa), mas a veneração de que são rodeados o pão e o vinho, consagrados pelas palavras do celebrante em corpo e sangue de Jesus (Mt 26, 26-28; Mc 14, 22-24; Lc 22, 19-20) – nasceu durante a segunda metade da época medieval. Com efeito, o primeiro milênio cristão não se preocupara em aprofundar e explicitar a teologia eucarística. Foi necessário aguardar a época carolíngia para que dois monges se enfrentassem sobre a interpretação a dar à transformação assim operada: um, Pascásio Radberto († c. 860), abade de Corbie, defendia uma interpretação dita "realista" (as espécies se tornam realmente corpo e sangue de Jesus); o outro, Ratramno († c. 870), também monge de Corbie, uma leitura espiritual. Béranger, um clérigo de Tours, reativou o debate no século XII, em termos mais marcantes, no contexto da renovação do procedimento dialético e do pensamento científico. Em resposta a essas correntes, os escolásticos formularam o que será a posição oficial da Igreja ocidental até a época moderna: a "transubstanciação". Segundo essa doutrina, as espécies eucarísticas são, sim, corpo e sangue de Cristo, mas sob o "aspecto" aparente do pão e do vinho, cuja "substância" é transformada pelo enunciado das palavras da consagração: a forma permanece, a matéria muda.

A transubstanciação é citada nos cânones do IV Concílio de Latrão (1215) e sua transmissão foi objeto de uma ação pastoral intensa entre os séculos XIII e XV. Todos os recursos da arte, do gesto e da palavra foram mobilizados para fazer os fiéis penetrarem a delicada inteligência do mistério e responderem às objeções que não deixaram de se elevar. Os relatos de milagres eucarísticos se multiplicaram: panos de altar manchados de sangue (em Bolsena, Itália, 1263) ou a aparição de Cristo menino ou martirizado na hóstia. A multiplicação infinita do corpo de Cristo é comparada à da chama que não se atenua, desdobrando-se. A cerimônia da missa conhece a introdução do gesto da elevação, logo após a consagração, durante o qual o padre, que celebra de costas para os fiéis, eleva acima da sua cabeça a hóstia e o cálice para que os presentes possam vê-los: os fiéis chegam a pensar que "ver a hóstia" garante contra a morte súbita. Preces são compostas com o fim de preparar clérigos e leigos para a contemplação do *Corpus Christi* ("corpo de Cristo") e para a comunhão, essa recepção da hóstia consagrada que, então, era preconizada de forma apenas limitada, mas pelo menos uma vez por ano, na Páscoa.

O fervor eucarístico é particularmente vivo no mundo dos religiosos: é entre os cartuxos que se identifica a primeira menção à elevação. As mulheres também se mostram especialmente receptivas a esta: uma delas, Juliana de Montcornillon († 1258), religiosa agostiniana da região de Liège, está na origem da celebração de uma festa do mistério eucarístico, dita Festa de Deus ou festa de *Corpus Christi*. Essa celebração foi adotada pela diocese de Liège antes de o papa Urbano IV, ex-arquidiácono dessa mesma diocese, estendê-la a toda a cristandade de obediência romana em 1264; as preces litúrgicas que lhe são próprias parecem poder ser atribuídas a Tomás de Aquino. Em 1311, o Concílio de Vienne reafirmou a obrigação.

Essa festa se tornou então, notadamente nas cidades, um dos acontecimentos maiores do ano. Ela se traduzia, de fato, pela organização de uma procissão durante a qual a hóstia (o vinho havia sido eliminado por motivos práticos óbvios) era levada solenemente sob um pálio, numa caixinha preciosa, uma píxide, mais tarde substituída por uma "custódia" (objeto destinado a valorizá-la e exibi-la aos assistentes), rodeada pelo clero e pelos fiéis que a escoltavam. Entre estes últimos figuravam em lugar de destaque os membros das confrarias do Santo Sacramento, que foram fundadas em grande número a fim de desenvolver nas paróquias o culto do *Corpus Christi* – por exemplo, coletando dinheiro, para manter uma lâmpada acesa junto da reserva eucarística (esse uso se perpetuou nas igrejas). Nos últimos séculos da Idade Média, os governos urbanos tomaram a iniciativa dessa procissão da Festa de Deus, ocasião privilegiada para a sociedade citadina afirmar sua unidade e manifestar a identidade dos elementos que a compunham. Os corpos de ofício, os corpos eclesiásticos (cônegos da catedral e das colegiais, monges, frades mendicantes, confrarias) e o corpo municipal rivalizavam uns com os outros para se apresentar com o maior brilho e ter o melhor lugar no longo desfile. A Festa de Deus adquiriu assim uma dimensão cívica que conservou na época moderna.

No fim do século XV, a espiritualidade da eucaristia ressurgiu em fervores coletivos e individuais mais estruturados, seja no espaço renano-flamengo (como atesta a *Imitação de Cristo*), seja na Itália, desenvolvendo-se, por volta de 1500, em certos círculos como o Oratório do Divino Amor, em Gênova, a ideia de uma comunhão cotidiana e de um culto mais frequente da hóstia. Quando os barnabitas ou os capuchinhos organizam em Milão, a partir de 1527, a prece das Quarenta Horas (preces expiatórias dirigidas a Deus diante do Santo Sacramento) e quando o papa distribui indulgências por esse gesto em 1537, é todo o sistema moderno da devoção ao Santo Sacramento exposto em tempos de calamidade que é promovido. Em 1550, Filipe Néri aclimata a liturgia a Roma e a apresenta em decorações pintadas, criando assim um espaço que valoriza o poder do Santo Sacramento; uma característica da arte barroca nasce, assim, nesse contexto. Em 1552, os jesuítas também organizam preces ininterruptas diante do Santo Sacramento em Messina, ameaçada pelos turcos, e a partir de 1556 convidam os fiéis à prece durante o carnaval para expiar os pecados cometidos durante este, forjando assim o conceito de adoração perpétua reparadora, que chega ao auge no fim do século XIX.

Essas novas sensibilidades são propostas em grande escala pelos jesuítas, em seus colégios, desde o fim do século. Reafirmado no Concílio de Trento, o culto se torna então um sinal identitário do catolicismo e, às vezes, um instrumento de opressão em relação a outras confissões, obrigadas a venerar a hóstia. Em torno dessa identidade, confortada por milagres no fim do século XVI, Francisco de Sales e Bérulle, entre outros, estabelecem as modalidades de um companheirismo de cada fiel com Cristo glorioso. Essa capacidade de evocar a presença concreta e tranquilizadora do Cristo vencedor de todo mal autoriza cerimônias grandiosas para recordar a proteção divina nas catástrofes, em situação minoritária... ou para lançar novas cruzadas, morais ou políticas, até o século XX. Ajoelhar-se diante do Santo Sacramento permite mostrar sua submissão à Igreja romana, ao mesmo tempo que constitui uma prática tranquilizadora e ativa para reparar os pecados do mundo. A basílica do Sacré-Coeur, construída a partir de 1877 unicamente com o dinheiro dos fiéis como reparação dos excessos da Comuna e destinada, desde a origem, à adoração perpétua, não é o melhor exemplo do domínio do Santo Sacramento sobre o mundo?

O culto da presença permanente de Cristo, incessantemente vivificada, permite alimentar a espiritualidade individual dos leigos, num contato de coração a coração com ele, em razão da sua Encarnação e da sua vitória sobre a morte; ele é a marca da originalidade católica, uma sensibilidade que torna concreta a transcendência, assim como uma arma de combate contra os maus cristãos, contra os pagãos, ou mesmo contra os que se opõem a Roma.

CATHERINE VINCENT E NICOLE LEMAITRE

Jan Hus
(† 1415)

Constança, 6 de julho de 1415: os Padres do concílio assistem à queimação de um padre tcheco que acabam de declarar herético, Jan de Husinec, dito Jan Hus. Não haviam passado dois meses, e centenas de nobres da Boêmia e da Morávia protestavam contra a sentença. Seguiram-se quinze anos de guerras, durante as quais a Boêmia enfrentou cinco cruzadas lançadas contra os discípulos de Hus pelo papa Martinho V e pelo imperador Sigismundo. Fato inédito, um novo concílio reunido em Basileia teve de negociar com eles e, finalmente, em 1436, outorgou-lhes um amplo reconhecimento de fato. Como a morte desse obscuro teólogo que vinha do frio pôde dar nascimento a uma das primeiras Igrejas nacionais da Europa?

Nada no entanto parecia predispor o jovem Hus a brincar de revolucionário. Nascido por volta de 1370 numa aldeia da Boêmia meridional, vinha de uma família modesta que o empurrou, tanto por ambição quanto por convicção, para a carreira eclesiástica. Concluídos os estudos elementares, Jan se inscreveu em torno de 1390 na faculdade de artes da universidade de Praga. Obteve rapidamente, embora sem maior destaque, seus primeiros diplomas: bacharel em artes em 1393, tornando-se mestre três anos depois. A capital da Boêmia brilhava então em todo o seu fulgor. Elevada a arcebispado em 1344, sede de uma universidade desde 1347, tinha entre trinta mil e quarenta mil habitantes e abrigava a residência de Venceslau IV, rei dos romanos (título usado pelo imperador depois da sua eleição pelos príncipes germânicos, antes da sua coroação em Roma). Descobrindo a metrópole mais povoada, mais cosmopolita e mais brilhante da Europa central, Hus também se familiarizou com o movimento de renovação religiosa que tomara corpo aí sob a conduta dos arcebispos; debatido no âmbito dos sínodos diocesanos, depois no púlpito, esse movimento visava dar maior regularidade ao funcionamento das instituições eclesiásticas, maior dignidade aos membros da Igreja secular, mais cultura cristã a todo o povo. Como muitos outros membros da universidade praguense, Jan Hus logo quis participar, dando o melhor de si, dessa obra educadora que estimulava sua utilidade social ao mesmo tempo que satisfazia suas aspirações espirituais.

Desde a morte do imperador Carlos IV em 1378, a reforma praguense passava entretanto por uma crise de crescimento. O arcebispo Jan de Jenstejn havia entrado em conflito com Venceslau IV, enquanto as dificuldades econômicas nascentes reavivavam as tensões entre tchecos e alemães; e, lá como em outros lugares, o Grande Cisma exercia seus efeitos deletérios, substituindo pela desconfiança a veneração de que antes desfrutava a Sé romana. Hus foi testemunha e intérprete dessa efervescência inquieta. Como mestre da universidade, pertencia, decerto, à elite clerical que aconselhava o arcebispo. Mas sua geração se sentia, com razão ou sem, ameaçada: menos seguros do seu saber e da sua posição acadêmica que os doutores em teologia mais idosos, sem os privilégios e o prestígio de seus colegas juristas, expostos à concorrência dos frades mendicantes, aborrecidos por terem de compartilhar funções e rendimentos com os mestres estrangeiros, Hus e seus amigos estavam prontos a pôr suas competências a serviço da crítica da ordem estabelecida.

Esta passou, num primeiro tempo, pela adoção do wyclifismo, do nome do célebre mestre da universidade de Oxford, John Wyclif (c. 1327-1384). Esse poderoso teólogo havia deixado uma obra tão controvertida quanto abundante, que puxava o agostinismo no sentido de uma contestação explícita das mediações eclesiais. Hus foi um dos que copiaram seus escritos filosóficos e que apoiaram por conseguinte um realismo* radical, professando a existência de universais (conceitos aplicáveis a todos os indivíduos de um gênero ou de uma espécie) formais e incriados na inteligência divina. Mais aberto porém que seu inspirador às necessidades espirituais dos fiéis, tornou-se paralelamente pregador de sucesso, na direta linhagem da corrente pastoral que Conrad de Waldhausen e Milic de Kromeriz haviam mantido em Praga desde meados do século XIV. Tendo obtido em março de 1402 um púlpito na capela de Belém, recentemente fundada (1391), aí pregou em tcheco durante dez anos e animou uma escola de pregadores a que fornecia sermões modelos. Severo para com os abusos na Igreja, mas ainda prudente no plano teológico, seu ensino teve um vivo êxito e lhe valeu o apoio do novo arcebispo Zbynek Zajic de Hazmburk, que o nomeou pregador nos sínodos de outubro de 1405 e 1407. Foi para ele a oportunidade de se inserir na sociedade política praguense e de comungar com valores patrióticos a que os universitários haviam sido por muito tempo refratários. Autor de cânticos e de manuais de edificação, em língua vernácula, sobre a prece e a prática das virtudes cristãs, o pregador de Belém soube seduzir as elites praguenses por seu rigorismo moral e por sua aptidão em lhes transmitir o gosto pela Palavra de Deus, amplamente difundida e traduzida. Os círculos de leigos pios, em particular as beguinas que, havia anos, reclamavam o acesso direto às fontes da fé, encontraram assim em Jan Hus um pai espiritual conforme ao seu coração.

No entanto, a partir de 1408, a referência declarada a Wyclif o pôs em conflito aberto com sua hierarquia eclesiástica. Embora tenha permanecido apegado ao realismo eucarístico (fé na "presença real" do corpo e do sangue de Cristo sob a aparência das espécies do pão e do vinho eucarísticos) e tenha hesitado ante a predestinação, Hus defendeu vigorosamente a ortodoxia do pensamento de Wyclif contra o arcebispo que queria proscrever o ensino deste. Proibido de pregar, recalcitrou e procurou o apoio do rei Venceslau IV. Essa aliança de circunstância permitiu que a

---

* Oposta ao nominalismo, essa doutrina defende a realidade dos universais, independentemente do seu conhecimento por um sujeito.

"nação" tcheca da universidade arrancasse o decreto de Kutna Hora, que pôs em minoria os mestres alemães e os forçou a emigrar (18 de janeiro de 1409). De seu lado, ao mesmo tempo que apoiava da boca para fora o Concílio de Pisa (1409), Hus voltou-se desde então para o poder leigo a fim de assegurar a reforma que almejava. Na capela de Belém e na universidade, sua audiência não parou de crescer, como prova a abundante correspondência que manteve com todos os que, da rainha Sofia a simples estudantes ou cavaleiros, solicitavam seus conselhos. Por isso, sua desgraça foi ainda maior quando, em 1412, ele se opôs ao rei, que ele criticava por ter autorizado a pregação de indulgências a favor da "cruzada" italiana do papa. Atingido por uma excomunhão agravada, não teve outra opção senão a de apelar para Cristo e se exilar fora de uma Praga em plena ebulição. Encontrou refúgio nos castelos que seus protetores possuíam na Boêmia meridional, onde se consagrou a uma pregação itinerante cada vez mais radical e à redação de numerosas obras polêmicas. Entre estas, destaca-se um panfleto contra a simonia, uma ampla coleção de sermões tchecos (*Postila*) e, principalmente, seu tratado *De Ecclesia*, no qual chegava a uma situação sem volta: ignorando as soluções conciliadoras que, na época, contavam com a simpatia dos teólogos, acabou recusando a primazia romana e a definição usual da Igreja como sociedade visível.

Para romper seu isolamento, Hus teve finalmente de ceder, no verão de 1414, ao rei dos romanos, Sigismundo, que o instava a ir se defender em Constança ante o futuro concílio. Muito embora munido de um salvo-conduto, seus adversários alemães, mas também franceses e tchecos, conseguiram que fosse encarcerado pouco depois de chegar. Aproveitou então sua inatividade forçada para responder por escrito às acusações feitas contra ele e para estimular seus discípulos, que acabavam de restabelecer em Praga a comunhão sob as duas espécies (pão e vinho) para todos os fiéis, quando tinha se imposto o uso de, aos leigos, só dar o pão em comunhão. Diante da avalanche de protestos feitos pelos nobres tchecos presentes, o concílio concedeu ao acusado ser ouvido em sessão pública. Suas audiências, no início de junho, apenas trouxeram à luz do dia a hostilidade visceral do concílio para com uma reforma conduzida sem nenhuma mediação institucional e sem se preocupar nem com o escândalo nem com a oportunidade. É tentador reconhecer por trás dessa oposição a clivagem entre cristandades de antiga latinidade, dotadas de uma longa tradição de autorregulação reformadora, e o cristianismo, espontaneamente mais impaciente e intransigente, dos "recém-chegados". Seja como for, Hus negou ter defendido as posições errôneas que lhe eram imputadas e se recusou em boa consciência a se retratar. Depois de o cardeal Zabarella e outros padres conciliares terem tentado em vão uma derradeira mediação, Hus foi queimado vivo e suas cinzas jogadas no Reno. Mas logo se desenvolveu na Boêmia um culto em sua homenagem, a que foi associado seu companheiro de infortúnio, Jerônimo de Praga (c. 1380-1416).

A memória do seu martírio não cessaria mais de alimentar os conflitos superpostos da história política e religiosa tcheca. Os reformadores protestantes, na esteira de Martinho Lutero, arrolaram Hus entre os supostos precursores da verdadeira religião, enquanto, depois da batalha da Montanha Branca (1620), a Contrarreforma triunfante se empenhou em erradicar até os mais ínfimos vestígios da sua lembrança. Em vão: desde as primeiras décadas do século XIX, o nacionalismo tcheco renascente fez de Hus o inspirador da sua luta pela identidade eslava ante o autoritarismo germânico. A primeira república tchecoslovaca, que veio à luz em 1918 sobre os escombros do Império Austro-húngaro, apresentou-se logicamente como sua herdeira e inclusive apoiou a formação de uma Igreja hussita autocéfala, composta de fiéis liberais e nacionalistas. Nestes últimos anos, a imagem de Hus ficou um tanto embaçada. De um lado, a Igreja católica, sem pronunciar a reabilitação da sua doutrina, reconheceu sua piedade e seu zelo apostólico. Sobretudo, a instrumentalização do hussitismo pelo regime comunista e os conluios entre a Igreja hussita e a ditadura acabaram cansando a opinião pública. Sinal dos tempos, na hora em que a Europa se reunifica, Jan Hus cedeu lugar, no coração dos tchecos, ao mui europeu Carlos IV...

OLIVIER MARIN

A busca de Deus
Místicos do Oriente e do Ocidente

A mística, palavra surgida no século XVII para designar unicamente essa experiência da presença divina obtida ao fim de um processo de meditação e de contemplação, "é inaugurada nos mais remotos inícios da história religiosa" (Michel de Certeau). Nas Igrejas do Oriente, a via mística constituiu um elemento importante da vida religiosa e foi inclusive integrada à teologia oficial da Igreja bizantina, enquanto no cristianismo ocidental ela só sai da sombra a partir do século XII.

A mística em Bizâncio

No Oriente, a via mística, já presente nos tratados de Orígenes (185-c. 253), encontrou seus teóricos nos meios monásticos do fim da Antiguidade, em Macário, o Egípcio (c. 300-c. 390), Evagro, o Pôntico (346-399), e João Cassiano (c. 350-c. 435). De fato, os Padres do deserto comentaram sua experiência da comunhão com Deus na solidão. Ela se obtinha graças a uma longa ascese e a uma luta contra os demônios, que permitiam a purificação da alma, mas também graças a um estado de prece, criado pela recitação da "prece de Jesus" ou "prece do coração" (uma fórmula curta pronunciada em associação com o ritmo respiratório: "Senhor Jesus Cristo, filho de Deus, tende piedade de mim") ou pela "ruminação" meditativa da palavra de Deus através de um versículo bíblico. Para instaurar esse estado de prece que possibilita o encontro com Deus, monges e monjas buscam a *hesykhía*, a paz interior, que passa pelo controle das paixões e dos pensamentos. A alma pode então experimentar o maravilhamento contemplativo.

Os Padres do deserto, assim como os monges que retomaram sua tradição espiritual, tentaram definir os efeitos desse encontro com Deus: um deles, muito corrente, nada mais era que o aparecimento de lágrimas. Diádoco de Poticeia (século V) descreve-o assim: "Quando o Espírito Santo age na alma, ela salmodia e ora, em total abandono e doçura, no segredo do coração. Essa disposição é acompanhada por lágrimas interiores, depois por uma espécie de plenitude ávida de silêncio." Para João Cassiano, é "por uma alegria inefável" que se revela a presença divina. Às vezes a experiência mística também passa por uma percepção sensível dessa presença: uma visão luminosa, os eflúvios de um sublime perfume ou de uma brisa ligeira, um fogo interior que "regenera os seres com seu calor vivificante, os ilumina, mas em si permanece puro e sem mistura", relata Dionísio, o Areopagita*. Para numerosos autores, a finalidade é alcançar a "visão" de Deus ou a união com Deus.

Embora desabrochasse nos meios monásticos do deserto, onde encontrou seus teóricos, a tradição mística bizantina não permaneceu restrita aos profissionais da ascese e da prece, foi também parte integrante da vida religiosa de numerosos fiéis. Dionísio, o Areopagita, insiste no fato de que o amor divino anseia por se comunicar. Como o fogo, explica, "ele se oferece a quem quer que dele se aproxime, por pouco que seja".

---

* Designa-se pelo nome de Pseudo-Dionísio o autor (c. 500) de um conjunto de textos – entre os quais a célebre *Hierarquia celeste* – atribuídos até o século XVI a Dionísio, o Areopagita, ateniense convertido por são Paulo, que alguns pretendem tratar-se do santo bispo de Paris morto no martírio em cerca de 250 (segundo Gregório de Tours, bispo e hagiógrafo do século VI). Essas obras, que integram o neoplatonismo ao cristianismo, marcaram profundamente a espiritualidade e a mística medievais.

No entanto a via mística nem sempre foi favorecida: ela conheceu fases em que sua expressão era controlada pela autoridade eclesiástica. Preconizando um acesso direto a Deus pela prece e pela ascese, sem passar pela mediação clerical, seus teóricos foram às vezes percebidos como perigosos espíritos que buscavam furtar-se aos sacramentos e criticavam a hierarquia clerical. Alguns grupos místicos, como os messalianos, identificados no século IV em Antioquia como provenientes da Mesopotâmia e batizados de "orantes" por seus adversários em razão da importância quase exclusiva que davam à oração na prática religiosa, foram declarados heréticos e perseguidos. A acusação de "messalianismo" tornou-se, posteriormente, um rótulo que possibilitou a rejeição de outros místicos.

A época iconoclasta (730-843) não parece muito favorável à expressão da corrente mística, notadamente porque os imperadores, assim como os bispos, favoreciam o clero secular, único intermediário reconhecido com o divino, e não os monges, muitas vezes iconodoulos (favoráveis à veneração das imagens). Mesmo nos meios monásticos, em razão do seu caráter individualista, a via mística nem sempre granjeou a simpatia dos reformadores, como Teodoro Estudita (759-826), porque podia gerar uma hierarquia paralela baseada na proximidade declarada ou suposta com Deus. Ora, a reorganização monástica tinha um caráter pragmático que não favorecia o individualismo; nela, o misticismo devia ser discreto. No momento do apogeu do império (séculos X-XI), certas formas de vida mística foram condenadas como heréticas. Pode-se ver nesses episódios uma recuperação do controle, pelo patriarcado e os metropolitas, sobre as correntes que tendiam a lhes escapar e podiam ser populares. Assim, os partidários de Eleutério da Paflagônia (século X) foram condenados duas vezes pelo sínodo patriarcal. Conhecido unicamente pelas acusações deformadoras do sínodo, que o considera messaliano e libertino, ele foi no entanto venerado como santo na província em que residia.

A popularidade dos místicos e o respeito que sua proximidade com Deus inspirava são bem ilustrados pela carreira de Simeão, dito o Novo Teólogo († 1022). Filho de uma família aristocrática, optou por entrar para o mosteiro de Studium (ou Stoudios), o mais prestigioso de Constantinopla. Desenvolveu aí a ideia de que cada um pode buscar diretamente sua salvação pessoal pela graça: nem as obras de caridade nem mesmo os sacramentos constituem o caminho para ela, mas somente a humildade, a submissão a um pai espiritual e o temor a Deus, que podem conduzir à percepção da luz divina. Simeão veio a proclamar a superioridade sobre os padres, que receberam a ordenação clerical, daqueles que Deus distinguiu por sua graça. Ele afirmava também que o poder de perdoar os pecados foi dado por Cristo aos apóstolos através da doação do Espírito e que, por conseguinte, os monges, sem ser padres, podiam confessar. Tais pontos de vista o tornaram suspeito: foi expulso do Studium, depois obrigado a pedir demissão do seu cargo de higumeno (abade) de São Mamas, antes de se exilar na margem asiática do Bósforo, em Crisópolis. Mas, como contava com o apoio de numerosos aristocratas da capital, sensíveis à sua aproximação direta com Deus, conseguiu retornar a Constantinopla para aí fundar o mosteiro de Santa Marina. Por fim, foi um monge estudita, Nicetas Stethatos, que redigiu sua vida e estabeleceu sua reputação de santidade, uma geração depois da sua morte.

A via mística continuou a prosperar em Bizâncio. No entanto, sob os primeiros Comneno (dinastia que reinou de 1081-1185), a Igreja secular, que tinha total liberdade de fazer a repressão em troca do apoio à nova dinastia, atacou mais uma vez vários representantes dessa corrente e os fez ser condenados. Por exemplo, em 1140, um certo Constantino Crisomalos, leigo, foi acusado de compartilhar a heresia dos messalianos e, em particular, não reconhecer que o sacramento do batismo era suficiente para entrar na comunidade cristã. Essa decisão sinódica revela, primeiramente, que os escritos de Constantino Crisomalos tinham se difundido nos conventos da capital e de seus subúrbios; ela também dá a entender que as ideias místicas e subversivas em relação à hierarquia contavam com a simpatia dos leigos. Claro, a corrente mística havia adquirido seus títulos de nobreza pela difusão das obras dos Padres do fim da Antiguidade, como Máximo, o Confessor († 662), que havia sido canonizado por defender a fé ortodoxa, e João Clímaco († c. 649), cuja obra, *A escada santa*, era lida e ilustrada. Mas a Igreja secular não podia aceitar os autores que proclamavam a superioridade da via mística sobre a via sacramental, a não ser que abandonassem sua crítica aos sacramentos e pusessem o acesso à comunhão com Deus novamente na prece litúrgica.

É sobre esse fundamento que os últimos séculos do Império Bizantino viram se elaborar uma solução de compromisso entre a Igreja secular e as correntes místicas. Com o enfraquecimento do Império, consecutivo à ocupação latina e ao avanço dos turcos na Ásia Menor, e com a acentuação do recrutamento monástico na Alta Igreja, uma poderosa corrente mística se havia desenvolvido, em particular no monte Atos, reunindo monges que compartilhavam experiências espirituais bem diferentes. Atribuiu-se a Gregório, o Sinaíta, a renovação da prece mística e o desenvolvimento do hesicasmo. Nascido numa família rica, capturado pelos turcos na juventude, em fins do século XIII Gregório foi resgatado pelos cristãos e tornou-se monge no Sinai. Aí aprendeu a prece do coração, que recitava sem cessar e na qual iniciou vários monges do monte Atos, antes de fundar três lauras (mosteiros) na Macedônia. Contam entre seus discípulos o futuro patriarca Calisto, que aprovou sua atitude e redigiu sua Vida.

Gregório, o Sinaíta, ensinava como praticar a prece para se aproximar de Deus, alternando a salmódia monástica tradicional com a prece do coração; mas foi a Gregório Palamas (1296-1359) que coube teorizar e defender o hesicasmo. Em suas obras, ele faz uma distinção entre a essência divina, inacessível e que escapa portanto a todo conhecimento, e as energias divinas, como a luz divina que tinha se manifestado quando da transfiguração de Cristo no monte Tabor e à qual o fiel pode ter acesso pela prece e pela contemplação. Essa teologia encontrou uma forte oposição, porque parecia questionar a unidade divina; mas acabou sendo incorporada à doutrina oficial da Ortodoxia. Durante a guerra civil que dilacerou o império, em meados do século XIV, Gregório Palamas tomou o partido de João VI Cantacuzeno; a vitória deste último lhe permitiu obter a sé da prestigiosa metrópole de Tessalônica. Um dos seus amigos, Nicolau Cabasilas († 1371), propôs, por sua vez, uma mística mais sacramental, passando pela liturgia, que também teve muita influência. A rápida canonização de Gregório Palamas, em 1368, é uma prova da boa integração entre as correntes místicas na Igreja grega.

Além das condenações de que foi objeto, a via mística, seja na forma do hesicasmo, seja na de uma corrente mais litúrgica, foi portanto parte integrante do comportamento religioso dos bizantinos, para os quais a tradição dos Padres do deserto havia permanecido muito viva, e não só no meio monástico. Essa tradição foi amplamente exportada para as outras Igrejas ortodoxas. As Igrejas russas, búlgaras e sérvias também tiveram seus mosteiros na Santa Montanha, o monte Atos. Na Igreja copta, a tradição dos Padres do deserto egípcio continuou viva nos mosteiros, apesar das restrições oriundas da dominação muçulmana. Do mesmo modo, nas Igrejas sírias de língua siríaca, uma corrente mística muito viva se manifestou durante os séculos medievais, amplamente inspirada na poesia religiosa que remontava a Efrém († 373). O eco dessas ricas tradições ainda é percebido na época contemporânea.

BÉATRICE CASEAU

A mística no Ocidente

No Ocidente, a mística tem início no século XII, quando aparecem as primeiras obras que relatam esse tipo de experiência, para desabrochar em seguida, até o século XV, em diversos focos dispersos, onde brilham mais especialmente o mundo flamengo, o vale do Reno e a Itália. Foi o chanceler da universidade de Paris, Jean Gerson (1363-1429), em seu *De mystica theologia*, que deu a sua definição, "o conhecimento espiritual de Deus", e analisou suas formas em termos ainda reconhecidos como válidos.

Até o século XI, é mais a contemplação do que a experimentação dos mistérios divinos que parece ter prevalecido nos meios monásticos ocidentais. No entanto, alguns religiosos tiveram conhecimento das obras dos padres do deserto ou das de João Cassiano e viveram dessa tradição, notadamente em Marselha e em Lérins; do mesmo modo, Gregório, o Grande, antes de se tornar papa, levou uma vida contemplativa marcada pela mística. Mas é só no século XII que aparecem os primeiros autores cujas obras descrevem de maneira mais sistemática a passagem da reflexão à iluminação no conhecimento dos "mistérios" divinos (é essa a etimologia da palavra). Entre eles, figura em lugar de destaque a abadessa Hildegarda de Bingen († 1179), mais visionária do que propriamente mística, porém, e monges cistercienses, como Elredo de Rievaulx († 1167), Bernardo de Clairvaux (1091-1153) e seu amigo Guillaume de Saint-Thierry († 1148). As páginas ardentes de paixão do livro do Antigo Testamento, o Cântico dos Cânticos, é que inspiraram ao abade de Clairvaux, no comentário que fez desse livro, sua concepção ampla da relação que une, no modo do amor, o Criador e suas criaturas, Deus e sua Igreja. A alma esposa é apresentada em busca do seu divino esposo, voltada para uma união de que o êxtase proporciona, nesta vida, uma realidade bastante insípida comparada com a visão face a face esperada no além. Por sua vez, Guillaume de Saint-Thierry dá mais ênfase ao mistério trinitário, vendo na alma criada a imagem da Trindade criadora: graças às suas três funções, associadas às três pessoas, a memória ao Pai, a razão ao Filho e a vontade ao Espírito Santo, esta pode esperar alcançar o conhecimento íntimo de Deus-Trindade. Na mesma época, em Paris, a abadia dos cônegos de São Vítor, prestigioso centro intelectual, desenvolveu pela pena de Hugo de São Vítor e de Ricardo de São Vítor uma mística mais especulativa, que tenta conciliar reflexão e busca amorosa de Deus.

No século XIII, a corrente se amplia e, fato até então inédito, sai dos claustros para ganhar o mundo dos leigos e o das mulheres. Entre estas figuram religiosas cistercienses, como Beatriz de Nazaré (1200-1268), beguinas que, sem pronunciar votos, haviam abraçado um modo de vida religioso feito de preces e de serviço ao próximo, como Mechtilde de Magdeburgo (século XIII), ou, depois da fundação das ordens terceiras dominicana e franciscana – movimentos voltados para os leigos situados sob a influência das duas principais ordens mendicantes –, as terciárias, sendo Catarina de Siena (c. 1347-1380) a mais célebre delas. Essas mulheres não hesitaram em divulgar as experiências excepcionais com que foram gratificadas: ou elas mesmas as relataram, sinal da sua cultura e do seu conhecimento das Escrituras e de seus comentários, ou confiaram-nas a seus diretores espirituais, mais tarimbados no manejo do vocabulário espiritual, porém suspeitos de terem adaptado os testemunhos recolhidos às normas que lhes eram familiares. No entanto, em certos casos, a ascendência da dirigida sobre o diretor era tal que a relação se invertia, como foi o caso entre Catarina de Siena e o dominicano Raimundo de Cápua.

Os relatos que chegaram até nós desenvolvem uma temática riquíssima. A metáfora da iluminação ocupa um lugar importante nelas, como atesta, por exemplo, o título do livro de Mechtilde, *A luz resplandecente da Deidade*; ela se situa na esteira da apresentação escriturária de um Deus "Luz do mundo" e de uma corrente neoplatônica difundida pelos escritos do Pseudo-Dionísio. Na mesma época e no mesmo espírito, o teólogo franciscano são Boaventura († 1274) estabelecia os três caminhos da ascensão espiritual: o purgativo, o iluminativo e o unitivo. Mas, para espíritos profundamente marcados pela obra de são Bernardo, as imagens forjadas pela mística nupcial continuam sendo um modo fecundo de expressão. Acrescenta-se a elas uma forte inspiração eucarística, sustentada pelo desenvolvimento contemporâneo do culto ao *Corpus Christi*, proveniente desses mesmos meios. A meditação sobre a vida de Cristo não podia no entanto ignorar sua parte de sofrimento, numa viva sensibilidade às dores suportadas por Jesus em sua carne durante a Paixão, notadamente através da devoção das Cinco Chagas (mãos, pés e flanco). Além disso, longe das especulações teológicas, a relação mística comporta uma dimensão experimental de que o corpo, notadamente o corpo feminino, se torna um instrumento privilegiado, pelos fenômenos naturais que comporta. Os relatos fervilham de descrições, para as quais foi necessário forjar um vocabulário adequado, de torrentes de lágrimas, de êxtases, de arrebatamentos e de levitações. Numerosas devotas se alimentaram apenas com a hóstia consagrada. Recebida às vezes das mãos do próprio esposo celeste, esta também podia ter um gosto de carne que atesta o mistério da comunhão da presença real. A união com os sofrimentos de Cristo crucificado se inscrevia igualmente nos corpos pela estigmatização, de que Francisco de Assis não é o único exemplo; ela culmina na máxima intimidade pelo intercâmbio de corações (Catarina de Siena e Doroteia de Montau, † 1394).

Nos conventos mendicantes e nas beguinarias flamengas ou renanas, o movimento conhece uma verdadeira inversão de perspectiva: o caminho ascensional da alma é trocado por um abandono total que espera, com a renúncia a si, tudo receber do Criador, a fim de reencontrar seu ser por fusão no Ser divino. A mística nupcial é suplantada pela mística do Ser, própria da tradição renana, de que o dominicano Mestre Eckhart († 1327) foi a figura principal. Para ele, trata-se de se perder para melhor se encontrar, de possibilitar ao "homem ser Deus em Deus" ou "tornar-se por graça o que Deus é por natureza". Essas frases levarão seu autor a ser equivocadamente acusado de panteísmo.

Como no Oriente, as autoridades eclesiásticas reagiram de forma bastante diversa ante a amplitude e o vigor da corrente mística. Algumas não ocultaram sua admiração, como o cardeal Tiago de Vitry († 1240) na Vida que redigiu da beguina Maria de Oignies (1177-1213). No entanto, em geral foi a desconfiança que prevaleceu. De fato, os clérigos ficavam chocados ao ver simples mulheres os precederem no caminho da vida espiritual! Além disso, homens ou mulheres, os místicos viviam uma relação direta com Deus, independentemente das mediações eclesiásticas (sacramentos, cerimônias litúrgicas, pregações), cuja obrigação havia sido reafirmada pela reforma gregoriana e pelo Concílio de Latrão IV (1215). Enfim, o magistério temia, não sem razão, os desvios a que essas experiências particulares podiam dar ensejo. Aos olhos deles, os relatos dados pelos místicos não podiam cair em todas as mãos, sobretudo se eram redigidos em língua vulgar, como um remédio forte demais que poderia causar nas almas mais estragos do que benefícios. As autoridades religiosas tiveram, no entanto, muita dificuldade para encontrar nessas obras vestígios propriamente heréticos. Pode-se constatar isso lendo o Prólogo do livro da beguina Margarida Porete, o *Espelho das almas simples e aniquiladas*, que ela, antes de difundi-lo, tomara o cuidado de ver aprovado por três clérigos, um frade franciscano, um monge cisterciense e um mestre em teologia. Quando houve condenação, como foi o caso desta última, queimada em Paris em 1310, foi sobretudo em razão do contexto político, no caso a luta entre Filipe, o Belo, e o papado, da qual acabou sofrendo as consequências. Mas, para a maioria das pessoas da Igreja, segundo um ponto de vista ao qual Jean Gerson fez eco, era melhor manter as "pessoas simples" longe dos excessos e lhes propor um caminho espiritual mais equilibrado. Foi esse o papel preenchido pela *Imitação de Jesus Cristo*, o mais belo florão dessa literatura espiritual cuja dívida para com as grandes obras místicas que a precederam é bem perceptível.

Além da tormenta da reforma, vínculos profundos unem a mística medieval ocidental à da época moderna, marcada pelas evocações da anulação ou da união dos espíritos e dos corações.

CATHERINE VINCENT

A imitação de Cristo

Entre as joias da literatura cristã, *A imitação de Cristo* é, depois da Bíblia, o texto mais difundido e mais traduzido no mundo. Sua influência sobre várias gerações de cristãos, dos mais ilustres aos mais humildes, dos católicos aos protestantes, foi considerável, do século XV ao século XX. Classificada na categoria das obras espirituais, *A imitação* possui também um conteúdo teológico de elevado alcance. Quatro tratados, redigidos em latim e diferentes um do outro, são agrupados sob o título celebrizado, proveniente das primeiras linhas da obra. Florilégio de pensamentos, cada um deles dotado da sua unidade redacional, foram incontestavelmente produzidos pelo mesmo autor, que permaneceu no anonimato. Nada em seu conteúdo permite identificar esse religioso, no mínimo discreto, que relata suas experiências pessoais tendo em vista fazer seus semelhantes progredirem na descoberta de Deus e na aquisição da paz interior.

Muito crítico em relação à teologia praticada nas universidades, mas igualmente irritado pelos excessos das devoções exteriores, o autor rejeita em bloco o formalismo do ensino e o das observâncias. Por isso sua intenção não é propor uma exegese, menos ainda uma doutrina elaborada, frutos de uma erudição pretensiosa, mas atestar humildemente sua experiência, destinada a ajudar outros a se conformarem a Cristo. Sem exigir do seu destinatário nenhuma performance intelectual, inútil, aliás, para penetrar os mistérios divinos, apela muito mais para a inteligência do coração, convidando-o a meditar sobre o ensinamento de Cristo e a considerar o exemplo dos santos. Nascido da prática de exercícios de meditação sobre a Sagrada Escritura e a vida dos Padres do deserto, o texto introduz o indivíduo, seja quem for, numa relação de proximidade íntima, afetiva até, com Cristo, contanto que aceite libertar-se dos entraves constituídos pelo amor-próprio, do apego aos bens materiais ou da arrogância intelectual, e que cultive, em contrapartida, a humildade, a compunção do coração e a simplicidade. Ao mesmo tempo que propõe a seu dirigido uma ascese exigente mas acessível, eleva-o da consideração da sua própria miséria ao encontro do Deus de amor e à recepção da sua graça santificante, pelos caminhos da interioridade e da purificação. O conhecimento de si abre-se, desse modo, para o conhecimento de Deus.

Nenhum plano preciso organiza esses livros que, longe de propor uma antologia de citações tradicionais, as integram numa releitura pessoal, posta a serviço de uma direção espiritual. Tem sido possível, portanto, seja extrair trechos deles para aprofundá-los, seja lê-los em sequência, para fruir o desenvolvimento geral. Não se trata, entretanto, de um caminhar progressivo rumo à perfeição, mas de exortações a um trabalho interior sempre a retomar.

O primeiro livro reúne "Avisos úteis para a vida espiritual". O leitor é estimulado a se libertar das ilusões do mundo exterior para se consagrar à busca do essencial, no mais recôndito do seu ser. A alma, assim libertada, poderá reatar com sua mais nobre propensão: tender a Deus. O caminho mais seguro de chegar a isso: o que Cristo seguiu e que leva o homem a viver de acordo com o Evangelho e, portanto, a cultivar o amor a Deus e a renúncia a si mesmo. Árduo será o caminho rumo à virtude, mas numerosos os frutos colhidos. As referências a um contexto conventual destinam essas páginas prioritariamente aos religiosos, sem excluir os leigos, também convocados a uma conversão interior.

Na segunda coletânea, o homem é posto em contato íntimo com Cristo. Capaz de se elevar para alcançar o repouso em Deus, ele é, em razão da sua natureza pecadora, confrontado com essa rude tarefa. A graça de Cristo pode ajudá-lo a suportar contradições e humilhações, ou mesmo a ir ao encontro dos sofrimentos. Para recebê-la, o homem deve pôr-se em plena confiança nas mãos de Deus, sem contar com seus próprios recursos.

O discurso meditativo cede lugar em seguida ao diálogo afetivo "entre Cristo e a alma fiel", exposta às provações de uma busca em que as delícias de efêmeros encontros com o divino se alternam com a dolorosa experiência dos limites da condição humana. Pede-se então ao homem que renuncie a toda e qualquer forma de desejo, abandonando-se totalmente à iniciativa divina.

A união tão buscada é obtida no quarto livro, "sobre a eucaristia", na comunhão com o corpo de Cristo, que não é recebida em recompensa ao fim de um percurso, mas como adjuvante necessária à continuação do caminho.

Muito mais que uma exortação moral a viver imitando Cristo, os livros articulam-se em torno do tema da relação de amor que une o crente à pessoa de Jesus, que inaugurou o caminho que conduz a Deus. Somente ele poderá proporcionar a ajuda necessária. "Deixai, pois, Jesus entrar em vós, e só ele." Uma só opção possível: renunciar às vanidades de um mundo corrompido e às vicissitudes da condição humana para seguir Jesus no caminho da cruz e responder por uma total entrega de si ao amor incomensurável de Cristo. Essa relação será repleta de consolos reconfortantes, mas também será percorrida por sentimentos de privação, que o cristão aprenderá a receber como outro dom divino. Esse estado de abandono e de acolhida nunca é inteiramente adquirido, mas deve ser buscado à custa de esforços contínuos, sem concessão às exigências da natureza humana, que somente a graça divina pode elevar.

Consagrando, durante muito tempo no Ocidente, a ruptura entre teologia e espiritualidade, esses textos encontram, desde a sua difusão por volta de 1425, as expectativas de um leitorado atraído por proposições simples que contava mais com a prática da humildade e do desprendimento do que com a especulação pura como método de santificação. Tendo permanecido anônimos, não tardam a suscitar uma série de controvérsias a propósito da sua atribuição. À vista do seu sucesso, vários meios espirituais reivindicam sua paternidade. Alguns manuscritos pretendem que são de Jean Gerson († 1429), chanceler da universidade de Paris. Outros fazem sua origem remontar a Jean Gersen, beneditino italiano do século XIII.

Uma tradição mais comumente admitida os associa à pessoa de Thomas Hemerken († 1471), originário de Kempen, no arcebispado de Colônia. Durante seus estudos, esse homem frequentou os Irmãos da Vida Comum, que o fizeram conhecer o movimento espiritual implantado em Deventer por seu fundador, Gerard Grote († 1384). Reunidos em fraternidades de clérigos e de leigos, esses irmãos e irmãs agrupam-se em torno de projetos comuns: a busca de uma santificação pessoal pela prece, a meditação e a ascese, e a participação eficaz na edificação dos contemporâneos, cada qual conforme as suas possibilidades. Sua propensão ao isolamento não os separa do mundo: a acolhida dos pobres é primordial. Concedendo uma importância extrema à reprodução das obras de seus mestres, à composição e à difusão de obras de meditação centradas na Sagrada Escritura, estimulam oficinas de copistas e escolas, que logo se tornam atraentes e nas quais saber e espiritualidade mesclam-se sutilmente. Pregando uma religião interior, propõem a seus dirigidos um programa de vida devota com "discrição", uma *Devotio moderna* sem excessos, ao alcance de todos, nos antípodas de uma teologia mística ou especulativa, reservada às elites. Privilegiam os temas da vanidade do mundo e do amor a Cristo e gabam as virtudes da humildade, da obediência e da renúncia. Sua moderação se manifesta também em sua liturgia, simplificada, e em suas práticas ascéticas, acessíveis.

O destino deles é rapidamente associado à história da congregação dos cônegos de Windesheim, aprovada em 1395 e centro de verdadeira reforma da vida religiosa. Thomas dito *a Kempis** faz profissão de fé em 1407. Autor de numerosos tratados, ser-

---

* Ou Tomás de Kempis. (N. do T.)

mões e biografias espirituais, inclusive a de Gerard Grote, tem atribuída a ele, muito depois da sua morte, a paternidade dos textos da *Imitação*, favoravelmente acolhidos nesses meios religiosos em expansão que lhes garantem uma ampla difusão desde o último quartel do século XV. O texto terá uma audiência considerável, tanto nos meios conventuais como leigos, e servirá de crisol espiritual para diversas correntes de reforma na Igreja. Ganhando em particular a simpatia dos círculos femininos, que nele encontrarão o reconforto de um possível acesso a Deus, sem outra mediação que a de Cristo, *A imitação* será, como todos os grandes textos, objeto de múltiplas releituras para se encontrar desde então associada a movimentos espirituais extremamente diversificados, tanto católicos quanto protestantes.

MARIE-ÉLISABETH HENNEAU

Terceira parte

Os tempos modernos
O aprendizado do pluralismo
(séculos XVI-XVIII)

Por muito tempo – até o fim do século XX –, o nascimento dos tempos modernos foi concebido na cultura comum como progresso e abertura, como vitória ante o arcaísmo e o obscurantismo medievais. Nesse contexto, a religião estabelecida adquiria um caráter negativo que justificava seu questionamento por poderosos movimentos: reforma das instituições políticas, clericais e monásticas, do papado ou do clero, mas também reforma da leitura da Bíblia, da pregação, da oração pessoal e, principalmente, dos costumes. Essas aspirações supostamente levariam a um futuro melhor, a uma nova era, a era do progresso, da liberdade e das opções conscientes... enquanto os contemporâneos, persuadidos da degradação de todas as coisas, as pensavam como volta à origem. Os historiadores oriundos das Luzes nos legavam, portanto, uma leitura discutível: as evidências, ainda que igualmente compartilhadas, são sempre justas? O clero do fim do século XV era mais depravado do que o do século XIII? O papado dos Borgia (Alexandre VI) era mais escandaloso do que o papado de Avignon? A essas questões simples, hoje se responde de forma mais matizada. Quando se pode encontrar uma documentação que nos dê pistas a esse respeito, não se nota um aumento dos abusos, mas os contemporâneos de Erasmo e de Lutero acreditavam que sim, e os historiadores dos dois séculos seguintes deixaram-se enredar no discurso deles para desenvolver uma retórica da decadência do fim da Idade Média.

Hoje, as técnicas históricas reavaliaram profundamente esse período intermediário entre a era gótica e a era clássica, salientando sua inventividade, seu dinamismo religioso, sua capacidade de questionar as falsas aparências do momento, suas incertezas, quando não suas angústias. Para ele e para a multidão considerável dos seus partidários e simpatizantes que se encontram nas mesmas buscas, Lutero optou por reconhecer como única autoridade a Bíblia e, como única maneira de consumar a vontade de Deus, a justificação pela fé. Ele edifica, assim, para o maior número possível de fiéis, um cristianismo de perfeição pessoal, outrora reservado a uma estreita elite de "virtuosos" do religioso: uma religião fundada na rejeição das mediações humanas (a dos padres) e no face a face direto com a transcendência. É assim que se deve pensar a Reforma protestante por volta do ano de 1520, seja ela luterana, já radical, seja ainda erasmiana e, portanto, católica (porque Erasmo é lido e discutido dos dois lados). É o que constitui o caráter crucial do enfrentamento entre Erasmo e Lutero em 1524: o homem é livre de ir a Deus, por seus próprios esforços ou é sujeitado à Escritura e à fé que subjugam sua consciência em vista da sua salvação?

Outros reformadores tentam responder a seu modo à busca do sentido da vida, de Tomás Morus a João Calvino, de Inácio de Loyola a Teresa de Ávila, de Francisco de Sales a Bérulle e ao abade de Saint-Cyran. No entanto, nesse século que quer acreditar que Deus conduz a ordem do mundo e inspira para o bem ou abandona ao mal cada uma das suas criaturas, as consequências dessa fermentação são, em primeiro lugar, a exclusão do outro, a vontade de disciplinar as populações e fortalecer o Estado e os poderes eclesiásticos (tanto católicos e clericais quanto protestantes e leigos). Nesse clima de enfrentamento, a fronteira entre as confissões foi construída de maneira extremamente rápida. Entre a revolta do homem Lutero, que situamos em 1517 mas que só se torna efetiva em 1520, e a afirmação de Estados que se dizem protestantes (1529), depois a instalação definitiva de Calvino em Genebra (1541), transcorre apenas um quarto de século. No espaço desses poucos anos, a destruição da "Babilônia" ro-

Os tempos modernos. O aprendizado do pluralismo 273

mana é um leitmotiv, às vezes posto em ação, aliás, como é o caso no saque de Roma (1527), e o fim do velho mundo é postulado como iminente por muitos.

Durante esse quarto de século, o papado se recusa a se mexer, enquanto partes inteiras da Igreja romana reclamam a reforma e outras exigem a aniquilação definitiva dos rebeldes, e estes últimos, por sua vez, predizem a inutilidade e o fim próximo do "papismo". Quando em 1534 é eleito o cardeal Alexandre Farnese (Paulo III), sua eleição se faz com a vontade de reunir um concílio. Serão necessários mais de dez anos de batalhas diplomáticas para efetivar a reunião do Concílio de Trento, e muitas querelas e interrupções para que ele estabeleça, entre 1545 e 1563, um corpo de doutrinas e uma consciência católica fundada no consenso (as questões controversas, como a da Imaculada Conceição, por exemplo, não conseguiram chegar à redação de um texto ao longo desses anos). O concílio promove uma religião de combate que coloca à sua frente o papa de Roma, numa luta travada contra os protestantes com todos os meios culturais do momento. O papado, decerto, tornando-se assim o órgão executivo do concílio, utiliza, com a Inquisição, a coerção, mais racional em seus métodos do que a polêmica faz crer, mas também transforma Roma em vitrine do novo catolicismo graças à beleza arquitetônica e pictórica – maneirista, barroca – e à música.

Uma intensa competição entre Roma e as capitais protestantes acompanha esse combate: a escola, a missão distante e, também, interna, a própria cultura são dinamizadas por essa áspera luta, cujos ecos ressoam até os nossos dias nos rótulos colados nas instituições em questão. Daí em diante, se o cristianismo é plural, obrigado, a contragosto, a ceder lugar ao outro, ele se exprime entretanto, muitas vezes, em identidades nacionais, culturais e locais fortes, que controlam seus fiéis ao mesmo tempo que seus súditos. Nesses combates fratricidas, não há que separar religião e política. Esse esforço constrói também seu oposto, "espíritos fortes", "libertinos", que levam ao pé da letra as buscas místicas, aquelas que privilegiam a procura de uma vida singular em que cada indivíduo encontra o contato com Cristo. Abrindo ao maior número de pessoas aventuras interiores e psíquicas outrora reservadas apenas a uns poucos, os devotos, jansenistas, pietistas... consagram a consciência individual como o mais elevado dos valores. Mas, em suas utopias da fraternidade e da pureza, o indivíduo chamado a evangelizar tanto o mundo como a si mesmo encontra justificação e estabilidade para empreender e para agir, para além de toda esperança terrestre. Se o dinamismo da Europa moderna é sem dúvida demográfico, também é ético e reside igualmente tanto na consciência da sua opção, adquirida e refundada em permanência por cada confissão e por cada nação, como na certeza da adequação do seu agir ao plano de Deus. Amordaçados pelo poder imperial russo ou otomano, os ortodoxos não tiveram essa oportunidade.

O progresso e as Luzes estariam, portanto, inscritos nas crises do cisma? O historiador nada pode dizer a esse respeito; ele simplesmente observa, através dessas rupturas fundamentalmente religiosas, o gosto da busca de outros mundos, tanto a serem convencidos como a serem conquistados, o respeito pelo rigor e pelo conhecimento necessários à controvérsia, a liberdade interior da experiência de Deus... São, essas, características provavelmente mais importantes do que o controle, sempre relativo, das consciências, do que os "horrores" da Inquisição suspeitosa, do que a intolerância e a exclusão erigidas em sistema e do que o conformismo de uns e outros. Os excessos de um mundo violento são às vezes desbastados pelos poderes de todo tipo, mas, no fundo, esse gosto da ordem leva a outras violências, oriundas da radicalização de certos crentes, da sua necessidade de distinção e do fascínio de um mundo que muda depressa demais para uma verdade única e estável. Esses tempos de dinamismo são também tempos de distúrbios, ocultados em demasia pela exaltação dos mártires e pela idade de ouro das fundações fraternas. Paradoxalmente, a instrumentalização das aspirações religiosas pelos poderes políticos e pelos grupos sociais, tão bem denunciada por certos crentes, sem dúvida contribuiu para manter as sociedades ocidentais afastadas do radicalismo religioso. Afinal de contas, a Europa também está envolvida nesses acontecimentos e nessas lutas de irmãos inimigos, nas quais ela aprendeu a desconfiar de uma pureza religiosa proclamada alto demais e por demais reservada a certas comunidades.

NICOLE LEMAITRE

I
Os caminhos da Reforma

Erasmo e Lutero
Liberdade ou servidão do ser humano

Por volta de 1500, o humanismo preconiza um retorno às origens e aos textos fundadores do cristianismo, enquanto a *Devotio moderna* prega uma religião mais interiorizada, individual e cristocêntrica. É nesse contexto que Erasmo e Lutero se enfrentam sobre a ideia de liberdade. Sua imensa erudição, seu talento literário, seu apego ao Evangelho, valem a Erasmo de Roterdam (1469-1536), ex-cônego regular que se tornou padre secular, um prestígio desigual e acarretam oposições ferozes. Editor dos Padres da Igreja, publica, em 1516, a primeira edição grega e uma nova tradução latina do Novo Testamento, com notas críticas, uma exortação a ler a Escritura com proveito e um discurso do método teológico. Em 1503, propõe no *Manual do cristão militante* um programa de vida evangélica, em que "a piedade não se identifica com a vida monástica".

Com o *Elogio da loucura*, Erasmo dirige sua verve contra a ambição e a cupidez que levam aos abusos de poder e aos tráficos; contra a cegueira e a presunção dos teólogos que pretendem reger tudo; contra a ignorância e as superstições dos monges, que desnaturam e confiscam a piedade. Para ele, a piedade contabilizável e as observâncias ameaçam o cristianismo com dois perigos mortais: o paganismo e o farisaísmo. Contra uma escolástica transbordante de afetação e de querelas – que substitui a Bíblia por Aristóteles e a humildade do crente pela arrogância do arrazoador –, Erasmo reclama uma teologia escriturária, baseada num conhecimento preciso do texto e levada adiante com a única finalidade de entender Cristo para ser transformado nele. O estudo das letras prepara melhor que a dialética para a inteligência da Escritura e a conversão do coração, porque "a verdadeira teologia é mais vida do que discussão". Longe das "curiosidades ímpias", uma busca atenta à letra e aberta ao Espírito alimentará "uma doutrina piedosa e uma piedade esclarecida". Seria ele um aliado de Lutero na Reforma?

Religioso agostiniano em Erfurt, depois professor de teologia em Wittenberg, Martinho Lutero (1483-1546) vive, em torno de 1516, uma grave crise espiritual. Apesar do respeito à regra, sente-se sempre pecador, digno da cólera de Deus. Conhece a angústia e o desespero. A leitura de santo Agostinho e de são Paulo finalmente o liberta e passa a inspirar sua teologia.

O pecado original, segundo ele, corrompeu totalmente a natureza humana. Minado pelo orgulho e pelo amor a si mesmo, o homem peca necessariamente, mesmo quando faz o bem exteriormente. Não pode merecer a salvação, mas Deus vem socorrê-lo com sua lei, que deu a conhecer para convencer o homem da sua impotência e mostrar que só ele salva, gratuitamente, por meio de Cristo. Só a fé nesse perdão gratuito justifica, sem as obras nem os méritos. Então o crente encontra a paz e a liberdade, uma liberdade que não é a livre escolha entre o bem e o mal (o livre-arbítrio). Em *A liberdade cristã* (1520), Lutero afirma: "O cristão é o homem mais livre, senhor de todas as coisas, não está sujeito a ninguém. O cristão é, em todas as coisas, o mais serviçal dos servidores, se sujeita a todos". Essa liberdade interior não autoriza nem a licença moral nem a sedição. Ela liberta da tirania das observâncias, da falsa segurança das obras, da ilusão do mérito, do orgulho e do desespero. Ela liberta da lei, não contra a lei, mas para realizá-la de outro modo, não mais por interesse, mas por reconhecimento, inclusive em plena provação. Justo e pecador, o novo homem justificado pela fé luta contra o velho, não para ser salvo, mas porque está salvo. Esse caminho da salvação só é conhecido pela Palavra de Deus, contida apenas na Escritura. Tradições e magistério só têm força e legitimidade para anunciar fielmente essa Palavra. O sentido da Escritura é claro, ela própria é sua interpretação, somente Cristo é sua chave. O "Deus oculto", inacessível ao homem, se revelou velando-se em Jesus crucificado. A "teologia da Cruz" opõe-se à "teologia da glória", que se fia nas obras e na razão.

Sobre essa base, Lutero ataca as práticas da Igreja do seu tempo, consequências, segundo ele, da teologia da glória. Sua contestação das indulgências, lançadas por Leão X para financiar a construção da basílica de São Pedro, provoca a reação de Roma. Excomungado como herético, Lutero é banido do Império em 1521. A ruptura está consumada. Lutero proclama o sacerdócio de todos os fiéis, só preserva dois sacramentos – o batismo e a eucaristia –, rejeita o Purgatório, a missa como sacrifício, os votos monásticos, a intercessão dos santos, o direito canônico, a hierarquia romana, e considera o papa como o Anticristo. Através de muitos mal-entendidos, sua audiência cresce na Alemanha.

Erasmo estima que as teses de Lutero merecem ser ouvidas e mais moderadas do que condenadas. Enquanto, para Lutero, a reforma impõe rupturas inevitáveis, Erasmo está convencido de que a concórdia é uma exigência evangélica. Ora, a manutenção da paz requer paciência, assim como a salvaguarda da unidade exige que se suporte certa diversidade, porque nosso conhecimento é imperfeito.

Essas divergências têm raízes profundas. Já em 1517, Lutero pensa que Erasmo "não promove suficientemente Cristo e a graça de Deus". Deus, insiste Erasmo, revela-se progressivamente através de uma história, cujos meandros segue e respeita. Como os Padres notaram, Deus "balbucia", "adapta-se" às condições concretas dos homens a que se dirige e por intermédio dos quais aceita passar. A pedagogia divina manifesta a paciência de Deus: a Antiguidade pagã é uma "preparação para o Evangelho"; homens criados à imagem de Deus portam esboços de verdade, que a fé cristã assume e perfaz. Claro, a sabedoria de Deus é loucura para os homens, mas Cristo atrai tudo a si, recapitula e reconcilia tudo em si (Jo 12, 32; Ef 1, 10; Cl 1, 20). Assim, a Palavra de Deus se fez palavra de homem e, finalmente, Deus se fez homem. O próprio Jesus adaptou a linguagem de um tempo e de um lugar. A historicidade da revelação se inscreve na ordem da criação e da Encarnação. Essas mediações humanas e históricas explicam ao mesmo tempo a necessidade de reformas, à luz do Evangelho, e a atenção devida à tradição que manifestou esse Evangelho. A história continua, o Espírito Santo não abandona a Igreja em seu caminhar, mas a conclama sem cessar a se purificar, a se converter.

Em 1524, Erasmo enfrenta Lutero sobre um tema decisivo, num *Ensaio sobre o livre-arbítrio*. Ele conclui que o homem pode modestamente cooperar para a sua salvação com a graça de Deus. Pelo pecado, o homem não perdeu tudo da sua semelhança original com Deus. É Deus que o salva, por amor, mas respeitando-o e associando-o a si. A "filosofia de Cristo" não sufoca, mas "restaura a natureza que foi criada boa" – são Tomás já havia frisado isso. Claro, a questão é difícil. Erasmo pretendeu apenas comparar os argumentos, analisar os dados variados da Escritura e da tradição. Longe de ser sempre clara, a Escritura, diz ele, está sujeita à interpretação, em razão da sua inscrição na história e na linguagem humana e devido à profundidade dos mistérios entregues a essas mediações. Como acreditar que a Igreja teria errado, até chegar a nós, sobre um ponto capital? Tentemos seguir Cristo, confiantes em sua ajuda e em sua misericórdia, não em nossos obscuros méritos e sem pretender saber tudo, mas trabalhando livremente para melhor saber.

A esse exame crítico (*diatribé*), Lutero responde com o tratado *Do servo arbítrio*. Trata-se de uma afirmação (*assertio*), porque a Palavra de Deus não conhece nem hesitação nem compromisso, ela irrompe como o raio, corta como a espada, reduz a nada as pretensões de uma natureza pervertida e os balbucios da história. Ela só pode suscitar desordem e tumulto, e não a concórdia, porque Deus e o mundo se opõem, como Deus e Satanás. Ora, toda a Escritura afirma claramente a decadência total do homem natural, a soberania, a santidade exclusiva, a alteridade de Deus e a justificação somente pela fé. A própria fé é um dom imerecido do Deus insondável. Desde o pecado, o homem se assemelha a um animal de carga, montado ou por Deus, ou por Satanás. A pretensão ao livre-arbítrio o submete a Satanás. Afirmar o homem é negar Deus. Erasmo é portanto um ímpio. Mas, se Lutero confessa aqui sua fé com segurança, também declara na véspera da sua morte: "Somos todos mendigos. Eis a verdade".

Lutero, de atitude mais profética do que Erasmo, opõe à teologia deste último uma teologia radical da transcendência. Erasmo faz da Encarnação o ponto culminante de uma história em que se conjugam transcendência e imanência. Da "loucura da Cruz" esses dois teólogos não tiram as mesmas consequências nem sobre a condição do homem nem sobre os modos da ação divina. Erasmo mantém certa continuidade entre a criação e a Encarnação redentora. Preocupado em assegurar a plenitude da Redenção, Lutero enxerga nela sobretudo uma ruptura, uma criação totalmente nova, sobre os escombros da velha. Assim, a fé do convertido, cativo da verdade, opõe-se à humilde busca do crente que caminha, sem renunciar a ela, em direção a uma verdade que se esquiva. Duas sensibilidades, duas antropologias abrem caminhos diferentes para uma reforma igualmente desejada. Muitos outros além de Lutero, entre os reformadores protestantes, reservaram aos trabalhos de Erasmo uma acolhida mais favorável, sem aceitar seu pensamento profundo. A Reforma católica rejeitou sobretudo o humanista, mas, sem o dizer, desde o Concílio de Trento, depois com Francisco de Sales e os jesuítas, às vezes coincidiu com algumas das suas intuições.

Somente no século XX é que será reconhecido ao pensamento de Erasmo um alcance teológico profundo, mais conforme talvez a uma modernidade pluralista que o de Lutero, mais apegado este último ao absoluto de Deus.

JEAN-PIERRE MASSAUT

Até as últimas consequências da Escritura
Os radicais das reformas

Desde os primeiros anos das reformas ditas mais tarde "protestantes", surgem dissidências multiformes. Nascidos ombro a ombro com os reformadores, convencidos da falência da Igreja medieval, esses radicais se decepcionam rapidamente com certas hesitações ou "compromissos" de Lutero e de Zwingli (1484-1531) e seguem seu próprio caminho.

Uma primeira manifestação popular vem à luz nos anos 1524-1525: começando na Floresta Negra, se difunde pela Alemanha meridional e central, até o Tirol. Inspirando-se em escritos anticlericais de Lutero e Zwingli, insistindo na escolha local dos pastores, no direito de a paróquia ler e interpretar a Escritura, assim como na busca de uma justiça social inspirada pelo Evangelho, o "movimento camponês", animado também em várias regiões por um certo milenarismo, termina num banho de sangue e provoca o descrédito da Reforma ante os olhos dos católicos.

Daí em diante, as "reformas" luterana e zwingliana se tornam cada vez mais um assunto dos príncipes e das cidades livres do Império. A dissidência que sobrevive toma o caminho da clandestinidade. Nas décadas seguintes, podemos discernir portanto pelo menos três formas de "radicalismo" protestante.

Primeiro, várias formas de "anabatismo" mais ou menos estruturadas vêm à luz. Em Zurique, os primeiros anabatistas são jovens humanistas e discípulos de Zwingli. Compartilhando a aspiração de autonomia local dos camponeses, Conrad Grebel, Felix Mantz e Balthasar Hubmaier afirmam que o Novo Testamento não prega o batismo dos bebês. Além do mais, o princípio reformador da "fé somente" os estimula a considerar o engajamento individual como condição necessária para um batismo do adulto, vivido então com conhecimento de causa. Os primeiros batismos feitos na confissão da fé ocorreram em janeiro de 1525, em Zurique. Muito embora encontremos na maioria, desde o início do movimento, uma não-violência de princípio baseada numa leitura erasmiana dos ensinamentos de Cristo, os que são então designados como "rebatizadores" são associados ao movimento camponês e considerados perigosos. Sob a direção do ex-prior beneditino Michael Sattler, o anabatismo suíço – doravante fora da lei – se estrutura e sobrevive graças aos princípios elaborados no "entendimento fraterno" de Schleitheim, em fevereiro de 1527: batismo dos crentes, disciplina exercida em seu seio pela comunidade, separação do mundo, rejeição da violência e do juramento, escolha local do pastor.

No mesmo momento, outra forma de anabatismo mais "mística" surge no sul da Alemanha e na Áustria. Esta sobrevive de forma estruturada no movimento "huteriano" (Jacob Hutter) na Morávia. O compartilhamento integral dos bens, segundo o modelo da primeira Igreja de Jerusalém, faz parte da eclesiologia não violenta e separatista desses anabatistas.

Estimulado pelo pensamento de Melchior Hoffman, uma forma "milenarista" do anabatismo nasce nos Países Baixos. Esperando o retorno de Cristo, a corrente se consolida em 1534-1535 em Münster, na Westfália. Esse reino assustou toda a Europa cristã e, como o movimento camponês, terminou no sangue e na violência. Após esse desastre e sob a direção de Menno Simons, padre que se tornou anabatista em 1536, o movimento anabatista neerlandês e flamengo também se estrutura em torno da não-violência evangélica e de uma Igreja não ligada ao Estado. Com o tempo, esses anabatistas serão chamados de "menonitas".

Um segundo ramo de protestantismo radical é o que se costuma chamar de "espiritualista". Reagindo às divisões e aos conflitos acerca das coisas "exteriores" ou "materiais", o espiritualismo dá ênfase ao lado interior e espiritual da fé cristã. Esses homens não se satisfazem nem com o *sola fide* de Lutero (o princípio segundo o qual somente a fé é fonte de salvação) nem com o princípio católico do *ex opere operato* (que sustenta que o sacramento é eficaz pela sua própria realização, independentemente de quem o dá e até de quem o recebe). Ao ver dos espiritualistas, enquanto o último conduzia à salvação pelas obras, o primeiro favorecia o laxismo moral. Teologicamente, esses homens reivindicam "somente a Escritura", mas também são atraídos ou influenciados pela interiorização da fé presente num Erasmo ou pela mística medieval. Como o anabatismo, o espiritualismo tem múltiplas expressões. As primeiras se manifestam em torno de Lutero, em pessoas como Thomas Müntzer ou Andreas Carlstadt, que criticam as hesitações de Lutero e se identificam com o "povo". Enquanto Carlstadt não se engaja diretamente no movimento camponês, Müntzer se torna um dos seus líderes nas regiões mais diretamente influenciadas por Lutero. Convencido de que Lutero estabelecia uma nova elite de teólogos formados na Universidade, que seriam os únicos habilitados a interpretar corretamente a Escritura, Müntzer fala da presença do Cristo interior em todos os fiéis, proporcionando assim aos camponeses que não sabem ler um acesso direto a Deus.

Embora o espiritualismo de Müntzer acabasse incentivando a violência dos camponeses revoltados, existiam formas mais "pacíficas" dessa tendência, em homens como Hans Denck e Sebastian Franck. Do mesmo modo, o teólogo silesiano leigo Caspar Schwenckfeld, que está em Estrasburgo no início dos anos 1530, preconiza um cristianismo totalmente interior, que pretende que o verdadeiro batismo é o do Espírito, que a verdadeira eucaristia não necessita de elementos sensíveis e que a verdadeira Igreja de Jesus Cristo não necessita de estruturas visíveis. Seu movimento atrai pessoas instruídas e sobrevive em pequenos círculos aqui e ali, no sul da Alemanha.

Embora os espiritualistas, por princípio, não formem um grupo estruturado, é possível discernir algumas características comuns: rejeição de um monopólio dos meios da salvação pela instituição, sensibilidade à experiência individual e à interioridade da fé, rejeição de uma teologia da predestinação.

Em terceiro lugar, durante os anos 1550, emergem movimentos chamados às vezes de "antitrinitários". O primeiro exemplo bem conhecido seria o da corrente liderada por Miguel Servet (1511-1553), médico e teólogo espanhol que participa intensamente dos debates teológicos dessa época. Notemos primeiramente que, até 1492, a teologia se viu confrontada na Espanha com a presença de judeus e muçulmanos unidos em sua rejeição da doutrina trinitária. Quando Servet resolve estudar minuciosamente a Escritura, chega à constatação de que as categorias cristológicas de Niceia-Constantinopla não têm fundamento bíblico. Para Servet, a boa cristologia se faz a partir do Jesus histórico e de uma interpretação rigorosa da Bíblia.

Existia também na Itália uma corrente "heterodoxa" que rejeitava o conceito de Trindade. Depois da morte de Servet na fogueira, em Genebra, alguns dos seus membros – Celio Secondo Curione, Camillo Renaro, Lelio Sozzini – encontram refúgio na Europa central e oriental (Lituânia, Polônia, Morávia, Transilvânia). Eles têm como primeiro terreno de ação as jovens Igrejas calvinistas, no seio das quais nasce uma ala antitrinitária que acaba se tornando "unitariana" e, em fins do século XVI, "sociniana". Algumas dessas comunidades também compartilham certas características teológicas e éticas das correntes anabatistas.

A despeito da sua diversidade, essas correntes dissidentes têm seu ponto de partida nos princípios de somente a Escritura e de somente a fé. Apesar de não serem reconhecidos pelos movimentos reformadores oficiais, os dissidentes são "protestantes". Se não se pode evocar um movimento homogêneo – alguns historiadores falam de "Reforma radical" ou de "ala esquerda da Reforma" –, é possível entretanto reconhecer que elementos comuns permeiam mais ou menos esse conjunto disperso: uma leitura bíblica desembaraçada dos conceitos da teologia medieval, uma crítica da doutrina luterana da justificação, a rejeição da síntese institucional "constantiniana" e uma ética muitas vezes baseada na vida a exemplo de Cristo.

NEAL BLOUGH

Calvino
Eleição, vocação e trabalho

Ao nome de Calvino, já desde quando era vivo e mais ainda após sua morte, está associado o termo de "predestinação", vindo de Agostinho, com sua dupla face: eleição e danação. A predestinação divina confirma, radicalizando-a, a doutrina da salvação pela "graça somente", sem as obras e os méritos do homem. Desde Max Weber (*A ética protestante e o espírito do capitalismo*, 1905), predestinação calvinista e "espírito do capitalismo" formam um par improvável, provido de uma ética do sucesso profissional. Na verdade, a tese de Weber é baseada nos escritos de pastores calvinistas ingleses do século XVII, que ele tomou o cuidado de distinguir da doutrina de João Calvino (1509-1564). Pode-se encontrar em Calvino a matriz temática que une teologia da predestinação e ética econômica? Nos textos em que Calvino trata da predestinação, a eleição é ligada à "vocação", produtora de obras; mas é em outros textos que o tema da vocação, no sentido de "profissão", é ligado a uma ética do trabalho.

Eleição e vocação

Apoiando-se nas Epístolas paulinas, Calvino articula eleição e vocação: a eleição é desvendada a cada um, intimamente, pela "vocação" (de *vocare*, "chamar"), o chamado de Deus à conversão e à "santidade" ou, mais exatamente, à "santificação" ou "regeneração".

Uma ou duas vezes em sua obra Calvino evocou sua própria "conversão súbita": foi Deus que fez o jovem estudante passar do mundo das "superstições" da Igreja tradicional, que ele era incapaz de abandonar por si mesmo, para o "gosto e [o] conhecimento da verdadeira piedade". Calvino sabe que sua experiência – uma reviravolta descrita como uma iluminação ao mesmo tempo intelectual e espiritual – não é um caso singular. Seus contemporâneos, leitores de Lutero, Zwingli e outros, descobriram como ele uma nova compreensão do homem diante de Deus, da fé, do Evangelho. Em sua *Epístola ao cardeal Sadolet* (1539), Calvino faz um duplo seu falar assim: a despeito das resistências, "abri os ouvidos e aceitei ser ensinado [pelos "novos pregadores"]. Portanto eu [...], estando veementemente consternado e perdido pela miséria em que havia caído [...], estimei que, depois de ter condenado em prantos e gemidos minha maneira de viver passada, nada me seria mais necessário do que me [...] retirar na tua, [Senhor]."

Para Calvino, essa libertação pela graça – ou "justificação pela fé" – não é um fim, mas um início. Retirado do "abismo de perdição", o crente (o eleito) começa a viver a nova vida. Nesse processo, ainda é Deus que tem a iniciativa: "Ele regenerou e reformou numa nova vida." A "regeneração" diz respeito a toda a "vida cristã": trata-se de "procurar e conhecer a vontade de Deus", resumida no "sumário da Lei", o duplo mandamento de piedade e caridade; em outras palavras, de "renunciar a nós mesmos", de "carregar a cruz de Cristo", de servir a Deus e ao próximo. As consciências libertadas do jugo da Lei e da preocupação com as obras meritórias obedecem livremente à Lei, para render glória a Deus.

Se a fé não é "ociosa", mas trabalha e produz frutos, "boas obras", quer dizer que as boas obras dos fiéis são sinais da eleição divina? Para os puritanos, segundo Max Weber, angustiados pela predestinação, as obras, frutos da "fé eficaz", da "conduta de vida do cristão que serve para aumentar a glória de Deus", objetivam a "certeza da salvação". Para Calvino, em compensação, as obras dos santos, sempre maculadas de pecado, não podem ser sinais seguros da eleição. O único "testemunho de eleição" ao alcance da consciência dos fiéis é a "vocação dos eleitos", a Palavra de graça ouvida, recebida, "selada em nossos corações": "Tocando fundo nos homens para fazê-los vir a ele, ele declara sua eleição que antes era secreta". Estabelecido esse ponto, "a consciência também pode se fortalecer pela consideração das obras", como "frutos da sua vocação", mas nesse caso se trata de uma confirmação secundária. Ao curto-circuitar o "testemunho interior do Espírito Santo", os puritanos ingleses, por sua vez, valorizavam as obras para conquistar a certeza subjetiva da eleição, obras sistematizadas, "o trabalho incansável numa profissão" ou uma vocação.

O trabalho como vocação

Sobre o tema do trabalho como vocação, Calvino está em débito com Lutero: o trabalho é uma "vocação" de Deus, dada ao homem (Adão) antes da queda, para impedir o "ócio". A "vocação" é compreendida aqui no sentido do apóstolo Paulo (1Cor 7, 17-20), como a maneira de viver a que Deus chama cada um: "quero que tu vivas assim ou assado", num estado (pai de família, serviçal...), num "ofício" (magistrado) ou numa profissão. As profissões "úteis", em "proveito de todos", são "aprovadas por Deus", logo são vocações. Desse modo, a hierarquia tradicional dos gêneros de vida se vê invertida. O estado monástico, a "vocação religiosa", não é mais o "estado de perfeição cristã", o ideal de contemplação é qualificado de ócio egoísta. As profissões dos leigos – ou seu trabalho em geral – é que são chamadas de "vocações".

Calvino identifica a dimensão própria da vocação com a "comunicação mútua entre os homens", com a excelência dos diferentes ofícios em sua interatividade. Ele se mostra, desse modo, mais aberto do que Lutero para as realidades do mundo moderno, o comércio e o manejo do dinheiro em geral. "Logo, se se disputa a mercadoria, dir-se-á que é uma vocação santa, que Deus aprova e que é útil, se não necessária, a todo gênero humano; e, quando um homem se envolve com ela, deve consagrar-se a ela como se servisse a Deus [...]. Assim, pois, os comerciantes devem servir a Deus em sua condição, sabendo que foram chamados por ele e que ele quer conduzi-los por sua palavra."

Sabe-se também que, sobre o empréstimo a juros, sobre o lucro do dinheiro, Calvino abriu uma brecha na posição tradicional dos teólogos, apoiados em Aristóteles, no Antigo Testamento e nos Padres. Exegeta que é, ele afasta as objeções bíblicas, depois refuta, em nome da equidade, a ideia segundo a qual o interesse seria contra a natureza, porque o dinheiro não pode produzir fruto por si mesmo. Removidos os obstáculos da tradição, o caminho está aberto para o empréstimo ou o crédito, a partir do momento em que o dinheiro emprestado vai servir para produzir um ganho para o emprestador (empréstimo de produção). "Não deixar o dinheiro ocioso" é uma das fórmulas de Calvino, incentivando um dos seus amigos, comerciante estabelecido em Estrasburgo, a emprestar para fazer negócio.

Esse dinamismo prolífico, socialmente útil, do trabalho, valorizado em oposição à "ociosidade" estática, não é a única consonância entre Calvino e os calvinistas ingleses descritos por Max Weber. No capítulo de sua *Instituição da religião cristã* (1541) consagrado à "vida cristã", Calvino estabelece regras de ética, de "bem ordenar sua vida", que podem prefigurar a ética puritana do trabalho profissional: a ascese no mundo ("valendo-se do mundo ou não se valendo", 1Cor 7, 29-31); a ideia de um "depósito de que um dia teremos de prestar contas"; enfim, o "serviço da nossa vocação", isto é, a consideração da vocação particular de cada um, como âmbito dos seus atos, regra que orienta e organiza suas obras ao longo da sua vida.

Sobre os dois pares temáticos no âmago do modelo weberiano da ética calvinista-capitalista – eleição e vocação, trabalho e vocação particular –, não faltam pontos de contato entre Calvino e os calvinistas do século XVII. No entanto, não se lê nos textos de Calvino esse hino ao trabalho incansável, que é próprio dos puritanos, como tampouco se encontram vestígios da instância que constitui, segundo Weber, o vínculo entre a teologia calvinista e o "espírito do capitalismo", a necessidade de conquistar pelas obras a certeza da eleição. Não é surpreendente portanto que Weber não tenha arrolado o reformador de Genebra em sua demonstração.

MARIANNE CARBONNIER-BURKARD

A via média anglicana
Uma lenta construção

Ainda que ligada a fatores sociais, econômicos e, evidentemente, religiosos, a origem da Reforma anglicana é, antes de tudo, dinástica. O rei Henrique VIII considerou indispensável fortalecer a jovem dinastia dos Tudor dando-lhe um sucessor masculino. Mas só teve uma filha de seu casamento com Catarina de Aragão e não conseguiu obter do papa a anulação da união. Henrique decidiu então, em 1534, ao fim de um longo trabalho sobre o complicado caso de direito matrimonial, trazer seu "grande caso", como se dizia então, para a Igreja da Inglaterra, da qual se tornava, depois de Cristo, o chefe supremo.

A coroa inglesa tinha entretanto se mostrado das mais zelosas na defesa da fé romana, contestada por Lutero e seus partidários. Duas figuras ilustram bem isso: John Fisher, bispo de Rochester, e principalmente um leigo, Thomas More, autor da *Utopia* (1516) e "irmão gêmeo" de Erasmo, cujo ideal de humanismo cristão ele compartilhava. O próprio Henrique VIII, que se pretendia teólogo, assinou uma obra para refutar Lutero, pela qual o papa Leão X lhe concedeu o título por muito tempo solicitado de "Defensor da fé".

A "reforma henriquina" (1534-1547)

O "divórcio" do rei, que tornava possível seu casamento com Ana Bolena, por quem estava apaixonado, acarretou ao mesmo tempo a separação de Roma e a aproximação daqueles que, desde os anos 1520, essencialmente em Cambridge, professavam as ideias luteranas. Esses advogados de uma Reforma protestante, cujos fundamentos John Wyclif havia lançado no século XIV, foram William Tyndale, que traduziu a Bíblia em inglês, Hugh Latimer e, principalmente, Thomas Cranmer, padre erudito e político hábil, casado em segredo em 1532 com a sobrinha do reformador alemão Osiander. Nomeado arcebispo de Cantuária por Henrique VIII, Cranmer tornou-se o artesão mais eficaz da difusão das ideias protestantes na Inglaterra. Em 1534, o Parlamento aprovou o Ato de supremacia da Igreja anglicana. No início do verão de 1535, por não terem querido prestar o juramento que ele exigia, o rei mandou executar John Fisher, depois Thomas More, que tinha sido seu chanceler de 1529 a 1532.

Thomas Cromwell foi encarregado de administrar as mudanças e empreendeu uma política sistemática de propaganda em favor das novas ideias. No entanto, foram as operações de supressão dos mosteiros, entre 1536 e 1539, com a transferência de suas propriedades à coroa e a beneficiários privados, que ligaram duradouramente a "reforma henriquina" a uma classe que tinha tudo a ganhar com a manutenção do novo estado de coisas. Houve no entanto um movimento de resistência de uma amplitude que foi subestimada. Os líderes da "Peregrinação da Graça", que abrangeu sobretudo Yorkshire e o norte da Inglaterra (1536-1537), foram executados.

Artesão de uma aproximação com os príncipes protestantes da qual, após a execução de Ana Bolena e a morte de Jane Seymour, o quarto casamento do rei com Ana de Clèves devia ser o símbolo – mas que resultou desastroso –, Cromwell foi acusado de traição e condenado à morte em 1540. Um ano antes, por um movimento oscilatório que caracteriza todo esse período, o soberano havia imposto os Seis Artigos, de tonalidade menos protestante, para substituir os Dez Artigos de 1536.

Com esse "nacional-catolicismo", Henrique VIII já parecia buscar a "via média" que o anglicanismo mais tarde vai reivindicar. Tirânica mas hábil, essa política podia contentar ao mesmo tempo os que, enquanto aceitavam ou desejavam a separação de Roma e uma reforma na Igreja, se apegavam às suas crenças tradicionais e os que, de convicção protestante, ainda podiam esperar o advento de uma revolução religiosa.

Tendo agora um herdeiro dado por Jane Seymour (em 1537), Henrique VIII, preparando a sua sucessão, privilegiou na organização do Conselho de regência a família dessa esposa amada, morta pouco depois do parto. Era, de fato, programar o triunfo das doutrinas calvinistas depois da sua morte em 1547.

O reinado de Eduardo VI e os anos protestantes (1547-1553)

Um quadro alegórico que se encontra na National Portrait Gallery de Londres descreve com uma bela economia de meios o que pretendeu ser o curto reinado de Eduardo VI (1547-1553), alçado ao trono aos dez anos de idade e muitas vezes comparado a Josias, o menino-rei que, no Antigo Testamento, é o restaurador da Lei em Israel. À esquerda do quadro, o rei Henrique VIII, deitado em seu leito de enfermo, designa com o dedo seu jovem filho Eduardo que está no centro, sentado num trono abaixo do qual jaz o papa, fulminado por uma grande Bíblia aberta. Perto dele, lêem-se as palavras "idolatria" e "fingida santidade". Dois monges, reconhecíveis por sua tonsura, fogem. À direita, veem-se oito pessoas com fisionomia grave, entre elas um bispo, sem dúvida Cranmer. Acima deles, quadro no quadro, homens derrubam uma estátua da Virgem.

A influência de Calvino é conhecida por suas cartas endereçadas ao próprio Eduardo VI. Martin Bucer, o reformador de Estrasburgo, que havia encontrado refúgio em Cambridge, é o inspirador do ritual de ordenação dos padres. Mas o artífice da reforma litúrgica em língua inglesa foi Thomas Cranmer, bom conhecedor da tradição, mas também criador. Pessoalmente próximo de uma concepção simbólica da eucaristia, foi o autor principal do Livro de prece comum (*Prayer Book*) em 1549, depois de um Segundo Livro, de tendência mais explicitamente protestante, em 1552, assim como dos Quarenta e Dois Artigos de Fé de 1553. Pouco antes, uma campanha iconoclasta destruía os altares de pedra, substituídos por mesas.

Depois da queda do duque de Somerset, em 1550, o poder foi tomado por John Dudley, que conseguiu persuadir Eduardo VI a excluir da sua sucessão Maria, a filha de Catarina de Aragão, que permaneceu fiel à fé católica. Quando da morte do irmão, em julho de 1553, Maria, apoiada pelos partidários da antiga ordem, conseguiu se impor. Subindo ao trono, restabeleceu os vínculos rompidos da Inglaterra com a Igreja romana, após vinte anos de cisma.

Maria Tudor e os anos romanos (1553-1558)

Maria tinha vivido até então alimentando a lembrança da mãe, que havia sido humilhada. Ela permanecia próxima dos Habsburgo da Alemanha e da Espanha, que lhe pareciam o melhor sustentáculo do catolicismo na Europa. A política de Maria contra os partidários do protestantismo na verdade só endureceu depois das revoltas que eclodiram no sul da Inglaterra. Então é que foram executados Cranmer e Latimer, que não haviam tomado o caminho do exílio, como tantos outros.

Maria apoiou-se em Reginald Pole, ligado por parte de mãe à família real e, como tal, banido por Henrique VIII. Legado do papa, arcebispo de Cantuária, Pole reconciliou solenemente a Inglaterra com Roma (1556). Esse teólogo humanista, que havia participado do concílio de Trento, empreendeu de forma surpreendentemente rápida uma reforma católica, antecipando, por exemplo, a criação dos seminários de padres. No entanto, a perseguição dos heréticos alimentou um sentimento anticatólico e contribuiu para a impopularidade crescente da rainha. Mas a opinião pública rejeitou sobretudo o casamento de Maria com aquele que se tornou rei da Espanha com nome de Filipe II, ainda que, diplomaticamente, essa escolha pudesse perfeitamente ser defendida. No entanto, em novembro de 1558, a morte da rainha, que ficou sem descendência apesar do seu desejo quase desesperado de a ter, e, algumas horas depois, a de Reginald Pole determinaram uma nova reviravolta religiosa, com a subida ao trono de Elisabete.

Elisabete e o primado do político (1558-1603)

Uma das raras coisas que o historiador pode afirmar sobre as convicções de Elisabete, filha de Henrique VIII e Ana Bolena, é que a vida toda ela admirou seu pai e ansiou imitá-lo. É a ela que se deve o estabelecimento de uma via média entre um protestantismo radical e o catolicismo romano. Desde o início do reinado, o restabelecimento, com apenas algumas modificações, do Livro de Prece Comum de 1552 mostrou que a orientação protestante retomava seu lugar no equilíbrio religioso e político da Inglaterra, no decorrer de um dos maiores reinados da sua história.

Em janeiro de 1559, o Parlamento votou um novo Ato de supremacia suprimindo a jurisdição pontifícia mas trocando o título de chefe supremo da Igreja da Inglaterra pelo de governador, menos ofensivo, o que não impediu Pio V de excomungar a rainha. Os Trinta e Nove Artigos, redigidos em 1563 e adotados em 1571, apresentaram a doutrina menos como um credo do que através de uma série de posições sobre as controvérsias teológicas do tempo. Os artigos sobre a predestinação, cara aos protestantes, ou sobre a eucaristia, que preocupava os católicos, eram redigidos de maneira a ser diversamente interpretados.

Esse compromisso religioso foi defendido pelo teólogo Richard Hooker. Contra os puritanos, ele justifica a estrutura episcopal cuja continuidade apostólica a rainha quis estabelecer ordenando Matthew Parker, em 1559, arcebispo de Cantuária. Hooker queria mostrar com isso principalmente a necessidade de harmonizar o direito positivo com a lei natural e, ao mesmo tempo, com as prescrições da Bíblia. Como o governo da Igreja precisava se adaptar às circunstâncias, podia-se justificar a reforma anglicana sem separá-la da instituição medieval.

Sustentada, num reino estável, por uma liturgia servida pelos maiores músicos da época, como Tallys e Byrd, essa síntese permitiu que o anglicanismo se implantasse duradouramente, à custa, aliás, de um endurecimento anticatólico e de uma maior exigência de conformidade no fim do reinado. Esse protestantismo moderado seria ameaçado pelas crises políticas e religiosas do século seguinte.

GUY BEDOUELLE

II
Rivalidades e combates

Inácio de Loyola
e a aventura jesuíta

Iñigo López de Oñaz y Loyola (1491-1556) é enviado aos quinze anos para o castelo de Arévalo, de seu parente Juan Velázquez de Cuéllar, contador-mor da fazenda de Castela e membro do Conselho real. Depois de dez anos trabalhando na administração pública sob as ordens desse alto funcionário, torna-se diplomata a serviço de Manrique de Laras, duque de Nájera e vice-rei de Navarra, outro parente seu. Em 1521, é ferido durante o cerco de Pamplona. Voltando para Loyola, converte-se. Vai para Montserrat, um foco da *Devotio moderna*, depois para Manresa, onde sua vida adquire um contorno místico e, enfim, para Jerusalém, seguindo o caminho de Cristo. Ao voltar, desejoso de "ajudar as almas", estuda em Barcelona, Alcalá e Salamanca. Mas certos excessos o levam a ser tomado por um *alumbrado* (iluminado herético) e ele tem de se justificar perante a Inquisição.

Em 1528, em Paris, adquire rapidamente no colégio de Montaigu o nível requerido em latim, gramática e retórica para se inscrever na faculdade de artes. Entra em seguida em Sainte-Barbe, um colégio inovador onde encontra Calvino. Obtém o título de mestre em artes em março de 1534. Em 15 de agosto do mesmo ano, em Montmartre, com seis amigos que fizeram os *Exercícios espirituais*, compromete-se a viver o Evangelho na castidade e na pobreza, a partir para Jerusalém ou, se isso for impossível, a pedir ao papa para ser enviado em meio aos infiéis. Pouco depois, quando do caso dos Cartazes e da repressão real, os companheiros trabalham pela reconciliação dos luteranos, ao mesmo tempo que estudam teologia com os dominicanos e com os franciscanos, bem como no colégio de Navarra e na Sorbonne. Eles se interessam então pela Escritura e pelos Padres, e alguns deles, apaixonados por grego, vão ouvir os leitores reais.

Em 1537, todos estão em Veneza aguardando um navio para Jerusalém. Os que não são padres se fazem ordenar. Não conseguindo embarcar, os companheiros vão ter com o papa, que os envia em missão na Itália: uns ensinam os *Exercícios* (propõem aos fiéis retiros à maneira de Inácio de Loyola), outros pregam ou ensinam as Escrituras, mas todos se consagram às obras de misericórdia. Em 1539, após uma longa deliberação, optam por tornar-se religiosos. A originalidade da sua proposta está em se apresentarem como um corpo internacional bem estruturado, unido por uma profunda amizade e uma forte espiritualidade, a dos *Exercícios*, de maneira a poder se dispersar a pedido do papa ou de seus superiores. A marca dos *Exercícios espirituais*, editados em 1548, é tamanha, que esse método de acesso à vida espiritual não demorará a se tornar uma das características do catolicismo moderno. Para Inácio e seus companheiros, trata-se de um itinerário a ser seguido à luz do Evangelho, ao mesmo tempo que se é guiado discretamente por uma pessoa que já os praticou. Fazendo os *Exercícios*, cada um é convidado assim, em plena liberdade, a se unir a Deus e a encontrar sua vocação própria, tanto na sociedade como na Igreja.

Os jesuítas são aprovados em 1540 por Paulo III. Em 1546, eles decidem abrir colégios e dar a seu apostolado uma quádrupla fisionomia: o ensino universitário, o acompanhamento espiritual, as pregações missionárias e as obras de misericórdia.

Na França, a entrada dos jesuítas é difícil. Criticam-se a novidade do seu instituto, seu ultramontanismo (ou sua obediência exclusiva ao papa) e seu caráter internacional. Apesar do apoio de vários cardeais, seu desejo de fundar colégios é mal recebido. Considera-se suficiente a presença dos mendicantes nas universidades e julga-se exorbitante sua vontade de ensinar as artes e as letras. Eles obtêm um estatuto legal em 1561, mas ainda precisarão de mais vinte anos para se implantar verdadeiramente. Em 1582, são trezentos, repartidos em três províncias. Suas fundações, decididas somente pelo geral, são motivadas pelo desejo de fazer o "bem mais universal" com um máximo de eficácia. Nessa estratégia, a luta contra as heresias está longe de ser o único objetivo, e várias razões impelem os jesuítas para as universidades: seu desejo humanista de unir fortemente a cultura e a religião, assim como sua vontade de estar presente nesses lugares de onde se propagam as reformas. Mas eles têm outros motivos mais, como o de recrutar estudantes brilhantes.

Em 1594, o parlamento de Paris, sempre hostil, se vale do atentado contra Henrique III para expulsar os jesuítas da sua jurisdição, sem no entanto conseguir convencer os parlamentos de Toulouse e de Bordeaux a acompanhá-lo. Em 1603, Henrique IV restabelece a Companhia e se institui seu protetor. Luís XIII e Luís XIV seguem a mesma política: em 1616, a assistência da França conta cinco províncias. Daí em diante, a companhia não passa mais por modificações substanciais. Em 1762, os jesuítas são 3.049, repartidos em 161 casas, das quais 91 colégios e 20 seminários onde residem os regentes e os professores, os escritores e os doutores, mas também os pregadores e os missionários.

Durante o primeiro terço do século XVII, os jesuítas franceses empunham a bandeira mística arvorada por seus companheiros espanhóis e italianos. A espiritualidade inaciana conhece então grande desenvolvimento não apenas na ordem, na Bretanha, na região de Bordeaux e nas missões, mas também no exterior, nas congregações marianas e nas associações de amigos, ligadas às residências ou aos colégios. Os teólogos jesuítas ressaltam nos debates a importância da Escritura e dos Padres, mas alguns deles também se empenham nas discussões sobre a graça e a liberdade deixadas pendentes pelo Concílio de Trento. Formados pelos *Exercícios*, eles não podem admitir que os homens não participem da sua salvação. Essas posições lhes custarão dissabores com os dominicanos, os agostinianos e, mais precisamente, com Pascal e Port-Royal. Os jesuítas eruditos dão prova de menos audácia, tentando com Tycho Brahe um compromisso entre Ptolomeu e Copérnico.

Os jesuítas franceses estão na América do Norte, nos países do Levante e no Extremo Oriente. Eles falam frequentemente dessas missões distantes em sua correspondência com os doutores de Paris, Londres e Moscou. Mas, em 1685, quando uma dezena deles embarcava para o Sião e a China, a pedido de Luís XIV, sua situação se torna difícil na França, pois o rei não suportava bem a submissão deles ao papa. Resolvido esse caso pelo padre La Chaise, confessor real, outro se declara.

No momento em que fragmenta, em 1730, a Companhia não percebe sua fragilidade. Seus colégios são pouco adaptados para o momento em que o Estado-nação procura assumir o ensino. Seu funcionamento financeiro também se fragiliza. O fim do sistema beneficiário assinala o início das dificuldades da Companhia. A falência de La Valette, na Martinica, é um exemplo das suas inadaptações. Os jesuítas são atacados com base no princípio da "solidariedade" financeira. Ora, se sabem que, de direito, cada casa é autônoma e não pode ser proprietária, os magistrados também sabem que, de fato, essa estrutura jurídica não é aplicada. O erro dos jesuítas foi apelar ao parlamento, mas principalmente não se ater aos fatos.

Ecoa então uma palavra de ordem: "Há que destruir os jesuítas!" Os *Extratos das asserções perigosas*, uma "máquina de guerra", são editados, porém, mais sutilmente, alguns querem transferir para dentro desse Estado o que havia oposto jesuítas e jansenistas na Igreja. Ao contrário de Pascal, Le Paige, o jansenista responsável pelo caso, não toma como alvo central nem o laxismo nem o regicídio; ele quer denunciar o próprio princípio das *Constituições* da Companhia: seu despotismo. Depois de hesitar inicialmente, o parlamento de Paris redige em 1762 um projeto de edito denunciando a Companhia como exemplo de despotismo na Igreja e no Estado. Seu desejo não é visar os jesuítas mas o governo de que são prisioneiros. Todos os parlamentos e todas as cortes soberanas adotam o mesmo procedimento e, em 1764, a Companhia não tem mais existência legal na França, apesar dos protestos de Clemente XIII e dos bispos. Finalmente, pressionado pelos Bourbons, Clemente XIV suprime a ordem em 1773. Mas, tendo a czarina rejeitado esse ato, a Companhia subsiste na Rússia, onde é reconhecida por Pio VI em 1801, antes de o ser universalmente por Pio VII em 1814. Pouco a pouco, clandestinamente ou não, a Companhia volta então às suas terras de origem.

PHILIPPE LÉCRIVAIN

As Inquisições
na Era Moderna

A Inquisição não é uma criação da Era Moderna, mas passa por profundas modificações no decorrer dos séculos XV e XVI: em declínio na França, onde os tribunais régios chamam a si as competências dela, aparece na península Ibérica e se reorganiza na Itália. Adquire um novo aspecto, o de uma instituição centralizada e burocrática, fundamentalmente ligada ao crescimento do absolutismo na Igreja e no Estado. Como tal, é comparável a outros organismos de controle social que se desenvolvem então em outros contextos: assim, o consistório calvinista exerce um controle minucioso dos costumes e pune duramente os infratores. Mas as Inquisições conservam sua especificidade: justiça eclesiástica e tribunal das consciências, elas mesmas definem os crimes de que têm conhecimento; apoiam-se no braço secular e, no caso ibérico, dependem estreitamente dele, mas também conservam uma autonomia que faz delas verdadeiros poderes locais.

Outra característica da Inquisição moderna é sua adaptação ao âmbito político e nacional, que justifica a utilização do plural. A Inquisição espanhola é a primeira dessas Inquisições modernas. Em 1478, os reis católicos, Isabel e Fernando, obtêm do papa a nomeação de juízes eclesiásticos encarregados, antes de tudo, de vigiar os cristãos novos ou conversos, judeus convertidos ao cristianismo, às vezes há várias gerações, e suspeitos de manter em segredo sua antiga fé. Muito rapidamente, essa nova instância se estrutura, com um Inquisidor geral, um conselho central, a *Suprema*, e tribunais regionais. Ao período de terror que assinala as primeiras décadas, em que milhares de judaizantes ou assim supostos são perseguidos, sucede uma fase de consolidação, durante a qual o Santo Ofício amplia sua ação, passando a abranger delitos que também concernem aos cristãos antigos (aqueles que não se pode acusar de ter uma origem judaica ou muçulmana), como a blasfêmia, as práticas supersticiosas ou os comportamentos sexuais. O poder da Inquisição na Espanha se manifesta de forma notável em 1559, quando o arcebispo de Toledo, Bartolomeu Carranza, é detido por suspeita de heresia. Entretanto, a monarquia mantém sob controle estreito essa instituição, a única que escapa da fragmentação jurídica dos diversos reinos que a compõem. Em Portugal, a Inquisição obtida em 1547 é da mesma natureza que na Espanha. As Inquisições ibéricas estendem a sua jurisdição às terras conquistadas além-mar. No México, em Lima ou em Goa, os inquisidores tratam de perseguir a imigração de cristãos europeus suspeitos, judaizantes ou simpatizantes da Reforma, e de punir todas as formas de mestiçagem religiosa produzida pela experiência colonial.

A Inquisição romana tem outra origem e não está ligada de forma tão íntima a um Estado. O temor da difusão da Reforma na Itália leva o papa Paulo III a criar, em 1542, uma congregação de cardeais com todo poder para investigar e julgar em matéria de heresia. Essa nova congregação, cujo domínio se estende teoricamente a todo o mundo católico, com exceção das terras submetidas às Inquisições ibéricas, de fato só exerce sua jurisdição na Itália, onde os tribunais inquisitoriais já existentes lhe são subordinados. Mas sua existência modifica consideravelmente os equilíbrios de poder no seio da cúria romana. Bastião dos intransigentes, o Santo Ofício pode impedir a eleição ao pontificado de cardeais suspeitos de simpatia pela Reforma, como, em 1549, o cardeal inglês Reginald Pole, ou, ao contrário, promover candidatos provenientes das suas hostes: a maioria dos papas da segunda metade do século XVI é formada por ex-inquisidores. Localmente, os tribunais inquisitoriais desmantelam os grupos dissidentes, que sucumbem em algumas décadas sob seus golpes. A Inquisição romana amplia então seu campo de ação a outros delitos religiosos e se interessa, como no caso ibérico, por comportamentos heterodoxos que não têm nada a ver com o protestantismo. Ela exerce desde então um controle intelectual global, notadamente sobre a produção e a difusão dos livros impressos. Essa vontade de impor a ortodoxia católica em todos os setores do saber conduz naturalmente a um confronto com as inovações da revolução científica que se iniciou no século XVI, apesar do artículo de uma parte da Igreja romana aos cientistas mais ilustres. O processo movido contra Galileu e a sentença promulgada em 1633 ilustram de forma notável a ruptura entre ciência e teologia, provocada pela instituição inquisitorial e por sua visão intransigente das relações entre fé e saber.

Quando se fala da Inquisição, é preciso ao mesmo tempo evitar uma reabilitação que seria perfeitamente chocante e uma lenda negra que mascara uma realidade já terrível. A instituição inquisitorial suscita desde a época moderna uma viva repulsão no próprio mundo católico e, de Nápoles aos Países Baixos, a perspectiva da introdução da Inquisição desencadeou verdadeiras revoltas. Mas as críticas que lhe são feitas não são as que um espírito atual poderia esperar. A prática da tortura, por exemplo, não figura entre as primeiras objeções feitas às Inquisições modernas. E é verdade que elas a praticavam com muito mais moderação e regras do que os tribunais leigos da época. Depois das suas primeiras décadas de existência, em que fizeram numerosas vítimas (sem dúvida milhares na Espanha, centenas na Itália), as jurisdições inquisitoriais só raramente continuaram a condenar à morte. Ante as denúncias carregadas de ódio e de interesse, elas também souberam estabelecer um procedimento bastante pesado de verificações dos testemunhos, de audição dos acusados, que tinham acesso a uma parte do processo para poder se defender. Isso poupou aos países submetidos à Inquisição a loucura dos linchamentos de feiticeiros e feiticeiras que acometeu o norte da Europa entre aproximadamente 1550 e 1650. A Inquisição sempre foi muito circunspecta diante dos delitos de feitiçaria e nunca manifestou, no caso deles, a ferocidade de que era capaz em outras circunstâncias. Ela foi das primeiras jurisdições do mundo católico a duvidar da realidade do sabá ou do pacto com o diabo.

Se a prática inquisitorial se revelou particularmente aterrorizante para a Europa da primeira modernidade, foi em razão de outros aspectos que não os desenvolvidos, às vezes de maneira fantasista, pela polêmica anticatólica do século das Luzes e da época contemporânea. O segredo do procedimento, em que o acusado não conhece o delito que lhe é imputado e o nome dos que o denunciaram, em que ele próprio promete não dizer nada sobre o desenrolar do processo, seja qual for seu resultado, suscita uma profunda angústia entre os processados pela Inquisição. A infâmia social acarretada por uma condenação pelo Santo Ofício é mais dolorosa do que a dureza da própria pena: postas em cena durante os autos-de-fé, em que os condenados deviam abjurar publicamente, ainda que depois fossem submetidos somente a penas leves, as sentenças da Inquisição cobriam de ignomínia suas vítimas e a descendência destas. Enfim, no plano intelectual, as Inquisições certamente não sufocaram toda criação nos países que estavam submetidos a elas, mas favoreceram o surgimento de uma forma de conformismo religioso e de autocensura que, para alguns historiadores, contribuiu para o declínio da Espanha, de Portugal e da Itália nos séculos XVII e XVIII. A avaliação global das Inquisições na época moderna e de seu impacto continua sendo um desafio, devido à massa de documentos deixados por essas instituições detalhistas e ao prisma deformante das experiências totalitárias do século XX, de que o historiador tem dificuldade de se desfazer para analisar sem anacronismo essa polícia das consciências.

ALAIN TALLON

Novas liturgias
ou liturgias de sempre?

Reduzem-se demasiadamente as reformas à fé e à Bíblia, como se o cristianismo fosse apenas o comentário sempre inacabado destas. Ora, o cristianismo moderno também desenvolve práticas corporais e sociais que exprimem a fé na e pela liturgia e que estabelecem uma relação com Deus e com Cristo não menos essencial do que a da Escritura. Aliás, é essa a opinião de Lutero, a princípio bastante conservador em liturgia, contra Carlstadtet e contra Zwingli, que afastavam seus fiéis de uma concepção puramente sacramental (mágica para eles) da liturgia a fim de desenvolver seus aspectos simbólicos. Em 1523, Lutero adotava uma fórmula depurada e em alemão do ritual do batismo. No entanto, sua missa alemã só apareceu em 1526. Os cânticos evangélicos (ele próprio compôs vários), editados a partir de 1524, na primeira coletânea de cânticos, constituíam ao contrário um verdadeiro comentário da sua teologia.

Os gestos e as palavras da liturgia implicaram bem rapidamente opções antropológicas maiores. Os fundamentos da liturgia medieval – que são a missa e o ofício das horas – explodem de fato sob o poder da ideia de sacerdócio universal e, sobretudo, com o questionamento do latim, cujas raízes pagãs certos humanistas descobrem então. Esse questionamento dos gestos e das palavras da liturgia fez mais para gerar a violência interconfessional do que todos os comentários teológicos... Que seriam hoje a

Reforma luterana ou calvinista sem os salmos e cânticos em alemão ou em francês, a reforma anglicana sem o Livro de Prece Comum e a reforma tridentina sem a missa "romana"? Para explorar esses espaços, observemos alguns lugares de batalha confessional antes de ver como se fixam as opções feitas no século XVI.

Antes de mais nada, é preciso pôr à parte, no terreno ardente dos gestos, as práticas eucarísticas: é "aí que tudo vai e que tudo racha", já afirmava Pierre Chaunu. A violência da polêmica sobre a missa, contra a "fedorenta missa" papista, faz parte, de fato, da explosão reformada. É o sinal de que o rito vai muito mais longe do que uma refeição compartilhada: ele institui uma comunhão dos participantes entre eles e com Cristo triunfante. O que implica, portanto, a interpretação da fraternidade realizada em torno da figura de Cristo eternamente presente entre os seus. É por isso que as posições relativas à presença eucarística são tão importantes; é por isso que as palavras técnicas de consubstanciação ou transubstanciação, de presença real, corporal, espiritual, memorial... suscitam tantas paixões. Esqueceu-se quanto os insultos escatológicos, as provocações contra o "Deus de massa", as acusações de antropofagia a propósito do banquete eucarístico e das suas consequências edificaram um clima de desconfiança e de fechamento entre os cristãos. Sempre se pensa no enfrentamento agudo entre católicos e protestantes, mas os debates sobre a Ceia pesaram muito nos debates entre reformados: zwinglianos e luteranos, calvinistas e anabatistas estabeleceram bem cedo fronteiras identitárias que retomam discussões sempre renascentes sobre o sentido da memória da última ceia de Cristo.

Enquanto os protestantes desprezam a multiplicação das missas e os sinais de adoração eucarística, os católicos desenvolvem ao contrário a devoção ao Santo Sacramento, surgida no coração da Idade Média mas muito em voga no fim do século XV nos meios mais fervorosos. Eles continuaram a encená-la em cerimônias cada vez mais visíveis (e logo agressivas em relação aos "heréticos" forçados a se submeterem a ela, quando era o caso). Eles desenvolveram uma participação no sacrifício de Cristo, muito mais pela vista (no momento da elevação da hóstia durante a missa) do que pela consumação da eucaristia, apoiando-se em práticas seculares, logo veneráveis; a comunhão frequente, até então, só ocorria em certos grupos devotos em construção, como os jesuítas, em meados do século XVI.

Não se deve esquecer tampouco o apego dos cristãos a certas preces oriundas da liturgia das horas: quer dizer da função tranquilizadora, para os fiéis comuns, da Ave-maria em latim, do Pai-nosso em francês, das antífonas do Livro de Prece Comum que se tornaram sentenças morais. A violência católica da primeira guerra de religião da França está ligada tanto à prática ostensiva do canto dos salmos ao ar livre e em plena rua quanto ao iconoclasmo dos destruidores de imagens. Os livros de salmos luterano e huguenote, assim como os cânticos anabatistas, são ainda hoje sinais identitários fortes, que vinculam cada tradição confessional à sua origem e aos tempos bíblicos.

No entanto, é na língua litúrgica que o corte é mais nítido. Enquanto as línguas vulgares se emancipavam na administração e adquiriam uma estatura literária, enquanto a Escritura era traduzida havia já várias gerações, as Igrejas protestantes optaram logo de saída e com um sucesso imediato por abandonar o latim. Uma parte dos humanistas, sentindo o perigo do arraigamento na tradição, puseram-se então a defender pela crítica e pela história as traduções latinas dos salmos (é o caso do discípulo de Jacques Lefèvre d'Étaples, Josse Clichtove). Do lado católico, pareceu por muito tempo impossível abandonar o latim, língua das coisas sagradas havia tanto tempo. No entanto, outra parte dos humanistas, que optou por permanecer no catolicismo a despeito dos mitos, continuava persuadida de que a tradução era indispensável para defender o princípio de interiorização do companheirismo com Cristo. Assim, muitos clérigos da roda de Margarida de Navarra, Lefèvre d'Étaples, Gérard Roussel e Claude d'Espence, por exemplo, defendem a liturgia em língua vulgar até cerca de 1535 e trabalham a língua francesa para lhe dar uma melhor expressão da experiência espiritual. As traduções/interpretações de Clément Marot, que edificam o saltério huguenote, também nasceram desse esforço.

Mas os dados ainda não estavam lançados. Ainda se discute, no Concílio de Trento, a oportunidade da passagem à língua vulgar, para recusá-la, em razão do seu papel já claramente identitário entre os protestantes. O Concílio decide então revisar e simplificar o latim dos livros litúrgicos: Pio V edita o Breviário (1568), depois o Missal (1570), provenientes desses trabalhos, e Paulo V produz o Ritual romano em 1614. O católico rezará em latim, enquanto o protestante rezará em língua vulgar, até que, no século XX, o recuo das humanidades, provocando um empobrecimento da liturgia católica, torne a colocar a questão em outros fundamentos. As opções do século XVI também têm consequências importantes a longo prazo.

A liturgia católica guarda seu caráter universalista, quando não supranacional, bem útil quando a celebração imporia várias línguas. No entanto, periodicamente, por exemplo na França, com o jansenismo, a questão do uso litúrgico da língua vulgar era levantada. É que a utilização exclusiva do latim, embora fortaleça o senso do sagrado, é contraditória com a exigência de saber e de apropriação pessoais que havia passado a ser uma condição de acesso à primeira comunhão. As orações costumeiras ou a missa ainda podem ser assimiladas em latim, mas o mesmo não se dá com a compreensão da Escritura e, portanto, com a capacidade de responder por sua fé num mundo pluralista.

Em compensação, a insistência católica com a missa leva a maioria das Igrejas da Reforma, salvo a notável exceção dos anglicanos, a insistir na leitura da Bíblia e muito mais na pregação do que no ritual da Ceia, cuja prática permanece geralmente reservada às quatro grandes festas de devoção comuns a todos os fiéis da primeira metade do século XVI, adquirindo às vezes, entre os anabatistas, a forma de uma simples refeição comemorativa.

As palavras rituais que constroem e exprimem o vínculo com o invisível permanecem plurais, como eram nas primeiras gerações cristãs, mas as opções do século XVI acentuam as diferenças que desenham identidades assumidas até os dias de hoje. Uma mesma fé cristã na Encarnação é amparada por rituais cujo sentido tornou-se cada vez mais opaco entre primos de uma mesma tribo, mas que, de qualquer modo, assinala a fé num homem-Deus eternamente vencedor, com seus fiéis, sobre a morte e sobre o mal. A comunidade escatológica realizada em toda liturgia, no fundo, não se importa com as eventuais mudanças, a partir do momento em que encontra um modo de exprimir da melhor maneira possível sua experiência consensual (fraterna, pelo menos) e seu arraigamento num outro mundo.

NICOLE LEMAITRE

AS CONFISSÕES NA EUROPA NO FIM DO SÉCULO XVI

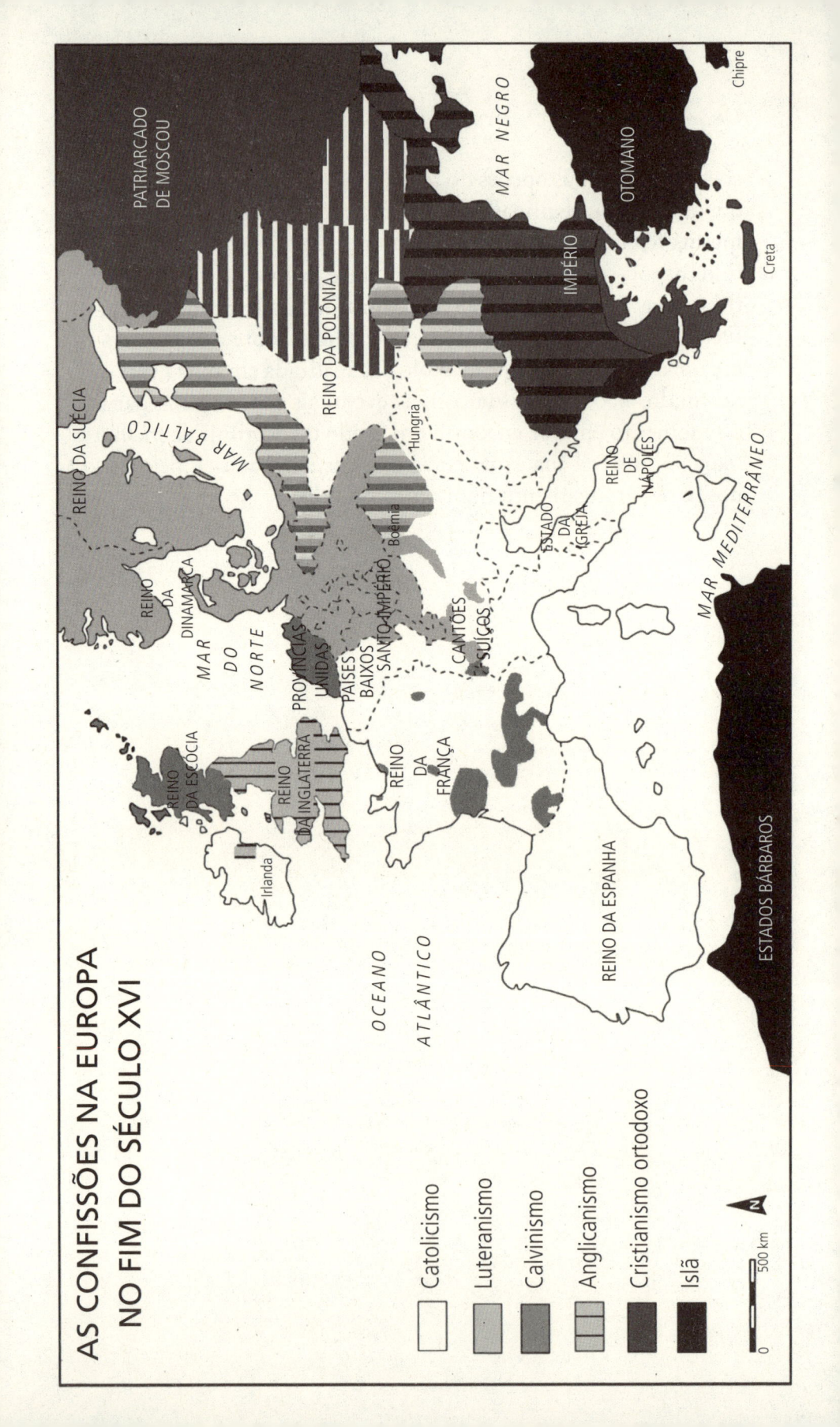

- Catolicismo
- Luteranismo
- Calvinismo
- Anglicanismo
- Cristianismo ortodoxo
- Islã

0 — 500 km

N

OCEANO ATLÂNTICO

Irlanda
REINO DA ESCÓCIA
REINO DA INGLATERRA
REINO DA FRANÇA
REINO DA ESPANHA
ESTADOS BÁRBAROS
REINO DA SUÉCIA
REINO DA DINAMARCA
MAR DO NORTE
MAR BÁLTICO
PROVÍNCIAS UNIDAS
PAÍSES BAIXOS
SANTO-IMPÉRIO
CANTÕES SUÍÇOS
Boêmia
Hungria
REINO DA POLÔNIA
ESTADO DA IGREJA
REINO DE NÁPOLES
MAR MEDITERRÂNEO
PATRIARCADO DE MOSCOU
MAR NEGRO
IMPÉRIO OTOMANO
Creta
Chipre

Mística do coração, do fogo e da montanha

"Ciência, não de estudo mas de oração, não de discurso mas de prática, não de contenção mas de humildade, não de especulação mas de amor" (Bérulle), a mística cristã, verdadeira "ciência dos santos" que não se ensina nas escolas, conhece seu apogeu literário na época moderna. Ela designa a experiência direta de uma fruição de Deus, que se deixa apreciar ao mesmo tempo que guarda seu segredo. Na origem de atividades de escrita muito diversificadas, os místicos espanhóis, italianos, franceses... utilizaram todos os recursos da linguagem para traduzir o indizível de experiências que os abalam de corpo e alma. Na busca de uma união com o Outro, sabem que por ora ela é inacessível, ao mesmo tempo que a desejam e às vezes saboreiam suas primícias. Com a ajuda das metáforas do tato, do gosto e dos outros sentidos, suas palavras não param de cantar essa alegria dolorosa de um ardente desejo jamais satisfeito. Sempre em evolução, o místico se compraz em narrar o itinerário seguido, com suas descobertas felizes e suas decepções desoladoras, para conduzir os outros nos caminhos difíceis de sua própria experiência. Às vezes suspeitos de heresia por terem se afastado mais ou menos da mediação sacramental da Igreja, eles frequentemente se sentem pouco à vontade numa religião feita de observâncias e de práticas a seu ver coercitivas ou estéreis. Alguns deles, entretanto, tiveram a boa fortuna de convencer as autoridades da sua ortodoxia original e até de serem içados à posição de santos. Sua criatividade poética os leva a recorrer aos símbolos da tradição bíblica transmitida por seus predecessores. Sempre reinvestidos de novos significados, esses elementos permitem que os místicos exprimam da melhor maneira possível o inexprimível e proporcionem aos simples devotos matéria para meditarem sobre os mistérios divinos.

A montanha, ponto de encontro entre o Céu e a Terra, abriga a maior parte das cenas bíblicas em que é selada e renovada a Aliança entre Deus e seu povo, do Sinai ao Gólgota. Os místicos recorrem a essa imagem para evocar a elevação da alma, chamada a escalar as árduas trilhas que a levarão ao cume da união com Deus. O monte Carmelo será o símbolo dessa união para João da Cruz († 1591), que propõe "subi-lo" à guisa de iniciação. Ele descreve as primeiras etapas de uma ascensão que requer o abandono total, a Deus, do que não é Deus. Uma vez purificado, o espírito do dirigido permanecerá numa noite escura em que talvez venha se manifestar uma presença no âmago da ausência.

Na tradição cristã, o simbolismo do fogo permite exprimir o esplendor incomparável de Deus, os efeitos da sua ação na Terra e o mistério da sua inapreensível transcendência. Ao mesmo tempo agente vital e elemento destruidor, o fogo remete à imagem do criador e à presença do Espírito, tanto quanto à do Deus vingador. Quando das teofanias, a sarça ardente, as línguas de fogo ou as chamas abrasadoras manifestam aos homens a presença gloriosa do Deus em três pessoas. Os místicos experimentam seus benefícios luminosos e seu calor reconfortante, mas sentem também as devastações, recebidas como doces queimaduras. A prova do fogo os purifica, antes de fazer do seu coração consumido um lugar de fusão com o divino. O fogo que, comunicando-se, não perde nada do seu fulgor, também se presta a significar a virtude da caridade, concebida com base no modelo do amor a Deus por todos os homens. O coração inflamado se torna seu símbolo, associado tanto à figura de santo Agostinho como à de Calvino.

A mística do fogo encontra sem dúvida sua expressão mais lírica em João da Cruz, que traduz em *A viva chama de amor*

(c. 1585) o canto da alma purificada pelo fogo, fruindo enfim a queimadura suave, deliciosa chaga, da união com Deus. Depois de Gertrudes de Helfta e de Catarina de Siena no século XIV, Teresa de Ávila († 1582) compara o amor divino a um braseiro, de onde escapam as fagulhas destinadas a atingir a alma com o ardor da paixão, enquanto a ursulina Maria da Encarnação († 1672) não aspira mais que a arder nas chamas desse braseiro. A simbólica, presente na iconografia e na liturgia, também se encontra no discurso pastoral, que considera a comunhão eucarística e as preces elementos próprios para atiçar esse fogo de amor capaz de abrasar os corações.

A metáfora do coração é corrente na linguagem espiritual para designar a sede da vida e das paixões, quando não o ponto de contato possível entre o homem e o infinito. Ela intervém regularmente nos métodos de oração, que aí veem o oratório mais propício para um encontro íntimo com Deus. Os místicos utilizam-na a cada instante para fazer dela ao mesmo tempo o receptáculo do amor divino e o reservatório de seus sentimentos. Nos modernos, o Coração de Jesus é recebido como símbolo do Deus de amor feito homem de carne. Antes deles, essa devoção viera à luz já no século XII, no contexto de uma meditação privada sobre a Paixão e, notadamente, na contemplação do coração trespassado, fonte da graça divina jorrando do flanco ferido. Ela alimentou um rico movimento que irrigou diversas famílias espirituais.

Na esteira de Bernardo de Clairvaux († 1153), mas com uma sensibilidade muito original, monjas beneditinas e cistercienses ousaram descrever seu ardor em termos surpreendentemente concretos: embriaguez bebida na fonte do divino ferimento; encontro na carne com o Coração, divino mediador entre Deus e os homens; união íntima, no intercâmbio dos corações com o Bem-Amado. A família franciscana se ilustrou desde o século XIV com experiências femininas análogas, antes que Bernardino de Siena († 1444) exprimisse com lirismo sua veneração pelo Coração de Jesus, que ele percebe ardente de amor pela humanidade. Em meados do século XIV, no vale do Reno, os dominicanos Suso e

Tauler, mas também sua irmã, Margarida Ebner, conservaram a mesma compaixão pelo sofrimento de Cristo e por seu Coração ferido de amor, pouco a pouco diferenciado do culto das Cinco Chagas do Crucificado, ainda tão caras a Lutero. Por sua vez, Ludolfo, o Cartuxo († 1378), iniciou seus filhos espirituais na consideração do Coração aberto como via de acesso à vida eterna. Depois, seu sucessor Lansperge († 1539) introduziu o primeiro manual de devoção ao Coração trespassado e introduziu o uso das imagens. Outros devotos compõem preces em que a metáfora do fogo se associa à do coração para evocar a intensidade do amor a Cristo. A carmelita Maria Madalena de Pazzi († 1607) também compara as chagas de Jesus a fornalhas ardentes.

No século XVII, textos e práticas de piedade atestam o interesse renovado pela devoção ao Coração de Jesus na sociedade francesa, onde o coração é visto como a expressão da personalidade, feita de inteligência e de sensibilidade, e em que a humanidade carnal de Cristo se vê particularmente cultivada pelos espirituais e pelos místicos. As manifestações da devoção mantêm, contudo, um caráter privado. Beneditinas e cistercienses reformadas veneram a título pessoal o Coração de Jesus, enquanto Francisco de Sales († 1622) incentiva o culto a ele nos conventos da Visitação. A ursulina Maria da Encarnação alcança uma relação íntima com o Coração de Jesus, cuja devoção exportou para a Nova França (América do Norte). Métodos de meditação exortam as religiosas a penetrar o Coração ensanguentado para viver a sua vida assim oferecida e experimentar em seu próprio coração seu amor redentor. Para João Eudes († 1680), formado por Pedro de Bérulle († 1629), o Coração de Jesus exprime a divina Humanidade de Cristo. Para ele, portanto, é importante que um ofício litúrgico seja instituído em sua homenagem, para render graças ao amor que ele tem pelos homens (1672).

No mesmo momento, as experiências da visitandina de Paray-le-Monial, Margarida Maria Alacoque († 1690), e, particularmente, sua insistência em discorrer sobre o Coração de carne e sobre os sofrimentos suportados por Cristo em razão dos pecados da humanidade vão dar novo impulso à expressão dessa espiritualidade, posta daí em diante a serviço da Contrarreforma. Sua visão do Coração de Jesus, entrelaçado de espinhos e encimado por uma cruz (1672), confere à devoção novos tons, que fazem eco ao código de honra que rege as relações sociais, mas também em resposta às necessidades de uma cristandade dilacerada: o amor a Cristo, desprezado pelos ímpios (protestantes), requer um amor reparador, que os fiéis (católicos) lhe manifestarão por meio de confissão pública, destinada a expiar os ultrajes infligidos ao Redentor e a aplacar sua justa cólera. Os jesuítas Claude de la Colombière († 1682), seu diretor espiritual, depois Jean Croiset († 1738), autor de um livro que fez sucesso (1691), são, com as visitandinas, os principais agentes de difusão dessa espiritualidade. A riposta jansenista é virulenta, insurgindo-se contra os aspectos afetivos da devoção, fundada numa revelação mística considerada suspeita. Mas, em outras partes, a acolhida não é mais benevolente para com práticas tidas como singulares e cujo vocabulário é tomado de empréstimo à linguagem política do absolutismo para justificar uma submissão radical à majestade divina.

A devoção encontra entretanto um eco favorável numa população tocada pela referência ao Coração ferido de um Cristo ultrajado mas misericordioso, a ponto de lhe conferir um colorido dolorista, ao sabor dos acontecimentos trágicos da história, como na Vendée, onde foi difundida pela pregação dos monfortanos ao longo do século XVIII. É só em 1765 que Roma permite que um culto público seja rendido ao Sagrado Coração, em consequência dos esforços do jesuíta Gallifet († 1749). A devoção serve então a um cristianismo familiar e dolorista, particularmente promovido e aceito nas terríveis guerras modernas, a partir do século XIX.

MARIE-ÉLISABETH HENNEAU

Mística da Encarnação
e da servidão

A Encarnação do Filho de Deus, um dos dogmas fundamentais do cristianismo, foi uma das noções mais difíceis de admitir para o espírito humano. Entre os místicos, inclinados a deixar a reflexão intelectual em segundo plano para dar lugar às faculdades do coração, a experiência íntima de tal mistério pôde se revelar mais vivificante do que o enunciado puramente teológico. Assim, alguns deles viveram na Idade Média uma relação amorosa muito pessoal com Cristo, contemplado em sua humanidade. Para outros, todavia, em busca de fusão total com a essência divina, não era preciso intermediário, nem que fosse o Filho de Deus. Em virtude de uma redescoberta dos textos neotestamentários e em razão da influência da espiritualidade franciscana e da *Devotio moderna*, na época do humanismo, novas correntes restituem ao homem-Deus seu papel de mediador entre um Deus Onipotente e a humanidade pecadora.

Na Época Moderna, duas figuras de proa atestam, dos dois lados dos Pirineus, uma mística inventiva da Encarnação, que marcou várias gerações de espirituais e de devotos. Quando se vê "presa de um vivo sentimento da presença de Deus", Teresa de Ávila († 1582) não pode duvidar de que ele está "nela" e ela própria "abismada nele". Essa experiência de união mística subverte a vida da futura reformadora do Carmelo, sob o choque de encontros sucessivos com Cristo revelado em sua humanidade, a quem ela se consagra de corpo e alma. De fato, é para o Homem-Deus que tendem todos os seus desejos. Quando dos primeiros contatos, sua presença invisível se faz simplesmente sentir. Ela o percebe como testemunha de todos os seus atos. Pouco a pouco, visões imaginárias e intelectuais se alternam para avivar uma relação de pessoa a pessoa cada vez mais intensa, alimentada de diálogos amorosos e trocas de olhares, até atingir o casamento espiritual, nova etapa da ascensão da alma, enfim conduzida pelo Esposo a penetrar o mistério da Trindade. Mas, ao mesmo tempo que permanece penetrada por essa presença trinitária, é a Cristo e à sua humanidade que ela retorna sem cessar, espontaneamente. Cristo é, de fato, para Teresa, o único acesso ao Pai. A época se revela fecunda em procedimentos análogos nos conventos femininos da Espanha, sem levar no entanto à realização de uma obra tão magistral quanto a produzida pela mística de Ávila, mais tarde feita doutora da Igreja.

Quando se empenha para acolher na França as carmelitas espanholas, herdeiras de Teresa, Pedro de Bérulle († 1629) recebe o apoio da sua prima Barbe Acarie. Frequentador do seu salão, aí encontrou o capuchinho Bento de Canfeld († 1610), paladino da aniquilação em Deus, e o cartuxo Ricardo Beaucousin, que o inicia nos místicos renano-flamengos. O círculo da senhora Acarie professa um teocentrismo que privilegia a união imediata e "abstrata" da alma humana com a essência divina. Por conseguinte, não há muitas referências a Cristo no *Breve discurso da abnegação interior* que o jovem Bérulle publica no fim do século XVI. Seu pensamento, por sinal embebido da obra do Pseudo-Dionísio e da hierarquização do mundo que esta realiza, sofre então uma lenta evolução, influenciada ao mesmo tempo pela prática dos exercícios de santo Inácio e pela descoberta da mística teresiana. Sua pupila na época, Madalena de Saint-Joseph († 1637), já dispensa no Carmelo de Paris um ensino centrado na Humanidade de Cristo. Sem renunciar completamente à herança dos renano-flamengos e principalmente a seu místico trinitário, Bérulle redescobre a que ponto o desígnio do amor a Deus se prende ao mistério da Encarnação, em que a divindade do Filho se une à sua Humanidade para fazer de Cristo o único mediador entre Deus e os homens, "verdadeiro sol e verdadeiro centro do mundo".

Para os membros do Oratório, o instituto de padres que ele funda em 1611 com o fim de restaurar o ideal sacerdotal, Bérulle elabora um programa de iniciação mística que recapitula sua evolução cristológica, em ligação com uma concepção hierarquizada da sociedade eclesial, inspirada no modelo dionisiano. Em razão da dignidade da sua posição, os padres desfrutam de uma proximidade particular com as esferas celestes, que lhes confere em consequência disso altas responsabilidades sobre as almas que lhes são confiadas. A fim de transmitir fielmente a luz de Cristo, eles deverão se submeter inteiramente à sua vontade. Bérulle vê na Encarnação o arquétipo da perfeita renúncia e de uma total submissão a Deus, às quais espera ver os padres se conformarem. Nesse contexto, ele lhes propõe um voto de servidão à Virgem, expressão do desejo de viver em dependência da Mãe de Deus, depois outro a Jesus e à sua humanidade deificada (1615), que os tornará capazes de comunicar às hierarquias inferiores o que receberam do Verbo encarnado.

Em seu *Discurso sobre o estado e as grandezas de Jesus* (1623), Bérulle procura justificar seu proceder, vivamente criticado por seus contemporâneos em razão de um contexto político-religioso oposto a seus compromissos. Expõe aí os últimos desenvolvimentos da sua mística da Encarnação. O cristocentrismo de Bérulle se ressente da maneira como ele encara o papel reservado a cada uma das pessoas da Trindade. Ele vê no Pai a origem e o fim de todas as coisas. O Filho, Verbo de Deus, é a "imagem viva e a idéia perfeita" que o Pai tem de si mesmo, enquanto o Espírito constitui "o vínculo e a unidade entre o Pai e o Filho". Ele se opõe por conseguinte a todo procedimento que pretendesse alcançar a essência divina sem a mediação do Filho. No curso da sua vida terrestre, este último passa por diversos estados, todos eles portadores de graça, já que igualmente assumidos por sua divindade.

O estado da infância perturba particularmente Bérulle, impressionado pelo rebaixamento do Verbo de Deus num ser inacabado, privado de palavras (*infans*). Por amor ao homem, o Verbo aceita se anular na natureza humana, reduzida a nada pelo pecado. Depois de contemplar a divindade do Filho eterno anulada na humanidade, Bérulle se maravilha diante dessa humanidade "deificada" e considera portanto um possível retorno a Deus para a criatura. Para tanto, terá de renunciar a ela mesma e, num total abandono à ação do Espírito, "aderir" a Cristo em todos os seus estados. Segundo Bérulle, o sacramento da ordem torna o padre particularmente apto a viver esse estado de aderência, que lhe permitirá proporcionar aos cristãos a possibilidade de reascender a Deus, pela mediação de Cristo, comungando com seu Corpo. A influência da sua mística da Encarnação sobre as comunidades de religiosas provoca nessas mulheres um verdadeiro fascínio pelo mistério, a que elas consagram todas as suas orações e cujo nome muitas delas adotam, como Barbe Acarie, que como religiosa tornou-se a carmelita Maria da Encarnação. Mais tarde, outra Maria da Encarnação († 1672), a ursulina de Tours, figura mítica da Nova França, também teve uma relação apaixonada com Cristo, que ela descobre pouco a pouco, pelo dom da oração, ser "a Via, a Verdade e a Vida".

A noção de servidão permanece associada, na história da espiritualidade cristã, à personalidade de Bérulle, nomeado cardeal em 1627. Ela faz referência ao simbolismo da escravidão, já em uso para qualificar uma relação de pertencimento livre e total a Deus, a Cristo ou a Maria. Assim, a ordem das Servas de Maria foi criada no século XIII em Florença. Uma devoção da escravidão mariana nasce na Espanha no século XVI, na forma de práticas de piedade – recitação do rosário, novenas... – em voga em certos conventos femininos, na origem de numerosas confrarias, também implantadas nos Países Baixos. Com Bérulle, os votos de servidão foram vistos como "elevações a Deus, com base no mistério da Encarnação, [...] para se oferecer a Jesus no estado de servidão que lhe é devida, após a união inefável da Divindade com a Humanidade, [...] e a Maria [...] como tendo um poder especial" sobre os homens, em razão da sua qualidade de Mãe de Deus.

A mística da Encarnação desemboca assim numa devoção a Cristo, particularmente venerado em seu "estado de infância" por certas congregações femininas, como as Anunciadas Celestes, que se caracterizam por uma consagração ao Verbo encarnado, cuja vida oculta no ventre de Maria pretendem imitar, destinando-se a uma clausura particularmente rigorosa. Margarida do Santo Sacramento († 1648), no Carmelo de Beaune, torna-se uma das grandes promotoras da devoção ao Menino-Deus, depois de receber o extraordinário obséquio de se unir a Cristo em seu estado de infância. Se, em sua *Vida de Jesus*, limitada ao tempo precedente ao nascimento, em que Jesus vive em Maria e Maria em Jesus, Bérulle privilegia as noções de sujeição do Verbo "às condições da natureza e da infância" e insiste em seu estado de dependência e em sua incapacidade de se comunicar, ele não pode porém impedir a manifestação dos sentimentos mais repletos de afetividade pelo Menino Jesus, cujo culto se desenvolve no século XVII na França, na Itália e na Boêmia.

MARIE-ÉLISABETH HENNEAU

O jansenismo
Entre sedução rigorista e mentalidade de oposição

Austeridade, rigor, despojamento são indissociáveis do jansenismo. Mas, se essa palavra conserva ainda hoje uma força de evocação, não será também porque os jansenistas encarnaram o desafio de uma consciência moral e religiosa para a qual as "grandezas de estabelecimento" e os poderes deste mundo não seriam capazes de igualar a grandeza de Deus?

O jansenismo, do nome de Jansen (*Jansenius*), um teólogo da Universidade de Louvain, encontra suas origens numa obra póstuma desse autor, o *Augustinus* (1640), exposição sistemática do pensamento de santo Agostinho sobre a graça: Deus decide em toda liberdade sobre a danação ou a salvação do ser humano, sem que este último possa influir seja como for sobre a decisão divina. A grandeza do homem reside então na aceitação dessa onipotência. É também uma reação ao desenvolvimento de uma teologia de inspiração jesuíta que dá ênfase ao livre-arbítrio e à capacidade de o homem colaborar para a sua salvação. Esse pensamento penetra nos círculos devotos franceses graças a um próximo de Jansenius, Duvergier de Hauranne, abade de Saint-Cyran, e é particularmente bem recebido no mosteiro feminino de Port-Royal, cuja disciplina a abadessa, Angélique Arnauld, restabeleceu alguns anos antes e que se torna o centro de um núcleo militante com o apoio dos Arnauld, poderosos no parlamento de Paris.

Desde as primeiras décadas, o que é antes de mais nada uma aspiração ao retiro do mundo encontra a desconfiança, depois a hostilidade, das autoridades. A aliança de Richelieu com os príncipes protestantes, vivamente criticada por Jansenius, acarreta a desaprovação do círculo de Port-Royal. Em 1638, Saint-Cyran é detido. Começa então a queda-de-braço com o poder. Em consequência de uma bula pontifícia, os clérigos e as religiosas são obrigados a assinar um formulário condenando as cinco fórmulas ou proposições que se dizia encontrarem-se no *Augustinus*. Os jansenistas replicam reconhecendo que estas últimas são efetivamente condenáveis (de direito), mas que não se encontram, de fato, na obra. Alguns anos depois, quando Pascal ridiculariza em suas *Cartas provinciais* o que apresenta como a moral relaxada dos jesuítas, estes últimos respondem desastradamente: é o tempo (até 1670) da grande influência do círculo de Port-Royal-des-Champs, no vale de Chevreuse. Os "solitários", leigos que vieram se instalar nas proximidades, trabalham em obras de gramática e de lógica; alguns alunos, entre eles o jovem Racine, frequentam as "escolas menores" em que o ensino dá ao francês um espaço maior que em outras instituições.

Essa forma de oposição passiva é inaceitável para Luís XIV. A ofensiva do poder se reinicia, exigindo dos principais interessados que reprovem oficialmente e por escrito as ideias de Jansenius. O apoio dado a Roma por certos bispos jansenistas quando da crise da Regalia, em 1682, exaspera o soberano, que contava, pelo exercício desse direito, unificar todas as dioceses francesas sob seu poder. Em 1709, as últimas religiosas de Port-Royal-des-Champs são dispersadas, e seu mosteiro arrasado. Em 1713, o rei obtém de Roma a condenação de várias afirmações extraídas literalmente de uma obra do oratoriano Pasquier Quesnel: é a bula (ou Constituição) *Unigenitus*, que provoca a oposição dos "anticonstitucionários".

Quando da morte de Luís XIV, em 1715, o jansenismo parece definitivamente extinto, mas seu fantasma não tarda a se manifestar. Para tanto, duas razões essenciais. Primeiro, a constituição de um núcleo ativo no seio do clero e entre os fiéis, essencialmente em Paris e na bacia parisiense. O segundo ponto forte é o aparecimento de uma rede internacional baseada nos intercâmbios epistolares regulares entre exilados, notadamente nos Países Baixos, e simpatizantes estrangeiros, em Roma e em certas cidades italianas. Minoritários, esses homens, cuja opinião varia da convicção profunda à simples simpatia, mesmo assim constituem grupos de pressão eficazes. Aproveitando o enfraquecimento do poder que acompanha a Regência, os jansenistas franceses apelam para a reunião de um concílio geral que se pronunciaria contra a bula. Esses "apelantes" (que apelam para o concílio) são pouco numerosos (5% do clero francês, no máximo), mas fortemente representados em certas congregações de vocação erudita (oratorianos e beneditinos de Saint-Maur, por exemplo) e bem implantados em certas paróquias parisienses; bispos, entre os quais o arcebispo de Paris, Noailles, não hesitam em se aliar à sua causa. Diante da possível conjunção das oposições, a atitude do poder endurece. Um dos bispos apelantes, Jean Soanen, é condenado ao exílio em La Chaise-Dieu, em 1727. Em 1730, a Constituição *Unigenitus* é proclamada lei de Estado. No curso dos anos 1740, os jansenistas são sistematicamente afastados dos cargos eclesiásticos.

Essa debilitação institucional coincide com uma mutação radical. Quando do falecimento, em 1727, do diácono jansenista François Pâris, reputado por sua humildade e sua pobreza voluntária, os fiéis afluem para o seu túmulo, no cemitério da igreja de Saint-Médard, em Paris. Curas milagrosas não demoram a se produzir aí, acompanhadas de transes e convulsões; elas atraem uma multidão de crentes e de curiosos. Inquietas, as autoridades ordenam o fechamento do cemitério, mas os fenômenos prosseguem em reuniões privadas. Nessas sessões, as convulsionárias (no mais das vezes são mulheres) são persuadidas de que encarnam a verdadeira Igreja, detentora da verdade e perseguida. Elas pedem "socorro": pancadas, chagas lhes são infligidas; sua resistência à dor é percebida como sinal da justeza da sua causa. Elas traduzem assim, em seu corpo, a teologia figurista desenvolvida por certos clérigos jansenistas para os quais a Bíblia, através das provações sofridas pelo povo hebreu e por Cristo, "prefigura" e assinala o pequeno grupo dos eleitos.

A resistência à autoridade também se traduz pela difusão de um semanário clandestino, *Les Nouvelles Ecclésiastiques*, regularmente impresso e difundido na capital, de tom fortemente polêmico. Centralizando as informações, jornal de propaganda, ele também é a manifestação da capacidade dos jansenistas de organizar uma imprensa que, graças à autonomia e à compartimentação dos participantes, consegue se proteger das perseguições e das detenções.

A dupla natureza do jansenismo – defesa dos direitos da consciência e mentalidade de oposição – é ilustrada pela evolução do movimento no curso dos anos 1750. Enquanto o fenômeno das convulsões perde fôlego, o arcebispo de Paris exige dos fiéis que escrevam bilhetes de confissão – espécies de atestados assinados por padres favoráveis à bula – antes de receber a comunhão, notadamente o viático. Essa disposição, acarretando o escândalo da recusa dos últimos sacramentos a pessoas moralmente irretocáveis, provoca uma profunda indignação para com o clero e a autoridade real. Esta última é ainda mais diretamente questionada pelo parlamento. Por tática ou convicção, magistrados e advogados tomam partido pelos jansenistas. Acompanhando o advogado Le Paige, eles transpõem para o plano político a ideia de que uma minoria guardiã das leis, "depósito" destas últimas, deve impedir que a autoridade de um só (o papa em Roma, o rei na França) abuse do seu poder transgredindo a lei divina. Teorias conciliadoras e oportunidade política convergem para minar os fundamentos do absolutismo.

Atacado nos escritos de filósofos como Voltaire, firmemente combatido no seio do clero, associado à sorte dos parlamentos quando estes são postos nos eixos, o jansenismo parece definhar na última década do Antigo Regime. Porém, na própria Igreja ele inspira os que defendem as teses do richerismo, apegado aos direitos do baixo clero. A atenção aos mais humildes motiva, ademais, o interesse deles pelo ensino popular e uma concepção ampla da participação dos leigos nas cerimônias, com o desenvolvimento, em certas paróquias, de uma liturgia em francês. Mas, nas dioceses em que eles defendem uma moral muito rigorista, é provável que sua atitude favoreça mais o desapego religioso.

Sob a Revolução, os jansenistas franceses se dividem mais uma vez a propósito da Constituição civil do clero. Enquanto alguns deles são favoráveis ao princípio da eleição dos vigários e ao controle exercido sobre eles pelo Estado, outros, em compensação, se opõem a ela, em nome da separação dos poderes espiritual e temporal. Fora da França, uma minoria influente de bispos simpatizantes atua em prol da reorganização do clero austríaco quando das reformas empreendidas por José II, enquanto os clérigos italianos formulam claramente, por ocasião do Concílio de Pistóia (1786), seu apego a um funcionamento colegial do governo da Igreja.

Os episódios revolucionários e napoleônicos veem as últimas manifestações de um espírito jansenista através da esperança milenarista de que esses acontecimentos sejam a etapa anunciadora de uma nova era. Mas o século XIX, com a afirmação da infalibilidade papal e de uma moral menos intransigente, transforma inelutavelmente o jansenismo num emblema nostálgico dos direitos da consciência religiosa perseguida.

ISABELLE BRIAN

III

Evangelizar e disciplinar o mundo

Cristianismos distantes

Rumo à América e à Ásia

Segundo os princípios da época, os soberanos portugueses e espanhóis não distinguiam, em seus impérios, negócios e religião. As divisões, efetuadas em 1481 por Sisto IV para a África e em 1494 por Alexandre VI para as Índias, os confirmavam nesse sentido, já que esses papas lhes reconheciam plena autoridade em matéria de exploração e de evangelização. Foi o que se chamou então de patronato. Nas Índias espanholas ou portuguesas, os primeiros missionários a trabalhar sob a autoridade real são os dominicanos, os franciscanos e os carmelitas. No Brasil, os calvinistas chegam ao Rio e a Pernambuco já em 1555, isto é, pouco depois dos jesuítas. Em compensação, estes só se instalaram no México e no Peru mais tarde. A conquista está, então, praticamente concluída e se trata de organizá-la. Acabava-se o sonho de um reino índio no México, apoiado pelo filho de Cortês e pelo franciscano Jerônimo de Mendieta. Acabava-se também a Igreja índia com que sonhara o dominicano Bartolomeu de Las Casas. O desafio era grande: como cristianizar cerca de cem milhões de americanos e um espaço ainda desconhecido por volta de 1550, quando a população da Espanha e de Portugal mal passava de oito milhões de habitantes? E que dizer das rotas marítimas portuguesas, tão extensas?

As missões jesuítas ilustram bem esse paradoxo. Desde a sua chegada a Goa, em 1542 (uma diocese erigida somente em 1539), o jesuíta Francisco Xavier apresenta ao bispo franciscano, João de Albuquerque, as cartas de Roma que lhe dão plenos poderes sobre "os territórios submetidos ao rei de Portugal", mas explica que só os usará seguindo a opinião do prelado. Quanto a ele, não tem desejo senão de "plantar sua fé no meio dos gentios". Volta-se para os pobres, sem se desinteressar pelo colégio São Paulo, onde cerca de sessenta autóctones são instruídos a expensas do rei. Como os franciscanos e os dominicanos, Francisco Xavier e seus companheiros – que partem pouco depois dele para o Brasil, o Congo, a Mauritânia e a Etiópia – se veem diante do desafio da imensidão. Os jesuítas são humanistas. Loyola não demora a lhes prescrever que criem colégios para formar os que, com o concurso dos "letrados" europeus, evangelizarão os infiéis. Foi assim que, no Brasil, nasceu São Paulo. Inspirando-se na experiência dos etnólogos franciscanos, a de um Bernardino de Sahagún, por exemplo, Inácio também pede que os jesuítas se "adaptem" às sociedades indígenas e compreendam seus costumes. Pede, enfim, que lhe enviem cartas regularmente. Estas, cujo objetivo primeiro é "edificar" a Companhia, também subvertem os conhecimentos da Antiguidade. Opondo à *autoridade* dos livros as certezas da *experiência*, elas abrem, além do velho mundo, imensos horizontes de onde nasce o sentimento da ilimitação do espaço. Mas o que, na descoberta dos outros, mais impressiona esses homens do século XVI e, depois, do século XVII, é a semelhança daqueles consigo mesmos. O pensamento moderno procede, em larga medida, desse encontro do humanismo com o novo espaço. Se os jesuítas não o criaram, souberam porém lhe dar sua plena eficácia.

Por volta de 1550, o império português compreende, além do contorno africano, o conjunto edificado por Albuquerque em Goa, entre Ormuz e Malaca, com suas ramificações para o Japão e para a China. Francisco Xavier percorre-o durante dez anos, enquanto o Brasil é percorrido por Nóbrega e Anchieta. Em toda parte os jesuítas devem "considerar em que lugar se pode esperar mais fruto dos meios que a Companhia emprega: por exemplo, onde se visse a porta mais largamente aberta e onde as pessoas fossem mais dispostas e aptas ao progresso... Como o bem, sendo mais universal, é mais divino, deve-se preferir as pessoas e os lugares cujo progresso permitirá que o bem se estenda a muitos outros...". À morte de Inácio, sob o generalato de Laínez, o tom é mais timorato; em compensação, sob o de Borgia, os jesuítas vão para as Índias do imperador: para a Flórida em 1566, para o Peru em 1568 e para o México em 1572. No vice-reino de Lima, uma vasta campanha é lançada para a "extirpação da idolatria", enquanto, no do México, a pedido do rei da Espanha, as pesquisas etnológicas de Bernardino de Sahagún, consideradas subversivas, são destruídas em 1572. Algumas delas, redescobertas nos anos 1930, ampararão a renovação do indianismo.

A extensão das missões jesuítas na América e na Ásia necessitou rapidamente de um novo modo de governo na Companhia de Jesus. Os padres gerais Mercuriano e Aquaviva decidem então enviar Visitadores, com toda a autoridade necessária: La Plaza ao Peru e ao México, Valignano à Ásia. Este último, tirando o melhor proveito do patronato e desejando uma ação missionária independente, trata de resolver o espinhoso problema do comércio da seda. No Japão, depois de promover os princípios de um método apostólico apropriado, recorda que os missionários estrangeiros é que devem se adaptar aos japoneses, e não o inverso. Ele pede a Ricci e Ruggieri que se preparem para entrar na China. Mais tarde, nesse mesmo espírito, Nobili e Britto irão para a Índia e Rhodes para o Vietnã. Na América Latina, os Visitadores convocam os jesuítas a não se dispersarem nas *doctrinas* e a pôr todas as suas forças nos colégios e nas missões entre negros e índios. Eles também são chamados, como teólogos, aos concílios provinciais. No concílio de Lima, em 1582, o jesuíta Juan de Acosta toma posição sobre a difícil questão da "extirpação" dos cultos indígenas.

Quando da sua volta à Espanha, Acosta publica seu *De procuranda Indorum salute* (1576). Nessa obra, muito lida até o século XVIII, ele propõe uma tipologia das "culturas" segundo os princípios da Renascença europeia, em que o escrito prevalece sobre o oral. Assim, ele divide os povos a evangelizar em três categorias. No pé da pirâmide, os "bárbaros" ferozes ou degenerados, no trato dos quais é desejável empregar a força. Acima deles, os povos dotados de verdadeiras "civilizações", como os astecas do México e os incas do Peru, no trato dos quais convém intervir de maneira amena. Por fim, os chineses, os japoneses e os indianos se distinguem dos outros pelo desenvolvimento de um direito e de uma literatura autóctones: há que se comportar com eles como os primeiros cristãos com os judeus, os gregos e os latinos. Adquirem assim uma compreensão da missão e uma nova consciência europeia.

Duas experiências podem ilustrar a "maneira de proceder" dos jesuítas: as reduções americanas e as missões chinesas. Diego de Torres, o primeiro superior da província do Paraguai, inspirando-se nos franciscanos, decide agrupar (*reducir*) os autóctones. Logo haverá trinta reduções entre os guaranis e, de 1609 a 1768, essa "República" possibilitará aos índios ascenderem ao estatuto de cidadãos. Viu-se aí uma utopia, mas trata-se muito mais de uma "eutopia" submetida a uma antropologia do possível. Superando em muito a simples ideia de uma evangelização forçada ou de uma assimilação precária por sincretismo duvidoso, ainda que esses fatores devam ser levados em conta, os jesuítas, atuando de dentro, procuraram se apropriar da subjetividade dos guaranis sem deixar de respeitar a liberdade destes. Seguiu-se uma conversão, acompanhada de uma transferência de valores – os valores do "Outro" – numa visão espiritual. As obras de arte dos guaranis adquirem toda a sua importância nesse contexto. Elas exprimem, a seu modo, que a "Terra sem mal" (*Yvy maraê'y*) que eles buscavam, existe, mas além da morte.

Na China, o modo de agir dos jesuítas é outro. Na agência imperial de Astronomia, motivados pelos chineses, alguns deles dissociam suas demonstrações matemáticas da roupagem dogmática com que as cobrem, mas outros se recusam a fazê-lo em nome de uma compreensão mais rígida da religião. Por outro lado, traduzindo três dos quatro clássicos confucianos (*Ta-hüsch,*

Chung-ying, Lum-yü), os jesuítas contribuíram para a "proto-sinologia". Posteriormente, as controvérsias se concentrarão na *Novas memórias* do padre Lecomte, um livro popular pelo tom e pelo conteúdo, mas sem grande experiência direta da tradição chinesa nem do programa de acomodação jesuíta. Em 1700, a Sorbonne censura a obra. Estamos próximos da querela dos ritos, que, no fim das contas, nada mais é que um debate ocidental habitado por uma só questão: Ricci, fundador da missão na China, estava certo ou errado? Em outras palavras, o cristianismo podia se abstrair do seu suporte europeu para se adaptar, sem perder sua identidade, a outros modos de pensamento, a outras normas e ritos? Seja como for, os ritos chineses são condenados em 1742. Alguns jesuítas, pintores, botânicos ou arquitetos, continuaram junto do imperador, mas, para os católicos, uma página foi então virada.

PHILIPPE LÉCRIVAIN

*As missões africanas (séculos XVI- XX)**

O trabalho missionário só se iniciou na África no fim do século XV, na esteira da conquista portuguesa. Mas o cristianismo tinha raízes muito mais antigas no continente, notadamente no Egito, na Etiópia e no Sudão. Foi no reino do Congo, em relação com Portugal desde 1491, que os primeiros passos foram dados, com a ordenação de um bispo negro, Dom Henrique, filho do rei Afonso, em 1521, e o estabelecimento de uma diocese independente em 1578. Mas eles não tiveram seguimento. Em 1619, o bispo podia contar com o apoio de vinte e quatro padres, e os cônegos da catedral de São Salvador cantavam o ofício "conforme o uso da Europa". Em 1640, a congregação da Propaganda, fundada cerca de vinte anos antes em Roma, criou a

---

* Dada a especificidade da temporalidade da história africana, os cinco séculos são objeto, aqui, de uma abordagem global.

prefeitura apostólica do Congo, que confiou aos capuchinhos italianos. Não menos de quatrocentos e trinta e quatro desses religiosos foram mobilizados no Congo e em Angola entre 1645 e 1820. Os esforços realizados na Senegâmbia, em Serra Leoa e nos reinos do Benin e do Warri na mesma época tiveram menos sucesso. Em compensação, no sudeste da África, não só na costa do oceano Índico mas também nas margens do rio Zambeze, até no coração do reino de Monomotapa, os missionários portugueses, jesuítas e dominicanos principalmente, conseguiram manter uma presença modesta mas constante por mais de dois séculos.

O balanço dessa primeira onda de evangelização é magro. O efeito combinado das doenças, das dificuldades de comunicação, dos compromissos da Igreja com o poder político e da sua aceitação da escravidão arruinaram toda e qualquer chance de desenvolvimento. Em todas as regiões em que os missionários penetraram, a influência do cristianismo foi mínima. Seu verdadeiro impacto se exerceu mediante o sincretismo. Na Alta Guiné, no Congo, no vale do Zambeze, formas religiosas inéditas surgiram, combinando elementos da religião tradicional com os mistérios do dogma cristão.

A fundação de sociedades missionárias protestantes, como a Baptist Missionary Society, a London Missionary Society e a Church Missionary Society, no fim do século XVIII, na Inglaterra, assinalou o início de uma nova era na história das missões. Significativamente, foram as classes populares, muito influenciadas pelo movimento evangélico, que forneceram os primeiros contingentes de voluntários. Sociedades semelhantes se desenvolveram em seguida na Alemanha, na Suíça e nos Estados Unidos. Os católicos, que tinham se atrasado, responderam fundando em 1822 a Sociedade de Propagação da Fé. Sediada em Lyon, essa obra progrediu rapidamente graças a um forte apoio popular. No primeiro ano, as doações se elevavam a 22.915 francos; em 1846, presente em 475 dioceses, ela arrecadava 3.575.885 francos, ou seja, 150 vezes mais.

Em 1799, o primeiro agente da London Missionary Society desembarcou na Cidade do Cabo, onde os ingleses acabavam de se instalar. Um grupo de missionários anglicanos chegou a Serra Leoa cinco anos depois. Em 1833, a Sociedade das Missões Evangélicas de Paris enviou seus primeiros homens a Lesoto. Em Zanzibar e Mombassa, foi preciso esperar o ano de 1844 para que chegasse o primeiro missionário, um alemão empregado pela Church Missionary Society. O início do movimento missionário entre os hausas e os igbos, na atual Nigéria, assim como nos Camarões, data da mesma época.

Mais centralizado, o movimento messiânico católico recebeu o estímulo do papa Gregório XVI, que, em 1845, exprimiu seus votos de ver formar-se um clero indígena. Em 1841, François Libermann fundou a congregação do Sagrado Coração de Maria, para a evangelização dos negros, que logo se fundiu com a antiga congregação do Espírito Santo. Em 1850, os primeiros oblatos de Maria, fundados por Eugène de Mazenod sob a Restauração, chegavam a Natal. Alguns anos depois, o cardeal Lavigerie, apóstolo da luta contra a escravidão e promotor do que ainda não era chamado de inculturação, fundou os missionários da África, logo chamados de Padres brancos, para a evangelização dos territórios situados ao sul do Saara. "Os jovens negros", escrevia ele, "inclusive aqueles que desejarmos tornar mestres-escola e catequistas, necessitam de um estado que lhes possibilite viver por conta própria a vida africana e, se possível, uma situação que os honre, que lhes proporcione influência e seja aceita por todos, de forma a ajudar poderosamente os missionários sem ser um peso para eles". Os formadores indígenas especializados nos aprendizados culturais e religiosos de base desempenham, de fato, um papel considerável na interpretação dos valores ocidentais pelas outras sociedades.

Embora preservando certa margem de manobra, os missionários eram ligados *de facto* ao sistema colonial. Até meados do século XX, todos, por mais esclarecidos que fossem, acreditavam na superioridade do modo de vida ocidental. Parafraseando David Livingstone, o missionário que se tornou explorador, eles não percebiam que existia uma convergência fundamental entre o cristianismo, o comércio e a civilização. Ao contrário dos chefes tribais, que não contavam abrir suas portas aos missionários se esses não lhes proporcionassem benefícios materiais ou diplomáticos, os governos coloniais garantiam aos representantes das Igrejas a paz, a segurança, o direito de se comunicar, de ir e vir e de pregar livremente. Raros foram os missionários que, como John William Colenso, bispo anglicano de Natal, ou Joseph Schmidlin, um pioneiro da missiologia em Camarões, souberam se erguer contra os abusos do regime colonial. E, mais tarde, a maioria das sociedades missionárias se abstiveram de apoiar o movimento de emancipação.

A historiografia missionária tradicional oferece uma visão falseada da história do cristianismo na África, ressaltando de maneira desproporcional o papel desempenhado pelos missionários europeus e norte-americanos. Os agentes pastorais indígenas cumpriram uma função não menos importante no movimento missionário e no enraizamento local do cristianismo. Não são raros os casos em que a evangelização precedeu a chegada dos europeus, como em Moçambique, onde trabalhadores migrantes que haviam descoberto o cristianismo no Transvaal fundaram uma missão presbiteriana nos anos 1880. Do lado católico, apesar dos esforços de pioneiros como monsenhor Aloïs Kobès no Senegal ou do cardeal Lavigerie na África Central, poucos padres indígenas foram ordenados antes do início do século XX. O impulso veio de Roma, com as encíclicas missionárias *Maximum illud* de Bento XV (1919), *Rerum ecclesiae* de Pio XI (1926) e *Fidei donum* de Pio XII (1957). *In loco*, os missionários brancos invocavam os pretextos mais diversos para retardar o processo. Foi preciso aguardar o ano de 1939 para que um africano – Joseph Kiwanuka, padre de Massaka, em Uganda – fosse ordenado bispo. As Igrejas protestantes demoraram menos para ordenar padres e pastores indígenas. Samuel Crowther, um ioruba que havia trabalhado para a Church Missionary Society, foi consagrado bispo da Igreja da Inglaterra, para a diocese do Níger, já em 1864. Mas a experiência fracassou devido ao fraco apoio dado ao bispo por sua Igreja e pela extensão demasiado grande da diocese. Mas outras tentativas foram feitas. Segundo o *World*

Christian Handbook, o número de ministros ordenados na África subsaariana passou de 1.200, em 1900, a 4.208, em 1957. Em compensação, no mesmo período, o número de agentes pastorais não ordenados, catequizadores, ministros leigos e professores de religião aumentou de 6.000 para 82.433. Desde então, o movimento de indigenização do clero não parou de se acelerar. Os missionários europeus e norte-americanos são cada vez menos numerosos. Com exceção da Igreja Católica, que, embora menos, continua dependente das ex-metrópoles para seu pessoal e seu financiamento, a maioria das Igrejas se tornou completamente indígena.

PHILIPPE DENIS

"Instruir na cristandade"

O grande ímpeto educativo que move a cristandade a partir do século XVI é inspirado por duas ideias diretoras: os homens e as mulheres pecam e se perdem por ignorância, e o remédio deve começar pelas crianças. A partir daí, as rupturas causadas pela Reforma criam entre as Igrejas uma emulação que deu formidável impulso às duas instituições complementares que são o catecismo e a escola.

Há coisas que se deve saber para ser salvo. Essa ideia passa a se impor desde o fim da Idade Média. Já não era possível as pessoas se contentarem com a fé "implícita", pela qual os fiéis aderiam ao que "a Igreja crê", sem saber muito bem enunciar e, menos ainda, compreender o quê. É necessário que eles saibam o que devem crer e, inclusive, que saibam explicá-lo. Isso será ainda mais necessário, claro, quando a Reforma obrigar os fiéis a se alinhar com uma "confissão de fé" particular, distinguindo-a da dos outros. E como poderão levar uma vida cristã digna desse nome se ignoram os mandamentos de Deus e as preces que Ele espera deles?

Ora, é nas crianças que deve ser inculcado esse saber. Não só porque a tenra idade o receberá e o conservará mais facilmente; mas também porque é desde a "idade da razão" (por volta dos sete anos) que sua alma está em perigo, se elas ignorarem os fundamentos da fé e da moral cristãs. Jean Gerson, na França, é um dos primeiros a levantar a questão, por volta de 1400. Ele foi ouvido, nos Países Baixos, pelos Irmãos da Vida Comum, que têm como objetivo a instrução das crianças. Na mesma época, os humanistas italianos propõem a idéia de que o homem perfeito com que sonham é o produto de uma educação bem conduzida. "Não nascemos homem, tornamo-nos", escreve por volta de 1500 Erasmo, o príncipe dos humanistas, que não desdenha publicar livrinhos destinados a ensinar boas maneiras às crianças.

Com a Reforma, a questão da instrução dos cristãos passa para o primeiro plano. Martinho Lutero lança, em 1524, um apelo veemente aos magistrados das cidades alemãs para que abram e mantenham escolas. Zwingli em Zurique e Bucer em Estrasburgo têm a mesma preocupação. E Calvino, mal chega a Genebra, em 1537, faz da instrução das crianças um dos quatro pontos fundamentais que cobra das autoridades da cidade para que a Igreja seja "bem guiada". É necessário citá-lo, porque sua linguagem é a que se imporá daí em diante: "É conveniente e quase necessário, para conservar o povo em pureza de doutrina, que as crianças sejam tão instruídas que possam explicar a fé".

Desde então, cada um dos reformadores põe-se a compor um manual contendo um resumo das verdades da fé, das preces e das regras de vida do cristão. Os "catecismos" publicados por Lutero em 1529, o "pequeno" para as crianças e o "grande" como livro do professor, tiveram um sucesso que não foi desmentido até hoje. Calvino, depois, fez a mesma coisa em Genebra.

"Conservar o povo na pureza doutrinária." É fácil imaginar que as autoridades da Igreja Católica não quiseram fazer por menos. Já não era possível se contentar em repetir no sermão dominical formulários estereotipados (os doze artigos do Credo, os dez mandamentos de Deus e os cinco da Igreja, as sete obras de misericórdia, etc.) ou passagens do manual de Gerson. Logo após o Concílio de Trento (1566), Roma publicou um catecismo oficial, mas ele era destinado aos vigários de paróquia, para que o pusessem ao alcance dos fiéis. Os primeiros manuais para criança são obra dos jesuítas, discípulos de Inácio de Loyola, que, em seus anos de errância, havia ensinado a doutrina cristã aos meninos de rua. Os de Pedro Canísio ainda hoje são autoridade entre os católicos da Europa Central. Na França, no século XVII, os bispos preferirão mandar compor e impor o manual da sua diocese.

Onde e como instruir as crianças? Duas instituições contribuem para tal: a escola e a igreja, que devem ser vistas como complementares, e não como rivais. As crianças que frequentam a escola não aprendem apenas a ler e a escrever, mas, primeira e essencialmente, a viver como cristãos. A primeira tarefa do professor é dar o catecismo. É por isso que Lutero, por exemplo, preconiza a escola tanto para as meninas como para os meninos. E, em toda parte, a autoridade eclesiástica, protestante ou católica, exerce um controle sobre a doutrina e a moralidade dos professores. No entanto, mesmo nas regiões em que as escolas são numerosas, somente uma minoria de crianças as frequenta. As outras são retidas em casa pela pobreza dos pais (que geralmente têm de pagar o professor) ou simplesmente pela necessidade de trabalhar. E não falemos das meninas, para quem a instrução é considerada menos útil e que a beatice crescente impede serem mandadas para a mesma escola dos meninos.

Então, para todos os excluídos da escola resta simplesmente o ensino religioso, o catecismo ou a "escola dominical". De fato, o repouso de domingo faz que o vigário ou o pastor possam reunir as crianças nos bancos da igreja ou do templo, auxiliados por alguns leigos (os fiéis da Igreja romana, inscritos nas confrarias ditas da doutrina cristã, são recompensados por abundantes indulgências). Deseja-se inclusive que os pais também assistam a essas sessões para tirar proveito das lições. Mas, para chegar a um resultado, foi preciso primeiro convencer os padres a dar o catecismo e os pais a enviar os filhos. Para tanto, as Igrejas souberam utilizar um argumento sólido: a profissão de fé entre os protestantes e a primeira comunhão entre os católicos.

No difícil debate que tiveram de travar para justificar, contra os anabatistas, o batismo dos recém-nascidos, os reformadores adotaram a sugestão de Erasmo: por que não pedir aos adolescentes para ratificarem publicamente o batismo recebido ao nascer? Em Estrasburgo e na Genebra de Calvino, essa profissão de fé será o resultado comprovado dos anos de catecismo. Do lado católico, foi necessário quase um século para chegar à fórmula concorrente, porque a idade e as condições da primeira comunhão haviam por muito tempo permanecido vagas. E como, ao mesmo tempo, impôs-se a ideia de fazer dessa primeira comunhão uma festa coletiva, imagina-se a vergonha que podia cobrir a criança que dela fosse excluída, assim como seus pais. Os antropólogos até hoje se surpreendem com terem sido necessários quinze ou dezesseis séculos para reinventar, nas sociedades cristãs, um rito de fim da infância.

Resta que catequizar sem alfabetizar só podia ser sentido como um remendo. Para os protestantes, ler a Bíblia é essencial: não há templo sem escola. Para os católicos, é desejável que os fiéis saibam ler o catecismo e livros de piedade, que a imprensa e o porta-a-porta difundem em toda parte. Tanto mais que a escola também é escola de moral. Por isso, a sociedade não vai parar de pressionar pela abertura de escolas, masculinas e femininas. Fundar e patrocinar uma escola é um ato de generosidade que os senhores da aldeia e os vigários de paróquia praticam cada vez mais. Nas cidades, criam-se escolas ditas de caridade, isto é, gratuitas, para disciplinar as crianças das classes pobres. Levanta-se então a questão do recrutamento dos professores e professoras, profissão ainda muito desprezada. Para responder a essa necessidade, florescem congregações religiosas de mulheres e de homens, tendo por vocação consagrar-se à educação cristã e humana das crianças. Do lado das mulheres, são todas as que se agrupam sob o patronato de santa Úrsula, a partir da iniciativa de uma italiana de Brescia, Angela Merici, várias vezes modificada pelas autoridades eclesiásticas, ou congregações análogas nascidas em Bordeaux, na Lorena, etc. Depois, surgem outras fórmulas bem mais flexíveis, adaptadas ao campo: simples beatas ou mulheres consagradas, em grupos de duas ou três, se estabelecem numa aldeia para dispensar um ensino muito rudimentar de leitura e de trabalhos manuais. Do lado dos homens, foi preciso aguardar o fim do século XVII para que nascesse, por iniciativa de um cônego de Reims, Jean-Baptiste de La Salle, uma congregação dedicada à educação dos meninos. Mas seu sucesso foi notável, porque esses "Irmãos das Escolas Cristãs" recebiam uma sólida formação pedagógica e deram origem a uma verdadeira renovação dos métodos escolares.

No ensino secundário, os mesmos fatores atuaram, mas somente em proveito dos meninos. Aqui, a demanda das famílias teve seu papel: a promoção social passava pelo aprendizado do latim, nas escolas ditas de gramática, inspiradas pelo humanismo italiano. Mas, enquanto essas escolas se multiplicavam até nas menores cidades, interveio a ruptura confessional. As autoridades católicas acusam os professores, não sem razão, de simpatia protestante. Nas cidades reformadas, o colégio é e deve ser confessional, pois uma das suas finalidades é a formação de futuros pastores. Alguns ficarão famosos, como o Ginásio de Estrasburgo, criado e dirigido durante muitos anos por Jean Sturm. Do lado dos católicos, a riposta é encontrada quando os jesuítas, que não haviam sido fundados com esse fim, aceitam, a partir dos anos 1550, se encarregar de colégios capazes de inculcar nos adolescentes o humanismo cristão defendendo a fé católica. Seu êxito supera todas as expectativas, tanto mais que os jesuítas se revelaram notáveis pedagogos, cuja experiência foi reunida, em 1599, na célebre *Ratio studiorum*. Convém reler o testemunho que dá Descartes, no início do *Discurso do método* (1637), do ensino que recebeu em La Flèche de seus mestres jesuítas. E foi no colégio de Rouen que Corneille se impregnou da cultura clássica e cristã que iria alimentar suas comédias ligeiras, seu teatro heróico e sua poesia sacra...

Em suma, a educação da juventude foi a principal beneficiária da rivalidade das confissões cristãs.

MARC VENARD

A imagem tridentina
Ordem e beleza

No início do século XVI, na cristandade ocidental, a arte religiosa está em pleno viço, mas em duas direções bem opostas: na Itália, a admiração pela Antiguidade leva a uma racionalização das formas e a uma humanização dos temas que traz o risco de excluir o mistério cristão; nos países do Norte, numa arborescência gótica levada ao extremo, exprime-se uma sensibilidade tensionada entre a ternura e o patético. No ponto de encontro desses dois domínios, Albert Dürer (1471-1528) talvez seja a melhor testemunha da vitalidade de uma arte autenticamente cristã. Essa arte é ora monumental, enchendo de cores e de luzes as paredes e as janelas dos grandes santuários, ora íntima, graças à multiplicação dos quadros de oratório e das gravuras. Mas é difícil dizer que relação os fiéis têm com todas essas imagens que os rodeiam.

No entanto, a partir dos anos 1520, os reformadores estimam que essas imagens são um insulto à Palavra de Deus. Menos Lutero, na verdade, do que Carlstadt, Zwingli e, por trás deste, Farel e Calvino. Eles brandem com veemência o segundo mandamento bíblico (que a Igreja da Idade Média calava): "Não farás imagem esculpida". E denunciam todas aquelas estátuas da Virgem e dos santos a que o povo tributa um culto que só é devido a Deus. À medida que a Reforma ganha terreno, assiste-se à "limpeza" dos santuários nos lugares em que ela se impõe ou a atos iconoclásticos isolados, perpetrados por prosélitos zelosos que quebram ou levam embora as imagens, cruzes e altares. Pessimamente recebidas pela população, essas manifestações da fé reformada são objeto de cerimônias reparadoras e de pregações inflamadas. As grandes vagas iconoclásticas de 1561 e 1562 na França, e a de 1566 nos Países Baixos deixarão atrás de si ódios inexpiáveis.

Cabia portanto ao Concílio de Trento dar uma justificativa teórica e prática da arte religiosa. Fez isso em sua vigésima quinta e última sessão (em 1563), por um longo decreto que mistura culto dos santos, culto das relíquias e culto das imagens. No caso destas, retomando os termos do segundo Concílio de Niceia (787), começa por afirmar que a veneração prestada às imagens não vai ao objeto material mas às pessoas que elas representam, Cristo, a Virgem ou os santos; as imagens só estão ali, portanto, para orientar a piedade dos fiéis. Por outro lado, é legítimo representar Deus em suas intervenções, como a Bíblia ou as Vidas de santos as narram: essas "histórias" servem para instruir o povo, são como um catecismo ilustrado. Todavia, o concílio alerta contra os abusos: não se deve figurar nada que não seja conforme aos relatos autênticos e que não respeite a decência. "Toda lascívia deve ser evitada, de sorte que as imagens não sejam pintadas nem ornadas com uma graça impudica." Essas fórmulas conciliadoras um tanto lacônicas seriam explicitadas posteriormente de diversas maneiras. Na realidade, quando Pio VI ordenou que Daniele da Volterra (*il Braghettone*) revestisse com véus pudicos as nudezes grandiosas do *Juízo Final* de Michelangelo; e nos tratados teóricos pelos quais o arcebispo de Bolonha, Gabriele Paleotti, ou o jesuíta neerlandês Van Meulen (Molanus) estabeleceram para uso dos artistas os temas que eles deviam representar e as regras que deveriam seguir para isso. Se é verdade que a Reforma católica ia romper a partir de então com certas tendências da arte religiosa anterior, ainda assim teve uma renovação artística pelo menos igual, se não mais vigorosa ainda que no século precedente e isso em formas que os padres conciliares estavam longe de imaginar.

O concílio não tinha dito nada a respeito dos locais de culto. Foi o papel de são Carlos Borromeu, arcebispo de Milão, transcrever o espírito da assembleia numa *Instrução sobre a construção das igrejas* que teria larga autoridade. Contra o plano circular ou em cruz grega, é preconizado o plano em cruz latina, que alonga a nau para os fiéis separando-a do coro reservado ao clero. Sabe-se que o mesmo plano adotado por Bramante e Michelangelo para a basílica de São Pedro de Roma ia ser remanejado nesse sentido. Na igreja, o altar-mor deve ficar bem isolado (à custa dos jubeus e dos túmulos) e elevado, de tal sorte que todos os olhares se dirijam para o sacrifício da missa. Em cima do altar será posta, com toda a solenidade conveniente, a reserva eucarística. E, dominando o altar, um retábulo teatral é destinado a valorizar e atestar seu papel de vínculo entre o Céu e a Terra. Enquanto o altar é assim exaltado no santuário, o púlpito do pregador será ao contrário aproximado o mais possível da assistência. Por outro lado, para que esta possa acompanhar da melhor maneira possível os ofícios, a igreja deverá ser tão clara quanto possível. Acabam-se os belos vitrais coloridos que haviam fulgurado com suas derradeiras luzes no decorrer da primeira metade do século XVI. Nessas igrejas claras, é importante porém que o sacramento da penitência seja administrado com toda discrição: portanto, na mesma *Instrução* de são Carlos está minuciosamente descrito o móvel que deverá ser utilizado para confessar os fiéis: o confessionário.

Toda uma regulamentação da arte é estabelecida. Seus agentes mais eficazes são os bispos, em suas visitas às paróquias. Aqui, eles mandam mudar os altares de lugar, eliminar túmulos ou móveis que atravancam o santuário. Ali, ordenam a construção de um retábulo, a ornamentação de um tabernáculo. Em quase toda parte mandam retirar imagens indecentes, um são Sebastião demasiado desnudo ou um são Martinho eclipsado por seu cavalo. A população às vezes torce o nariz e só tira da sua Igreja o "bom" santo para ir às escondidas lhe fazer suas devoções, enquanto os artistas transpõem para Madalenas arrependidas e anjos ambíguos a sensualidade que a autoridade quis banir.

De acordo com o decreto conciliar, a arte católica passa a se vedar certas liberdades. Em se tratando da divina Trindade, adota-se uma representação estritamente funcional: o Pai em majestade, o Filho em sua Humanidade crucificada e, entre os dois, o Espírito, na forma de uma pomba. Depois, a partir do século XVII, só se ousa representar o mistério divino por meio de um triângulo com o tetragrama. Da vida da Virgem Maria, certas cenas caras à Idade Média, mas não atestadas nos Evangelhos, desaparecem, como a aparição de Cristo ressuscitado à sua mãe. Em compensação, os artistas são incentivados a fazer são José sair da sombra, a ponto de cruzar a divina Trindade com uma santa Família em humana trindade. Também é ressaltado tudo o que pode proclamar a autoridade da Igreja e o valor dos seus sacramentos, assim como os méritos dos santos, os do passado, mas também os que mostram a graça divina sempre em ação: santos não apenas a invocar, mas a imitar.

A partir das grandes obras produzidas pelos artistas da Reforma católica – as dos grandes arquitetos romanos, dos pintores da escola bolonhesa ou dos ateliês flamengos –, há que reconstituir toda uma cadeia de imitações talentosas ou canhestras, alimentada pela migração dos homens ou pela circulação das gravuras. É interessante acompanhar assim, em determinada cidade ou província, a introdução dos novos temas, das novas decorações. Como os jesuítas muitas vezes foram pioneiros nesse domínio, adquiriu-se o hábito de batizar erroneamente de "estilo jesuíta" o estilo do catolicismo reformado. Mas, à parte o fato de que os padres da Companhia tinham por princípio apelar para artesãos locais, eles não fizeram mais que pegar nos novos modismos o que convinha ao seu apostolado.

Em compensação, desprezou-se por muito tempo o papel das confrarias na difusão da arte pós-tridentina. Uma multidão delas, incentivadas pelo papado e pelos bispos, propagadas pelas novas ordens religiosas, populariza as principais devoções da Reforma católica, a adoração eucarística, a oração mariana do rosário, a intercessão pelas almas do Purgatório e muitas outras. Cada uma deve ter então sua capela ou pelo menos seu altar, identificado por um retábulo, assim como imagens a distribuir a seus membros para lembrar-lhes seus deveres. Enquanto algumas confrarias, como a dos ourives de Paris, confiam o trabalho aos maiores artistas, a maioria povoou nossas igrejas com obras modestas, produzidas por artesãos locais.

Pode-se ligar a essa produção a das imagens pias para uso individual, cujo sucesso é difícil de avaliar hoje em dia. Muitas vezes elas são réplicas de grandes obras e de diretrizes precisas. É o caso, por exemplo, da série de gravuras que o jesuíta Nadal mandou fazer nos Países Baixos no fim do século XVI, para ilustrar as cenas da vida de Jesus. Não somente elas puderam servir para orientar pintores carentes de imaginação, mas, introduzidas nas casas dos particulares, os ajudaram, em suas orações, a fazer a "composição de lugar" recomendada por santo Inácio. De resto, todos os mestres espirituais da época (inclusive César de Bus, que era cego!) preconizavam a meditar diante de imagens pias. O que não exclui que, em muitas casas, a imagem possa ter conservado seu uso, oficialmente proibido, de talismã...

Foi de propósito que não empregamos o adjetivo "barroco". A nova arte católica, preconizada na época em que o estilo na moda era o que chamamos de "maneirista", não levava de per si ao florescimento e aos excessos daquele que as gerações seguintes cultivaram e que chamamos de "barroco". Ou, se levava, era de modo implícito. Porque nela se reconhece o triunfalismo da Verdade, tão manifesta na Roma papal, assim como a exaltação dos sentidos, em particular da visão, de sorte que a beleza terrestre seja a promessa do Paraíso celeste.

MARC VENARD

Roma e Genebra
Novas Jerusaléns da comunicação

Genebra, nova Roma? A analogia parece se impor a partir do século XVI, quando essas duas cidades se tornam emblemáticas do enfrentamento confessional.

A Contrarreforma deflagrada contra o protestantismo pelo Concílio de Trento foi mais romana do que tridentina. E, apesar das críticas que o magistério romano suscitou entre certos galicanos ou jansenistas, a fidelidade a Roma se impôs a todo o mundo católico, porque a cidade pontifícia é o lugar de definição da ortodoxia e da censura da heresia. A Inquisição romana e o Índex atestam-no. De seu lado, embora não fosse a primeira cidade a passar para a Reforma de tipo sacramental, Genebra se apresentou desde 1540 como bastião da ortodoxia definida com brio por Calvino e Teodoro de Beza, depois conservada pela companhia dos pastores, notadamente contra os desvios arminianos. Roma executou Giordano Bruno na fogueira e quase noventa heréticos na Era Moderna, mas Genebra também executou Michel Servet e Spifame.

Cada uma das duas cidades se esforçou por brilhar em seu domínio por todos os modernos meios de comunicação. Em Genebra, que não tinha universidade na Idade Média, foi pelo estabelecimento de uma academia que formou grande número de pastores para a Europa reformada, notadamente francófona. Por meio deles, os dogmas e a organização da Igreja fizeram êmulos.

Essa influência foi sublimada pela função de refúgio que a cidade exerceu para as vítimas das perseguições religiosas – italianos, ingleses e sobretudo franceses – desde o século XVI, e mais ainda depois da revogação do edito de Nantes (1685). A perseguição beneficiou o renome da cidade, proporcionando-lhe no século XVI um poder editorial que muito contribuiu para a propagação na área francófona das traduções genebrinas da Bíblia, do saltério e de toda uma literatura polêmica, teológica e política. *Post tenebras lux* era a divisa da cidade reformada.

Roma também valorizou sua imagem por meio dos jubileus, renovando seu urbanismo e sua decoração para se erigir em cidade universal, católica no sentido literal do termo, recebendo peregrinos que vinham ganhar indulgências. Enquanto a tipografia vaticana poliglota imprimia em todas as línguas conhecidas, o papado desenvolveu no século XVII instituições que coordenavam a propagação da fé no mundo e asseguravam a formação missionária. Nas duas cidades, a erudição serviu para refutar a outra na controvérsia confessional.

Rivais, as duas cidades de fato sonharam se destruir, e não apenas pela *rabies theologica* ("raiva teológica"). O saque de Roma pelas tropas imperiais (1527) teria tido tamanha dimensão profanadora se os protestantes não houvessem denunciado a nova Babilônia? "É ser cristão não ser romano", afirma Lutero a Leão X. E a Jornada da Escalada (1602) atesta, pela aliança entre o papado, o rei da Espanha e o duque de Saboia, o desejo de cruzada contra esse bastião que, segundo Ronsard, se tornara "a miserável morada de toda apostasia". Quando repelem no dia 12 de dezembro o exército de mercenários que escala as muralhas, os genebrinos abandonam definitivamente a obediência a seu suserano medieval, o duque de Saboia, mas também encontram uma identidade coletiva que continua bastante viva ainda hoje (além da festa com trajes típicos, come-se um caldeirão de chocolate quebrado na mesa familiar, ao grito de "assim perecem os inimigos da República"). O fracasso da aventura saboiana e católica foi imediatamente apresentado aos europeus como o sinal providencial da eleição celeste da Reforma. Como sua rival das margens do Tibre, a cidade da beira do lago Léman reforçou seu dispositivo defensivo nos séculos XVI e XVII, com o concurso financeiro de príncipes e das Igrejas reformadas de toda a Europa, porque a queda dessa pequena república teria sido uma derrota da "Internacional protestante". No mito como em seu revés, as duas cidades parecem portanto análogas, pelo menos no que concerne ao enfrentamento das controvérsias.

No entanto, elas não podem ser idênticas, porque não se inscrevem na mesma economia da salvação, nem na mesma eclesiologia. Roma está no centro de uma Igreja hierárquica visível que reivindica seu arraigamento na tradição apostólica e no sangue dos mártires da Igreja primitiva. Desde o Concílio de Trento, governada por vários papas notáveis e por uma administração curial renovada desde 1588, Roma assegura no presente a continuidade e a renovação permanentes da tradição. A Roma da Renascença buscava a fonte do seu poder nos vestígios romanos antigos; a Roma barroca, por sua vez, explorou as catacumbas a partir de 1578, decifrou as inscrições da Antiguidade cristã, ao mesmo tempo que se paramentava com novas igrejas para visualizar essa nova mediação arraigada na Igreja romana cristã da Antiguidade. As artes foram postas a serviço de uma teologia das obras, ilustrando a participação do homem na sua salvação. Restabelecendo a peregrinação medieval em torno das sete basílicas maiores, postas novamente em voga por Carlos Borromeu, Pio V e muitos outros, numerosos guias e *vedute* difundiram de novo essa imagem da Cidade Eterna entre os peregrinos. Uma imagem tão forte que ainda fundamenta o urbanismo do centro de Roma nas construções da unidade italiana. Sede do papado, Roma se torna o cerne da economia da salvação para os católicos do século XVII. Somente ela decide sobre a criação de santos para recompensar os méritos e propor modelos edificantes ao mundo. Roma exporta indulgências, jubileus e relíquias para valorizar sua função sacra.

Ao contrário, na Igreja protestante, marcada pela invisibilidade dos eleitos e pelo sacerdócio universal, Genebra se tornou, depois de Calvino, um modelo de cidade santa em que os desvios são perseguidos sob o olhar vigilante dos pastores e dos magistrados, não sem conflitos nem resistências, mas não pode ser mais que uma Igreja reformada entre outras, sem preeminência, como manifestam as opções das Igrejas da França, da Escócia e dos Países Baixos.

Eis por que, apesar de Genebra poder ser comparada a Roma, a analogia tem seus limites. Ela se inscreve num tempo muito breve, o século XVI, porque desde o século XVII o magistério genebrino sofre a concorrência do que está estabelecido em outras cidades, como Saumur ou Leiden, onde vivem eminentes teólogos reformados, depois, no despontar do século XVIII, pelo profetismo que se difundiu na região de Cévennes. O liberalismo teológico introduzido por Jean-Alphonse Turrettini levou a *Enciclopédia* de Diderot e d'Alembert a apresentar Genebra como uma cidade das Luzes e de deístas, para dano dos seus habitantes e de Rousseau, mas talvez para depreciar mais ainda a capital da "infame catolicidade". Sobretudo, limitada no tempo, a analogia das duas cidades-Igrejas não deve ocultar a diferença entre suas funções respectivas no interior do seu bloco confessional. Genebra nunca pretendeu ser uma terceira Roma, como Moscou reivindicava.

Pelo menos, esse enfrentamento das duas cidades modelou sua identidade e sua paisagem urbana. O que há de comum entre a Roma triunfante barroca e a austeridade genebrina da cidadela reformada? Talvez terem, ambas, alcançado certa universalidade. A Roma pontifícia assegurou a herança imperial cristã. Cidade do refúgio, marcada pela acolhida provisória ou definitiva dos perseguidos de todo tipo, inclusive dos anarquistas e revolucionários do século XIX, Genebra abriga organizações internacionais, não-governamentais e interconfessionais encarregadas da paz, da legislação do trabalho, do socorro aos mais carentes e do diálogo entre religiões.

JEAN-MARIE LE GALL

IV
Novos horizontes de sensibilidade

Bach
A música sem fronteiras

"A música é um dom de Deus", afirmava Lutero, seguindo seu mestre santo Agostinho. Ela exorciza o mal e põe o homem em relação imediata, ao mesmo tempo física e metafísica, com o sobrenatural. E "quem canta ora duplamente", com as palavras, mas também pelo poder dos sons. É por isso que o reformador tinha de pôr a música, com a palavra, no cerne da nova liturgia que ele instituía. A música que todos praticam daí em diante, cantando em uma só voz esses cânticos simples e comoventes que conhecemos antes mesmo de aprender a falar, e cujos textos, devidos muitas vezes a poetas de primeira linha, declinam todos os artigos da fé, assim como as horas de uma vida cristã bem regrada. Na igreja, claro, em casa, réplica da paróquia, todos os dias, de manhã e de noite, e também na escola, e até na rua, pois as cidades mantêm um corpo de músicos municipais para interpretar corais harmonizados do alto da prefeitura, à guisa de ângelus. Nas quatro igrejas de Leipzig, a missa dominical dura cerca de quatro horas, e as vésperas, à tarde, três. Esse tempo todo é duplamente ocupado pela pregação e pela música. Além de terapia que cura das vicissitudes do cotidiano, o canto coletivo une a comunidade, coloca-a em estado de receptividade interior em relação ao ensino espiritual que lhe será dado durante longas horas.

Em Leipzig, Bach ocupa múltiplas funções. Chantre da escola de São Tomás, isto é, professor de música encarregado também da instrução religiosa, mestre-escola portanto, também é mestre-de-capela das igrejas e, sobretudo, *director musices*, responsável por todas as atividades e celebrações musicais da cidade. Um músico na cidade – uma cidade unanimemente religiosa, naquele tempo em que, segundo Jean Delumeau, "todo cidadão é sociologicamente cristão". Não há nem separação entre o civil e o religioso, nem diferenças de estilo entre música para a igreja e música para a cidade. Os moradores de Leipzig gostam de festas, não perdem nenhuma ocasião para se rejubilar com a visita dos soberanos, com um casamento ou com o aniversário de uma personalidade, e fazem-no sempre com música; é ao diretor de música que se confia o encargo de compor e dirigir, e é ele que se ouve aos domingos nas igrejas. Quanto à eleição do conselho municipal, ela se desenrola no santuário, seguida de uma cantata de ação de graças.

As cantatas dominicais são consideradas então como um complemento da pregação no púlpito. Distribui-se o texto delas aos fiéis, para ter certeza da sua plena compreensão por eles. Mais concisas, elas tratam, de comum acordo com as autoridades religiosas, dos mesmos temas com a eficácia superior que os poderes da música lhes conferem. As cantatas, mas também as obras para órgão. Do alto da tribuna, o organista prega como o pastor do alto do púlpito. Entre o céu e a terra, do mesmo modo que este, o músico fala como mediador de Deus aos homens e eleva a Deus a palavra cantada dos fiéis. Quem sabe, até mesmo quando se trata de Bach, ele não exerça essa função melhor que o pastor, quando se sabe da extensão dos seus conhecimentos teológicos, que acompanha a imensidão do seu gênio!

Em sua obra, Bach sempre se mostra preocupado em fazer um discurso em música, qualidade que já lhe era reconhecida em seu tempo, quando se falava dele como um grande orador. Naquele século da retórica, como seus contemporâneos e sem dúvida mais, ele sempre se dirige a seus ouvintes para comentar a Palavra. Ele modela e articula seu discurso musical segundo as regras precisas da arte oratória, devidamente codificadas na época. Retórica para organizar as formas, para despertar e governar

Os tempos modernos. O aprendizado do pluralismo   351

os afetos dos ouvintes, e principalmente para empregar uma linguagem inteligível mediante um feixe de figuras que ia do simples motivo rítmico ou melódico à estrutura de conjunto das suas grandes obras, se não da globalidade destas.

Também em sua expressão sonora, Bach recorre a um considerável conjunto de meios, aplicados com uma ciência e uma precisão admiráveis, de acordo com um código simbólico conhecido de todos. Não há instrumento, voz, tonalidade, movimento que não possua sua conotação espiritual cujos elementos de significação o músico trabalha e cruza. Além disso, determinada citação de coral traz consigo as palavras de um cântico e age, portanto, num nível complementar de exegese.

Assim, por mais intenso que possa ser o prazer estético sentido ao ouvir essas obras-primas, não poderíamos perceber, como os ouvintes de então, seu significado real a não ser com um pleno conhecimento dos textos que elas veiculam e exaltam, assim como dos signos auditivos outrora familiares que os encarnam e comentam. Independentemente de qualquer adesão religiosa pessoal, não é possível apreender o pensamento musical de Bach em sua plenitude, a não ser à luz da cultura e da espiritualidade que o embasam e animam.

Mas, ouvindo bem, muitas obras "profanas" também atestam uma visão espiritual do mundo – as *Variações Goldberg*, por exemplo – e também o mistério da Redenção na Cruz. Também é assim com os cânones enigmáticos que o compositor envia, em *Oferenda musical*, a um rei da Prússia perfeitamente ateu, Frederico II. Em sua superposição a si mesmo por movimento retrógrado, como que lido simultaneamente num espelho, o motivo do primeiro cânone já traça o sinal sonoro da cruz, esse *xi* grego que se tornou figura de retórica do quiasma*, ao mesmo tempo nome de Cristo e imagem da cruz, figura a que o músico recorre com frequência.

---

* Figura de estilo que consiste em inverter a ordem dos termos nas partes simétricas de dois membros da frase, de maneira a formar um paralelo ou uma antítese (*Trésor de la langue française*).

Ao longo da sua vida, Bach reuniu um saber enciclopédico. Conhece todas as músicas do seu tempo, estudou e assimilou todas as músicas do passado. Extraindo o sumo dessa cultura europeia, forjou uma linguagem sincrética que só a ele pertence, imediatamente reconhecível, e na qual o pensamento musical do Ocidente cristão encontra sua expressão mais acabada. A posteridade não cessa de reivindicá-lo, até nossos dias, e, com ele, seu ideal de espiritualidade da obra de arte. "Fonte primordial de toda música", segundo Beethoven, ele é o criador universal que transmite às gerações seguintes a própria essência da arte musical, dom de Deus.

Ao mesmo tempo discurso e método, sua música contém sua própria teoria e sua visão do mundo. Algumas décadas mais moço que Leibniz, ilustre filho de Leipzig, Bach parece aplicar o pensamento do filósofo, afirmando que "foi pelo cálculo e pelo exercício do seu pensamento que Deus criou o mundo". Criado à imagem de Deus, foi pelo cálculo e pelo exercício do seu pensamento que Bach criou por sua vez um mundo sonoro, mundo que nos fala da divina criação.

Sua última obra acabada é a *Missa em si menor*, fruto de um estranho trabalho, compilação de diversos trechos escritos anteriormente, alguns de trinta e cinco anos antes, que o músico unifica e completa com três novos que lhe faltavam. Pedra angular no âmago da obra, o *Credo* é construído em três vezes três partes que constituem uma grande arca, no topo da qual se encontra o perturbador *Crucifixus*, pilar do imenso edifício. Por que essa missa? Por que não em alemão? E por que proporções que a tornam imprópria ao uso na igreja? Missa absoluta, *Missa tota*, acima das liturgias e das famílias do cristianismo. Bach, confessor da fé.

Fundamentalmente polissêmico, o discurso sonoro de Bach propõe o tempo todo uma leitura do mundo e do lugar que, nele, o homem ocupa, numa visão coerente e ordenada de natureza espiritual, sob o signo da serenidade e do impulso vital. Não em música, mas pela música.

GILLES CANTAGREL

Nascimento da crítica bíblica
(séculos XVI e XVII)

O termo "crítica", no sentido de "juiz dos livros" ou de "arte de julgar os livros", é introduzido em francês, com base no modelo grego, no fim do século XVI, pelo grande erudito Juste-Joseph Scaliger. Na revolução científica dos tempos modernos, a filologia muitas vezes faz uma pálida figura ao lado da física, da astronomia, da biologia. No entanto, a irrupção dos métodos filológicos na cultura ocidental poderia explicar, por si só, a entrada da crítica no campo da exegese bíblica. Mas há que acrescentar a eles a pressão das ciências naturais e o tumulto dos debates teológico-políticos em busca de modelos bíblicos. Filologia, ciência, política são campos a explorar para compreender a mudança do olhar sobre a Bíblia no mundo ocidental, nos séculos XVI e XVII.

Filologia, crítica e controvérsia

O movimento dito "humanista", por promover os *studia humaniora* ensinados na universidade medieval, parte de início em busca do melhor texto, aquele que será digno de impressão, e com esse fim move um constante processo de corrupção em relação à transmissão manuscrita. O texto, em si, por seus anacronismos, suas peças e suas costuras, traz os vestígios de uma história, e o erudito deve percorrer um caminho *que conduz do texto a essa história*. Mas, para compreender um texto, o mesmo erudito também deve efetuar o caminho inverso: *da história ao texto*, porque todo texto do passado desconcerta o leitor, e o comentário deve reduzir essa estranheza acumulando notações filológicas e históricas que lhe permitam atravessar o fosso do tempo. A aplicação à Bíblia desse duplo movimento começa no fim do século XV e meados do século XVI. Ao mesmo tempo, traduções em língua vulgar são feitas com base nos originais, para uso de todos os fiéis que saibam ler, inclusive as mulheres. Lefèvre d'Étaples edita em Louvain, em 1530, sua tradução da Bíblia em francês, efetuada a partir da Vulgata, com correções tiradas do texto grego, no caso do Novo Testamento. Essa versão será utilizada pelas traduções posteriores: por um lado, a Bíblia "protestante" de Olivetan (1535), origem das Bíblias de Genebra; por outro, as Bíblias católicas ditas de Louvain, expurgadas de toda infiltração luterana. De fato, a separação em duas Igrejas da velha cristandade medieval passou por aí. Quais são, para a Bíblia, as consequências desse dilaceramento?

O sinal decisivo da fratura é a elaboração, na quarta sessão do Concílio de Trento (abril de 1546), de um decreto que assinala o distanciamento das práticas bíblicas dos protestantes. Retenhamos apenas um ponto: mesmo os textos bíblicos devem ser interpretados de acordo com o sentido que lhes dá e sempre lhes deu a tradição da Igreja; ora, para os protestantes, essa regra privilegia as construções alegóricas e as glosas, em detrimento do sentido autêntico do texto. A aplicação das diretrizes tridentinas pelos exegetas católicos e a constituição, entre os protestantes, de práticas opostas geram uma dupla direção da exegese que não coincide com o dualismo confessional. De um lado, os controversistas muito implicados nas polêmicas doutrinais tentam justificar suas opções por versículos da Escritura devidamente selecionados ou arbitrariamente explicados. Essa prática gera uma forma de comentário hiperteológico contra a qual se elevam os exegetas com sensibilidade filológica e histórica aguçada. Os mais notáveis entre eles são, no caso dos protestantes, Hugo de Groot

(Grotius) e, no dos católicos, Richard Simon. Ambos se insurgem contra certa manipulação dos textos pelos teólogos e privilegiam sistematicamente o sentido literal. São marginais em relação à exegese dos professores: estes, em seus cursos, retêm todavia que, em matéria de controvérsia, com somente o sentido literal se impondo, o "sentido teológico" (que permanece capital) só pode ser estabelecido após uma cuidadosa elaboração do sentido literal pela gramática, pelo léxico e pela história. Nessa empresa, a Grã-Bretanha se coloca em primeiro lugar com a publicação de uma Bíblia poliglota (a Bíblia de Walton, 1654-1658) e de uma antologia de comentários literais em nove volumes (os *Critici sacri*, 1660).

Todos esses esforços convergem para um distanciamento em relação aos tempos bíblicos. Longe de ser o receptáculo de uma Palavra divina situada numa eternidade imóvel, os textos sagrados aparecem cada vez mais como marcados pelo tempo da sua redação. Assim, a atribuição inexata de livros sagrados a autores prestigiosos como Moisés, Isaías ou Daniel pertence à mentalidade de um tempo que não é mais o nosso, em que tal procedimento seria tachado de falsidade. Contra toda tradição judaica e cristã, chega-se a considerar que Moisés poderia muito bem não ser o único autor do Pentateuco (como sustentam Hobbes, Simon e Espinosa). Essa convicção não nasce de informações sobre a história literária dos documentos, mas *de um raciocínio sobre os textos*. Assim, a aplicação à Bíblia de métodos filológicos é uma oportunidade para afirmar a existência de uma nova autoridade sobre a interpretação dos textos sagrados: *a da razão*.

A Bíblia e a ciência

Esse distanciamento em relação aos tempos bíblicos também provém das dificuldades que a cosmologia bíblica apresenta. Para ela, a Terra é um corpo imóvel, situado no centro do mundo, em torno do qual giram o Sol e os planetas. As estrelas são fixas, é o firmamento inteiro que gira sem cessar. Questionado por ter sustentado a hipótese heliocêntrica de Copérnico, Galileu se defende, em sua célebre carta à duquesa de Toscana, Cristina de Lorena (1615), invocando a autoridade de santo Agostinho e a de são Tomás. Esses dois grandes doutores do Ocidente garantem que, se uma descrição cosmológica contida na Bíblia for contradita pelos eruditos, ela deve ser interpretada como uma expressão familiar, que faz uso da linguagem das aparências, ou como uma opinião dos tempos passados. É este último ponto que o movimento da exegese vai ressaltar. Assim, uma dissertação exegética de 1714 devida ao sábio dom Calmet, demonstra que a cosmologia bíblica é a cosmologia popular do mundo antigo. Outros espíritos, mais ousados, militando contra os processos de feitiçaria, procurarão provar que a onipresença do diabo no Novo Testamento e os numerosos exorcismos praticados por Jesus provêm das convicções de uma época que ignorava a existência das doenças nervosas. O distanciamento em relação aos tempos bíblicos é evidente e se apoia na autoridade da razão, comparando desta vez o texto bíblico aos da literatura antiga.

Bíblia e política

Os tempos modernos registram duas revoluções, cujas correntes se chocam violentamente: uma revolução religiosa, a da Reforma, que reivindica a opção da consciência contra a autoridade absoluta do soberano em matéria espiritual; uma revolução jurídica, que substitui a multiplicidade de territórios e jurisdições feudais pelo Estado único e soberano. Impõem-se, de um lado, o dever de obedecer à consciência, custe o que custar; do outro, a máxima de que a soberania não se divide. De ambos os lados, ocorre um recurso ao Antigo Testamento. Ou os partidários do direito da consciência valorizam os casos em que os profetas organizaram a resistência às ações de um rei idólatra; ou os partidários da soberania absoluta observam que o povo de Israel ignorava a dualidade de poderes: poder espiritual e poder temporal eram uma só coisa. Outros juristas ou teólogos procuram escapar desse dilema observando que o cristão não está mais unido pelas leis do Antigo Testamento. Eles dirão portanto que, como o reino de Cristo não é "deste mundo", o recurso à violência para estabelecê-lo não tem validade; e acrescentarão que a soberania dos reis só pode ser exercida sobre a ordem exterior da religião, mas não sobre as consciências (assim, o Novo Testamento recomenda aos fiéis a obediência aos imperadores romanos, salvo se estes prescreverem atos imorais ou idolátricos). Com essas reflexões sobre os modelos políticos que prescreve ou veda, a Bíblia é relegada a um passado superado. No mínimo, as mentalidades cristãs se afastam das lições do Antigo Testamento, em nome dos direitos da consciência e da razão.

Rumo às Luzes

No fim do século XVII, o termo "crítica" se difunde com grande velocidade: toda história deve ser crítica. Mas, para a história bíblica, a pobreza dos recursos filológicos e arqueológicos trava a evolução. Em vez de ousar comentários, a maioria dos exegetas se consagra a "introduções à Bíblia", que descrevem um programa sem realizá-lo. A crítica bíblica se faz então mais corrosiva, principalmente na área das Luzes francesas. Na Alemanha pietista, a oposição à escolástica luterana produz uma volta à Bíblia em que a convicção espiritual não extingue o ardor filológico, mas, ao contrário, o estimula. Por essa abertura, a Alemanha protestante é destinada a se tornar o santuário dos estudos bíblicos.

FRANÇOIS LAPLANCHE

A renovação protestante
Do pietismo ao pentecostismo, passando pelas renovações

Por seus princípios (Escritura somente, fé somente, *ecclesia semper reformanda*), o protestantismo – já plural no século XVI – sempre fez surgir em seu seio novas Igrejas e movimentos. Algumas dessas renovações exerceram uma influência observável até os dias de hoje.

Em meados do século XVII, a Europa, desde então constituída por numerosas entidades confessionais (católica, reformada, luterana, anglicana), assiste ao fim das guerras religiosas. A experiência coletiva de combates pela fé produz efeitos diversos e às vezes contraditórios. No continente e no Reino Unido, constata-se certa lassidão, quando não uma grande indiferença em relação às Igrejas. Ao mesmo tempo, a "ortodoxia protestante" continua a se desenvolver, criando uma forma de escolástica reformada ou luterana, que é concebida sobretudo de maneira polêmica.

No luteranismo continental se esboça uma reação que pretende ser um chamado a retornar à dinâmica dos primeiros anos da Reforma. Philippe Jacques Spener (1635-1705), pastor luterano nascido na Alsácia, representa essa nova tendência, que será chamada de "pietismo". Aspirando a uma espiritualidade mais interior e engajada, rejeitando a polêmica e a disputa ao mesmo tempo que se pretendia luterana ortodoxa, Spener faz sua tese de doutorado em Estrasburgo sobre o tema do "novo nascimento" (Jo 3, 3) e se torna o líder de um movimento de renovação do luteranismo na Alemanha. Segundo Spener, o luteranismo corria o perigo de se tornar cada vez mais uma religião formalista cujos adeptos teriam pouca fé ou compromisso reais. A teologia dinâmica de Lutero se transformaria em ortodoxia insensível.

Sua obra clássica (*Pia desideria*, 1675) propõe um programa de renovação aceito por uns e estigmatizado por outros. Entre as suas propostas: uma fé mais consciente e pessoal, o estudo da Bíblia em família e em pequenos grupos, um cristianismo prático baseado no amor fraterno e na recusa da polêmica, uma reforma das faculdades de teologia.

Com personagens como Spener e seu aluno August Hermann Francke (1663-1727), o pietismo se tornará uma corrente importante no seio do luteranismo, com suas universidades, faculdades de teologia (Halle) e projetos de compromisso social (orfanatos...) próprios. Spener sempre se proclamou luterano fiel e quis trazer sua Igreja de volta ao que era, a seus olhos, sua dinâmica original. Esse primeiro pietismo se pretendia, portanto, renovador e não cismático. Infelizmente, nem sempre foi assim. No século XVIII, o conde Louis von Zinzendorf (1700-1760), alimentado desde a infância pelo pietismo de Halle, é o instigador de uma tendência pietista que acabará abandonando o regaço da Igreja luterana. No encontro entre Zinzendorf e um grupo de morávios (hussitas) que emigraram para as terras do seu pai nasce a Igreja da Unidade dos Irmãos. Marcados por uma piedade emocional centrada em Cristo e em seu sofrimento, os morávios têm um elã espiritual que acelera sua difusão na Europa. Pouco depois da morte do fundador, já existem 226 missionários "morávios" enviados para fora da Europa (Antilhas, América do Sul e do Norte, África do Sul).

John Wesley (1703-1791), padre anglicano, conhece o pietismo alemão no navio que o levava como missionário para a colônia da Geórgia, cheia de prisioneiros ingleses. De volta a Londres, estabelece com os morávios contatos que redundam numa conversão de tipo pietista (1738). Querendo renovar a Igreja anglicana a partir de dentro, Wesley e seus adeptos encontram num primeiro momento certa oposição. A impossibilidade de pregar nas Igrejas leva-os a discorrer ao ar livre e, assim, o movimento atrai vigorosamente as classes populares. John Wesley e George Whitefield anunciam uma mensagem de conversão que apela para uma considerável mudança de vida (a santificação). Dono de um espírito rigorosíssimo, Wesley estrutura de maneira eficaz seu movimento, que se difunde rapidamente. No fim da vida, ele próprio consagra – sem autorização eclesial – bispos nas colônias que se tornaram os Estados Unidos, acontecimento que leva a um cisma entre a Igreja da Inglaterra e os "metodistas".

De fato, esses movimentos de tipo pietista ou wesleyano contribuem para o nascimento de um novo protestantismo, que atravessa as fronteiras nacionais e confessionais: encontramos assim uma corrente pietista entre os luteranos e os reformados continentais, assim como entre os anglicanos, os puritanos e grupos mais separatistas, como os batistas ingleses, que já haviam surgido no início do século XVII. Esse tipo de protestantismo encontra uma acolhida muito favorável na América do Norte.

Outra maneira de caracterizar esse protestantismo seria falar de um fenômeno do "despertar". O pietismo contribui para forjar uma realidade protestante anglófona transatlântica a partir do século XVIII. Por volta de 1750, tem-se o "primeiro grande despertar", caracterizado por reuniões ao ar livre em que o Evangelho é pregado e os ouvintes convidados, seja a se converter, seja a "despertar", isto é, a renovar um compromisso cristão que teria se debilitado. Às vezes essas reuniões são acompanhadas de fenômenos e reações emocionais, que John Wesley acaba criticando.

O "segundo grande despertar" ocorreu na América do Norte e na Europa durante a primeira metade do século XIX. Os pregadores populares continuam reunindo as multidões para anunciar o Evangelho. Esses despertares moldaram de forma importante todo o protestantismo americano – branco e negro –, em que os metodistas e os batistas se tornam majoritários. Esse protestantismo é popularíssimo, defendendo o estabelecimento da democracia americana e crendo na melhoria possível da vida (conjunção entre a santificação metodista e o "progresso" das Luzes). Na Europa, durante o mesmo período, movimentos de despertar partem do Reino Unido para o continente e influenciam os meios reformados da Suíça e da França, ao mesmo tempo que introduz nesses países novas correntes (batistas e metodistas).

Depois da guerra de Secessão (1861-1865), da abolição da escravidão, da industrialização e de uma imigração católica importante, o protestantismo americano do fim do século XIX e início do século XX ainda passará por um "despertar" importante. Certos meios metodistas estavam descontentes com a morosidade e o pessimismo ambientes, o que faz nascer "movimentos de santificação" que reivindicam as origens do movimento wesleyano, insistindo portanto na importância da experiência individual do Espírito Santo e da santificação. Em 1906, na igreja da Azusa Street em Los Angeles, se produz um grande despertar acompanhado de manifestações de glossolalia e de curas. Seu pregador é William Seymour (1870-1922), filho de ex-escravos. Esse movimento, logo chamado de "pentecostal", popular e multirracial em suas origens, se difunde rapidamente no Sul dos Estados Unidos e em outras partes do mundo – na Europa a partir de 1906 e na França nos anos 1920 – para se tornar hoje uma das famílias cristãs mundiais mais importantes.

O leitor bem informado reconhecerá nesse desenvolvimento as raízes de uma grande parte das tendências protestantes hoje chamadas "evangélicas". Apesar de terem um vínculo importante com os Estados Unidos, suas origens são europeias e remontam pelo menos ao século XVII, se não à própria Reforma.

NEAL BLOUGH

Os santos e sua nação
(séculos XIV-XX)

Os santos do Paraíso são *a priori* alheios às divisões católicas deste mundo; no entanto, em Roma e nas grandes capitais, encontramos são Luís dos franceses, são Tiago dos espanhóis, são Nicolau dos lorenos, são João dos florentinos. As comunidades humanas – cidades, províncias ou nações cristãs – podem portanto se associar a um santo. A escolha de um nome padrão, como Yves na Bretanha, Martial no Limusino, Claude no Franco-Condado... pertence às práticas familiares mais corriqueiras. Em algumas cidades, processões reúnem toda a população em torno de um santo, que está no coração da religião cívica: santa Genoveva em Paris, são Nicolau em Bari ou são Januário em Nápoles. Certas festas de santos são, enfim, festas nacionais: na França, são Dionísio no fim da Idade Média, são Luís no Antigo Regime ou, ainda hoje, são Patrício na Irlanda ou são Venceslau na Boêmia. Até a Grã-Bretanha, que passou para o protestantismo, adota em 1801 uma bandeira, a Union Jack, que mistura as cruzes de santo André, de são Jorge e de são Patrício, respectivamente padroeiros da Escócia, da Inglaterra e da Irlanda.

Desde o nascimento, portanto, essas nações tiram proveito da glória dos santos. Elas se orgulham de ter um santo padroeiro antigo, que inscreve a sua evangelização e o reconhecimento da sua existência nos tempos apostólicos e lhes dá a etiqueta de povo eleito da Igreja primitiva. A Espanha se honra por ter sido evangelizada pelo próprio apóstolo são Tiago, assim como a França por Dionísio, o Areopagita, discípulo de são Paulo. Quando, no fim do século XVI, a crítica abala essas lendas, ela encontra o ceticismo, se não a oposição. Assim, Filipe III intervém junto a Roma, em 1602, para que o texto da missão de são Tiago na Espanha seja mantido no breviário romano.

As nações se afeiçoam a santos padroeiros que exerceram um apostolado universal ou que são objeto de um culto generalizado, enquanto as cidades, no reino de Nápoles, por exemplo, cuidam de ter um padroeiro bem local. Assim, são Jorge é o santo tutelar da Inglaterra, de Gênova, de Malta, da Catalunha, de Portugal, de Hanôver e de várias cidades alemãs.

Isso leva essas nações e essas cidades a capitalizar suas relíquias e a disputá-las. Angers, Toulouse e Compostela pretendem, assim, cada uma, deter as relíquias de são Tiago, enquanto Saint-Denis e Regensburgo rivalizam-se pela posse dos restos do Areopagita.

Essa sacralização de um território pelos santos se manifesta, na hora da confessionalização, pelo estabelecimento de hagiografias nacionais, como o *Catalogus sanctorum Italiae* (1613), a *Bavaria sacra* (1615) e o *Martyrologium gallicanum* (1626). Aí figuram os santos "indígetes" que viveram nesses países, ou cujos restos aí repousam, o que possibilita captar uma grande parte do martirológio universal em benefício de cada um. Com cerca de sessenta mil e quinhentos santos, arrolados por André Du Saussay em 1626, a França não tem dúvidas de merecer o título de filha mais velha da Igreja.

A época moderna se caracteriza no entanto pelo apego crescente à autoctonia do santo padroeiro. São Jorge seria um bretão, nascido talvez em Coventry, e não mais um capadócio. Os portugueses reivindicam santo Antônio de Pádua, por ter nascido em Lisboa. Quando Raimundo de Peyñafort é canonizado em 1601, sua pátria-mãe catalã logo faz dele seu santo padroeiro. Nápoles agirá da mesma forma com santo Afonso de Liguori. Os santos modernos, cuja origem se inscreve nos marcos políticos existentes, se prestam mais facilmente que os antigos a essa apropriação nacional. Embora isso nem sempre seja tão simples assim, devido às mudanças de fronteira. Inácio nasceu com certeza na Navarra espanhola, mas esse reino foi reivindicado e em parte detido pela França, de modo que a ordem jesuíta foi fundada em Paris. A monarquia do Cristianíssimo não pretendia portanto deixar a santidade de Inácio glorificar exclusivamente a monarquia católica. Mas a nacionalidade dos santos modernos pode prejudicar sua recepção em terras adversárias. Assim, os galicanos preocuparam-se muito em conter o alcance das canonizações romanas dos séculos XVI-XVIII, que beneficiam os santos de origem ibérica e italiana.

Esses padroeiros são protetores da nação e do destino das suas armas. Várias ordens de cavalaria são postas sob a sua proteção, como a Ordem da Jarretière, na Inglaterra, sob a proteção de são Jorge ou as ordens de São Miguel e de São Luís, na França. São Jorge combatendo o dragão se torna o símbolo da Inglaterra lutando contra seus sucessivos adversários – o papismo, a França e a Alemanha. São Tiago foi *matamoros*, "matador de mouros", depois se tornou, com a expansão castelhana, *mataindios*, "matador de índios". Na França, são Dionísio e são Miguel foram largamente invocados contra o inimigo inglês na Idade Média. A partir do século XIX, a figura de Joana d'Arc expulsando os estrangeiros foi mobilizada contra a Inglaterra e, sobretudo, contra a Alemanha. Mas também foi explorada nos debates políticos internos.

Há, de fato, mais de uma concepção da nação e, como a promoção nos altares incumbe a Roma, eis dois parâmetros que fazem da escolha do padroeiro um jogo eminentemente político, na hora da secularização.

Para alguns, se é possível escolher um advogado celeste, o padroeiro é eleito por Deus e se inscreve numa ordem divina inviolável. Apesar do desejo das cortes castelhanas e da aprovação romana, a monarquia católica renunciou em 1630 a erigir santa Teresa como co-padroeira da Espanha, porque ela teria atentado contra o monopólio inalienável de são Tiago. O padroeiro é portanto superior à ordem política e se impõe a ela, assim como esta o substitui quando ele falha. A coroa de santo Estêvão ou de são Venceslau encarnam a eternidade transcendente da Hungria ou da Boêmia, apesar de todos os acidentes históricos.

Mas a promoção de um santo a padroeiro nacional, ou a desclassificação de outro, atesta o fato de que a nação é uma construção histórica. Quando Henrique VIII rompe com Roma, manda destruir as relíquias de são Tomás Becket e todas as suas representações, com medo de ver esse mártir dos reis da Inglaterra estimular o zelo dos que se opõem à ruptura com Roma. A canonização de João Nepomuceno, no século XVIII, consagra a reconfiguração tridentina da Boêmia: até então marcada pela Igreja utraquista e pela figura de Jan Hus, ela se torna assim o derradeiro bastião da catolicidade.

Na França, a Revolução impõe uma concepção política da nação que se forja em parte contra o catolicismo. Enquanto relíquias insignes, como as de santa Genoveva, são queimadas, o poder valoriza simetricamente o culto dos santos mártires da Revolução. No século XIX, para ajudar o clero a se separar do Estado, Roma canoniza muitos franceses do "século dos santos", o XVII, até então suspeito de jansenismo ou de galicanismo. No início do século XX, o choque entre clericais e republicanos se apropria da santidade, o que conduz à beatificação das ursulinas de Compiègne, em 1905, ou à apresentação da causa dos diferentes mártires da Revolução, os dos carmelitas em 1906 (canonização em 1926), os de Angers (beatificação em 1984). Eles simbolizam o apego à fé, contra a Revolução ímpia. Mas não podem pretender reunir a nação. Em compensação, os dois lados disputam Joana d'Arc. Michelet a vê como uma mulher do povo, abandonada por seu rei e queimada pela Igreja. Esta última não poderia admitir tal coisa, e introduz a causa de canonização e de reabilitação em 1894, que é concedida em 1926, bem no momento em que Roma condena a Action Française*. Ora, a direita nacionalista vê Joana d'Arc como símbolo da luta contra todos os que, a

---

* Movimento nacionalista de extrema direita, declaradamente antidemocrático e antirrepublicano. (N. do T.)

seu ver, maculam a França – protestantes, maçons, socialistas, judeus – e se apropria de novo da sua figura mítica, contra as evidências religiosas de outrora.

Com a secularização, o culto dos santos diminui, mas eles continuam presentes nos conflitos de memórias em torno das nações e das cidades, pequenas e grandes, prova de que os santos ainda podem servir para a mobilização comunitária, de maneira totalmente independente das políticas clericais ou das catequeses.

JEAN-MARIE LE GALL

A Ortodoxia russa
Monolitismo e fraturas (séculos XVI-XVIII)

A metrópole de Rossia, criada no fim do século X, depois da conversão do príncipe Vladimir, preserva sua unidade e permanece sob a tutela do patriarca bizantino até 1448. Ela se torna então autocéfala, porque rejeita a união de Florença (1439), que os bizantinos aceitaram provisoriamente. Mas, como o metropolita russo (chefe dessa Igreja) é eleito em Moscou, por instigação do soberano local, o rei da Polônia se recusa, desde 1458, a reconhecer sua autoridade e retira então da metrópole russa quase metade das suas dioceses. A partir de então coexistem uma Igreja ortodoxa rutena, que se mantém como pode nos territórios orientais da Polônia-Lituânia, e uma Igreja ortodoxa russa, cuja abrangência logo coincide com os limites da Moscóvia, depois do império russo. Os laços entre a Igreja e o Estado se estreitam ainda mais durante o período moderno, no qual a fé ortodoxa desempenha um papel central na constituição de uma identidade nacional. Apesar disso, a Igreja russa também tem de enfrentar importantes dissidências.

Do patriarcado ao santo sínodo: a Igreja burocratizada

As relações entre a Igreja e o Estado evoluem no sentido de uma subordinação cada vez maior do espiritual ao temporal. Entre 1448 e 1547, o grão-príncipe de Moscou é o árbitro da eleição do metropolita russo e garante que os bispos sufragâneos, em particular o de Novgorod, permaneçam sob a sua obediência. Ivan III (1462-1505), Vassili III (1505-1533) e os boiardos que asseguram a regência durante a minoria de Ivan, o Terrível (1533-1547), não hesitam em depor os prelados que os incomodam. A instabilidade cessa quando Macário, uma das grandes figuras eclesiásticas do seu tempo, se torna metropolita (1542-1563).

Macário é o ordenador da coroação imperial de Ivan, o Terrível (16 de janeiro de 1547), que refunda o regime monárquico russo com base no modelo bizantino. Ele incentiva assim o czar a conquistar os canados (reinos dirigidos por um cã) tártaros de Kazan e Astracã (1552-1556). Essa vitória, que abre aos russos um acesso à região do Cáspio e à Sibéria, é celebrada pela construção da igreja conhecida pelo nome de Bem-Aventurado Basílio, na praça Vermelha (1555-1560), e, sobretudo, pela fundação de um arcebispado ortodoxo em Kazan (1555), que se torna assim o posto avançado da ortodoxia.

Os russos se contentam todavia em ter um metropolita ao lado do seu czar e Ivan, o Terrível, não hesita em depor, depois mandar assassinar um dos sucessores de Macário, Filipe Kolytchev (1569). Uma nova etapa é vencida em 1589, sob o reinado de Fedor, filho de Ivan, o Terrível, que obtém do patriarca de Constantinopla a criação de um patriarcado russo. Dessa vez, o modelo bizantino é restaurado, em Moscou. A Igreja pode desempenhar um papel decisivo nos assuntos do Estado. Em 1598, quando se extingue a dinastia moscovita, o patriarca Jó apoia a eleição do czar Boris Godunov. Na época dos distúrbios, outro patriarca, Hermógenes, chama a população a só aceitar um czar russo e a expulsar os poloneses do país (1610-1612). O sentimento nacional em formação repousa a partir de então nessa identidade entre russo e ortodoxo. Enfim, a Rússia conhece uma situação que recorda a da Sérvia medieval, quando o czar é Mikhail Fedorovitch Romanov (1613-1645) e o patriarca, seu próprio pai – Filareto, seu nome religioso (1619-1633).

Os tempos modernos. O aprendizado do pluralismo　　　　　　369

Mas o período patriarcal dura apenas um século (1589-1700). De fato, quando da morte de Adriano, que havia frequentemente invectivado contra a ocidentalização dos costumes, Pedro, o Grande, deixa o trono patriarcal vacante por vinte anos e sangra sistematicamente a Igreja para utilizar seus recursos no esforço de guerra contra a Suécia. Além disso, limita estritamente o acesso dos jovens à carreira monástica e proclama a tolerância dos cultos não-ortodoxos entre os súditos não-russos. Finalmente, impõe à Igreja um regulamento eclesiástico que a subordina ao Estado (1720). O patriarca é substituído por um santo sínodo, assembleia eclesiástica presidida, a partir de 1722, por um *ober-prokuror* leigo, designado pelo imperador. O clero deve jurar fidelidade ao czar e zelar pela lealdade dos fiéis, sem nem mesmo poder se abrigar detrás do segredo da confissão. Catarina II completa essa obra procedendo ao confisco dos bens da Igreja, em 1764.

Do Stoglav *ao* Raskol*: disciplina e dissidências*

O início do reinado de Ivan, o Terrível, entre 1547 e 1564, não é assinalado apenas pela coroação imperial e a tomada de Kazan, mas também por importantes reformas. A obra consumada na Igreja é, primeiramente, a de Macário, mas o czar a acompanha de perto. O sínodo de 1547 é o primeiro a propor "novos" santos russos à veneração dos fiéis. Em 1511, o sínodo dos Cem Capítulos (*Stoglav*) se esforça para restaurar a disciplina, tanto no interior do clero como entre os fiéis, e desenvolver em todos os níveis uma administração eclesiástica que escape das ingerências dos leigos. É também essa assembleia que prescreve que os pintores de ícones devem tomar como modelo a Trindade de Rublev.

Um século depois, no entanto, a necessidade de enquadrar melhor ainda os fiéis e de corrigir as lições equivocadas dos livros litúrgicos é vivamente sentida nas altas esferas da Igreja. Um círculo de "zeladores da piedade" que pretende levar a cabo essas tarefas se forma em torno do czar Alexis (1645-1676). Em 1652, um de seus membros, Nikon, é sagrado patriarca. Ele lança então uma série de reformas precipitadas que provocam o repúdio de seus ex-companheiros, em particular do arcipreste Avvakum. De fato, preocupando-se por estar em perfeita conformidade com o rito grego, Nikon corrige nada menos que a ortografia do nome de Jesus, a maneira de fazer o sinal-da-cruz ou de pronunciar o aleluia... Para os partidários da devoção tradicional, ou velhos crentes, essas inovações anunciam o reinado do Anticristo. Nikon primeiro os faz calarem-se, intimidando-os ou mandando-os para o exílio, como Avvakum. Mas o imperioso patriarca se desentende com o czar e renuncia a exercer seu cargo em 1658. Abre-se um período confuso, durante o qual os velhos crentes multiplicam petições e protestos, ao mesmo tempo que constroem verdadeiras redes.

O czar convoca um concílio em 1666. A assembleia depõe Nikon, consagrando assim a diminuição da função patriarcal. Mas também condena como cismáticos (*raskolniki*) os defensores da velha fé. Avvakum e seus mais ardentes companheiros são exilados além do círculo polar. No entanto, continuam a dar seus testemunhos, e suas obras são difundidas clandestinamente. São finalmente mandados para a fogueira em abril de 1682. Outros mártires já apareceram, como a boiarina Morozova, morta no exílio em 1675, ou os monges da famosa abadia de Solovki, no mar Branco, que as tropas do czar tomam em 1676. A fratura se amplia mais ainda, porque os mujiques dos campos remotos e os cossacos dos confins da Rússia entram em contato com alguns velhos crentes banidos e se mostram muitas vezes receptivos à mensagem deles. Por seu lado, a Igreja denuncia todos os que resistem a ela como "cismáticos". É portanto enganoso falar "do" *Raskol*. Desde 1694, distinguem-se duas grandes tendências, os "presbiterianos" (*popovtsy*) e os "sem-padre" (*bespopovtsy*). Por outro lado, a resistência adquire uma infinidade de formas locais: comunidades paramonásticas, famílias de comerciantes-empresários que combinam o místico com o têxtil, andarilhos que pregam o fim do mundo, bandos de rebeldes que saqueiam os campos...

Embora Pedro, o Grande, conceda uma tolerância precária aos velhos crentes em 1716, contanto que estes se registrem e paguem imposto dobrado, os defensores da velha fé continuam rompidos com o Estado e a Igreja e são perseguidos, intermitentemente, até 1905. Apesar dessas dificuldades extremas, ou por causa delas, eles criam e conservam um importante patrimônio textual, que constitui a primeira literatura dissidente na Rússia (um dos seus florões é a autobiografia do arcipreste Avvakum).

PIERRE GONNEAU

Quarta parte

O tempo da adaptação ao mundo contemporâneo
(séculos XIX-XXI)

No curso dos dois últimos séculos, o cristianismo se viu envolvido em, e muitas vezes afetado por, movimentos que lhe impuseram uma permanente adaptação.

A exegese histórico-crítica modificou profundamente a leitura dos textos sagrados. Eruditos, a maioria deles protestantes, desempenharam aqui o papel de iniciadores. A Igreja Católica, por muito tempo reticente, se não hostil, finalmente mostrou-se favorável à nova busca.

Durante esse mesmo período, desenharam-se figuras da santidade, todas de humildade, de abandono, impregnadas de infância espiritual, condizentes com uma piedade seráfica, ela própria avivada pela renovação do culto mariano.

O advento da sociedade industrial e todas as transformações econômicas e sociais que dela resultam fizeram evoluir os procedimentos da ação social e caritativa. A promulgação da encíclica *Rerum novarum* constitui, nesse domínio, um acontecimento significativo.

Os séculos XIX e XX foram assinalados pela forte influência de múltiplas ideologias. O liberalismo, o socialismo, o marxismo, o nazismo impuseram aos cristãos uma tomada de posição em relação a eles. O magistério católico, notadamente, teve de se pronunciar; daí uma série de condenações cuja lógica e cujo grau de firmeza são claramente expostos aqui.

A partir de 1870, o papado viu-se confrontado com a perda dos Estados pontificais, e portanto com a perda de todo poder temporal. À intransigência sucedeu-se uma aceitação resignada, depois resoluta. O Concílio Vaticano II, iniciado em 1962, manifesta claramente o intenso esforço realizado pela Igreja católica tendo em vista adaptar-se ao mundo moderno.

A exploração dos últimos territórios desconhecidos do planeta, a retomada em grande escala de uma colonização empreendida de acordo com novas modalidades levaram à remodelação da atividade missionária. Os padres e as religiosas vindas dos territórios da cristandade tradicional cedem progressivamente a vez ao clero e aos leigos dos países antes considerados terras de missão.

Resta, na perspectiva longa da história do cristianismo, que é a nossa, a importância dos esforços efetuados tendo em vista unir todos os cristãos e a expectativa suscitada pela instauração recente do diálogo inter-religioso.

ALAIN CORBIN

I
A evolução da exegese bíblica e das formas da piedade

A Bíblia e a história das religiões (séculos XIX-XX)

No século XVII, os "modernos", opostos aos "antigos", não encontravam suas raízes no passado, mas estimavam ter saltado para um mundo novo, iluminado pelas luzes da razão. No entanto, desde o século XVIII, esboça-se uma reação contra esse desdém para com a herança. A humanidade, à imagem do indivíduo, não teria passado por etapas cuja descrição proporcionaria uma "história do espírito humano"? E, em certo sentido, a etapa mais primitiva não seria a mais promissora, a mais fresca e a mais fecunda? Nesse entusiasmo romântico pela origem se destaca o juízo de Schelling sobre o mito. Longe de ser uma astúcia mentirosa forjada pela aliança dos déspotas e dos padres, o mito é um cadinho de humanidade. Longe de a língua, a sociedade, a religião serem invenções do homem, é nelas e por elas que o homem se inventa. Esse retorno à tradição, regozijante para os fiéis do cristianismo, comporta para eles uma nova exigência, a de aceitar que a Palavra divina seja sempre ao mesmo tempo uma palavra humana e, como tal, submetida às vicissitudes da história: "Se não houve história sem religião, não houve tampouco religião que não fosse sujeitada a todas as leis gerais da história" (Littré). Recuperada pela cultura, introduzida na "legenda dos séculos", a velha história santa também vai ser retalhada pelo escalpelo dos historiadores.

Um depois do outro, os livros do Antigo e do Novo Testamento são interrogados em todos os seus detalhes. Serão merecedores da confiança do historiador? E, antes de mais nada, foram mesmo compostos pelos autores que a tradição atribui? É claro que não. O Pentateuco é uma compilação posterior ao exílio da Babilônia, que recolhe quatro documentos cuja redação se estende da época real (Salomão) ao retorno do exílio. Os Evangelhos não são obra de testemunhas diretas: são coleções de tradições de Jesus, interpretadas diferentemente conforme o ponto de vista do redator final. Desde a primeira metade do século XIX surge a hipótese de que Marcos poderia ser a fonte dos outros dois sinópticos, completada por uma coletânea de discursos. Essa hipótese se fortaleceria no fim do século e ainda é aceita em nossos dias. Compostos numa data distante dos acontecimentos que narram, os relatos bíblicos perdem com isso seu caráter histórico. Eles remetem muito mais à fé da comunidade de que provêm e tratam dos problemas religiosos que se colocavam a ela naqueles tempos, referindo as soluções dadas ao herói/fundador: Moisés ou Jesus. Na *Vida de Jesus* (1835-1836), David Friedrich Strauss procura demonstrar que o relato evangélico é concebido unicamente em função das crenças judaicas: trata-se de um relato "fabricado", destinado a demonstrar que Jesus de Nazaré era de fato o Messias esperado. Esse livro gera numerosas refutações e custa ao autor seu cargo de repetidor em Tübingen. Para o Antigo Testamento, a revolução operada consiste em sustentar que os verdadeiros fundadores da religião de Israel são os profetas do século VIII a. C. Eles é que são os inventores de uma Lei (a Torá), de que não há nenhum vestígio antes deles (obra magna de Julius Wellhausen: *Prolegomena zur Geschichte Israels*, 1883). Todas essas obras do protestantismo alemão são difundidas na França graças aos trabalhos do erudito alsaciano Édouard Reuss e ao encanto da pena de Renan. Bom conhecedor da ciência germânica, ele vulgariza tranquilamente as conclusões desta (*Vida de Jesus*, 1863; *História do povo de Israel*).

Essa penetração da ciência histórica no campo da Bíblia encontra ecos no judaísmo alemão, que vai se interessar pela sua própria história. O esforço dos eruditos judeus, que procuram a assimilação em meio aos povos cristãos, os leva a se interessarem pela figura de Jesus e a colocá-lo entre os sábios de Israel. Mas a ênfase posta na judeidade de Jesus não convém a nenhum cristão. Os partidários da definição teológica de Jesus pela cristologia conciliar do século IV veem-no muito diminuído pela leitura judaica da sua história. São ou os católicos, ou os protestantes ditos "ortodoxos" (na França, "evangélicos"). Diante deles se agrupam os protestantes ditos "liberais", que aceitam a aplicação da história à Bíblia. Estes consideram que a judeidade de Jesus constitui uma concessão aos ouvintes da sua mensagem e que é apenas o hábito sob o qual se esconde "a religião de Jesus" (isto é, sua consciência religiosa). A mensagem de Jesus nada mais é que a revelação do Pai celeste, infinitamente amante e misericordioso, e é essa a essência do cristianismo, desfeita de toda dimensão tomada de empréstimo à escatologia judaica. Essa mensagem do protestantismo liberal ecoou poderosamente na Europa; ela é expressa na França pelas vozes de Auguste Sabatier e de Maurice Goguel. Depois, essa descrição da religião de Jesus passa a parecer arbitrária. Porque da sua vida e dos seus atos, objeta Rudolf Bultmann, nós não conhecemos muita coisa (*Geschichte der synoptischen Tradition*, 1921). Quanto à sua mensagem, é clara. Ela anuncia a interpelação absoluta de Deus, pondo o homem na obrigação de se decidir rapidamente pelo Reino, sempre ofertado e nunca possuído. E, mesmo que os discípulos de Bultmann tenham procurado ser mais firmes do que o mestre quanto à manifestação histórica de Jesus, eles permanecem vigilantes ante qualquer tentativa de ver na Igreja uma grandeza deste mundo (o que, para eles, é a vertente do catolicismo), e sua exegese do Novo Testamento traz constantemente a marca dessa preocupação.

O movimento de exegese protestante nos séculos XIX e XX é tão vivo que a exegese católica pena para acompanhá-lo. Ela se mantém, e seu arcaísmo, nos anos 1840, afastou para sempre o jovem Renan do catolicismo. Ela começou por ceder sobre a exatidão e a precisão da cronologia bíblica depois dos achados de Boucher de Perthes em suas grutas. Em geral, a exegese e a teologia católicas foram mais rapidamente acessíveis aos resultados das ciências naturais do que cederam aos ataques do historiador, temendo um novo "caso Galileu". Em compensação, as proposições condenadas de Alfred Loisy (decreto *Lamentabili sane exitu* e encíclica *Pascendi*, 1907), as humilhações sofridas pelo dominicano Marie-Joseph Lagrange e os obstáculos erguidos contra o sucesso da sua grande obra, a fundação da Escola bíblica de Jerusalém, visavam diretamente as conclusões da ciência histórica. Loisy aceitou o combate e foi excomungado; Lagrange submeteu-se, mas continuou suspeito até sua morte. O descontentamento dos exegetas católicos devia resultar, em 1943, na publicação pelo papa Pio XII da encíclica *Divino afflante spiritu*, que lhes permitiu trabalhar mais livremente. O ensinamento desse texto foi completado pelo da Constituição *Dei Verbum*, votada pelo Concílio Vaticano II. Ela tenta obter certo equilíbrio entre a afirmação da historicidade dos Evangelhos e o reconhecimento do trabalho da tradição (e dos últimos redatores) sobre os relatos. No fim do século XX, os exegetas católicos juntaram-se ao grosso da tropa dos "*biblical scholars*".

O movimento da ciência bíblica no decorrer do período considerado aqui está longe de fluir como um "longo rio tranquilo". Ele foi pontuado por paradas e avanços. Não só gerou disputas entre especialistas, mas provocou vivos debates na opinião pública, notadamente na Grã-Bretanha e nos Estados Unidos. Na França, a neutralidade imposta às ciências religiosas na instituição universitária muitas vezes exacerbou os conflitos, e o que os exegetas ganharam em reconhecimento entre seus colegas foi interpretado nos meios tradicionalistas como uma covarde concessão ao século.

Por volta de fins do século XX, sob o impulso da cultura americana, o interesse dos exegetas passa do valor histórico da Bíblia à sua clausura canônica e às suas qualidades literárias. Que efeitos históricos foram produzidos pelo fechamento do cânone bíblico, como seu duplo "Testamento", rejeitando desse cânone os livros declarados apócrifos? Como a revelação divina é perceptível através dos diferentes gêneros literários da Bíblia (relatos, poemas, provérbios, leis)? Essas novas orientações não significam a extinção do interesse pela história: a de Israel continua a ser minuciosamente inspecionada tanto pelos arqueólogos como pelos historiadores, e o núcleo histórico do período anterior ao exílio se contrai cada vez mais. A história das origens cristãs se torna mais dependente das pesquisas sobre o judaísmo essênio ou fariseu, e a importância da fonte Q (os discursos de Jesus relatados em comum por Mateus e Lucas) é fortalecida por sua posição preponderante no Evangelho apócrifo de Tomás. A partir de então, a Bíblia já não busca seu lugar na cultura valendo-se do raciocínio apologético que a estabelecia em lugar único da "verdadeira religião". Ela exprime sua singularidade através da força da sua expressão poética ou da sua inspiração religiosa: inspirada, na medida em que é livremente percebida como inspiradora.

FRANÇOIS LAPLANCHE

Jean-Marie-Baptiste Vianney, pároco de Ars (1786-1859)

O *santo pároco*. Por essas duas palavras já se designava, em vida, aquele que se tornaria o bem-aventurado (1905), depois o santo (1925) pároco de Ars, padroeiro dos párocos da França (1905), depois do universo (1929), aquele que o papa João XXIII celebra em julho de 1959 como "admirável figura sacerdotal", aquele que o papa João Paulo II, que foi em pessoa a Ars no dia 6 de outubro de 1986, glorifica como o "pastor sem igual que ilustrou ao mesmo tempo a plena realização do ministério sacerdotal e a santidade do ministro". A consagração de um simples padre não era, entretanto, evidente naquele século XIX em que o catolicismo, restaurado logo após a Revolução, deu nascimento a um clero assalariado pelo Estado, submetido à dupla tutela do bispo e do prefeito de departamento, cuja existência era limitada pela estreiteza dos horizontes da aldeia, pelas múltiplas obrigações do ministério rural e pela autoridade concorrente do prefeito do município e do mestre-escola.

No cerne de uma santidade há, ao mesmo tempo, a exemplaridade e a excepcionalidade. Nascido em 8 de maio de 1786 em Dardilly, perto de Lyon, numa família de camponeses proprietários, o futuro pároco de Ars tem sete anos quando a Convenção empreende a "descristianização" da República; ele se confessa aos onze anos com um padre refratário; comunga aos treze num celeiro. A experiência da perseguição religiosa fortaleceu e, ao mesmo tempo, simplificou a fé desse menino pio – "ele estava quase o tempo todo ocupado em rezar", dirá uma testemunha. Dos missionários clandestinos que, arriscando a vida, lhe deram os sacramentos, ele reterá a "eminente dignidade do padre": "Se encontrasse um padre e um anjo, eu saudaria o padre antes de saudar o anjo". Da experiência da descristianização, ele tirará a conclusão da necessidade de estabelecer Deus e os sacramentos novamente no centro da vida religiosa das populações: "Deixem uma paróquia vinte anos sem padre, e irão adorar os animais", diz ele; "onde não há mais padre, não há mais sacrifício, e onde não há mais sacrifício, não há mais religião". Jean-Marie Vianney pertence à geração de jovens padres da Restauração; compartilha com eles as origens majoritariamente rurais, a formação acelerada, o ardor, a intransigência e a piedade. Formado tardiamente pelos cuidados de um padre austero, Charles Balley, ex-cônego de Santa Genoveva, não frequentou o seminário menor, mas uma simples "escola presbiteral"; desertou em outubro de 1809, para não partir para a guerra na Espanha e se refugiou por catorze meses nos montes de Madeleine; domina mal o latim: será expulso em dezembro de 1813 do seminário maior de Saint-Irénée de Lyon como *debilissimus* e fará seu exame de teologia em francês. É ordenado padre em Grenoble aos vinte e nove anos, no dia 13 de agosto de 1815, em meio ao caos que se seguiu à derrota de Waterloo; foi logo posto em "formação" sob a orientação do padre Balley, como vigário de Écully, às portas de Lyon.

Esse jovem padre de currículo tão "débil" herda em 1818 uma paróquia ínfima, totalmente rural: Ars-en-Dombes, do outro lado do Saône, acima de Trévoux, conta cerca de duzentos e cinquenta habitantes, estava sem vigário havia oito anos e o campanário da igreja havia sido destruído no ano II. O padre Vianney aí ficará por quarenta e um anos, até sua morte. "Desejo uma paróquia pequena, que poderei dirigir melhor e onde poderei me santificar melhor", confia o jovem pároco. Concebe seu ministério como uma obra de conversão coletiva, vivida sob o signo da unanimidade reencontrada, no temor ao Juízo. A conversão da aldeia aparece primeiro através de um depoimento pessoal, a que fará eco em 1862 um lavrador da aldeia: "Quando o padre Vianney fez sua entrada na paróquia, pareceu-nos primeiro cheio de bondade, de alegria e de afabilidade; mas nunca poderíamos imaginar que fosse tão profundamente virtuoso. Observamos que ia com frequência à igreja e ficava nela um bom tempo. Não demorou a se comentar que ele levava uma vida sumamente austera. Não tinha criada, não jantava no castelo como seu predecessor, não visitava seus colegas nem os recebia. O que também nos impressionava muito é que logo percebemos que ele não guardava nada para si; ficamos encantados com uma conduta tão incomum e dizíamos entre nós: nosso pároco não é como os outros". Passa a correr um boato: o pároco come batata estragada; multiplica os jejuns e as macerações; ouve-se às vezes uma barulheira estranha no presbitério: é o diabo, o "tentador". Essa percepção localista de uma "santidade" é acompanhada por uma pastoral coerente, destinada a provocar o "retorno" dos habitantes à prática religiosa. Esta passa de início pelas meninas, organizadas em confraria; depois pela luta contra o cabaré e o baile, ainda que à custa de chocar-se frontalmente com os jovens da aldeia; enfim, pelos pais de família, chamados a restabelecer a sua autoridade sobre os filhos e os empregados. Passa também pela restauração material da igreja (o padre empenha nela sua magra herança), pela solenidade do culto e pela observância das práticas cristãs: em Ars, não se trabalha aos domingos e, em 1855, somente sete ou oito moradores não festejam a Páscoa. No dia 6 de agosto de 1823, o padre leva seu "povo", primeiro de barco depois a pé, em procissão ao santuário mariano de Lyon, Notre-Dame de Fourvière, "precedido por três belas bandeiras, cantando cânticos, hinos, recitando o rosário". A conversão coletiva de Ars parece concluída.

No entanto um fato novo vem ameaçar essa unanimidade reencontrada: o nascimento de uma peregrinação. Pela tensão que a peregrinação (prática individual, penitencial, às vezes "pânica") estabelece com a paróquia (prática coletiva, cotidiana, costumeira), o pároco de Ars entra resolutamente, para seu grande desconcerto (duas vezes, em 1843 e em 1853, tentará fugir da aldeia para ir "chorar sua triste vida" e "se preparar para a morte"), na modernidade do século XIX. Longe de poder encontrar a paz do coração numa "ilha de cristandade", tem de enfrentar o vento do alto-mar, a individualização das condutas religiosas, a descristianização dos campos e das cidades, as consequências religiosas da industrialização e da urbanização, a busca desesperada do perdão, da cura e da salvação, sem contar a inveja dos "colegas". O nascimento da reputação local do pároco de Ars data das missões da Restauração, quando no fim dos anos 1820 ele é convidado a pregar nas comunas vizinhas, até Trévoux e Villefranche – e logo vê seu confessionário tomado pelos penitentes. O "boato de Ars" se espalha. Quando a revolução liberal de julho de 1830 proíbe as missões, é a Ars que vão os que querem ver, ouvir, tocar o "santo pároco", que se transforma num "missionário imóvel". Na década de 1850, entre sessenta e oitenta mil peregrinos se acotovelam todos os anos em Ars, a pé, a cavalo, de diligência ou vindos das estações de trem próximas. A vida do padre sofre uma reviravolta com isso: "prisioneiro das almas", ele confessa sem parar, de oito a doze horas por dia, conforme a época do ano, e prega o catecismo para as multidões atentas na escola da Providência. Sua reputação cresce. Os viajantes, as cartas afluem à aldeia, que se dota de hotéis, de lojas, de cocheiros. Pelo sacramento penitencial, vão a ele como se vai a um vidente que revela o passado, o presente e o futuro; como a um taumaturgo que cura as almas, mas também os corpos, a exemplo de sua "pequena santa", Filomena, cujo culto e até o nome ele difunde; como a um "santo vivo", cuja imagem é multiplicada ("meu carnaval", dizia ele) e da qual arrancam, ao passar, os cabelos. Quando expira, em 4 de agosto de 1859, aos setenta e três anos, rodeado por seu bispo e numeroso clero, moradores e peregrinos disputam seu corpo: Jean-Marie Vianney tomou lugar na história do catolicismo francês como "pároco universal".

PHILIPPE BOUTRY

A renovação da teologia e do culto marianos

No dia seguinte ao Concílio de Trento (1545-1563), a Virgem dos tempos modernos se torna a madona do catolicismo recuperando terreno ante a avançada da Reforma, que suspeita de idolatria o culto a Maria. A Contrarreforma católica dá ao culto mariano uma visibilidade tanto maior por ser reativa.

No século XVII, as igrejas da Virgem das Vitórias e da Virgem de Loreto, com seus louros de vitórias, se implantam em toda a Europa católica, onde as monarquias convocam por sua vez a figura vitoriosa de Maria para construir ou consolidar seu poder. A *Immaculata* legitima, por exemplo, as tentativas de restauração monárquica dos Estados ibéricos. O "voto de Luís XIII" (10 de fevereiro de 1637) põe a França sob a proteção mariana. O rosto da Virgem serve igualmente para os desígnios dos missionários que procuram evangelizar o Novo Mundo, vasto terreno por definição "virgem" de cristianismo.

É igualmente nas imagens marianas que o clero das missões internas – Pedro de Bérulle († 1629), João Eudes († 1680), Louis-Marie Grignion de Montfort († 1716) – encontra os meios da evangelização em profundidade dos campos europeus no século XVIII. Voto a Maria, imitação das suas virtudes, santa escravidão mariana e recitação do rosário constituem então as práticas devocionais mais difundidas. É no contexto de um desenvolvimento das peregrinações aos santuários marianos que a Revolução de 1789 conduz a Mãe de Deus ao exílio e faz a deusa Razão reinar na igreja de Notre-Dame de Paris.

Logo após a Revolução Francesa, a Virgem recupera visibilidade sob a forma de uma estátua vestida de branco e azul, num século XIX permeado pelos sincretismos religiosos. Em torno de 1830, os ilustradores dos catecismos da rua Saint-Sulpice em Paris ainda dão a Maria o rosto da mulher-flor dos românticos. As imagens pias recendem a rosas e violetas. As associações dos "filhos de Maria", fundadas em 1845, desfilam por sua vez em procissão vestidas de branco e azul. As mães dessas crianças são vistas com os traços da mãe dessa santa Família exemplar que o novo catolicismo social procura difundir. Nossa Senhora das Graças, da Caridade, da Piedade ou do Socorro apoia a maioria silenciosa das massas laboriosas e trabalhadoras sobre o fundo da ascensão dos socialismos. Durante os anos 1830-1840, revivem numerosas peregrinações marianas, como por exemplo em Puy. O restabelecimento das festas das padroeiras, a redescoberta de estátuas milagrosas solenemente postas nos altares acompanham esse novo desabrochar do culto mariano.

Em 1858, as aparições da Virgem em Lurdes precipitam as multidões em prece ao local das visões da pastora Bernadette Soubirous. A crença nas aparições marianas, que cresce, é instrumentalizada nos grandes debates do século: Igreja contra Estado, catolicidade contra laicidade, milagre contra ciência, etc. A autenticação das aparições pela Igreja (La Salette, 19 de setembro de 1851; Lurdes, 18 de janeiro de 1862, etc.) se inscreve numa estratégia. Como na Idade Média, o aval dado às aparições acompanha a evolução do dogma. É o caso da crença na Imaculada Conceição que, de doutrina aprovada, se torna dogma revelado em 1854, quatro anos antes de a Virgem de Lurdes declarar: "Eu sou a Imaculada Conceição".

A partir de 1835, a cunhagem em milhares de exemplares da medalha milagrosa e da sua inscrição revelada a uma filha da caridade, Catherine Labouré († 1876) – "Ó Maria, concebida sem pecado, orai por nós que recorremos a vós" – preparou o terreno para o reconhecimento dogmático. A introdução dos termos de "imaculada conceição" nas litanias de Loreto, as petições do povo cristão, a consulta aos cardeais depois a todo o episcopado católico precipitam o movimento. A definição solene da Imaculada Conceição de Maria é proclamada pelo papa Pio IX, no dia 8 de dezembro de 1854 (bula *Ineffabilis Deus*). Ela declara "doutrina revelada por Deus" a isenção de Maria do pecado original desde o primeiro instante da sua existência. Essa definição se torna um óbice a mais na relação entre as Igrejas do Oriente e as da Reforma. Protestantes e ortodoxos negam a Maria a isenção, que não encontra apoio na Escritura e que é dependente da interpretação do pecado original pela tradição ocidental, diferente da tradição do Oriente. A proclamação do novo dogma mariano se inscreve igualmente num contexto de afirmação do poder papal. Ela precede a proclamação do dogma da infalibilidade pontifícia pelo Concílio Vaticano I (1870), outro ponto de discordância entre as Igrejas cristãs.

Depois dessa data, em face das doutrinas liberais e anticlericais, a figura apocalíptica da mulher que combate o dragão se torna o símbolo da luta da Igreja católica romana contra os perigos revolucionários do presente. De resto, a Virgem adquire a aparência da mulher forte do Antigo Testamento. Ela domina com seus cinco, dez ou vinte metros de altura os rochedos e os campanários da França, esmagando com sua estatura imponente uma serpente que tem o nome de todos os universalismos do momento, sejam eles leigos ou republicanos.

Logo após a Primeira Guerra Mundial (1914-1918) e da Revolução Russa de 1917, os milagres e as aparições continuam a ser instrumentalizados. Assim, as releituras apocalípticas das aparições de Fátima (1917) alimentam a propaganda anticomunista durante o entreguerras. A Dama do Céu também entra no discurso de um catolicismo radical e intransigente em que primam a autoridade e o antimodernismo. É essa Virgem que domina toda a primeira metade do século XX. Ao mesmo tempo se esboçam novas tentativas de construção da figura mariana, entre tradição e modernidade. Sua fisionomia de "Rainha da Paz", titulatura acrescentada às litanias de Loreto por Bento XV (1914-

1922), participa dos esforços de reconstrução moral, religiosa e pacífica do pós-guerra. Seu coração crivado de espinhos responde imediatamente às expectativas da devoção das mulheres particularmente sacrificadas pela Grande Guerra. Sua imagem universal acompanha, por outro lado, os programas de evangelização maciça das colônias da África, da Ásia e da Índia.

Entre Vaticano I (1870) e Vaticano II (1962-1965), a devoção mariana também é estimulada pela inscrição de novas festas no calendário romano. Em 1944, a do Coração Imaculado de Maria (22 de agosto) é imposta por Pio XII a todo o rito romano, dez anos antes da festa de Maria Rainha (31 de maio). O culto de Maria também é honrado por um novo dogma. Baseando-se no privilégio da infalibilidade, o papa Pio XII proclama, em 1950, a Assunção da Virgem, "elevada de corpo e alma à glória celeste" (Constituição apostólica *Munificentissimus Deus*, 1º de novembro de 1950). A reflexão original e o fim terrestre de Maria, que havia preocupado os espíritos desde a época patrística, está encerrada. A teologia mariana de meados do século XX se vê diante de uma opção: levar mais longe o aprofundamento dessas definições ou, ao contrário, pensar uma outra fisionomia para a Virgem.

O Concílio Vaticano II (1962-1965) abre o debate. A Constituição *Lumen gentium* insiste na recentragem cristológica da devoção e na necessidade de uma redefinição da posição de Maria na história da salvação e da Igreja. Uma série de encíclicas e de documentos – de *Marialis cultus* de Paulo VI (1974) a *Redemptoris mater* de João Paulo II (1987) – vêm completar e precisar as orientações de Vaticano II. A pastoral com tonalidades marianas lançada por papas em escala planetária dinamiza de novo uma devoção que vinha perdendo fôlego desde a década de 1950 (basta pensar no "ano mariano de 1986-1987"). O culto prestado a Maria continua, em definitivo, a procurar seu caminho.

SYLVIE BARNAY

Teresa do Menino Jesus
(1872-1897)

Thérèse Martin, em religião Teresa do Menino Jesus e da Santa Face, é mais comumente chamada de Teresa de Lisieux. Os papas não pouparam termos para qualificá-la: a "maior santa dos tempos modernos" (Pio X), a "flor do meu pontificado" (Pio XI). E empregaram os meios necessários para fazer reconhecer sua santidade. Falecida em 1897, é canonizada em 1925. Dois anos depois, é proclamada padroeira das missões. Um só passo em falso: Pio XI não aprecia a ideia do padre Desbucquois (1932) de proclamá-la – uma mulher! – doutora da Igreja. Pio XII faz dela, em 1944, padroeira da França em guerra. Em 1947, suas relíquias iniciam um primeiro giro pela França. Meio século mais tarde, em 1997, por ocasião das Jornadas Mundiais da Juventude, Teresa é posta entre os doutores da Igreja, terceira mulher a ter essa honra, mas única "doutora" dos últimos tempos. E, de uns anos para cá, suas relíquias fazem um giro triunfal pelo mundo. No entanto, a hierarquia não criou Teresa, mas se contentou em canalizar a emergência dessa nova figura de santidade cuja doutrina (a "pequena via") era acessível através dos textos reescritos e editados (*História de uma alma*, 1898), cujos abundantes milagres reunidos pelo Carmelo (*Chuvas de rosas*) mostravam a poderosa intervenção junto a Deus.

As razões de tal sucesso? Primeiro, a figura de Teresa atesta a riqueza espiritual do Carmelo francês. Nunca as carmelitas foram tão numerosas, com mais de 140 conventos; nunca elas se propagaram tanto no exterior, da Palestina à Indochina. Ao mesmo tempo, elas abandonaram, não sem dificuldade, a tradição ressecada da escola francesa de espiritualidade para conceder maior importância à grande mística espanhola: Teresa, leitora de João da Cruz, é uma testemunha privilegiada dessa "volta às fontes". Teresa e, em seu rastro, Elisabete da Trindade, ou a árvore carmelita, julgada por seus frutos.

Outro contexto, mais conjuntural, a reviravolta realizada na França a partir dos anos 1880: exaustão das congregações ativas e renascimento do interesse pela vida contemplativa, movimento de conversão nos meios literários e intelectuais, renovação enfim dos escritos espirituais. Teresa, também convertida, dirá em sua autobiografia, inscreve-se perfeitamente nessa conjuntura. A *História de uma alma* inaugura um novo tipo de obra de espiritualidade, mais moderna em sua escrita, mais cristocentrada. O sucesso de Teresa coincide enfim com a crise modernista: Roma privilegia, contra uma inteligência suspeita e condenada, a revelação do íntimo, o caminho do coração, o recurso à comunhão frequente, quando não cotidiana. A jovem carmelita também segue esse caminho.

Mas Teresa existe antes de tudo por si mesma. Singular, mas não sozinha: salientaram o peso de um sufocante contexto familiar que, até a sua morte, a marcará, a fragilizará. As imagens, em todo caso, são conhecidas: Teresa em família, em Alençon, com a mãe; Teresa em Buissonets com o pai e as irmãs; Teresa no Carmelo, com as três irmãs e a prima. Seria preciso acrescentar a glória de Teresa graças às mais velhas, madre Agnès (sua irmã Pauline) antes de todas. Teresa é a última de nove filhos, dos quais sobreviverão cinco filhas. Sua mãe se esgota com as maternidades e na direção de uma grande empresa de rendas de Alençon: morre de câncer de mama quando a mais moça das Martin tem quatro anos. Perda irremediável. A família passa para a proteção do tio Guérin, farmacêutico de Lisieux, porque o senhor Martin, homem idoso, amável e pio, não era capaz de criar sozinho as cinco filhas. Lisieux é um refúgio de paz para Teresa, até que Pauline, sua "mãezinha", a segunda da irmandade, decide entrar para o Carmelo: para essa criança de dez anos, é uma ruptura insuportável, que se traduz numa doença estranha, curada após uma novena a Nossa Senhora das Vitórias. Quatro anos depois, Marie, a irmã mais velha, junta-se a Pauline no Carmelo.

Aos catorze anos, no Natal de 1886, Teresa sai subitamente da infância, numa brusca maturação espiritual, uma ruptura que ela definirá como conversão. Jesus, teve a certeza disso no verão de 1887, a quer no Carmelo no Natal seguinte. Ela mobiliza seu pai para assediar o bispo e, ante a prudência deste último, aproveita a audiência de que participa, em Roma, com os peregrinos da diocese de Bayeux para se abrir a Leão XIII. Sem sucesso. Mas as autoridades diocesanas cederão: ela entra com quinze anos para o Carmelo de Lisieux, para o qual levará, seis anos depois, Céline, sua irmã mais próxima, e para onde trará também sua prima, a escrupulosa Marie, uma das duas filhas do tio Guérin.

No Carmelo, o noviciado é difícil. Ela se confia, à razão de uma carta por mês, a um distante diretor espiritual, o padre Pichon, que escreve pouco, mas a apoia na provação que a mortifica. Seu pai, doente, é encerrado no asilo de alienados de Caen, e muita gente cochicha, inclusive no convento, que sua razão não sobreviveu à partida da filha predileta. Ela própria busca a paz na devoção da Santa Face de Jesus. Depois, por causa da sua juventude, sua tomada de véu, sua profissão são adiadas. Ao fim dos três anos canônicos de noviciado, ela que, de todo modo, não pode ter voz ativa, decide ficar com as noviças, de quem será uma acompanhante privilegiada. Ouve também as confidências da velha fundadora de Lisieux, que a tranquiliza. E, principalmente, descobre João da Cruz aos dezessete anos: sua leitura a ilumina e a faz entrar no tempo abençoado do noivado com o bemamado do Cântico, com Jesus amado, amante.

Depois dessa longa formação, dois momentos decisivos assinalam a sua curta vida. Primeiro, aquele empurrãozinho do destino, aquele piscar de olhos do Céu: em 1894 (ela está com vinte e um anos), sua irmã Pauline – madre Agnès – é eleita prioresa. Teresa se torna escritora para a comunidade: ela compõe vivas recreações piedosas, pequenas peças representadas nas festas do Carmelo por ela e suas noviças; também escreve, a pedido das freiras, poesias para incentivar suas noviças e fortalecer a piedade delas. Sobrevém 1895, o ano bento. Seu pai morreu no ano anterior, sua irmã Céline chega ao Carmelo com suas provisões de textos do Antigo Testamento, sobre os quais ela se lança como uma esfaimada. Madre Agnès, que gostara em janeiro da sua *Joana d'Arc*, representada para a festa da santa, lhe encomenda, para o ano seguinte, suas lembranças de Alençon, período que ela não conheceu por estar no convento de Le Mans. Teresa sente-se autorizada, aos vinte e dois anos, a escrever sua autobiografia (manuscrito A). No meio da redação, em junho de 1895, sobrevém uma revelação decisiva, a da misericórdia divina, à qual ela se dedica. A escrita da sua autobiografia sofre uma reviravolta com isso: a luz dessa revelação clareia com nova intensidade os meses decisivos vividos em Lisieux, antes da sua entrada para o Carmelo; ela põe então no papel com alegria e vivacidade as passagens mais conhecidas, a conversão do Natal, os meses de graça antes do Carmelo, a peregrinação a Roma, a descoberta da força da prece quando Deus, a seu pedido, converte seu "primeiro filho", tocado pelo graça em pleno cadafalso.

O segundo acontecimento, dramático, é a revelação da sua morte precoce. Na manhã da sexta-feira santa de 1896, ela descobre manchas de sangue na cabeceira da cama, assinatura inegável de uma tuberculose que a levará com menos de vinte e cinco anos. Agora a vida de Teresa é contada em meses. Ela entra, ao mesmo tempo, numa noite de fé: o "belo Céu", em que vivia até então, lado a lado com os santos e com os seus já falecidos, lhe é definitivamente ocultado. Mas cala esse drama às irmãs. Paradoxalmente, Teresa ascende a responsabilidades: torna-se mestra de noviças, sem o título porém; é posta em contato com um jovem padre que parte para a China, no qual descobre aquele irmão dado por Deus desde toda a eternidade para ser, em seu lugar, o padre que ela não poderia ser.

Produz então, num calmo frenesi de escrita, as obras da sua maturidade. Primeiro, seu poema de setembro (o manuscrito B), seu único texto místico, em que enfrenta seus desejos insaciáveis. Depois, por vários meses, suas magníficas cartas aos dois irmãos: um partiu para a China, o outro se prepara para a África; o primeiro é seu irmão, seu igual; o segundo é seu irmão *menor*, o filho da sua agonia. Em junho de 1897, ela se confia à sua "bemamada mãe", sua prioresa Marie Gonzague, de quem também é confidente: na forma da cartas cotidianas (manuscrito C), ela lhe desnuda sua vida desde os dois anos, suas "tentações contra a fé", ela lhe fala de caridade, da maneira de compartilhar o cotidiano de uma família eleita cujos membros não foram escolhidos. Crueldade e ternura.

Teresa se despede dos seus, que não estão no Carmelo, por uma carta de meados de julho. Diz e escreve que "voltará" para estar junto dos seus até o fim do mundo. Morre no dia 30 de setembro de 1897. Pauline arranjará suas misteriosas palavras, encontrará as fórmulas necessárias para pôr a "pequena voz" de infância espiritual ao alcance das "pequenas almas". Nasce "Teresinha", no despontar de um século de ferro.

CLAUDE LANGLOIS

Pio X, a infância espiritual
e a comunhão privada

A crer no seu entourage, o papa Pio X chorou de alegria quando da publicação, em 8 de agosto de 1910, do decreto *Quam singulari*, que instituía oficialmente a comunhão privada. Via nela o reconhecimento do amor singular de Jesus pelas criancinhas, tal como relatam os Evangelhos de Marcos e Mateus.

Para dizer a verdade, Roma não inovava na matéria. O Concílio de Latrão IV havia, outrora (1215), previsto a confissão e a comunhão das crianças a partir da idade de discernimento, isto é, desde os seis ou sete anos, quando lhes era possível tomar consciência da malícia de seus atos e distinguir o pão eucarístico do pão comum. No século XVI, os Padres do Concílio de Trento haviam ratificado as disposições anteriores. Essas decisões foram precisadas em seguida, notadamente durante o concílio romano realizado sob o pontificado de Bento XIII: essa idade de discernimento correspondia à aquisição do uso da razão, do sentido da liberdade, logo, da responsabilidade; sem esquecer a necessidade, para a criança, de possuir um conhecimento elementar das coisas da fé.

No decorrer do século XIX, vários testemunhos atestam a prática da confissão das crianças; isso, apesar de uma real inquietude no interior do clero. Seus membros se sentiam, de fato, divididos entre o temor de ensinar demais às crianças, no âmbito do confessionário, e o de permitir que o mal se arraigasse, se negligenciassem interrogá-las. A reticência era muito mais forte no que concerne à comunhão. Os padres temiam ver as crianças manifestarem falta de respeito para com a eucaristia. A influência latente do jansenismo e, mais amplamente, de um rigorismo ambiente freava a comunhão frequente, *a fortiori* a das crianças pequenas. As crianças só podiam se aproximar da santa mesa aos doze ou treze anos, para uma primeira comunhão que era o desfecho do ensino do catecismo desde o início do século XVII. Essa primeira comunhão, celebrada ao fim de uma preparação ascética e moral efetuada sob a conduta do pároco, constituía, ao mesmo tempo, uma cerimônia e uma festa paroquial.

As atitudes evoluem lentamente no correr do século XIX. Cresce então um novo desejo de eucaristia, atestado pela fundação de uma série de obras, como a Adoração Perpétua, assim como pela realização de congressos eucarísticos nacionais e internacionais. Sob o pontificado de Leão XIII, aqui e ali divergências opõem um baixo clero, desejoso de admitir as crianças à comunhão antes dos doze anos, aos bispos reticentes a essa prática. O papa, consultado em 1888 por ocasião de uma dessas discordâncias sobrevinda na diocese de Annecy, dá razão aos que desejam admitir as crianças à santa mesa. Alguns anos mais tarde, monsenhor Sarto, futuro Pio X, bispo de Mântua, depois patriarca de Veneza, se mostra um fervoroso partidário da comunhão das crianças menores. Redigiu para elas um catecismo numa linguagem figurada e fácil.

Ao se tornar papa, Pio X, por um decreto de 20 de dezembro de 1905, convida à comunhão frequente, isto é, cotidiana, não mais semanal. Triunfa assim a concepção de uma comunhão "presencial", de um pão de cada dia que mantém uma presença permanente no foro interior dos fiéis, em detrimento de uma concepção ascética, que levava a singularizar a eucaristia como uma recompensa. O decreto *Quam singulari* se inscreve nessa lógica. Ele retoma as decisões dos concílios de Latrão IV e de Trento. Acrescenta a elas a ênfase posta na responsabilidade dos pais, notadamente do pai, em matéria de educação religiosa e moral das crianças. A partir de então, o pároco não é mais o único envolvido.

Resta interpretar o movimento que levou ao decreto. Para tanto, temos de reconstituir a história da atenção teológica dada à infância de Jesus, na medida em que esclarece nosso objeto. No decorrer da Idade Média, o ciclo da infância de Cristo é muitas vezes figurado. Ele constitui, com o da Paixão, o tema privilegiado dos diálogos, dos jogos litúrgicos. O interesse assim manifestado pelo que diz respeito ao Menino Deus se harmoniza então com a devoção de são Bernardo pela infância de Cristo, depois pela devoção do movimento franciscano ao presépio. O convite aos fiéis para uma infância espiritual, inscrito na mensagem evangélica, se encontra nos *Exercícios* de Inácio de Loyola. No século XVII, como vimos, o cardeal de Bérulle, assim como Margarida do Santo Sacramento, que celebram ao mesmo tempo a humildade e os atrativos dos primeiros anos de Jesus, estimulam a aquisição de um espírito infantil. O que fortalece, na mesma época, o fervor ao Menino Jesus de Praga.

Embora essa forma de espiritualidade pareça ter se debilitado posteriormente, esse culto da infância de Cristo permanece vivacíssimo no século XIX, favorecido pelo culto da Santa Família. A mensagem de Teresa Martin, quase contemporânea da obra de Pio X, atesta o clima espiritual em que germinou o decreto *Quam singulari*.

Há uma série de processos abrangentes que contribuem igualmente para explicar a decisão de 1910. O historiador Philippe Ariès e outros depois dele ressaltaram, há algum tempo, a ascensão progressiva do sentimento da infância do Ocidente. Grandes textos literários, os de Rousseau e Stendhal, por exemplo, atestam esse movimento. Ele corresponde, além disso, ao desenvolvimento da esfera privada e ao adensamento dos sentimentos que se realiza em seu seio; processo complexo, preparado a partir do Concílio de Trento pelo novo desenho de uma espiritualidade conjugal e posteriormente acelerado pelo sucesso do tema da alma sensível e do novo modelo do casamento de amor. No domínio da piedade, isso se traduz pela existência de um culto familiar, feito de preces recitadas em comum, às vezes dentro de pequenos oratórios domésticos. No curso do século XIX difunde-se uma imaginária religiosa que impõe uma sensibilidade seráfica. O par formado pela criança e seu anjo da guarda, o modelo proposto pela pessoa de são Luís Gonzaga, a figura do Tobias da Bíblia, de quem se faz então uma criança, ilustram esse clima.

Também há motivos de ordem pastoral para a instauração da comunhão privada: a Igreja, que perde a sua influência sobre os homens, conta com as mulheres, com as mães educadoras, para obstacularizar a descristianização, em particular no âmbito da família burguesa. Tudo isso explica a insistência de Leão XIII, depois de Pio X, sobre a necessidade de fazer da comunhão das crianças um ato privado, centrado na intimidade do lar, propiciador de uma educação moral e religiosa.

Em 1910, prescrições severíssimas foram feitas por Roma, a fim de dar a conhecer rapidamente o decreto *Quam singulari*. Apesar de uma resistência manifesta da massa de fiéis e do clero, o texto foi bem depressa aplicado, particularmente nos pensionatos. É por isso que a primeira metade do século XX constitui o apogeu da comunhão privada. No dia 3 de junho de 1951, o papa Pio XII salienta esse sucesso quando da beatificação de Pio X. Segundo ele, foi a este último que "coube dar Jesus às crianças e as crianças a Jesus". A comunhão privada havia favorecido a eclosão das vocações sacerdotais e preparado a expansão do apostolado leigo.

Não se pode negar que, desde meados do século XX, a prática da comunhão privada perdeu força; processo, à primeira vista, paradoxal, se pensarmos na importância que o Ocidente concede desde então ao menino rei. Claro, é difícil distinguir, a propósito desse declínio relativo, o que decorre do processo global de descristianização e o que resulta de uma modificação da atitude dos católicos praticantes. Com efeito, a comunhão privada continua a ser celebrada nos meios mais fervorosos.

Dito isso, ela sem dúvida sofreu com o recuo incontestedo confissão auricular, em geral. Em matéria de educação religiosa das crianças, a tônica é muitas vezes posta num progressivo despertar para a fé, em vez de na inculcação do temor ao pecado e na necessidade da contrição. De fato, não havia certa discórdia entre a vontade de causar um sentimento de culpa, se não de responsabilidade, desde a idade de seis ou sete anos, e, na sociedade global, o adiamento da malícia dos atos bem além dessa idade?

Pode-se também pensar que o recuo do culto familiar, mesmo que nos meios praticantes, assim como o da devoção ao Menino Jesus agiram contra a manutenção de uma prática maciça da comunhão privada.

Seja como for, na época de sua maior extensão, esta criava um momento de intensa emoção entre as crianças e seus pais. Ela permitia estreitar os vínculos afetivos entre os membros da família restrita. Seu declínio, ainda que relativo, sanciona o das técnicas mentais referentes ao exame de si, à meditação, à contemplação. A breve história da comunhão privada, inserida na história, muito mais ampla, da infância espiritual, constitui um indicador da evolução da piedade no seio da Igreja católica.

ALAIN CORBIN

Dois séculos de querelas em torno da arte sacra

Arte sacra? arte religiosa? arte cristã? Aqui não é o lugar para iniciar tal debate. Visto de longe, retemos sobretudo um vivo contraste entre um século XIX "Saint-Sulpice" e um século XX despertado pela revista *L'Art sacré*. Na verdade, querelas quase incessantes sobre o tema atravessam estes dois séculos: as que opõem partidários e adversários do gótico, em torno dos *Annales archéologiques* de Didron (c. 1850), não deixam nada a invejar às polêmicas da década de 1950. Podemos dizer que toda a época não para de se interrogar sobre a orientação e os problemas da arte religiosa.

Ao sair do terremoto revolucionário, muitos sonham apenas com a "restauração"; poucos desejam inovar. Seja como for, os recursos são parcos e as encomendas, raras. As artes menores retornam às formas do Antigo Regime; a arquitetura permanece fiel ao estilo "neoclássico": plano basilical, fachada com frontão e colunata, abóbada de arco de volta inteira e abside em semicúpula. Somente durante a década de 1840 é que a demanda aumenta graças a um poderoso despertar católico, enquanto o romantismo, a despeito de vivas oposições, introduz uma predileção duradoura pelo estilo gótico. Seus defensores dizem que ele é mais econômico, mas principalmente idealizam a arte do século XIII como a única verdadeiramente cristã. As igrejas góticas se multiplicam por toda parte, como a basílica de Santa Clotilde, em Paris; sua descendência será numerosíssima. Sem falar das obras de restauração a que está ligado o nome de Viollet-le-Duc. Os objetos religiosos prolongarão por muito tempo sucesso precoce mas efêmero do estilo "trovador" no mobiliário e nas artes decorativas.

Durante a segunda metade do século XIX, uma real vitalidade do catolicismo, conjugada com o enriquecimento geral, mantém num altíssimo nível a demanda de edifícios e objetos religiosos. A industrialização da produção marca de forma desigual os diversos setores; pelo menos, ela possibilita fazer face às necessidades. A partir de mais ou menos 1850 se constitui em torno da igreja de Saint-Sulpice em Paris (dando seu nome a um "estilo") uma concentração comercial que também abastece a província e o estrangeiro, apesar de encontrar sérios concorrentes (de um "estilo" bem parecido). Ela se manterá até os anos do Concílio Vaticano II.

Certos setores da arte religiosa são pouco atingidos pela industrialização e pela estética "Saint-Sulpice". Assim, a arquitetura se atém, inclusive nas obras mais prestigiosas (Lurdes, Montmartre), a um tímido ecletismo: neo-românico, neobizantino, neo-Renascença. Somente a basílica de Fourvière, em Lyon, ousa inovar. Nem mesmo o emprego do ferro revoluciona as formas. A pintura mural se pauta, com raras exceções, pelo academicismo ambiente. As artes litúrgicas – ornamentos e recipientes sagrados – permanecem marcadas sobretudo pelo gosto medieval.

Dá-se o nome de "Saint-Sulpice" a um tom de piedade melosa e fácil, no qual convergem as heranças degradadas do maneirismo italiano e do classicismo francês (e elementos rococós), com as características de uma produção industrializada. Seus domínios prediletos são os elementos da decoração das igrejas – vitrais, quadros, móveis e principalmente estátuas (é o reinado do gesso colorido) –, assim como múltiplos "artigos de piedade" para uso privado, sem esquecer a imaginária religiosa. O fenômeno é amplamente internacional e talvez inerradicável; mas evoluiu ao longo do século XX.

A partir de 1890 os protestos se multiplicam e se intensificam contra essa degradação da arte religiosa (ou pelo menos o que é considerado como tal). Costuma-se citar Huysmans; ele não é nem o primeiro nem o único a erguer a voz. Outro dado importante é a mutação acelerada, nessa passagem de século, das artes "profanas". Para nos atermos à pintura, e a um panorama sumário, passou-se, em trinta anos, de Courbet a Picasso. Era impossível que as artes religiosas não reagissem a essa mudança de contexto.

Numerosas tentativas foram realizadas para lhes restituir (assim se acreditava) maior autenticidade. Notemos por exemplo os esforços feitos pelos monges de Beuron (Alemanha) e pelas "confrarias de artistas", lançadas pelos pintores Maurice Denis e Georges Desvallières. O setor que muda mais depressa então é a arquitetura, transformada pelo advento do cimento. O emprego do "concreto armado" na igreja de são João Evangelista, em Montmartre, não modifica muito o aspecto geral; para isso, há que esperar Notre-Dame du Raincy, dos irmãos Perret (1922). A mesma mutação triunfa mais nitidamente ainda nos países germânicos.

Uma nova mudança sobrevém no curso dos anos 1925-1935. Primeiro, em 1925, com a exposição de artes decorativas; esse novo estilo contribui para fazer as artes religiosas menores se voltarem para um "neo-Saint-Sulpice": mais expressionismo, mais esquematização. Em 1931, o lançamento na diocese de Paris das "obras do cardeal" – uma centena da novas igrejas em alguns anos – acarreta a retomada da atividade (após a reconstrução da década de 1920), mas tem um efeito artístico limitado: foi necessário proceder com economia, salvo no que concerne a algumas operações de prestígio (por exemplo, a igreja de Saint-Esprit: neobizantino, concreto e *art déco*).

E, principalmente, em 1935, é fundada a revista *L'Art sacré*, que terá uma importância capital por mais de trinta anos, na renovação das artes religiosas. Ela é dirigida, de 1937 a 1954, pelos freis dominicanos Couturier e Régamey; mensal antes da guerra, bimestral depois, até seu desaparecimento em 1969. Ela se mostra muito crítica em relação à arte do século XIX e defende ardorosamente alguns grandes empreendimentos: a decoração da igreja de Assy (Haute-Savoie), que inclui o contestado Cristo de Germaine Richier; a capela de Vence (Alpes-Maritimes) concebida por Henri Matisse, a primogênita de uma grande família de "capelas de artistas"; a capela de Ronchamp (Haute-Saône), o convento dominicano de L'Arbresle (Rhône) construídos por Le Corbusier; e muitos outros.

Deflagram-se violentas polêmicas, que culminam em 1950-1952. Elas têm o mérito de levantar as verdadeiras questões. Primeira de todas: o que é a arte sacra? Ou então: a arte não-figurativa pode exprimir o sagrado? E também: um artista pessoalmente incréu pode fazer uma obra autenticamente religiosa? Questões que talvez não tenham encontrado sua resposta integral; mas o debate foi ficando cada vez menos apaixonado e um vento novo passou a soprar.

Outra tempestade se preparava: o Concílio Vaticano II e a crise pós-conciliar. Esta é acompanhada por uma queda brutal das vocações e da prática religiosa, donde uma considerável diminuição da demanda de diversas artes religiosas. Em matéria de arquitetura, soma-se a isso, nas décadas de 1970-1980, o desejo de uma "invisibilidade" dos edifícios religiosos, que reduz os programas; a maciça catedral de Évry assinala o fim dessa tendência. As artes menores também são atingidas. A reforma litúrgica levou a "limpar" as igrejas, às vezes com excesso, e a adotar uma decoração mais sóbria. Mas não há por que se inquietar: o "Saint-Sulpice" vai bem, obrigado!

Por que essa longa crise da arte sacra contemporânea? Pensa-se evidentemente na evolução do sentimento religioso. É necessário ir mais longe: essa crise não faz mais que refletir o temível divórcio entre o catolicismo e a civilização oriunda do pensamento das Luzes. Mas o "religioso" talvez não explique tudo. A arquitetura profana também soçobrou no pastiche, e o "kitsch" afetou toda sorte de objetos. A questão permanece em aberto...

CLAUDE SAVART

II

*A doutrina cristã
em face do mundo moderno*

Um catolicismo intransigente
O "momento Pio IX" (1846-1878)

No coração do século XIX, o pontificado do papa Pio IX, Mastai-Ferretti (1846-1878), aparece como o momento *intransigente* por excelência na história do catolicismo. O termo se impôs entre os historiadores, primeiro na Itália depois na França, para qualificar a corrente que outrora era chamada de *ultramontana*, ou seja, italiana ou romana. A intransigência toca bem no fundo do dispositivo intelectual, mental e afetivo dos católicos do século XIX. Essencialmente, ela se define pela recusa de toda *transação*, isto é, de todo recuo, de toda concessão, de toda acomodação, de todo compromisso, de todo comprometimento que pusesse em risco a conservação e a transmissão da fé, dos dogmas e da disciplina católicas; assim, a intransigência é ao mesmo tempo defensiva e ofensiva, afirmação e condenação, às vezes também provocação ou agressão.

Historicamente, a intransigência se refere ao texto mais célebre do pontificado, *Sílabo dos erros modernos*, que se segue à encíclica *Quanta cura* (8 de dezembro de 1864). No contexto dramático que leva a partir de 1859 ao desaparecimento definitivo dos Estados temporais do papa e à anexação de Roma como capital do reino da Itália (1870), Pio IX, que foi apresentado equivocadamente, no início do seu longo pontificado, como um pontífice "liberal", rompe frontal e radicalmente com o liberalismo religioso, filosófico, moral, jurídico e político do seu tempo.

O tempo da adaptação ao mundo contemporâneo 405

Entre as oitenta proposições condenadas, uma frase principalmente, a última, desencadeou as paixões: "O pontífice romano pode e deve reconciliar-se e transigir com o progresso, o liberalismo e a civilização moderna." Com essa última negação, o papa parece desdenhar sua época e consagrar um catolicismo da recusa. O *Sílabo* rejeita, desse modo, de cambulhada, proposições sobre Deus (panteísmo, naturalismo e racionalismo), a religião ("indiferentismo" ou "latitudinarismo" – segundo os quais a salvação seria acessível por qualquer religião, que cada um pode escolher com plena liberdade), a "moral natural" e o divórcio; recusa a liberdade absoluta de opinião e de expressão, de consciência e de culto, a ideia de separação entre Igreja e Estado, a derrubada dos governos legítimos, o socialismo e o comunismo; reafirma a independência e a autoridade da Santa Sé em relação às igrejas nacionais, como sede da unidade e da universalidade católicas, assim como os direitos da Igreja em face do Estado. Entre essa série de negações, algumas, no entanto, revestem uma tonalidade mais moderna: assim, Pio IX critica o princípio de "não-intervenção" (§ 62), funda a autoridade civil no direito ("A autoridade nada mais é que a soma do número das forças materiais", § 60), sobretudo recusa como sendo uma idolatria o poder ilimitado do Estado sobre as consciências ("Sendo o Estado a origem e a fonte de todos os direitos, ele desfruta de um direito sem limites", § 39).

A *intransigência* não poderia se reduzir portanto a uma pura negatividade, ainda que entenda nada conceder, nada ceder ao tempo nem aos valores nascidos da modernidade liberal. Pio IX quer conservar e transmitir intacto aos seus sucessores o "depósito de fé" (*depositum fidei*), objeto essencial dos cuidados e das preocupações de uma Igreja que se sente assaltada por todos os lados em sua fé e contestada até mesmo em sua existência. A plenitude dos direitos e da autoridade da Igreja de Roma justifica assim a proclamação de novos dogmas, concebidos como um aprofundamento e uma efetivação da tradição viva da fé através dos séculos. No dia 8 de dezembro de 1854, a proclamação do dogma da Imaculada Conceição – segundo o qual "a bem-aventurada Virgem Maria, no primeiro instante da sua concepção, foi, por uma graça e um privilégio especial de Deus onipotente, tendo em vista os méritos de Jesus Cristo, salvador do gênero humano, preservada e isenta de toda mácula do pecado original" – vem consagrar, no meio da excepcional unanimidade dos episcopados, a intensidade e a universalidade do culto mariano no mundo católico. Quatro anos depois, as aparições marianas de Lurdes a Bernadette Soubirous (1858) parecerão milagrosamente confirmar à multidão a definição pontifícia: *Qué soï l'immaculé conceptioû*, "eu sou a Imaculada Conceição".

Do mesmo modo, o fortalecimento contínuo da centralização romana, o aumento das visitas dos bispos a Roma, "no limiar dos apóstolos" (*ad limina apostolorum*), a unificação do culto em torno da liturgia romana, a multiplicação das congregações religiosas masculinas e femininas postas sob a autoridade imediata de Roma, o elã missionário católico ordenado e regulado pela congregação da "Propaganda" (*de propaganda fide*), a exaltação da própria pessoa do papa através da imprensa e da imaginária católicas levam o primeiro Concílio do Vaticano, reunido em 8 de dezembro de 1869, a proclamar, no dia 18 de julho de 1870, a despeito da oposição do episcopado francês e de alguns prelados liberais, o dogma da infalibilidade pontifícia: "O pontífice romano, quando fala *ex cathedra*, isto é, quando, exercendo seu cargo de pastor e de doutor de todos os cristãos, define, em virtude da sua suprema autoridade apostólica, que uma doutrina em matéria de fé ou de moral deve ser admitida por toda a Igreja, goza, pela assistência divina que lhe é prometida na pessoa de são Pedro, da infalibilidade de que o divino Redentor quis que sua Igreja fosse dotada, quando ela define a doutrina sobre a fé ou a moral." Dois meses depois, no dia 20 de setembro de 1870, as tropas italianas entram em Roma pela brecha da Porta Pia e põem fim definitivamente à existência plurissecular dos Estados do papa: mais que nunca, em sua teologia como em sua eclesiologia, a Igreja católica, como uma fortaleza sitiada, parece se agrupar em torno da autoridade e da pessoa do "vigário de Cristo".

Assim, a *intransigência* católica, em sua quádrupla rejeição à reforma protestante e à filosofia das Luzes, à Revolução de 1789 e ao Estado liberal, constitui um modo de resistência aos "maus tempos" que a Igreja parece atravessar, uma forma de sensibilidade em relação à história, às ameaças do presente e às promessas do porvir. Ela também pode ser crispação, endurecimento, intolerância, injustiça às vezes, e concebe sua relação com o mundo, com a sociedade civil e com as outras religiões com base no enfrentamento. Em novembro de 1848, Pio IX preferiu deixar Roma a pactuar com o movimento democrático. Em junho de 1858, confirmou a ordem de tomar dos pais uma criança judia de seis anos, Edgardo Mortara, batizado sub-repticiamente em Bolonha por uma criada, para que não perdesse a graça do seu batismo e fosse criado em Roma na religião católica. Durante o verão de 1860, reuniu sob as ordens do general Lamoricière um exército para impedir a unificação da Itália, que será esmagado em Castelfidardo, no dia 18 de setembro de 1860. Em janeiro de 1861, prescreveu a todos os fiéis católicos que se abstivessem de votar para as instituições parlamentares do jovem reino da Itália, chefiado pelo rei Vítor Emanuel II. Nos anos que se seguem, mobilizou em toda a Europa, particularmente na França, na Bélgica e na Áustria, e até no Quebec, voluntários, os *zuavos pontificais*, para defender Roma. Na primavera de 1867, apelou para seu exército e para um corpo expedicionário francês para esmagar em Mentana (3 de novembro de 1867) a tentativa dos "camisas vermelhas" de Garibaldi de tomar Roma. Depois do dia 20 de setembro de 1870, ele se encerra em seu palácio do Vaticano, como um "prisioneiro", e rejeita a lei das Garantias (13 de maio de 1871) que lhe é oferecida por uma Itália cuja unidade reencontrada ele se recusa a reconhecer.

A intransigência vem, assim, sancionar o desmoronamento da independência temporal da Santa Sé, cujo princípio o cardeal Giacomo Antonelli se esforça para manter contra ventos e marés, e isolar dramaticamente o papado na Europa e no mundo. Mas ela é intensamente vivida pelo mundo católico como testemunho, isto é, etimologicamente, como *martírio*: em 1867, o Estado pontifício optará por se fazer representar, na Exposição Universal de Paris, por uma... catacumba. A dimensão sacrifical da fidelidade, jamais alheia a horizontes escatológicos ou apocalípticos, é inseparável do pontificado de Pio IX, que se extingue, num sentimento de grande solidão, ao fim do mais longo papado da história, em seu vasto palácio deserto do Vaticano, em 7 de fevereiro de 1878. O catolicismo intransigente do século XIX se alimentou com essas recusas e com essas afirmações, com esse endurecimento e com essa esperança.

PHILIPPE BOUTRY

A encíclica *Rerum novarum* (1891) e a doutrina social da Igreja Católica

A importância aqui concedida à encíclica *Rerum novarum* de Leão XIII (15 de maio de 1891) se deve a duas razões. O documento pontifício é a primeira tomada de posição do magistério romano sobre a "questão social", para empregar o termo da época. Por outro lado, a *Rerum novarum* é um texto fundador, regularmente evocado, em particular nos aniversários da sua promulgação, como foi o caso em 1931, 1971 e 1991. Consideremos a gênese, o conteúdo e o alcance da encíclica.

Para compreender a decisão romana, é preciso conhecer a proliferação de iniciativas e reflexões nascidas tanto de clérigos como monsenhor von Ketteler, bispo de Mogúncia, como também, muitas vezes, de leigos em face das consequências da industrialização e em face da ascensão do socialismo e do movimento operário. Basta evocar a seção de economia social da obra dos congressos na Itália, os cristãos sociais da Áustria-Hungria e da Alemanha, a obra dos círculos católicos de operários da França, com Albert de Mun e René de La Tour du Pin. A partir de 1884, a União Católica de Estudos Sociais de Friburgo reúne católicos sociais de diversos países com vistas a uma reflexão realizada à luz da filosofia de são Tomás.

Esses homens podem se dividir em vários grupos: os mais radicais questionam a legitimidade do direito de propriedade, condenam o capitalismo e estão, todos, convencidos da necessidade da intervenção do Estado na economia, em nome do bem comum. Em contrapartida, a escola de Angers, que leva o nome do bispo dessa cidade, monsenhor Freppel, embora critique a sociedade individualista nascida da Revolução Francesa, é hostil ao papel do Estado e confia num liberalismo mitigado, baseado na iniciativa individual.

No congresso internacional de Liège, em 1890, o conflito entre as duas escolas se torna particularmente vivo. Uma posição do papa Leão XIII, pedida havia anos, se impõe. Ainda cardeal Pecci, ele esboçou em suas cartas pastorais sobre a Igreja e a civilização temas que anunciam a *Rerum novarum*: condenação da "pavorosa usura" e das "escolas modernas de economia política", que levam o homem em conta tanto quanto uma máquina, valor do trabalho, contraste entre "multidões sem esperança" e "um pequeno número [...] dedicado a entesourar". Como Pio IX no *Sílabo* de 1864, ele ataca a economia liberal baseada na acumulação das riquezas. O futuro Leão XIII deve muito aos jesuítas da revista *Civiltà cattolica*. Um deles, Matteo Liberatore, nutrido das reflexões tomistas sobre o direito natural, é o autor do primeiro e mais importante esquema da futura encíclica.

Sabe-se, desde os estudos feitos por ocasião do seu centenário, que seus autores quiseram fazer da encíclica um texto de compromisso que ficasse além das escolas opostas. A influência da escola de Friburgo e do seu corporativismo é menos dominante do que se acreditava; o papel do cardeal inglês Manning e o do cardeal Gibbons, arcebispo de Baltimore, foram evidenciados. Já em 1887, o segundo tinha se oposto à condenação por Roma da ordem dos Cavaleiros do Trabalho, organização operária secreta da América do Norte. Gibbons inspira o inciso de Leão XIII, que acrescenta aos sindicatos mistos, associando patrões e operários, os sindicatos separados: "minhas esperanças foram satisfeitas", ele escreve ao papa.

Intitulada *Sobre a condição dos operários*, a encíclica constata em suas primeiras palavras "a sede de inovações [*rerum novarum*] que desde há muito se apossou das sociedades". Ela descreve "a afluência da riqueza para as mãos de um pequeno número ao lado da indigência da multidão". O quadro evoca "a situação de infortúnio e de miséria imerecida" que atinge "majoritariamente" os homens das "classes inferiores". A abolição das corporações, a laicização do Estado, a "usura voraz" contribuíram para entregar "trabalhadores isolados e indefesos" a "patrões desumanos". Em suma, um "pequeno número de ricos e opulentos" impõe "um jugo quase servil à infinita multidão dos proletários". A encíclica admite a existência de conflitos de classe; em compensação, sua leitura da realidade social não leva em conta a ascensão da classe média. A crítica vigorosa ao socialismo se apoia em duas razões: o questionamento do "direito de propriedade sancionado pelo direito natural" e o da família, que, segundo Leão XIII, tem prioridade sobre a sociedade civil.

O papa afirma a legitimidade da intervenção da Igreja em matéria social, "em toda a plenitude do Nosso direito". A Igreja deve reconciliar os ricos e os pobres "recordando a ambas as classes seus deveres mútuos e, antes de todos os outros, os que derivam da justiça". Cabe aos operários honrar o contrato de trabalho e rejeitar a violência, aos patrões não "tratar o operário como escravo", respeitar nele a "dignidade da pessoa" (*dignitatem personae*), "dar a cada um o salário que lhe convém". O Estado tem todo o direito de intervir em nome da sua missão, que é a de "proteger a comunidade e suas partes". Seu poder de polícia em face dos abusos e a preocupação com o bem comum legitimam sua intervenção, mas não a tese, cara a certos católicos sociais, da função social da propriedade. Os limites da intervenção do Estado são claramente assinalados: não "empreender além do que é necessário, para reprimir os abusos e afastar os perigos".

Os exemplos dados dos horários e das condições de trabalho mostram que Leão XIII não se distancia do liberalismo mitigado da escola de Angers. O salário "não deve ser insuficiente para fazer o operário sóbrio e honesto subsistir". Mas o recurso à intervenção do Estado não poderia ser prioritário, por temor de ser inoportuno: "Haja vista sobretudo a variedade das circunstâncias dos tempos e lugares, será preferível que toda solução seja reservada às corporações e sindicatos." Aos olhos de Leão XIII, ante o risco do estatismo que levaria ao socialismo, impõe-se o retorno aos "corpos intermediários".

Nesse ponto os católicos da escola de Liège e os da escola de Angers se encontram. A solução da questão social reside no encontro entre trabalho e capital. As corporações, cuja "benéfica influência" pelo passado a encíclica recorda, permitirão a superação dos conflitos. Elas terão de se adaptar às "nova condições". Leão XIII se rejubila ao ver "se formar em toda parte sociedades desse gênero, sejam compostas apenas de operários, sejam mistas, reunindo ao mesmo tempo patrões e operários". A primeira fórmula, decisiva, foi acrescentada no projeto final pelo próprio papa, persuadido pelo cardeal Gibbons. Cabe aos operários cristãos "se organizarem eles mesmos", fórmula que convida a criar sindicatos confessionais, enquanto as associações operárias costumavam ser "hostis ao nome cristão". O papa não retoma a ideia de corporação obrigatória elaborada pela União de Friburgo.

A considerável repercussão da encíclica, inclusive fora do mundo católico, às vezes foi esquecida pela historiografia. Os comentadores da época observam que Leão XIII, indo em direção ao povo e à democracia, rompe com as forças conservadoras e se volta para as massas a fim de recuperar a influência perdida. Leão XIII retomou a crítica do liberalismo e da economia liberal cara aos intransigentes, mas, pela primeira vez, Roma consagra uma reflexão global à "questão social". Esta não é mais abordada somente por meio de condenações morais: afirmam-se orientações.

Texto de compromisso, a encíclica deixa muitas questões em aberto, nas quais se leem as linhas de fratura que se aprofundarão entre católicos sociais a partir de 1891. Sobre o salário-família, o salário mínimo, a amplitude da intervenção do Estado, o sindicalismo, o capitalismo, são vivas as controvérsias, o que leva a autoridade romana a novas intervenções; esta, portanto, arbitra, rejeita, aprofunda. Segundo a fórmula do historiador belga Roger Aubert, "a primeira pedra do catolicismo social foi posta", assim como desde então está marcada a legitimidade de uma doutrina social da Igreja Católica, reafirmada até os nossos dias.

JEAN-MARIE MAYEUR

O cristianismo e as ideologias do século XX

O cristianismo nega ser uma ideologia, apesar de às vezes ter inspirado ou suscitado algumas. Mas ele não pode ignorá-las e elas não poderiam deixá-lo indiferente. Ele compete com elas: propõe uma explicação do destino humano e deduz da leitura do Evangelho uma antropologia, coisas essas que compartilha com as ideologias e que o opõem a elas. Daí por que suas relações com elas são na maioria das vezes conflituosas. Isso é particularmente verdade no século XX, que foi por excelência o século das ideologias, o século em que elas exerceram um fascínio, conquistaram o poder e inspiraram regimes. O choque era tanto mais inelutável na medida em que esses sistemas de pensamento pretendiam reinar irrestritamente sobre os espíritos: elas não deixavam nenhum espaço à liberdade de consciência e aspiravam tomar o lugar do cristianismo. Suas ambições obrigaram as Igrejas a definirem-se em relação a elas e a precisar os pontos sobre os quais havia incompatibilidade. O surgimento dessas religiões seculares precipitou, portanto, a elaboração pelo magistério espiritual de um ensino sobre todos os aspectos da vida em sociedade, cuja amplitude e coerência puderam às vezes dar a impressão de constituir uma contraideologia.

Embora a concorrência e a ameaça das ideologias dissessem respeito a todas as confissões cristãs, nem todas reagiram da mesma maneira. Algumas sentiram afinidades com esta ou aquela ideologia. É o caso das Igrejas da Reforma, que haviam reivindicado o direito ao livre exame, com o espírito do liberalismo. Além disso, nem todas elas têm a mesma ideia da relação entre a fé pessoal e o engajamento na sociedade. De todas as expressões do cristianismo, foi manifestamente a expressão católica a que menos aceitou coabitar com filosofias estrangeiras, tanto mais que ela dispunha, com a instituição pontifícia, de um magistério cuja função é definir orientações e denunciar o que é um erro relativamente ao "depósito da fé".

No início do século XX, a mais antiga das ideologias, o liberalismo, ainda é, para o catolicismo, o principal adversário filosófico. Se as Igrejas da Reforma não têm as mesmas razões de percebê-lo como um inimigo, a Igreja de Roma não atenuou sua posição. Continuou a ver nele a fonte de todos os erros modernos, a mãe de todas as heresias. Ela o considera como responsável não só pela descristianização mas também pelos males que afligem a sociedade. Critica nele essencialmente o racionalismo que opõe o procedimento do espírito crítico ao ensino dogmático, e o individualismo que erige em regra a vontade do indivíduo. Essa denúncia do liberalismo continuará por muito tempo ainda a referência para a apreciação dos outros sistemas. Ela explica certas simpatias por ideólogos que exaltavam a autoridade ou sujeitavam o indivíduo às exigências coletivas, do mesmo modo que foi responsável por complacências prolongadas em relação a regimes que se definiam por oposição ao liberalismo.

No entanto, mesmo no seio do catolicismo, havia espíritos para estimar que o combate frontal entre catolicismo e liberalismo não procedia de uma incompatibilidade fundamental, mas era a consequência de um mal-entendido circunstancial, e que se empenhavam em sustentar que a liberdade não podia ser contrária ao catolicismo, que a religião não tinha de temer a liberdade religiosa – como prova o exemplo dos Estados Unidos, em que essa liberdade favoreceu o desenvolvimento do catolicismo. A história lhes deu razão com algum atraso: a experiência dos regimes totalitaristas que se inspiram em ideologias autoritárias fez o magistério católico tomar consciência de que havia adversários mais temíveis para o homem e para a fé do que o liberalismo e lhe possibilitou descobrir o preço da liberdade de consciência, a que o Concílio do Vaticano II prestou homenagem. A Igreja de Roma nem por isso aceitou todas as consequências do liberalismo; em particular, ela deixou claras suas reservas em relação à sua aplicação à economia: não se pode deixar os mecanismos do mercado atuarem nem as relações de força se desenvolverem livremente. O ensino social da Igreja, depois de ter preconizado por um tempo uma organização corporativa, pronunciou-se a favor de uma regulamentação pelo direito.

Mesmo assim, a Igreja Católica não demonstrou maior simpatia para com as diversas formas da ideologia socialista. Sua antropologia faz da propriedade privada, adquirida pelo trabalho ou herdada da família, um prolongamento da pessoa, cuja independência ela preserva. A divergência é mais filosófica do que política, em particular com o marxismo, cujos postulados são decididamente materialistas e que faz profissão de ateísmo, afirmando que a religião é fator e fruto da alienação. A política anti-religiosa dos regimes comunistas, que traduzia sua referência marxista, confirmou as prevenções da Igreja Católica. Em 1937, o papa Pio XI condenou o comunismo como "intrinsecamente perverso" e a Santa Sé sempre desaprovou qualquer tentativa de aproximação entre cristianismo e comunismo, inclusive quando uma minoria de padres e militantes leigos acreditaram possível discernir no programa comunista ressonâncias da utopia cristã (solidariedade com os mais pobres, exigência de justiça, aspiração a viver a fraternidade) e se empenharam em dissociar o projeto de sociedade que o animava de uma filosofia anticristã.

As Igrejas cristãs talvez tenham demorado mais a reconhecer a perversidade das ideologias inspiradoras dos regimes ditos fascistas, a pôr seus fiéis em guarda contra a sedução destas e a proclamar, como haviam feito no caso do liberalismo e das escolas socialistas, sua incompatibilidade com a fé cristã. É que essas ideologias menos fortemente constituídas não tinham uma coerência comparável com as ideologias mais antigas e não decorriam portanto de um mesmo juízo doutrinal. As autoridades religiosas também pagavam tributo às suas tradições teológicas, que preconizavam o respeito ao poder estabelecido; elas procuraram instaurar com esses governos relações de direito, até se convencerem de que seus interlocutores não respeitavam a palavra dada. A experiência com o fascismo italiano abriu os olhos para o perigo da estatolatria. Pio XI, ao mesmo tempo que fulminava o comunismo, publicava uma encíclica que denunciava o racismo e o culto da força inerentes ao nacional-socialismo.

Essas experiências e as reflexões que elas suscitaram explicam como, hoje, as expressões autorizadas e organizadas do cristianismo – as Igrejas e seus dirigentes – se inclinam a ver na democracia o modo de organização mais satisfatório da sociedade: ele respeita o direito, pelo qual a Igreja Católica, herdeira de Roma, sempre teve grande estima. Elas aceitam sem reserva a herança das liberdades públicas cujo preço a experiência com regimes que se referiam a ideologias contrárias lhes fizeram descobrir. Desde o segundo Concílio do Vaticano, com os pontificados de João XXIII, Paulo VI e João Paulo II, combatendo pela liberdade religiosa, a fratura histórica entre o cristianismo e a liberdade foi superada. A Igreja Católica, como tal ou pela ação dos seus, exerceu um papel, às vezes decisivo, na queda dos regimes baseados em ideologias opostas. O cristianismo, dizíamos ao iniciar, não é uma ideologia: ele até alerta contra elas. Se reconhece a necessidade de uma visão de conjunto para orientar as opções políticas, instruído pela experiência do século e tirando os ensinamentos desta, também previne o espírito contra o fascínio de sistemas de pensamento contrários à liberdade da consciência e da fé cristã.

RENÉ RÉMOND

O Concílio Vaticano II
(1962-1965)

O segundo Concílio do Vaticano, vigésimo primeiro concílio ecumênico, desenrolou-se na basílica de São Pedro, em Roma, de 11 de outubro de 1962 a 8 de dezembro de 1965. Ele representa uma continuação tardia do Concílio do Vaticano I, reunido no mesmo lugar do dia 8 de dezembro de 1869 ao dia 20 de outubro de 1870 e suspenso *sine die* em consequência da tomada de Roma, capital dos Estados pontificais, pela jovem monarquia italiana, em 20 de setembro de 1870. À exemplo do concílio precedente, o do Vaticano II é chamado de ecumênico na medida em que reuniu, por convocação expressa de João XXIII (1881-1963, papa desde o dia 28 de outubro de 1958), todos os arcebispos, bispos e superiores de ordens religiosas do mundo inteiro, como sucessores dos Apóstolos dotados da capacidade de discutir as matérias da Igreja relativas à fé e aos costumes. Esses Padres conciliares constituíram uma assembleia deliberativa de quase duas mil e quinhentas pessoas. Os episcopados dos países do Leste europeu receberam a autorização de ir a Roma, salvo o primado da Hungria e o arcebispo de Zagreb. Somem-se a eles cerca de duzentos especialistas com voz consultiva e alguns observadores leigos, sendo dois deles mulheres.

Logo depois da Primeira Guerra Mundial, a Santa Sé, a única instância a poder convocar um concílio, percebeu que a Igreja Católica se confrontava com uma mutação radical: ela perdia os meios de chamar o mundo à conversão; o mundo lhe pedia para se adaptar a ele. Projetos de concílio haviam sido examinados por Pio XI em dezembro de 1922 e Pio XII em 1948. O peso da empreitada dissuadiu os predecessores de João XXIII. A iniciativa deste, eleito papa havia três meses, não teve relação com essas tentativas. Chegou-se até a salientar a que ponto ela era pessoal, para melhor apresentá-la como efeito da divina Providência. João XXIII nunca havia pensado que o concílio desejado seria tão longo e difícil. Ele havia imaginado uma reunião de alguns meses distribuídos em menos de um ano, destinada a proceder a um *aggiornamento* da Igreja, isto é, a uma atualização do seu discurso e da sua prática ante o mundo moderno. O termo "reforma" foi afastado para evitar qualquer confusão com as Igrejas reformadas no século XVI.

A reunião plenária do Vaticano II foi precedida por uma fase dita antepreparatória (18 de junho de 1959-30 de maio de 1960), durante a qual os futuros Padres conciliares foram encarregados de recolher, notadamente junto aos leigos e aos movimentos de ação católica, os variados desejos para a elaboração de um programa conciliar... Pôde-se inclusive falar no Vaticano de uma "consulta plebiscitária". A expressão desses votos (*vota*) centrou-se sobretudo na rejeição a toda e qualquer condenação e no pedido de uma abertura mais pastoral da Igreja, de uma melhor definição do ministério episcopal, deixada em suspenso pelo Concílio do Vaticano I e agravada pelo voto da infalibilidade pontifícia, e de uma consideração da posição dos leigos na Igreja. A aproximação das Igrejas Católica, Protestante e Ortodoxa não foi mencionada. Esse abundante material, diversificado, dando da Igreja Católica uma imagem bastante difusa, foi objeto de uma classificação em grandes temas por comissões pré-conciliares. Elas fixaram o programa de Vaticano II na discussão de setenta e dois esquemas. Um regulamento conciliar (6 de outubro de 1962) estabeleceu que os esquemas seriam discutidos por capítulo e dariam ensejo a votações parciais por sim (*placet*), não (*non placet*) ou emenda (*placet juxta modum*). Os textos adotados seriam promulgados pelo soberano pontífice em sessão solene.

A abertura solene de Vaticano II, no dia 11 de outubro de 1962, foi retransmitida pela Eurovision. O evento foi ainda mais notável porque o mundo atravessava um grande período de tensões devido ao enfrentamento entre os Estados Unidos e a URSS a propósito de Cuba. Logo ficou claro que o concílio deveria enfrentar duas dificuldades: a posição ocupada pela cúria romana no desenrolar do concílio, demasiadamente importante desde a preparação deste; o peso da opinião pública alimentada pela mídia do mundo inteiro, cada vez mais atenta e crítica. João XXIII teve de tomar a decisão de organizar sessões anuais de trabalho de um concílio que se abriu sob o signo de um conflito com os secretariados romanos, já no dia 13 de outubro, acerca das modalidades de eleição das comissões conciliares. Logo de início, definiu-se uma maioria conciliar dita progressista, isto é, que desejava fazer de Vaticano II uma verdadeira assembleia deliberativa, em conformidade com o soberano pontífice, e uma minoria conservadora e reacionária, essencialmente curialista, que considerava o concílio um obstáculo à autoridade do papa e de Roma. A enorme habilidade de João XXIII e o imenso respeito que ele inspirava salvaram o concílio, que se separou em 8 de dezembro de 1962 num clima de incerteza. Foram criadas comissões mistas que se reuniam entre as sessões, notadamente no domínio do ecumenismo.

João XXIII morreu no dia 3 de junho de 1963. O concílio foi suspenso, como previa o direito canônico. O cardeal arcebispo de Milão, Giovanni Battista Montini, foi eleito rapidamente. Adotou o nome de Paulo VI, lembrando assim o do apóstolo conversor dos pagãos. Convocou o concílio para uma segunda sessão, no dia 29 de setembro de 1963. O novo papa estabeleceu-se como missão fazer o concílio decidir sobre alguns pontos fundamentais de um programa mais restrito: a importância da revelação; a definição da natureza íntima da Igreja; o ministério episcopal em sua função subsidiária no seio de uma Igreja docente; a liturgia como expressão viva da fé; o papel dos leigos; as relações com as Igrejas cristãs; as relações com o judaísmo; a missão da Igreja em relação às outras culturas; as relações entre a Igreja e o mundo moderno.

A segunda sessão foi a mais difícil de toda a história de Vaticano II. A questão da liberdade religiosa (a liberdade de crer e não crer) assumiu uma importância que não era esperada, e foi nesse momento que surgiram as raízes do futuro cisma dos partidários de monsenhor Lefebvre. Paulo VI dava prova ao mesmo tempo de muita autoridade e de muita hesitação. Uma certa memória do conciliarismo – o governo da Igreja por uma assembleia conciliar, espécie de parlamentarismo – voltava à tona, apoiada pela mídia, ante um papa que não pretendia se contentar em ser o primeiro entre iguais. As viagens efetuadas pelo papa conferiam à Santa Sé um renome internacional que deixava o concílio numa situação delicada.

O concílio encontrou um ritmo mais tranquilo na terceira sessão, durante a qual foram votados textos importantes, em particular a Constituição dogmática sobre a Igreja e sobre o ecumenismo. Mas Paulo VI anunciou que a sessão seguinte seria a última. Esta, que se desenrolou de 14 de setembro a 8 de dezembro de 1965, foi decisiva: foram votadas sete constituições ou declarações, num conjunto de dezesseis documentos conciliares. No dia 7 de dezembro, foi a vez da tão aguardada Constituição *Gaudium et spes,* ou *Sobre a Igreja no mundo de hoje,* que foi um dos textos mais ambiciosos do programa e acerca da qual se produziram fortes enfrentamentos no seio do concílio, assim como entre o papa e este último. A opinião pública havia fundado na qualificação "pastoral" atribuída ao concílio a esperança de recuperar maior liberdade em matéria de moral privada. Inspirada no individualismo e na estética da personalidade, ela constatou com uma surpresa para a qual os Padres conciliares não a tinham preparado suficientemente que o concílio não apenas não se pronunciara sobre as questões dos costumes, precisamente, mas que esses temas – essencialmente a questão do casamento e da regulação dos nascimentos – eram reservados por Paulo VI à sua jurisdição exclusiva. Uma grave crise se abriu na Igreja na sequência da publicação pelo papa, em 25 de julho de 1968, da encíclica *Humanae vitae* sobre o casamento e o dom da vida. Mas a obra de Vaticano II continua sendo uma referência quanto à vontade da Igreja de se fazer compreender pelo mundo moderno, e vice-versa.

PHILIPPE LEVILLAIN

O catolicismo ante a limitação dos nascimentos

A sexualidade é um universo de que os teólogos e os confessores falam, mas por ouvir dizer, como antropólogos de gabinete fazendo a síntese do relato dos viajantes. Os clérigos evocam um mundo semeado de obstáculos perigosos, mortal para a salvação, porque, nesse domínio, a "matéria é sempre grave". A relação entre o catolicismo e a sexualidade estruturou-se em torno de duas instituições: o casamento, único espaço autorizado para o seu exercício, e o celibato consagrado de que fazem profissão, de direito (religiosos) ou de fato (clérigos), os que têm a legitimidade para falar deles. O controle da sexualidade atua em dois registros, o natural e o social. É natural o acoplamento potencialmente fecundo entre um homem e uma mulher. Não o são a prática solitária (masturbação), a escolha de outros parceiros (homossexualidade, bestialismo) ou maneiras indevidas entre homem e mulher (felação, relação anal). É socialmente fundado o casamento indissolúvel, sacramento para a Igreja; são inaceitáveis, nessa segunda perspectiva, a fornicação, o amor livre, o adultério, a relação com uma pessoa consagrada.

Situemo-nos, para compreender a mudança capital nesse domínio, sob a Restauração, em 1822. O abade Bouvier, teólogo do seminário de Le Mans, consulta a Sagrada Penitenciaria, instância romana habilitada a emitir pareceres em matéria de confissão, para saber a atitude a adotar em relação ao marido onanista. Em 1827, publica um manual para uso dos seminaristas – que se torna um (relativo) *best-seller* – sobre os problemas da sexualidade, no qual figura uma nota sobre "o pecado de Onan". Para compreender a novidade do que está em jogo então, há que levar em conta quatro elementos. Primeiro uma tradição, que remonta a Agostinho, de pôr sob o patrocínio de Onan (Gn 38, 9) a prática da retirada ou *coitus interruptus*. Em segundo lugar, uma mudança que se produz na segunda metade do século XVIII e que consiste em focalizar o onanismo juvenil, qualificativo que se dá à masturbação, julgada mortal para a própria vida do jovem. Em terceiro lugar, a revolução copernicana que Malthus realiza ao designar o mundo por vir como cheio demais de gente e convidando cada casal a "limitar os nascimentos" em função de suas capacidades de criar os filhos. Enfim, a limitação dos nascimentos, que começou na França na segunda metade do século XVIII: a Revolução Francesa acelerou sua propagação, mas retardou sua constatação. Somente nos anos 1820 é que os confessores franceses descobrem o crime de Onan.

Os responsáveis religiosos tomam de repente consciência de uma urgência particular à que é necessário responder, porque o novo mal atinge o casamento, o próprio espaço em que o uso da sexualidade é legítimo. Deve-se restringir ainda mais seu exercício, imiscuindo-se nos segredos do leito conjugal? Ou deve-se ser mais duro e acompanhar o rigorismo ambiente pelo qual a esposa deve preferir a morte ao ato contraceptivo do marido? Ora, na sociedade fragilizada pela Revolução, a mulher constitui o único vínculo que a Igreja mantém com a família, porque, muitas vezes, os homens não se confessam mais ou calam sua prática contraceptiva. Bouvier, com apoio da Sagrada Penitenciaria, propõe uma solução de compromisso. Na relação onanista, a mulher suporta o gesto contraceptivo do marido, ela é obrigada, logo não é culpada. Bouvier recorre à tradição casuísta para avalizar as "boas razões" que tem a esposa para participar do mau ato do cônjuge. Todos os teólogos e confessores abraçam essa posição, que possibilita pelo menos "salvar a mulher", ainda que à custa de condenar, no mais das vezes por contumácia, o marido.

O tempo da adaptação ao mundo contemporâneo 423

Em 1842, Bouvier, agora bispo de Le Mans, mais seguro de si, mais a par da prática das famílias, confrontado, como a Igreja da França, à reconquista dos homens, propõe efetuar uma profunda mudança de perspectiva em matéria de apreciação da limitação dos nascimentos. O casal, ele confia à Sagrada Penitenciaria, seu fiel interlocutor romano, é um agente moral que distingue o bem do mal (aborto, adultério). Ele quer limitar o tamanho da família por motivos que lhe parecem válidos, mantendo porém as relações sexuais. Por isso, o meio que o casal emprega não é um erro, a seu ver. Bouvier aceita levar em conta essa perspectiva e pede que se desculpabilize a prática contraceptiva. Seu interlocutor romano elude a questão de fundo, mas aceita seus arranjos práticos. Apoiando-se em Afonso de Liguori, que acaba de ser canonizado, a Sagrada Penitenciaria aceita um princípio teórico e estabelece uma regra prática. Bouvier explicita um e outra. Ele faz saber que se pode considerar que os casais contraceptivos agem de boa-fé obedecendo à sua consciência, ainda que esta seja equivocada; por conseguinte, não se deve interrogá-los em confissão. Apesar da divisão de opiniões dos clérigos sobre essa nova orientação, na França a maioria dos confessores, pelo menos até o início do século XX, se não mais além, não se permitirá interrogar em confissão homens e mulheres casados.

Mas, no decorrer dos primeiros anos da década de 1850, a situação evolui bruscamente. Bouvier, em 1849, teoriza a boa-fé dos casais e, apoiando-se nos progressos da exegese, questiona discretamente a relação entre a condenação bíblica de Onan e a contracepção. Ora, o contexto romano se modifica: a eclesiologia galicana, que é a de Bouvier, é posta no Índex e a liturgia romana é brutalmente imposta. O Santo Ofício, consultado pela primeira vez, condena em 1851 o crime de Onan, destroçando a gestão complacente das práticas contraceptivas em vigor na época. Ao mesmo tempo, duas "novidades" aparecem: a borracha dá certa aparência de eficácia ao preservativo; as recentes descobertas (1842-1845) do ciclo feminino revelam a realidade de uma infecundidade periódica. Em 1853, a Sagrada Penitenciaria, consultada sobre essa novidade científica, reforça a posição benigna seguida por ela até então ao admitir as relações infecundas dos casais; o Santo Ofício, ao contrário, interrogado sobre o preservativo, condena seu uso. A divisão se dá entre os dois métodos. Na realidade, ambos são ineficazes. A retirada continua a ser, e por muito tempo, a prática contraceptiva que funciona.

A partir de 1870, a discussão toma novo impulso. Na França, a contracepção se torna um problema político, objeto portanto de um debate público. A baixa da natalidade põe a pátria em perigo ante o prolífico vizinho alemão. Agora enfrentam-se os dois lados, neomalthusianos e neopopulacionistas. Teólogos e confessores se tornam natalistas. Os bispos se dão conta, ao mesmo tempo, que as famílias menos numerosas já não fornecem padres e freiras: a limitação dos nascimentos se torna um problema vital para a Igreja, que vive do "dízimo demográfico". Roma começa a suspeitar da boa-fé dos casais. Por volta dos anos 1880, a Sagrada Penitenciaria se alinha com o Santo Ofício. No início do século XX, a contracepção se torna uma prática europeia; os episcopados intervêm no debate: na Bélgica em 1909, na Alemanha em 1913, na França em 1919, nos Países Baixos em 1922. Em 1916, as posições da Sagrada Penitenciaria retornam ao rigorismo que dominava na França no início do século XIX.

Em 1930, Pio XI, na sua encíclica *Casti connubii*, coloca a limitação dos nascimentos no cerne dos males que atingem a família. É a primeira vez que um papa intervém sobre esse assunto. Sua intransigência nessa matéria tem por alvo se distinguir da Igreja Anglicana, que acaba de adotar em Lambeth uma posição pastoral compreensiva; o papa visa sobretudo o clero, intimado a interrogar os casais na confissão. Seu integralismo encontra uma vontade de reconquista de todas as práticas humanas, mas as famílias que levam a sério suas exigências confessam seu desconcerto em testemunhos pungentes, recentemente publicados (*Les Enfants du bon Dieu* [Os filhos do bom Deus]).

A salvação virá de Knaus e de Ogino, que finalmente conseguiram, na década de 1930, determinar o período infecundo da mulher? Pio XII, aberto à modernidade médica, crê que sim e divulga sua opinião. A contracepção entrará mais seguramente numa nova era com Pincus e a pílula anticoncepcional. O Concílio Vaticano II pretende ter uma palavra a dizer sobre ela. Paulo VI retira a questão da sua alçada em benefício de uma comissão que se declara majoritariamente favorável à contracepção. O papa, hesitante, adere à opinião dos teólogos da minoria, que pedem que a linha de Pio XI seja mantida. Veio então a *Humanae vitae* (1968). Impossível, dizia Paulo VI, reconhecer o casal como um agente moral que seja juiz em última instância dos meios a utilizar para limitar os nascimentos. Vários teólogos manifestaram sua hostilidade à posição romana, e os bispos franceses aceitaram a divisão das tarefas: a Roma, a condenação de princípio; ao episcopado, a gestão pastoral.

CLAUDE LANGLOIS

III

O cristianismo no porte do planeta

Retorno à história longa do cristianismo oriental na época otomana (séculos XV-XIX)

A organização das Igrejas subjugadas

A principal característica da história do catolicismo oriental, em todo esse longo período, é a submissão ao poder muçulmano; ela determina todos os aspectos da vida das Igrejas no Oriente. Claro, a quase totalidade dos territórios cristãos da Ásia está submetida ao islã desde o primeiro século das conquistas arábico-muçulmanas (632-717). Mas, durante essa segunda fase, a dominação turco-muçulmana também se estende aos Bálcãs, ao sul do Danúbio e às ilhas do Mediterrâneo oriental. Pouco tempo depois da queda de Constantinopla (1453), não resta mais nenhum poder cristão no Oriente, salvo a distante e exótica Rússia ortodoxa. Os cristãos – e o outro "povo da Bíblia" não-muçulmano – vivem agora sob o estatuto de *dhimmis*, de *protegidos*. Um estatuto conhecido, decerto, desde o reinado dos Omíadas (661-750), mas que, sob os otomanos, adquire uma significação muito mais existencial, pois já não existe poder político cristão a que os fiéis pudessem se referir. Por outro lado, o estatuto de *dhimmis* constitui a base sobre a qual são construídas, de um lado, a organização das comunidades não muçulmanas subjugadas e, de outro, as relações entre o poder político otomano e seus súditos não-muçulmanos, assim como toda a vida econômica e social do Império.

Tal como foi estabelecido e aplicado, esse estatuto decorre dos *privilégios* que Mehmet II havia outorgado ao primeiro patriarca de Constantinopla, Gennadios II Scholarios (c. 1400-1472), quando da sua investidura (4 de fevereiro de 1454). Conforme a vontade do Conquistador, o bispo da sua nova capital se tornava o chefe de todos os cristãos do Império (*roum millet bachi*, chefe da nação dos cristãos, *etnarca*); esses mesmos privilégios são concedidos em seguida aos líderes religiosos das outras comunidades monoteístas do Império (judaica, armênia, copta, etc.), com exceção, todavia, dos cristãos católicos (romanos), cujos interesses ante a Sublime Porta serão garantidos pelas *capitulações* e defendidos pelas embaixadas dos países cristãos ocidentais. O estatuto de *dhimmi* proporciona, sem dúvida, aos súditos cristãos do sultão, como a todos os não-muçulmanos, uma certa liberdade para organizar sua vida social, civil e religiosa, praticar seu culto e prover à sua formação intelectual e espiritual. Mas essa liberdade é acompanhada de um grande número de restrições e de contrapartidas dolorosas: o imposto de capitação (*djizya*) e o imposto sobre os rendimentos anuais (*kharadj*); as corveias para trabalhos de utilidade pública (*angariai*); o "recolhimento dos filhos" ou imposto de sangue (*devchirmé, pédomazoma*); a posição de inferioridade em relação aos muçulmanos ante os tribunais muçulmanos; a proibição de construir novas igrejas ou consertar as que permaneciam à sua disposição depois do confisco e da transformação em mesquita dos locais de culto mais em vista; a proibição de exteriorização da fé por meio de procissões, toque de sinos, cruzes ou outros sinais religiosos exteriores; a proibição absoluta de qualquer opinião desabonadora em relação ao islã e a seu profeta, de todo proselitismo e da conversão de um muçulmano a outra religião; a proibição, para um não muçulmano, de se casar com uma mulher muçulmana, etc.

Desse modo, os súditos não muçulmanos do império são obrigados a organizar sua vida social, intelectual, cultual e espiritual em total isolamento, em suas próprias comunidades. Único local de reunião autorizado, o local de culto se torna o centro da vida da comunidade. À sua frente se encontra o chefe religioso, que é seu único representante perante a Sublime Porta, o único responsável pela conduta dos seus membros ante o poder político otomano. No caso que mais nos interessa aqui, o patriarca de Constantinopla, secundado pelo Grande Sínodo e por seus diversos secretariados, é encarregado da coleta dos impostos a serem pagos por sua comunidade, da manutenção da ordem, da obediência e da execução de toda ordem emanante das autoridades otomanas. Em contrapartida, o *millet bachi* tem a possibilidade de organizar sua comunidade – os cristãos ortodoxos do Império – e fazê-la viver segundo o direito canônico da Igreja Ortodoxa e os usos e costumes da sociedade bizantina; de atender à vida cultual e espiritual e à formação intelectual dos fiéis; de preservar os cristãos das islamizações maciças e protegê-los contra o arbítrio das autoridades turcas; de defender a Ortodoxia e os ortodoxos da propaganda e do proselitismo exercidos pelos missionários católicos romanos e, mais tarde, protestantes. A Igreja preserva portanto sua organização em patriarcados, metrópoles, arcebispados, bispados, paróquias, etc., assim como a dos fiéis em comunas e em corporações profissionais; mas a eleição pelo santo sínodo dos patriarcas, dos metropolitas e dos outros altos dignitários eclesiásticos é submetida à publicação de um *berat*, decreto de nomeação promulgado pelo sultão. Ora, o *berat* não demora a se tornar um terrível instrumento nas mãos de uma administração otomana arbitrária, um objeto de licitações onerosas para as finanças das Igrejas e penosas para a vida destas. Limitando-nos apenas à função do patriarca de Constantinopla, notemos que no curso do período de 1453-1821 o trono patriarcal mudou cerca de cento e trinta vezes de titular, o que dá uma média de menos de três anos para cada investidura; setenta e sete patriarcas ocuparam o trono ecumênico, o que significa que cada um deles foi expulso deste pelo menos uma vez. Os patriarcas mortos de morte natural no exercício do cargo foram poucos, a maioria deles pereceu no exílio ou na prisão. Entre os seis patriarcas que foram vítimas de morte violenta, uns foram enforcados, outros estrangulados e atirados no mar.

A extrema concentração de todos os poderes na capital acabou dando às instâncias eclesiásticas de Constantinopla uma importância que elas nunca tiveram na época bizantina. A instância suprema da Igreja é o Grande Sínodo, composto de prelados, de clérigos, de dignitários eclesiásticos e de personalidades leigas; ele elege os patriarcas e os metropolitas dos cinco patriarcados, cuida da administração central e diocesana, assegura a criação e o bom funcionamento das escolas, se pronuncia sobre a retidão da fé e das práticas cultuais, julga os delitos que pertencem à sua alçada, decreta a independência de determinada Igreja ou a autocefalia de outra, decide sobre a atitude a tomar ante a Igreja latina ou as Igrejas provenientes da Reforma. É encarregado da repartição equitativa, entre as regiões e as corporações profissionais, dos impostos devidos ao sultão assim como da sua arrecadação. Quanto ao patriarca de Constantinopla, sua ecumenicidade nunca foi tão ampla, tão importante e tão determinante. Assim, por exemplo, o Grande Sínodo de Constantinopla declara (1484) inválida a união das Igrejas, decidida no Concílio de Ferrara-Florença (1438-1439); propõe a abertura de escolas em cada diocese do Império (1593). De seu lado, o patriarca de Constantinopla, Jeremias II, eleva a Igreja da Rússia ao grau de patriarcado (1591), responde às solicitações dos teólogos protestantes de Tübingen definindo as relações doutrinais entre a Ortodoxia e as Igrejas oriundas da Reforma (1573-1581).

Certos patriarcas de Alexandria, Antioquia ou Jerusalém desempenharam certamente um papel maior na Igreja, mas a título pessoal: por sua cultura, sua ação e força da sua personalidade. O mesmo ocorre com os concílios pan-ortodoxos reunidos em Jassy (1642) e em Jerusalém (1672) para condenar o uniatismo que grassava particularmente nessas regiões. O clero secular e os monges são isentos dos pesados impostos que recaem sobre os outros *rayas* (súditos não muçulmanos), desfrutam de certos privilégios e são os únicos autorizados a ir e vir; mas são obrigados a usar, como sinais exteriores, distintivos e bem visíveis, uma batina marrom-escura ou preta, uma cobertura de cabeça especial, a barba e os cabelos compridos do clero bizantino.

Os mosteiros, geralmente situados em regiões montanhosas, afastados dos centros urbanos e dos grandes eixos viários, servem de refúgio; eles oferecem proteção e reconforto espiritual a todos os fiéis aflitos ou desamparados; tornam-se principalmente centros vivos e ativos da vida cultual, espiritual e intelectual da Ortodoxia. Os mosteiros do monte Atos, a Montanha Sagrada, são certamente os mais conhecidos; conventos importantes e muito ativos existem porém em todas as regiões do Império: no mundo de cultura grega, mas também nas regiões orientais de cultura árabe, nos Bálcãs de cultura eslava, em outras comunidades cristãs, armênia, nestoriana, copta, maronita, etc. Seu papel será imenso e salutar para o reconforto dos fiéis e a salvaguarda da fé.

Vida espiritual e consciência de pertencer a uma "nação ortodoxa"

Durante toda essa longa época de submissão, os povos cristãos conhecem condições de vida material, intelectual e moral miseráveis. Na falta de padres e, muitas vezes, de igrejas, os fiéis adquirem o hábito de frequentar capelas rupestres e mosteiros. Toda festa importante é pretexto para escapar rumo aos campos ermos e aos lugares escarpados. A celebração dos ofícios se faz mais livremente aí e numa atmosfera de segurança e de solidariedade maiores. A vida religiosa reveste, assim, um caráter eminentemente litúrgico. Os padres, pouco numerosos, são geralmente rudes e iletrados. A instrução dos monges raramente é superior à dos padres seculares. Mas sua vida retirada e seu apego à tradição, ou mesmo às formas mais exteriores da prática religiosa, exercem uma forte influência sobre os fiéis, de que são os guias incontestes. Por isso a vida religiosa adquire um caráter monástico pronunciado que pode ser observado continuamente durante esse período, e inclusive hoje em dia.

A principal preocupação de todas as Igrejas subjugadas é a proteção dos seus fiéis contra o arbítrio dos dominadores muçulmanos, o reconforto em sua miséria material e espiritual, o fortalecimento da sua fé ortodoxa ante os dois grandes perigos que são a conversão ao islã e a adesão à fé católica romana (e, no século XIX, à fé protestante também). As Igrejas subjugadas têm de travar esse duplo combate com armas desiguais: de um lado, têm de enfrentar a atração que exercem sobre os *rayas* o poder e a riqueza do senhor muçulmano, assim como a proibição absoluta de polemizar com a religião muçulmana; de outro, têm de se medir com a incontestável superioridade intelectual dos missionários latinos, cuja obra se sustenta numa formidável organização e no apoio interessado dos Estados ocidentais. As Igrejas orientais só têm a oferecer aos fiéis a beleza dos seus ofícios litúrgicos e sua riqueza espiritual; elas os convidam igualmente a um apego incondicional à tradição e a uma observância estrita das práticas religiosas ortodoxas. Tradição e práticas tão profundamente arraigadas na história e na cultura de cada povo que acabam se tornando uma parte indissociável da sua identidade linguística, cultural e étnica.

Por outro lado, a natureza da vida religiosa e moral se encontra estreitamente ligada ao nível da instrução e da vida intelectual dos *rayas*. Ora, durante o primeiro século (1453-1530), a educação é quase inexistente. Por isso a vida religiosa e moral alcança o limiar crítico. Mas, em meados do século XVI, esboça-se um movimento de renovação intelectual e religioso cujas bases seus atores já procuram lançar e cujo conteúdo tratam de definir. Um século depois, no entanto, o ensino altamente universitário ministrado entre 1614 e 1640 pelo neo-aristotélico Teófilo Corydaleus (c. 1570-1646) enseja um progresso considerável da instrução e uma mudança radical da sua organização e do seu conteúdo. O sistema educacional por ele introduzido terá seu pleno desenvolvimento no século XVIII, nas Academias principescas de Bucareste e de Jassy; ele preparará os espíritos para receber as Luzes europeias.

Estas foram introduzidas no sistema educacional ortodoxo graças ao ensino (1742-1765), particularmente na Academia do monte Atos (1753-1757), e às obras científicas do monge Eugênio Voulgaris (1716-1806). Além da abertura do mundo ortodoxo para as ciências e para as novas ideias da Europa das Luzes, o "século das Luzes neogregas" (1750-1821) se caracteriza também pela multiplicação das escolas, pelo aumento considerável do número de professores e de alunos em todos os territórios ortodoxos subjugados, pela elevação significativa do nível de estudos e por uma avidez de alcançar o mais rápido possível um saber até então desconhecido. É nesse contexto que se deve situar também a formidável renovação espiritual conhecida geralmente pelo nome de *movimento filocálico*, o qual, partindo do monte Atos e da renovação espiritual grega, conheceu no século XIX um desenvolvimento e uma penetração extraordinários no meio eslavo.

Os intelectuais, em geral os eclesiásticos, fazem seus estudos no Ocidente (na Itália, no início, e um pouco em toda parte mais tarde), nas universidades europeias, onde podem conhecer as correntes de pensamento e as querelas religiosas da Europa. É também no Ocidente que são editados os livros (primeiro em grego, depois em árabe, eslavão, armênio, copta, etc.) destinados ao culto, à educação e à formação intelectual e religiosa em geral. E, enquanto a edição e a difusão de obras contra o islã se mostram uma aventura perigosa, os tratados antilatinos são particularmente numerosos. São igualmente escritas e publicadas outras obras, como as coletâneas de sermões, de Vidas de santos e de histórias edificantes, os manuais de catecismo, as traduções em línguas vernáculas dos escritos dos doutores da Igreja antiga.

A natureza da organização da Igreja e as miseráveis condições de existência levam pouco a pouco ao nascimento e ao desenvolvimento de uma consciência unitária de todos os povos ortodoxos subjugados. Essa consciência de pertencer à nação ortodoxa, desenvolvida sobretudo pelo alto prelado e pelo ensino secundário e superior, não exclui, por certo, a consciência étnica que é cultivada no seio das comunidades pelo baixo clero e pelas escolas elementares assim como pelos ofícios religiosos em língua vernácula; porque a fé cristã é vivida antes de mais nada como enxertada na história, na língua e na cultura de cada povo. Em nenhum outro momento da história de todos esses povos, consciência étnica e consciência religiosa, identidade cultural e autenticidade da fé, estiveram tão intimamente ligadas, confundidas, fundidas. Mas, além da consciência étnica particular, o conjunto dos *rayas* ortodoxos tem o sentimento de formar o povo eleito que Deus faz passar por todos esses infortúnios a fim de prová-los e lhes atestar seu amor. Ora, essas provações são passageiras. Deus intervirá novamente na história para abreviar os sofrimentos dos seus fiéis servidores e para recompensá-los, seja oferecendo a eles a vida eterna depois da parúsia de Cristo, bem próxima, seja ajudando-os a restaurar um império ortodoxo ocidental maior, mais poderoso e mais glorioso do que no passado. Esta última ideia, nascida antes mesmo do desaparecimento completo do império bizantino, atravessa todo o período de dominação otomana, se enriquece com múltiplas contribuições, conhece orientações diversas e gera uma literatura escatológica riquíssima; ela alimenta a resistência dos *rayas* ao ocupante, ao mesmo tempo que é nutrida por uma hábil propaganda das potências cristãs, notadamente pela política oriental da Rússia ortodoxa.

Durante a segunda metade do século XVIII, as duas guerras russo-turcas (1767-1792) e os movimentos insurrecionais que as acompanham ou seguem galvanizam os espíritos e amplificam as aspirações relativas à libertação do jugo otomano. Por volta do fim desse século e durante as primeiras décadas do século XIX, as ideias políticas das Luzes atinentes à igualdade, à identidade linguística e cultural e à independência nacional fazem voar em estilhaços a consciência ortodoxa unitária e o sonho da restauração de um império ortodoxo oriental. Desde então, os povos subjugados, notadamente os povos balcânicos, preparam cada um por sua conta, secreta mas ativamente, sua libertação e a criação de um Estado nacional independente. Na verdade, eles perseguem três objetivos: a criação de um Estado independente, de uma Igreja nacional independente e de uma cultura nacional independente. Apesar do desconcerto do patriarca e dos fanariotas diante do esfacelamento da consciência ortodoxa unitária e do abandono do sonho de um império restaurado, a Igreja de cada povo se põe a serviço das lutas travadas por este. A obtenção da independência exigirá lutas encarniçadas e gigantescos sacrifícios. Será longo, tortuoso e semeado de dificuldades o caminho entre as reivindicações territoriais ambiciosas de cada povo balcânico, a oposição da Turquia e os interesses das grandes potências. De fato, será necessário mais de um século de gestação dolorosa entre a deflagração da insurreição sérvia (1804) e o reconhecimento da independência do Estado albanês (1913). O mesmo se dará com a independência das Igrejas em relação ao patriarcado ecumênico; se entre a proclamação unilateral da autocefalia da Igreja da Grécia (1833) e o reconhecimento desta pelo patriarcado (1850) bastou um espaço de vinte anos, a resolução da questão da Igreja búlgara durará um século (1860-1961). Mas, enquanto os cristãos dos Bálcãs lutam por sua independência, nos territórios do Oriente Próximo e Médio se estabelecem os mandatos francês e britânico. Os problemas políticos e religiosos aí se apresentarão, por conseguinte, de uma maneira totalmente diferente.

ASTÉRIOS ARGYRIOU

A ação missionária nos séculos XIX e XX

As missões externas têm nos séculos XIX e XX seu segundo grande impulso, depois do que conheceu nos séculos XVI e XVII, que havia permitido a implantação de comunidades cristãs na Ásia ou na África equatorial, criações efêmeras no Japão e no Congo-Angola, duradouras na Índia e no Vietnã. Consideradas por muito tempo uma atividade secundária das Igrejas, as missões são hoje objeto de uma reavaliação que põe em evidência sua importância decisiva, tanto para os países de origem como para os países de destino.

Uma mobilização internacional

Na Europa, a expansão missionária confirma a vitalidade do cristianismo, apesar da crise revolucionária. Partindo da Inglaterra protestante no fim do século XVIII, a mobilização missionária contemporânea abrange no decorrer do século XIX todos os grandes países protestantes, primeiro os do norte da Europa, depois os Estados Unidos. Para as Igrejas da Reforma, até então reticentes a todo proselitismo entre os pagãos, a missão externa é portanto uma experiência nova, que contribui para a sua transformação. No caso do catolicismo, trata-se ao contrário de um despertar que surpreende pelo vigor. A França desempenha um papel central nesse engajamento católico. Ela vê florescer as novas congregações religiosas que se destinam à missão (maristas, padres brancos, missões africanas de Lyon...) e dá nascimento a poderosas associações que apoiam o movimento (Obra da Propagação da Fé, fundada em Lyon em 1822). Em 1900, mais de um terço dos missionários homens e a maioria das mulheres são franceses. Mas a internacionalização das sociedades missionárias explica a parte crescente adquirida no século XX por Bélgica, Países Baixos, Itália, Suíça e Alemanha.

Em Roma, as missões católicas são postas sob a autoridade da Congregação (no sentido de "ministério do governo pontifício") para a Propagação da Fé, em latim, *propaganda fide*. Ela delimita os territórios, os atribui a uma congregação religiosa masculina, nomeia o chefe de missão (prefeito ou vigário apostólico), envia instruções que insistem na formação rápida de um clero indígena, exige relatórios regulares, decide sobre a transformação em diocese de pleno direito. Ante esse modelo centralizado, as missões protestantes são caracterizadas por uma abundância de sociedades que se formam no interior das Igrejas históricas (missões anglicanas, luteranas, metodistas...) ou preconizam ao contrário a superação das clivagens eclesiásticas (sociedade missionária de Londres, missão de Paris). Elas estabelecem como prioridade a formação de Igrejas locais autônomas. Mas evitam uma concorrência selvagem *in loco* por acordos amigáveis e contribuem para a emergência de uma consciência ecumênica intraprotestante que se traduz na organização de conferências missionárias internacionais (Edimburgo, 1910).

Redes mundiais para resultados desiguais

Católicas ou protestantes, as missões têm em comum funcionar como redes mundiais que se apoiam nos fiéis, arrecadam fundos, fazem surgir vocações, racionalizam os investimentos. Tão logo, os meios de informação mais modernos são utilizados para apoiar a missão. Eles relatam os progressos realizados e atestam o bom uso dos fundos arrecadados, sensibilizando igualmente os leitores de lugares distantes. A imprensa missionária tem centenas de publicações periódicas no mundo com tiragens consideráveis, antes que o rádio, a imagem fixa e o cinema venham contribuir, por sua vez, para fazer a informação circular, alimentar o entusiasmo, obter a ajuda indispensável.

Os resultados obtidos em termos de conversões são desiguais, no tempo e no espaço. Após um período de latência, que pode ser breve ou durar várias gerações, certas populações aderem em massa ao cristianismo. Este se torna assim a religião majoritária na África subsaariana equatorial, oriental e austral. O Pacífico é outro grande espaço que se tornou majoritariamente cristão. Já a Ásia permanece amplamente impermeável à evangelização, com exceção da Coreia do Sul. Os sinais de interesse pelo cristianismo manifestados pela sociedade indiana, chinesa ou japonesa não resultaram num movimento importante de conversão. O cristianismo continua sendo ultraminoritário nos mundos asiáticos, salvo em alguns países: Filipinas (90%), Timor oriental (95%), Coreia (25%), Vietnã (9%), Indonésia (10%), Cingapura (13%) e Sri Lanka (8%).

Uma interface entre dois mundos

Mas um balanço contábil proporciona apenas uma imagem parcial do papel desempenhado pelas missões contemporâneas nos países em que elas se instalam. De fato, sua influência se exerce muito além do círculo de seus fiéis, notadamente nas regiões reticentes à cristianização. Elas são, para muitas populações, o intermediário que introduziu em seu seio a modernidade, com as escolas ou a ação sanitária e social. Em torno das missões se constrói um conjunto de serviços cuja eficácia é multiplicada pela participação dos autóctones. O primeiro círculo, cujo centro é ocupado pelos missionários homens, conta com um número importante de mulheres, religiosas ou leigas, encarregadas de ajudar e formar mulheres autóctones. Comporta também agentes especializados (irmãos de congregações religiosas, no caso dos católicos), encarregados das tarefas materiais (construção das instalações, agricultura, marcenarias, olarias...) e do ensino. Ao todo, esse pessoal estrangeiro atinge, por volta de 1930, sem dúvida cerca de trinta mil pessoas, entre católicos e protestantes. Mas a eficácia da organização missionária vem do recurso a um segundo círculo, o dos "auxiliares indígenas", muito mais numerosos e muitas vezes os únicos capazes de chegar à população. Catequistas, chefes de aldeia ou de comunidade, professores, eles fornecem progressivamente os quadros locais das Igrejas. Eles permitem o surgimento das Igrejas autóctones, cuja voz logo fazem ouvir nas instâncias internacionais (assembleias ecumênicas protestantes, sínodos episcopais católicos).

Missão e expansão ocidental

A vitalidade missionária do cristianismo contemporâneo foi alimentada por muito tempo pelas Igrejas da Europa e da América do Norte, que forneceram os homens e os meios de expansão. Em certo sentido, o movimento missionário é indissociável da expansão ocidental. Aliás, a missão foi denunciada como uma forma particular de dominação ocidental, à qual dava legitimidade e boa consciência. Na verdade, a missão foi muitas vezes instrumentalizada pelas nações colonizadoras e se colocou, ela própria, sob a proteção das grandes potências, a fim de obter liberdade religiosa e segurança para os seus fiéis e os seus bens. Essas interferências, conforme os países e os períodos, vão da boa vizinhança à colusão ostensiva e reivindicada. Essa conivência favoreceu amplamente a implantação material, entretanto raramente teve os efeitos que lhe prestaram em termos de adesão. Na África subsaariana, a ascensão estatística se dá na década de 1950 e se amplia depois das independências. O número de católicos passa de dez a vinte milhões entre 1950 e 1960, depois a cento e seis milhões em 1995. A evolução da segunda metade do século XX põe em evidência, ao contrário, um processo de apropriação das Igrejas missionárias pelos fiéis. Estes encontraram nelas um meio de acesso à modernidade e um lugar de afirmação da sua identidade, inventando maneiras originais de viver e de pensar o cristianismo. Nesse sentido, o objetivo estabelecido pelas missões, que as distingue fundamentalmente do projeto colonial, a saber, a implantação de Igrejas locais, foi efetivamente alcançado. Ele levou a uma emancipação progressiva em relação aos missionários estrangeiros, apesar de não superarem a dependência financeira em relação às Igrejas ocidentais. Por uma verdadeira inversão da situação, no início do século XXI as Igrejas oriundas da missão são capazes de fornecer clérigos e pastores às Igrejas de que se originaram.

Crise e mutação da missão no Ocidente

O dinamismo das Igrejas originárias da missão contrasta com a grave crise atravessada pelo movimento missionário na Europa na década de 1970. De fato, este vê desabar seu recrutamento e sofre uma perda de legitimidade que passa a alimentar a desconfiança em relação a toda forma de dominação religiosa ou cultural. No entanto, a crise não levou ao desaparecimento da ideia missionária, mas à sua transformação e ao seu deslocamento. No seio do cristianismo, a missão dá ênfase desde então à colaboração, à interdependência e ao respeito dos destinatários. A transferência para além-mar dos modelos elaborados nas antigas cristandades recua em benefício da consideração de todas as culturas (inculturação) e de adaptação (contextualização). O cristianismo da era pós-missionária aprende a viver a unidade em regime de pluralismo em escala mundial. Mas a ideia missionária, na medida em que é portadora da afirmação de uma solidariedade universal entre os homens, também se secularizou e investiu em outros domínios. Em particular, ela desempenhou um papel de destaque na fundação de numerosas organizações não-governamentais voltadas para a ação humanitária e o desenvolvimento.

CLAUDE PRUDHOMME

O protestantismo
na América do Norte

Se a América do Norte continua sendo hoje o maior polo protestante do mundo, é à sua história que o deve. De fato, as colônias americanas foram originalmente povoadas por dissidências religiosas que a Europa não queria. O mito de fundação de uma América como "nova Israel", terra de esperança que acolhia o povo de Deus saído do Egito, é indissociável da identidade protestante americana, que por muito tempo considerou a alteridade católica ameaçadora. Essa realidade confessional é no entanto menos forte hoje do que nunca. Cerca de 60% da população total dos Estados Unidos traz hoje um rótulo confessional protestante, contra 40% que se dizem de outras confissões (a começar por 26% de católicos). No Canadá, 29,2% da população se define hoje como protestante (censo de 2001), contra 34,9% dez anos antes (censo de 1991).

O protestantismo norte-americano está confrontado hoje com um duplo movimento: o da secularização, com um lento recuo dos pertencimentos religiosos (mais nítido no Canadá do que nos Estados Unidos) e o da pluralização (ampliação da diversidade confessional às religiões não monoteístas). Mesmo assim, ele continua sendo uma força religiosa dominante, que influencia com todo o seu peso a vida social, cultural e até política. Essa influência se colore de forma diferente no Canadá e nos Estados Unidos.

É nos Estados Unidos que a identificação entre o protestantismo e a ideia de um novo povo eleito foi mais longe. Isso se explica pelo fato de que, ao contrário do futuro Canadá, povoado principalmente por anglicanos e católicos (acadianos), os futuros Estados Unidos devem seu primeiro povoamento a uma forte proporção de puritanos, isto é, de protestantes em ruptura com a Igreja Anglicana da mãe pátria. Para esses puritanos, a Europa e a Inglaterra fracassaram em sua aliança com Deus. É a eles que cabe corrigir o que foi falseado, constituindo o Novo Mundo a *tabula rasa* em que se reconstruiria o projeto divino em bases bíblicas. Esse excepcionalismo estadunidense, fundado na cultura puritana dos primeiros colonos, se articula classicamente com a temática da cidade na colina desenvolvida pelo governador John Winthrop (1588-1649) num sermão pronunciado para os Pais Peregrinos (*Pilgrim Fathers*) quando do seu périplo oceânico para o Novo Mundo (1630). Afirmando que "os olhos de todos os povos" (*the eyes of all people*) estão voltados para eles, o calvinista Winthrop exorta seus ouvintes a não frustrar o chamado recebido, sob pena de serem rejeitados por Deus.

Esse tema, caro aos primeiros puritanos da Nova Inglaterra, encontra sua fonte na Bíblia, em particular no Evangelho segundo Mateus (5, 13-16). Nesse trecho do Sermão da montanha, célebre discurso atribuído a Jesus Cristo, o texto enfatiza o testemunho pelo exemplo, comparando o crente (e a sociedade dos discípulos) a uma cidade situada numa colina. Ela não podia ser oculta, tinha de ser vista para servir de exemplo ao mundo ainda em trevas. Aplicando ao pé da letra essa recomendação divina, os puritanos protestantes que acompanhavam Winthrop, uma vez estabelecidos em Massachusetts, trataram de construir a tal "cidade" utópica. Seguindo-os, os colonos da Nova Inglaterra trabalharam para edificar a nova Israel, terra exemplar livre das impurezas europeias. Essa posição central do protestantismo no projeto americano original não foi desmentida nos séculos seguintes. Os "despertares", isto é, movimentos de mobilização de massa, caracterizados por conversões individuais e criações de novas Igrejas, vão periodicamente atualizar a temática da eleição. A fim de ser fiéis ao maravilhoso desígnio divino para a América, os cidadãos devem cimentar sua aliança com o Todo-Poderoso, *Lord Almighty*. Esses despertares se estruturaram em quatro vagas.

A primeira onda se manifesta durante os anos 1730-1740, classicamente considerados como o período do Grande Despertar (*Great Awakening*). Liderado por um pregador e teólogo puritano da Nova Inglaterra, Jonathan Edwards (1703-1758), e por um evangelista metodista inglês, George Whitefield (1714-1770), dá destaque à conversão, à autoridade absoluta da Bíblia aos olhos do indivíduo e ao congregacionalismo (autonomia de assembleias locais "despertadas"), dimensões que vão constituir a ossatura de um protestantismo que não demorará a ser qualificado de evangélico (*Evangelicalism*). Ele se traduziu pelo desenvolvimento de Igrejas revivalistas (chamadas *New Lights*), povoadas por crentes prosélitos que alimentam sobretudo duas correntes protestantes em pleno crescimento: o metodismo (impulsionado por Wesley e Whitefield dentro e, depois, fora do anglicanismo) e o batismo (nascido no início do século XVII). Com o Grande Despertar, é o modelo cambaleante de uma sociedade hierarquizada de cima para baixo, cimentada por uma Igreja estabelecida, que é abalado de forma decisiva, preparando os acontecimentos que iam levar, nos anos 1770-1780, à independência dos Estados Unidos. Temas como a opção pessoal, a divisão da autoridade, a iniciativa popular contra a instituição central, a noção de "virtude" transitaram do campo religioso para o campo político. Enquanto no Canadá fica-se num protestantismo majoritariamente "estabelecido", em ligação com a coroa britânica, o protestantismo evangélico estadunidense impulsionado pelos despertares dá sequência à opinião dissidente dos puritanos. Lá, o protestantismo se afirma como subversivo, força de independência e de emancipação da tutela colonial.

Por conseguinte, a figura do despertar como momento de remobilização cristã pela base conhecerá, na história estadunidense, numerosas transformações. Um segundo Grande Despertar, durante o primeiro terço do século XIX, depois uma terceira vaga revivalista, no fim do século XIX, sacodem a paisagem protestante. A hipótese de um quarto momento revivalista, deflagrada desde a década de 1960 pelo evangelista Billy Graham, é discutida atualmente. Uma coisa é certa: o protestantismo estadunidense conheceu, desde o século XVIII, um fortalecimento regular do protestantismo de tipo evangélico, baseado na conversão, na comunidade local e num biblicismo conservador. Ele é acompanhado no início do século XX por duas novas orientações, o fundamentalismo (ramo radical, ultra-ortodoxo e separatista do movimento evangélico) e o pentecostismo (corrente que valoriza o milagre e o Espírito Santo). O protestantismo pluralista, herdeiro das Igrejas estabelecidas, qualificado de *mainline*, por sua vez declinou acentuadamente, depois de ter mantido um elevado nível de influência até a década de 1940. O National Council of Churches (NCC), que agrupa os representantes desse protestantismo *mainline*, é hoje menos influente do que a National Association of Evangelicals (NAE), órgão que reúne os evangélicos, ou do que a nova direita cristã, apoiada desde a década de 1970 pela maioria dos fundamentalistas. Reativando a mitologia calvinista da aliança fundadora entre Deus e a América, esses protestantes conservadores combatem hoje o que veem como um declínio dos valores cristãos na sociedade (luta contra o divórcio, o aborto, pelo restabelecimento da oração na escola).

Ao contrário da evolução do seu vizinho do Sul, a do Canadá é marcada por uma secularização mais precoce e mais nítida. Menos ligada à identidade nacional canadense do que nos Estados Unidos, o protestantismo declinou muito aí desde a década de 1960, apresentando em particular uma queda da prática religiosa no interior da Igreja Unida do Canadá, principal Igreja protestante, de caráter ecumênico (baixa de 8,2% dos efetivos entre 1991 e 2001). As correntes evangélicas, em compensação, conhecem uma relativa progressão, sem no entanto conseguir influenciar o programa federal (legalização do casamento homossexual em 2005). Tanto no Canadá como nos Estados Unidos, é em suas formas conversionistas, empreendedoras e associativas que o protestantismo parece resistir melhor à secularização, atualizando o modelo do *self-made-saint* numa sociedade de consumo em que primam o indivíduo e o desempenho.

SÉBASTIEN FATH

Do ecumenismo
ao inter-religioso?

Raras são as épocas, desde as rupturas dos séculos XI e XVI, que não conheceram tentativas visando remediar a separação das confissões cristãs. Todas fracassaram. E a dispersão prosseguiu, principalmente no mundo anglo-protestante. O século XX assinala, a esse respeito, o aparecimento do neologismo "ecumenismo", uma inversão de tendência decisiva causada pelo tríplice desafio lançado ao cristianismo por seu ambiente.

O desafio missionário, em primeiro lugar. A primeira conferência ecumênica, a de Edimburgo, de 1910, que reúne as principais sociedades anglo-protestantes, ouve os delegados do que ainda não se chama Terceiro Mundo deplorarem que os missionários se preocupam mais com suas querelas de panelinha do que com o anúncio do Evangelho. Nasce assim em 1921 o Conselho Internacional das Missões, que se integrará ao Conselho Ecumênico quarenta anos depois.

Em seguida, o desafio de uma guerra na qual se enfrentam, entre 1914 e 1918, muitas vezes em nome de Deus e com uma brutalidade inédita, cristãos de todas as confissões prontos para confundir sua fé religiosa com seu fervor patriótico. Esse contratestemunho em face da descrença provoca como reação, a partir de meios anglo-protestantes e ortodoxos, as conferências de Estocolmo sobre o "cristianismo prático" (1925) e de Lausanne sobre "a fé e a constituição da Igreja" (1927). Pio XI condena vigorosamente esse ecumenismo nascente, sob o nome de "pancristianismo", em 1928.

O desafio das ideologias e dos regimes totalitários enfim, cuja finalidade é nada menos que a erradicação das crenças alheias às suas concepções do "homem novo". Tema maior das conferências de Oxford e Edimburgo em 1937, esse desafio acarreta a fusão dos dois ramos do movimento num Conselho Ecumênico das Igrejas, cuja criação será retardada em dez anos pela Segunda Guerra Mundial. Na assembleia de Amsterdam, em 1948, cento e quarenta e sete Igrejas não romanas se federam com "base" no reconhecimento de Jesus Cristo como Deus e salvador, sem com isso renunciar às suas convicções próprias. O movimento ecumênico, cuja sede será em Genebra, está formado.

Ele sofre duas desvantagens: de um lado, em plena guerra fria, a oposição das Igrejas orientais de obediência moscovita, que veem no movimento um apêndice do imperialismo americano; de outro, a recusa de Roma em abandonar sua própria concepção da unidade: retorno a seu cerne das Igrejas "dissidentes", do Oriente principalmente, por meio de comunidades "uniatas", solução energicamente combatida pelos principais interessados. No seio do catolicismo alemão, belga, neerlandês e francês, todavia, padres e religiosos convertidos à causa da unidade pleiteiam uma convergência sem fronteiras na prece e no diálogo teológico. Ameaçados de início por sanções disciplinares, eles obtêm pouco a pouco de Roma um reconhecimento precário, atestado pela criação em 1952 da conferência católica para as questões ecumênicas. Mas somente nos anos 1960, marcados nas Igrejas como em toda parte por um sopro de otimismo, é que cairão esses obstáculos e que o ecumenismo se imporá como uma das dominantes do cristianismo contemporâneo.

Em 1961, a aplicação ao domínio religioso da estratégia da coexistência pacífica se traduz pela adesão das Igrejas do bloco soviético ao Conselho genebrino. Este alcança então sua representatividade máxima, sem perder seu caráter federalizante: nem super-Igreja, nem matriz da futura Igreja unida, mas associação fraterna de Igrejas que confessam um Deus trinitário. Paralelamente se produz, sob o impulso de João XXIII, eleito papa em 1958, a conversão da Igreja Católica ao ecumenismo. Um dos objetivos do concílio, cuja convocação para janeiro de 1959 ele anunciou, acaso não é a aproximação dos cristãos separados? A criação do Secretariado romano para a unidade dos cristãos e o convite de observadores não católicos a participar das diferentes sessões da assembleia dão a esta uma marca ecumênica que não se limita à adoção dos dois documentos em que essa conversão se encarna: o decreto sobre o ecumenismo (1964) e a declaração sobre a liberdade religiosa (1965). A multiplicação dos gestos simbólicos – dentre os quais a suspensão das excomunhões entre Roma e Constantinopla, em dezembro de 1965, é o mais espetacular – e a multiplicação conjunta dos diálogos interconfessionais em todos os níveis induzem um novo clima, bastante eufórico em meados dos anos 1960. A prece pela unidade ganha terreno inclusive onde as tensões eram vivíssimas não muito antes; relações cordiais se desenvolvem da base ao topo, até o balão-de-ensaio, logo estourado, de uma possível adesão da Igreja romana ao Conselho genebrino, no fim da década de 60.

Quarenta anos depois, o balanço é menos alentador. Claro, a atitude ecumênica permaneceu a regra, quando antes era a exceção. Claro, as Igrejas trabalharam para acertar os contenciosos mais dolorosos do passado. Claro, os teólogos trabalharam para a eliminação dos pontos de atrito, como provam o acordo de Balamand entre ortodoxos e católicos sobre a proscrição do "uniatismo" (1993) e o de Augsburgo entre luteranos e católicos sobre a justificação pela fé (1999). Mas a renovação identitária que ganhou todo o planeta desde o retorno à depressão econômica, em meados da década de 1970, leva cada uma das confissões cristãs de volta à sua tentação própria, o que freia sua aproximação: osmose da fé ortodoxa com os nacionalismos renascentes, que contesta a evolução liberal do cristianismo ocidental em matéria de doutrina e de costumes; fragmentação do anglo-protestantismo entre esse liberalismo e um fundamentalismo bíblico que nunca viu o ecumenismo com bons olhos; exaltação católica do papado à qual a personalidade carismática de João Paulo II deu novo elã. Às vezes contestado como heresia do século XX pelos tradicionalistas de todo tipo, o ecumenismo continua sendo porém a linha diretriz, tanto em Roma como em Genebra, na Cantuária ou em Constantinopla, e portanto uma das principais inovações religiosas do século XX.

A amplitude inédita do desafio muçulmano e a expansão das religiões asiáticas tendem entretanto a restringi-lo às dimensões de um assunto doméstico entre cristãos, superado pelas urgências do momento. Deve-se dizer claramente: o recente diálogo inter-religioso não tem nada a ver com uma dilatação do ecumenismo. Aliás, ele foi precedido, antes e sobretudo depois da Shoah, por um esforço de "amizade judaico-cristã" graças ao qual cristãos, católicos e protestantes, tentaram passar a borracha em seu pesado passado antissemita. Também aqui o Conselho Ecumênico das Igrejas e Vaticano II foram determinantes: a passagem consagrada aos judeus na declaração conciliar sobre as religiões não-cristãs cancela séculos de perseguição e desprezo. Sem satisfazer plenamente os judeus, João Paulo II fez muito para ampliar e aprofundar esse avanço. Da mesma maneira, embora num modo menor, as amizades islâmico-cristãs levaram ao trecho dessa mesma declaração que presta homenagem à fé dos muçulmanos. Esses dois movimentos não se comunicam: no organograma romano, as relações com o judaísmo permanecem do âmbito do ecumenismo, enquanto as com o islã dependiam das religiões não-cristãs, antes de serem recentemente subordinadas ao Conselho Pontifício para a Cultura. Foi necessário o encontro de Assis, em 1986, para que tomasse forma, por iniciativa de Roma, um diálogo inter-religioso, multilateral por definição. Ele apresenta uma diferença de natureza em relação ao ecumenismo: enquanto o diálogo entre cristãos, ou entre judeus e cristãos oriundos da mesma cepa, diz respeito à fé que os une e os separa, o diálogo inter-religioso só pode viver, haja vista a diversidade das crenças implicadas, da aptidão dos seus protagonistas em testemunhar em comum, diante do mundo ambiente, sobre questões tão prementes quanto a rejeição à guerra, o respeito aos direitos humanos, a supressão de desigualdades gritantes ou a preservação ecológica do planeta. Ele repousa na elaboração de uma visão comum do futuro da humanidade e não na busca de uma eventual unidade orgânica na fé.

ÉTIENNE FOUILLOUX

O CRISTIANISMO HOJE

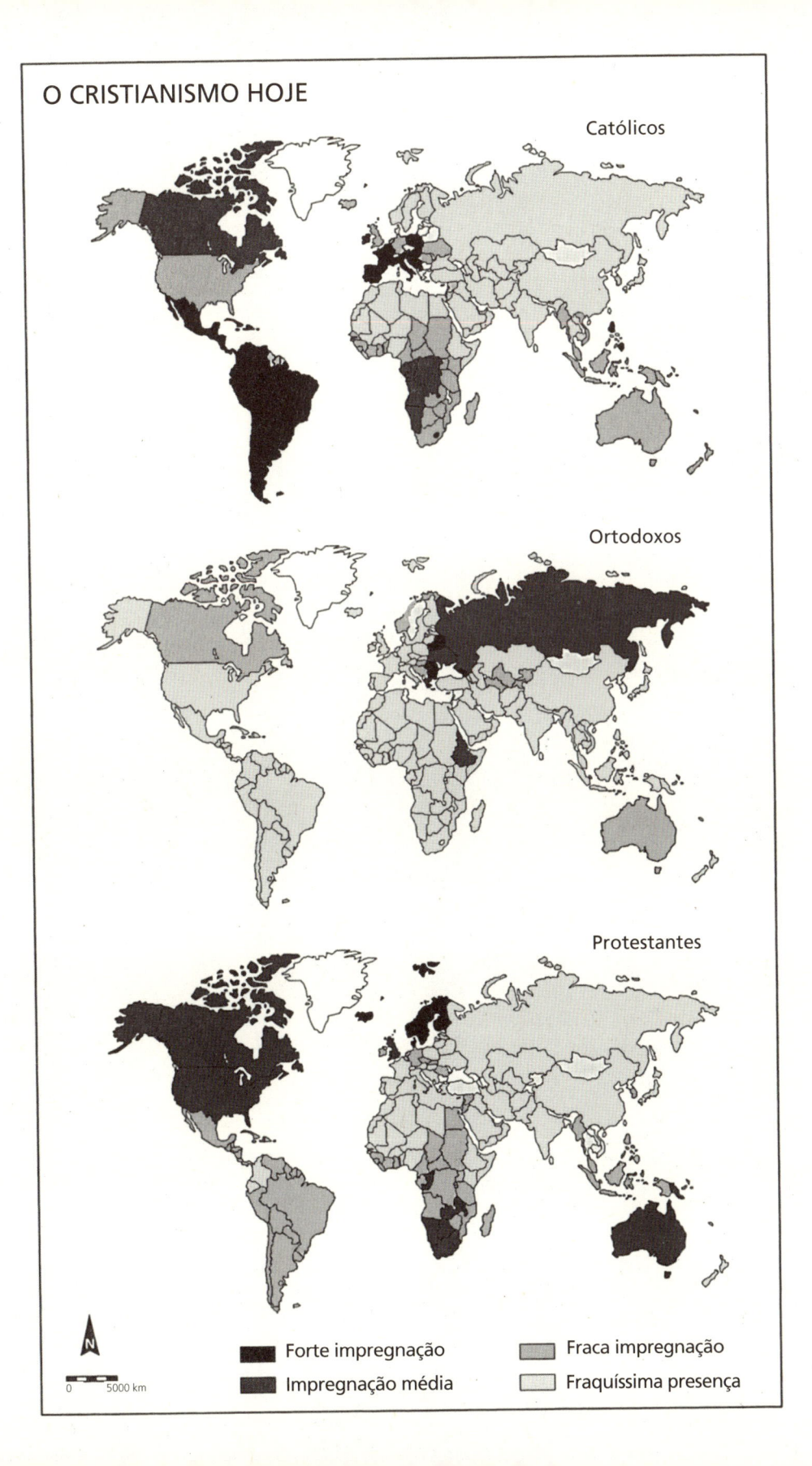

Católicos

Ortodoxos

Protestantes

- Forte impregnação
- Impregnação média
- Fraca impregnação
- Fraquíssima presença

0 — 5000 km

Glossário

Catequese
De um verbo grego que significa "ensinar de viva voz". Instrução, ensino oral da fé ministrada aos candidatos ao batismo – os **catecúmenos** – pela voz do **catequista** e considerada como eco da palavra de Deus. A partir do século II, o catecumenato se organizou (com diferenças, conforme as Igrejas), podendo durar vários anos. Ele comporta instruções sobre o símbolo de fé, o Pater, os sacramentos, a vida moral, os deveres do cristão. Catequeses efetuadas pelos Padres da Igreja são um testemunho disso.

Confissão auricular
Forma disciplinar penitencial, secreta e renovável, instaurada no Ocidente a partir do século XII, que consiste na confissão dos erros feita pelo fiel ao ouvido do padre.

Devotio moderna
Corrente espiritual baseada na meditação pessoal e na ascese, que nasce nos atuais Países Baixos durante a segunda metade do século XIV.

Evemerismo
Tese segundo a qual os deuses não são mais que seres humanos divinizados, sustentada por Evêmero de Messina (340-280 a. C.) e retomada pelos apologistas e pensadores cristãos.

Grande Cisma
Período (1378-1417) durante o qual a Igreja do Ocidente foi dividida entre duas obediências pontificais, uma em Roma, a outra em Avignon. Ele se encerrou no concílio de Constança com a demissão dos papas rivais e a eleição de Martinho V.

Indulgências
Remissão de uma pena ou de uma penitência pela Igreja, em nome de Deus. Ela impõe um sacrifício pessoal (e não apenas financeiro) e se baseia nos méritos acumulados de Cristo e dos santos através do tempo e do espaço na Igreja. Lutero, como muitos outros, critica a falsa segurança quanto à salvação que elas podem proporcionar.

Simonia
Designa a venda ou a compra de um sacramento ou de um cargo eclesiástico, em referência a Simão, o Mago, que quis comprar dos apóstolos o poder de se comunicar com o Espírito Santo (At 8, 19).

Uniata
Designa Igrejas de tradição e ritos orientais que estão em comunhão com Roma.

Indicações bibliográficas

Sobre cada um dos pontos tratados nesta obra o leitor poderá se remeter às duas sumas seguintes:

J.-M. Mayeur, Ch. e L. Pietri, A. Vauchez, M. Venard (orgs.), *Histoire du christianisme, des origines à nos jours*, Paris, Desclée, 1990-2001.
– vol. I, L. Pietri (org.), *Le Nouveau Peuple: des origines à 250* (2000);
– vol. II, Ch. e L. Pietri (orgs.), *Naissance d'une chrétienté: 250-430* (1995);
– vol. III, L. Pietri (org.), *Églises d'Orient et d'Occident* (1991);
– vol. IV, A. Vauchez (org.), *Évêques, moines et empereurs: 612-1054* (1993);
– vol. V, A. Vauchez (org.), *Apogée de la papauté et extension de la chrétienté* (1994);
– vol. VI, M. Mollat du Jourdin, A. Vauchez (orgs.), *Un temps d'épreuves: 1274-1449* (1990);
– vol. VII, M. Venard (org.), *De la Réforme à la Réformation: 1450-1530* (1994);
– vol. VIII, M. Venard (org.), *Le Temps des confessions: 1530-1620/30* (1992);
– vol. IX, M. Venard (org.), *L'Âge de raison* (1995);
– vol. X, B. Plongeron (org.), *Défis de la modernité* (1995);

- vol. XI, J. Gadille, J.-M. Mayeur (orgs.), *Libéralisme, industrialisation, expansion européenne: 1830-1914* (1995);
- vol. XII, J.-M. Mayeur (org.), *Guerres et totalitarismes: 1914-1958* (1990);
- vol. XIII, J.-M. Mayeur (org.), *Crises et renouveau: de 1958 à nos jours* (2000);
- vol. XIV, F. Laplanche (org.), *Anamnésies: origines, perspectives, index* (2001).

Os volumes VI e XII são publicados em coedição com a editora Fayard.

The Cambridge History of Christianity, Cambridge, Cambridge University Press, 2005-2006.
- vol. I, M. M. Mitchell, F. M. Young (orgs.), *Origins to Constantine* (2006);
- vol. V, M. Angold (org.), *Eastern Christianity* (2006);
- vol. VI, R. Po-chia Hsia (org.), *Reform and Expansion 1500-1660* (2006);
- vol. VII, S. J. Brown, T. Tackett (org.), *Enlightenment, Reawakening and Revolution 1660-1815* (2006);
- vol. VIII, S. Gilley, B. Stanley (orgs.), *World Christianities c. 1815-c. 1914* (2005);
- vol. IX, H. McLeod (org.), *World Christianities c. 1914-c.2000* (2006).

Citemos também, sobre um ponto mais particular:
Philippe Levillain (org.), *Dictionnaire historique de la papauté*, Paris, Fayard, 1994.

*Referências bíblicas**

Abreviações utilizadas

Antigo Testamento
  Gn   Gênesis
  Ex   Êxodo
  Is   Isaías

Novo Testamento
  Mt   Evangelho segundo são Mateus
  Mc   Evangelho segundo são Marcos
  Lc   Evangelho segundo são Lucas
  Jo   Evangelho segundo são João
  At   Atos dos Apóstolos
  Rm   Epístola aos romanos
  1 Cor Primeira epístola aos coríntios
  2 Cor Segunda epístola aos coríntios
  Ef   Epístola aos efésios
  Cl   Epístola aos colossenses
  Tt   Epístola a Tito
  Heb   Epístola aos hebreus

* As citações da Bíblia foram traduzidas a partir do texto francês dado pelos autores desta *História*. A esse texto remetem as indicações dos versículos. (N. do T.)

Os autores

Alain Corbin
Professor emérito de história da França no século XIX. Universidade de Paris I-Panthéon-Sorbonne, Institut universitaire de France

Nicole Lemaitre
Professora de história moderna. Universidade de Paris I-Panthéon-Sorbonne

Françoise Thelamon
Professora emérita de história antiga. Universidade de Rouen

Catherine Vincent
Professora de história medieval. Universidade Paris X-Nanterre

Colaboradores

Astérios Argyrou
Professor emérito de literatura grega moderna. Universidade Marc-Bloch-Strasbourg II

Sylvie Barnay
Mestra de conferências de história do cristianismo e história das religiões. Universidade de Metz

Marie-Françoise Baslez
Professora de história antiga. Universidade Paris XII-Val-de-Marne

Guy Bedouelle
Dominicano, professor de história da Igreja (Universidade de Friburgo, Suíça)

Jean-Louis Biget
Professor emérito de história medieval. École Normale Supérieure de lettres et sciences humaines (Lyon)

Neal Blough
Diretor do centro menonita de Paris, professor de história da Igreja (Faculdade Livre de Teologia Evangélica de Vaux-sur-Seine)

Philippe Boutry
Professor de história contemporânea (Universidade de Paris I-Panthéon-Sorbonne), diretor de estudos (École des hautes études en sciences sociales, centro de antropologia religiosa europeia)

Henri Bresc
Professor de história medieval. Universidade de Paris X-Nanterre

Isabelle Brian
Mestra de conferências de história moderna. Universidade de Paris I-Panthéon-Sorbonne

Gilles Cantagrel
Musicólogo. Membro correspondente do Instituto

Marianne Carbonnier-Burkard
Mestra de conferências de história do cristianismo moderno. Faculdade de teologia protestante de Paris

Béatrice Caseau
Mestra de conferências de história bizantina. Universidade de Paris IV-Sorbonne

Os autores

Philippe Denis
Professor de história do cristianismo. Universidade de KwaZulu-Natal (África do Sul)

Bruno Dumézil
Mestre de conferências de história medieval. Universidade de Paris X-Nanterre

Yves-Marie Duval
Professor emérito de língua e literatura latinas tardias. Universidade de Paris X-Nanterre

Sébastien Fath
Pesquisador do CNRS, encarregado de conferências (École pratique des hautes études, seção de ciências religiosas)

Étienne Fouilloux
Professor emérito de história contemporânea. Universidade Louis-Lumière-Lyon

Benoît Gain
Professor de língua e literatura latinas. Universidade Stendhal-Grenoble III

Pierre Gonneau
Professor de história e civilização russas (Universidade de Paris IV-Sorbonne), diretor do Centro de Estudos Eslavos (CNRS-Paris IV), diretor de estudos (École pratique des hautes études, seção de ciências históricas e filológicas)

Jean Guyon
Diretor de pesquisas do CNRS (Centre Camille-Jullian, Maison méditerranéenne des sciences de l'homme, Aix-en-Provence)

Mireille Hadas-Lebel
Professora de história das religiões. Universidade de Paris IV-Sorbonne

Marie-Élisabeth Henneau
Mestra de conferências de história das religiões. Universidade de Liège

Ruedi Imbach
Professor de filosofia medieval. Universidade de Paris IV-Sorbonne

Dominique Iogna-Prat
Diretor de pesquisa do CNRS

Bruno Judic
Professor de história medieval. Universidade François-Rabelais-Tours

Claude Langlois
Diretor emérito de estudos (École pratique des hautes études, seção de ciências religiosas)

François Laplanche
Diretor honorário de pesquisas no CNRS

Daniel Le Blévec
Professor de história medieval. Universidade Paul-Valéry Montpellier III

Alain Le Boullec
Diretor de estudos (École pratique des hautes études, seção de ciências religiosas)

Jean Marie Le Gall
Mestre de conferências de história moderna. Universidade de Paris I – Panthéon – Sorbonne

Philippe Lécrivain
Jesuíta, professor de história da Igreja (faculdades jesuítas de Paris)

Claude Lepelley
Professor emérito de história antiga. Universidade Paris X – Nanterre

Philippe Levillain
Professor de história contemporânea. Universidade Paris X-Nanterre, Institut universitaire de France

Os autores

Pierre Maraval
Professor emérito de história das religiões. Universidade Paris IV-Sorbonne

Daniel Marguerat
Professor do Novo Testamento. Faculdade de teologia e de ciências das religiões. Universidade de Lausanne (Suíça)

Olivier Marin
Mestre de conferências de história medieval. Universidade de Paris XIII-Norte

Annick Martin
Professor emérito de história antiga. Universidade de Haute-Bretagne – Rennes II

Bernadette Martin-Hisard
Mestre de conferências honorária de história medieval. Universidade Paris I – Panthéon – Sorbonne

Jean-Pierre Massaut
Professor emérito de história moderna. Universidade de Liège

Jean-Marie Mayeur
Professor emérito de história contemporânea. Universidade Paris IV – Sorbonne

Simon C. Mimouni
Diretor de estudos. École pratique des hautes études, seção de ciências religiosas

Michel Parisse
Professor emérito de história medieval. Universidade Paris I – Panthéon – Sorbonne

Michel-Yves Perrin
Professor de história romana. Universidade de Rouen

Bernard Pouderon
Professor de grego antigo. Universidade François-Rabelais-Tours

Claude Prudhomme
Professor de história contemporânea. Universidade Lumière-Lyon II

René Rémond
Membro da Academia francesa, professor emérito de história contemporânea (Universidade de Paris X-Nanterre), presidente da Fondation nationale des sciences politiques

Jean-Marie Salamito
Professor de história do cristianismo antigo. Universidade de Paris IV-Sorbonne

Claude Savart
Professor emérito de história contemporânea. Universidade de Paris XII-Val-de-Marne

Madeleine Scopello
Encarregada de pesquisas no CNRS. Universidade de Paris IV-Sorbonne

Alain Tallon
Professor de história moderna. Universidade de Paris IV-Sorbonne

André Vauchez
Professor emérito de história medieval (Universidade de Paris X-Nanterre), ex-diretor da École française de Roma, membro do Instituto

Marc Venard
Professor emérito de história moderna. Universidade de Paris X-Nanterre

Impresso por :

gráfica e editora
Tel.:11 2769-9056